中国科幻口述史

杨 枫————编著

（第3卷）

CHINESE SCIENCE FICTION: AN ORAL HISTORY

VOLUME 3

成都时代出版社
CHENGDU TIMES PRESS

图书在版编目（CIP）数据

中国科幻口述史 . 第 3 卷 / 杨枫编著 . —— 成都 : 成都时代出版社 , 2023.10

ISBN 978-7-5464-3306-6

Ⅰ . ①中… Ⅱ . ①杨… Ⅲ . ①科学幻想－文化产业－产业发展－研究－中国 Ⅳ . ① G124

中国国家版本馆 CIP 数据核字 (2023) 第 179358 号

中国科幻口述史（第 3 卷）

ZHONGGUO KEHUAN KOUSHUSHI(DI SAN JUAN)

杨枫 / 编著

出 品 人	达 海
责任编辑	李翠华
责任校对	江 黎
责任印制	黄 鑫 陈淑雨
封面设计	鬼 哥
装帧设计	鬼 哥

出版发行	成都时代出版社
电 话	（028）86742352（编辑部）
	（028）86615250（发行部）
印 刷	成都市兴雅致印务有限责任公司
规 格	170mm×240mm
印 张	45.5
字 数	718 千
版 次	2023 年 10 月第 1 版
印 次	2023 年 10 月第 1 次印刷
书 号	ISBN 978-7-5464-3306-6
定 价	278.00 元（共 2 册）

在遗忘之前，我们见证。

KEEPING MEMORIES ALIVE

中国科幻
口述史

目录
CONTENTS

杨 枫
与中国科幻同行，何其幸哉
——序言「004」
Yang Feng: My Odyssey,
My Honor——Journey with
Chinese Science Fiction

萧建亨
乘错车、走对路的中国科幻开拓者「011」
Xiao Jianheng: The Chinese Science Fiction Pioneer
who Boarded the Wrong Train but Took the Right Path

刘兴诗
科幻"雇佣兵"「079」
Liu Xingshi: Chinese Science Fiction's
"Hired Soldier"

王晓达
踏上科幻之路是一生的骄傲「135」
Wang Xiaoda: Embarking on the Journey of Science Fiction
is a Lifetime Achievement

王麦林
为中国科幻服务「209」
Wang Mailin: To Serve Chinese Science Fiction

周孟璞
薪尽火传，不知其尽「233」
Zhou Mengpu: The Torch Passes On

杜　渐
香港科幻思想家「265」
Tu Chien: A Sci-fi Thinker from Hong Kong

吕应钟
科幻跨越海峡两岸「299」
Lu Ying-chung: Science Fiction Across the Taiwan Strait

PROLOGUE: MY ODYSSEY, MY HONOR
— JOURNEY WITH CHINESE SCIENCE FICTION

与中国科幻同行，何其幸哉
——序言

■ 杨枫

　　2016 年夏，八光分文化创立伊始，我接到新华网四川分公司时任副总王恒的邀请，共同策划即将于成都国际科幻电影周期间举办的国内首场科幻路演会。8 月 18 日，"创业天府·菁蓉创享会"科幻专场暨科幻邮差 IP 创投会圆满落幕，八光分文化自此走上前台。8 月下旬，我们与新华网四川分公司总经理侯大伟坐下来复盘这次合作，大家都感觉非常愉快，意犹未尽。接下来还能在科幻方向继续为我们这座享誉海内外的"科幻之都"一起做点什么呢？我跟同行的姚海军老师不约而同提出了立足成都记录中国科幻史这件事，双方一拍即合，觉得这对推动成都科幻文化发展大有裨益，无论是新华网还是八光分，都义不容辞。

　　恰好不久之前，晨旭加入了八光分，他带来了跟从导师做香港电影口述史的丰富经验，于是，策划并执行该项目的工作顺理成章地落在他头上。8 月底，我们正式向驻川的杨潇、谭楷、流沙河、刘兴诗、王晓达、周孟璞、吴显奎、董仁威、何夕、姚海军十位中国科幻功勋人物发出口述史访谈征询意见函，很快得到积极回应，这极大地鼓舞了我们。接着，时任四川省科普作家协会副理事长的四川传媒学院老师陈俊明雪中送炭，为我们推荐了一支专业高效的拍摄团队。

9月14日早上9点，杨潇老师准时来到成都西部智谷八光分还未正式入驻的新家，第一场访谈如期进行。架设灯位，调试机器，优化还在完善中的新公司书橱背景……负责拍摄的四个小伙子忙碌了将近一个小时才布置妥当。之所以把杨潇老师定为首场嘉宾，是因为隔天她就要启程前往悉尼。

在随后的两个半月里，八光分和新华网紧密协作、无缝对接，以专注于科幻产业的整合运营机构与垂直媒体"科幻邮差"为名，每周邀约一位嘉宾，有条不紊地完成了十位嘉宾的拍摄采访。第一手的资料收集完毕，接下来就是录音整理。那时公司所有员工加上我才五个人，因为不少嘉宾年事已高，还带有浓重的地方口音，所以听录音工作推进得异常艰辛。经过半年多的努力，2017年8月，《追梦人——四川科幻口述史》由四川人民出版社推出，并在第二年相继获得第九届华语科幻星云奖"最佳非虚构作品金奖"和第29届银河奖"最佳相关图书奖"，令我们无比骄傲和振奋。

看着这个项目在社会上引发的巨大关注，我们很快拟定了第二批采访名单，随时准备推出四川属地以外的中国科幻功勋人士的口述史。而这一等，就是五年。五年间发生了很多事，首先是新华网四川分公司因方向调整，变成了新华网体育频道，之前协助我们推进口述史项目的包晶晶、罗自强等一众主力干将有了新的工作重心，我们双方都等待着一个更合适的时机重启项目；其次是等待一年多后，发现之前的合作伙伴再难抽身回来，我们团队决定自己开始这个项目时，新冠肺炎疫情从天而降，跨省拍摄采访成了完全不可控的事，加之我们采访名单中不少嘉宾年事已高，除非能确保对方安全，否则贸然启程无形中会给受访者增加额外的心理负担。于是，我们的采访进度被迫大大减缓……

这几年间，我们无比痛心地送别了周孟璞（1923.5.24—2016.10.31）、流沙河（1931.11.11—2019.11.23）、王晓达（1939.8.8—2021.2.24）、杜渐（1935.4.2—2022.8.22）四位受访前辈，但与此同时，在三丰老师、

中国科普作家协会秘书长陈玲老师、南方科技大学教授吴岩、《南方周末》主任记者刘悠翔、奇异点（北京公司）吴明和仲夏等诸位师友的帮助下，我们突破重重障碍，出色地完成了新一轮计划中的大部分访谈任务。正当我们重拾信心筹划着如何在 2023 年成都第 81 届世界科幻大会上推出这个项目时，成都时代出版社出现了。

细细想来，没有侯雯雯的一次采访，可能就没有中国科幻口述史项目跟时代社的这次合作机缘。

与侯雯雯初识，是 2019 年 11 月第五届中国（成都）国际科幻大会举办期间，她以《天府文化》杂志主笔身份来到八光分展位，说想采访参与成都申办 2023 年世界科幻大会的主力机构。那会儿我正好特别忙，于是雯雯在微信里留了几个问题，看着最后那句"我读过您的《追梦人》，感觉你们做的访谈特别扎实用心"，我不禁会心一笑。再一次联络，就到 2020 年 8 月了，雯雯想深化上一次的科幻主题采访，同来的还有杂志采访总监陈凌。半天采访之后，在随后第 10 期《天府文化》上刊出了一篇十四页的大稿——《成都人的科幻脑：荒漠里制造"火星计划"》，为我们刚满四岁的冷湖科幻文学奖做了一次视野宏阔的漂亮画像，雯雯娴熟过硬的文字功底和思想、情怀兼具的聪慧睿智，给我留下了深刻印象。

2022 年 3 月的一天，我忽然收到雯雯的一条信息："杨老师，我调到图书出版岗位了……正在筹备新团队'另起一行'，期待未来有机会合作。"7月初，在成都的新冠肺炎疫情稍稍缓解的空当，雯雯带着她的团队造访交子大道八光分的新家了，来的一群热情开朗、眼中有光的女将中，除了陈凌，还有新朋友、原《三联生活周刊》主笔葛维樱。想到身为资深媒体人的雯雯一直以来对科幻的关注，想到"另起一行"团队对城市文化的热爱，加之雯雯所在的出版社冠有"成都时代"几个字，在一片欢声笑语中我忽然觉得，科幻口述史这个项目好像跟她们有某种神秘的联系……果然，合作的想法提出一周后，《天府文化》杂志执行总编苑海辰亲自带队登门，转达了因疫情尚隔离在外的时代社总编辑达海铿锵有力的答复："好好做！"

于是，我们雷厉风行地结成联合工作小组，开始连续不断的头脑风暴。

为了使这次的口述史呈现得更系统、完整，同时也为了给首次来到中国的世界科幻大会献上一份厚礼，我们决定做一套三卷本精装版的《中国科幻口述史》。考虑到已经完成采访的高龄嘉宾讲述的内容中有太多东西需要时间去消化，包括里面涉及不少敏感的人和事，整理起来耗时会很长，以及少数几位嘉宾的采访计划受疫情影响一延再延，我们依然需要灵活应变、见缝插针地寻找时机完成视频访谈，所以最终做出了一个艰难的决定：放弃一次性推出整套书的想法，而是每一卷分开出版，给后续工作留出更加充裕的时间。

经过双方团队密切协作，我们在 2022 年 12 月推出了《中国科幻口述史》第 1 卷，收录了杨潇、谭楷、流沙河、王晋康、吴岩、刘慈欣、姚海军七位老师的访谈，全书四百页，超过两百幅图片。此书出版后，好评不断，不仅在很短时间内经中国教育图书进出口有限公司牵线，顺利签署了阿拉伯语版权，还入围了 2023 年第 81 届世界科幻大会雨果奖最佳相关作品！这对我们的团队来说，真是至高无上的荣誉，也给了我们巨大的动力去快马加鞭完成越往后越繁重的采访、整理、编辑和校对工作。2023 年 6 月，我们顺利交出了收录有韩松、何夕、申再望、吴显奎、董仁威、孟庆枢、魏雅华七位受访嘉宾的第 2 卷书稿，紧接着，就是最为重磅的收尾——第 3 卷了。之所以说"重磅"，是因为这一卷的七位受访嘉宾中，进入耄耋之年的就有四位！能亲耳聆听、亲手记录这些早年参与推动中国科幻事业发展的功勋前辈的动人讲述，是我们莫大的荣幸。

萧建亨老师。还记得 2020 年 7 月 6 日，通过吴岩老师引荐，添加萧老的微信之后，我们进行了一个小时的越洋通话。第二天收到老人家一条微信："小杨，刚刚看了你公司的介绍，很欣赏你提出的'自由而包容'的口号，科幻没有宽松的环境是不可能成长的，这是我用大半辈子生命换来的教训！因此，我也能体会到你创办这样一家公司的勇气和魄力。所以，我们可以再找一个时间聊一聊，当然要等你有空的时候。"在随后的三年里，我找寻一切机会努力说服这位已隐退多年的可敬老人加入口述史项目，还原历史真相。但直到两个月前，我们团队才终于完成了连续四天的远程录音采访——之前所有的努力都是值得的！

刘兴诗老师。采访当天，老人家一到现场就发现助听器备用电池忘带了。

于是，访谈进行一个小时后，原本就听力不佳的老人家索性变成了自说自话……更令人记忆深刻的是，孩童般的刘老师在上半场采访结束后匆匆用完盒饭，自己随手从衣袋里掏出一块素净的手帕，找个长沙发和衣躺下，说了声"半小时后叫醒我"，把手帕往眼睛上一搭就酣然入睡了。也是刘老师，自称是被科幻"抓了壮丁"，很多话题欲言又止，再三叮嘱有些内容即使今天有录音、录像，也不能全部披露；有些内容还需要封冻，等以后有机会再跟我们慢慢聊……

王晓达老师。晓达老师是苏州人，后在成都生活多年，口音难免有点"南腔北调"，加上语速极快，2016年采访、整理老人家的讲述时，小伙伴们真的是全情投入。同时，晓达老师又是所有嘉宾中讲述最生动、提供资料最详尽的一位。特别是他临别赠送给八光分一套非常珍贵的《科幻小说创作参考资料》，更是成了我们的"镇馆之宝"。谁料不过四年之后，晓达老师就因病永远离开了我们，而他的家人出于对八光分团队的巨大信任，将老人家所有的科幻收藏（含名家书信、剪贴报章、经典图书、稀缺杂志等）转由我们妥善保管，八光分也因此有了一间名副其实的"科幻书房"。

王麦林老师。王老的采访是在吴岩老师多次提议后，经陈玲老师热心牵线积极促成的。作为中国科学文艺最早的提倡者和中国科普作家协会的创始人之一，王老的名字在20世纪50—80年代频繁见诸科普、科幻相关的各种报章文件。2021年5月下旬，为了顺利完成对这位当时已九十五岁高龄前辈的采访，吴岩老师特地从深圳赶来，在北京军区大院门口跟我们团队以及陈玲老师、李珊珊老师会合。结果那两天，北京新冠肺炎疫情的防控很严，吴岩老师无法进入小区，后来迫不得已去附近找了一间咖啡馆坐下，远程连线协助我们向老人家提问，才完成了这次殊为不易的采访。

周孟璞老先生。采访周老是在2016年一个阴雨绵绵的冬日。本来约好等采访稿出来，要发给他审定，但老人家没能等到这一天——94岁的周老在接受我们采访的十九天后，因病永远离开了这个他无比眷恋的世界。老人家的离世对这次采访最直接的影响是，原打算用在文中的一些重要照片因无法确认信息，只能被迫撤换。还记得那天采访结束时，周老用颤抖的手翻开一个小小的电话簿，请我们写下各自的姓名，一边微笑着说："我要把你们的名字写进日记。"告别时，他站在门边依依不舍地挥手道："从今天开始，我们就是好朋友喽！"

杜渐老师。2019年5月13日，三丰发来微信："杨枫老师，口述史项目还在进行吗？今年香港书展是科幻主题，香港科幻历史上重要的人物杜渐老师7月会从加拿大返港，我想对他做个口述史采访，如果你们有兴趣一起就最好了，你们的经验丰富啊！"要知道，在我们最早拟定的采访名单里就有杜渐老师，只是印象中他长居加拿大无从联系，而三丰老师居然一下让我们梦想成了真，于是"科幻邮差"就有了一个"分身"，我们也在两个月后拿到了采访素材。谁知等到我们今年准备正式开始文字转录才发现，身边无人通晓粤语……幸亏这时远在美国加州大学河滨分校读博的轶伦伸出援手，不仅帮我们解决了粤语和普通话之间的转录，还通过她的母校香港中文大学图书馆协助，帮我们解决了文中好几张珍贵的配图。

吕应钟老师。吕老师的名字第一次出现在我面前，是在《科幻世界》旧刊有关"吕应钟科幻文艺奖"的介绍文字里。第一次见面，是2017年11月在东郊记忆举办的2017中国科幻大会和第四届中国（成都）国际科幻大会上，我们围绕当时刚出版不久的新书《追梦人——四川科幻口述史》，举办了一场"中国科幻史中的四川"活动，特邀吕老师跟刘兴诗、杨潇、谭楷、吴显奎、何夕、姚海军众嘉宾同台，一起回顾四川科幻在过去半个世纪所走过的不平凡的道路。活动结束，我特意邀请吕老师到公司小坐，约定找机会去台湾专门做他的口述史采访。结果转眼数年过去，因时间紧迫，只好先做远程电话采访，因为吕老师作为台湾科幻界的中坚力量代表，不可或缺。

感谢所有如约接受采访的老师和前辈，你们不仅真实坦诚、毫无保留地在镜头前分享了一段段尘封已久的人生往事，还非常贴心地留给我们宽裕的采访时间，同时在收集、整理图片资料的过程中也给予了我们巨大的帮助。没有你们的慷慨无私，这本书不可能如此丰富精美地呈现。

感谢李晨旭、田兴海、姚雪、戴浩然、侯雯雯、周佳欣、西夏、周博、叶鹏飞、谢子初、小尊——我亲爱的小伙伴们！感谢你们每一个人为这本书贡献的才智与汗水。因为你们的热爱、专业和高效，这本书才能如此迅速地与读者见面。

乘错车、走对路的
中国科幻开拓者

THE CHINESE SCIENCE FICTION PIONEER WHO BOARDED

THE WRONG TRAIN BUT TOOK THE RIGHT PATH

萧 建 亨

我曾经用科幻赞美过美丽的人生；
而现在我更想用科幻劝告人们要
避开不幸的未来！

萧建亨

早年经历

020 作为实习生，却因贡献巨大获分了两间房子
024 水银中毒让我的创作道路倒退回起跑线前三千米

科幻之路

026 失窃的小说原稿竟在多年后重现人世
029 剧本获奖和并不顺利的"触电"
030 写科幻长篇小说和拍科幻故事片的想法太超前
035 我的《布克的奇遇》入选了语文课本
037 写儿童科幻是一部分科幻小说开拓者的妥协
041 科幻"三剑客"都到了上海
044 审读叶永烈的《小灵通漫游未来》原稿
047 我推荐《珊瑚岛上的死光》到《人民文学》发表
049 我被"关"在招待所里写出了科幻小说《梦》
052 中国第一位专业科幻作家
057 "老弟，你这样信口开河，真该打手心！"
059 在中国，我最早在小说中提出人工智能概念
062 我们都知道科幻小说是小说

有关科幻的风波

067 "科""文"之争本质上是对科普的认识有差异
070 "香山会议"后，中国科幻一蹶不振
072 任何评论、批评都应该以推动科幻繁荣为目的

趣问趣答

075

导语 INTRODUCTION

    萧建亨是中国科幻文学创作的开拓者之一，也称得上是中国第一位专业科幻作家，1956 年开始科幻小说创作。他说自己一生中科幻创作的"时间窗口"只打开了两次，却恰好见证了中国科幻发展的两次繁荣与衰落。早在 20 世纪 60 年代，萧建亨便开始尝试在科幻长篇小说与科幻故事电影上寻求突破，他创作的科幻小说也多次入选语文课本作为教材；1980 年代，除了自己创作，他更甘为他人做嫁衣，推动科幻文学发展，为科幻风波中的作者仗义执言。萧建亨的科幻成就与遗憾对应着中国科幻发展的高低起伏，也许并非巧合，因为他本身就是中国科幻发展最好的诠释。

XIAO JIANHENG

THE CHINESE SCIENCE FICTION PIONEER WHO BOARDED THE WRONG TRAIN BUT TOOK THE RIGHT PATH

■ INTRODUCTION

Xiao Jianheng, one of the pioneers of Chinese science fiction, is often revered as the first professional science fiction writer in China. He was publishing sci-fi works since 1956. He once said that the "time window" of his creative endeavor only emerged twice, but those intervals somehow coincided with the two times when Chinese science fiction met its peak and trough. As early as the 1960s, Xiao Jianheng strived to attempt for breakthroughs in terms of science fiction novels and films. His own works were also selected as a part of the Chinese curriculum in school. In the 1980s, apart from his own creative works, he was also keen on playing a supportive role, where he helped promote the genre of science fiction in China and stood up for writers who were caught in the controversies surrounding sci-fi. Xiao Jianheng's achievements and regrets happened in parallel to Chinese science fiction's rise and fall. Perhaps it wasn't so much of a coincidence after all—he himself was one of the key footnotes for the developement of Chinese science fiction.

■ TABLE OF CONTENTS

Early years

020 When I was an intern, I was awarded an apartment for making significant contributions

024 An accidental mercury poisoning set my creative endeavor back by 3 kilometers from the starting line

My science fiction journey

026 Surprisingly, a lost manuscript resurfaced decades later

029 Winning an award for screenplay, and a not-so-smooth "attempt for movie adaptation"

030 My ideas of writing science fiction novels and adapting them into science fiction movies were too ahead of time

035 My work, *Booker's Adventure*, was included in the Chinese textbook

037 Writing for children was a compromise for some pioneering science fiction writers

041 The "Three Musketeers" of science fiction all came to Shanghai

044 I reviewed the original manuscript of Ye Yonglie's *Little Smarty Travels to the Future*

047 I recommended *"Death Ray on the Coral Island"* to *People's Literature* magazine for publication

049 While "locked" in a guesthouse, I wrote a story called *Dream*

052 The first professional science fiction writer in China

057 "Young man, if you keep on talking nonsense, you really deserve some punishment!"

059 I was the first in China to introduce the concept of artificial intelligence in a novel

062 We all know that science fiction is fiction

Controversies

067 The debate between "science" and "literature" had arisen from a fundamental difference in how science is understood

070 After the conference at Xiangshan, Chinese science fiction met its downfall

072 Any kind of review or criticism should stem from the purpose to develop the science fiction genre

075 **Fun facts and Q&A**

早年经历

科幻邮差：萧老师好，很开心能邀请到您来参加《中国科幻口述史》访谈。回顾中国科幻的发展历史是一个宏大的工程，但历史离不开人，作为中国最早开始创作科幻小说的作者之一，以及那段科幻历史的亲历者，您对此很有发言权。希望我们今天可以跟随您的讲述，感受中国科幻发展历程中跌宕起伏的故事。今天的采访不妨就从萧老师自己的故事开始吧，可以先讲述一下您的家庭吗？

萧建亨：1930 年 11 月 18 日，我出生在江苏苏州市。这是一个古老的文化名城，安静、秀美，文化底蕴深厚。不过，我的青少年时代却是在抗日战争的烽火中、在辗转逃亡的颠沛流离中度过的。我父亲走得很早，我们姐弟三人就是由我母亲一人拉扯大的。我母亲是一位蚕桑专科学校的毕业生，十八岁结婚，二十三岁就成了寡妇。出于一种学生式的爱国主义思想吧，抗战一爆发，她就决定带着我们姐弟三人、九十多岁半身不遂的曾太祖母和只比我大几岁的小叔离开苏州，跟随远亲开始了逃亡的远征。我们辗转到过许多地方，先是南京，然后是九江、南昌、沅陵、长沙、贵阳，最后才抵达重庆。到了重庆，我们也因为躲避日军的轰炸搬过很多地方。

总之，我的整个少年时代，我所记得的就是在日本飞机的追赶之下搬来搬去，刚到九江，才安顿下来，就碰到日本飞机的大轰炸，我们借租的房子的玻璃窗全部震碎，撒落了一地；刚搬到贵阳，又碰上了震惊中外的贵阳"二四"

大轰炸，贵阳最繁华的商业区——大十字，烧了几天几夜；刚到重庆，又碰上"五三""五四"大轰炸，我们所借租的一间房被震塌半边，于是连忙又到了江津。这期间，我那位刚考取重庆大学的小叔以及两位亲戚未能逃脱厄运，在日军轰炸之下，闷死在重庆的大隧道中，连尸体也未找到。这就是我所经历的童年。我所记得的就是旅途的艰辛和颠沛，还有每当被人欺凌时，我母亲抱着我们姐弟三人痛哭的情景。

1940年，因带的钱已花完，母亲只好求人在重庆小龙坎的一所中学找了一份工作，担任这个中学附属小学的低年级住宿生的保育员。美其名曰老师，可实际上做的是老妈子（用人）的工作，每天要照顾那些低年级的住宿生洗脸、洗脚。

就在这所中学里（那时，我还在读附小），我读到了苏联作家写的一本科普读物《星空巡礼》，一本儒勒·凡尔纳的《十五小英雄》（《两年假期》的缩写本），还有一篇登在《中国妇女》杂志上的幻想小说《飞行人》……这些书和作品对我产生了极大的影响。《星空巡礼》打开了我的眼界，使我第一次了解到，世界原来是这么广袤无垠，天上的星星原来都是一个个太阳，而且有的比我们太阳系里的太阳还要大得多。

1934年，萧乾（1901—1935，黄埔军校第一期学员）和许如若携长女萧建元和幼子萧建亨游杭州灵隐寺。

帮助少年时期的萧建亨打开眼界的三本书:《十五小英雄》《星空巡礼》《少年电机工程师》。

还有一本对我影响极大的书,就是开明书店出版的《少年电机工程师》(苏联布拉托夫、波士尼可夫合著,符其珣编译)。在小学四年级的时候,我就照着书上讲授的方法,用废旧的罐头铁皮和一圈漆包线,做成了用两节干电池发动的小型电动机。就是在那个时候,我开始迷恋上矿石收音机,一直到大学毕业都是一个业余无线电爱好者。由于经济条件所限,我喜欢在有限的材料里,做出最好的收音机来,由此养成的思索、谋划、动手、改进、再改进的习惯,为后来我在工厂工作带来了极大的优势。

抗日战争胜利后,我们一家也回到了家乡苏州。我插班进了苏州乐群中学,这是一所教会学校。毕业后,我考取了东吴大学(现苏州大学)附属高中。高中时,我担任了附中学生会宣传部的部长,并组建了一支垒球队,我是接球手兼队长。1949年高中毕业,我考取了南京大学水利系。为什么没有考电机系呢?那时候,我一心一意想建设中国,因为看过一本《科学画报》上刊登的关于三峡水利规划的文章,为布满脚手架的勘测照片着迷了许久,所以,就报考了当时全国最有名的南京大学水利系。入学后,被选入南大学生会宣传部,并担任了南京大学(五个学院)"南大之声"有线广播台的播音组副组长兼播音员。有一次，广播突然出了故障，本来维修任务是由电机系无线电专业班的高班同学来负责的，但当时一时找不到维修组的同学，作为播音员，我随手打开机器检查了一下，很快修好了机器，"南大之声"又开始广播了。这样一来，我又被维修组招去当了维修员。不久，无线电专业的高班同学就开始动员我转系，于是我转入了电机系无线电专业班。1952年全国大专院校院系调整时，我们无线电专业班与南京金陵大学及南通大学无线电专业的学生合并到南京大学，正式成立了无线电系。1953年，我从南京大学无线电系毕业后，被国家统一分配至第二机械工业部十局（即后来的电子工业部）工作。

1947年，萧母许如若携长女萧建元、长子萧建亨、幼子萧建利合影留念。

作为实习生，却因贡献巨大获分了两间房子

科幻邮差：萧老师，您从南京大学毕业后被分配到北京工作，后来为什么又回到苏州了呢？

萧建亨：刚刚说到我毕业后，被国家统一分配到了第二机械工业部十局。当时我们班有二十四名同学，他们全部被分配至上海、南京，只有我一个人被分配到北京。我到北京万寿路十局报到后，就被分配至北京电子管厂（774厂）。这是苏联"老大哥"帮助中国建设的一百五十六个工业项目中最重要的项目之一。我报到时，774厂还只是在图纸上，我是向774厂的筹备组报到的。筹备组就在一个旅馆里，包了两间大房间，住了七八个人，不少人还穿着军装，显然是才从军队转业的。我们的厂址就定在北京东郊酒仙桥一片还种着麦子的农田上。当时，国家还要为工厂铺设一条铁路运输专线。那条铁路的导线，就是我带着两位转业军人，用经纬仪、平板仪打下的。所以，后来在落实政策时，有人这样说："萧建亨是北京电子管厂的建厂元老之一。"

在西单待了一个多月，我们打完了那条导线，这时又接到调令，叫我到南京电子管厂（772厂）去实习。772厂的前身是国民政府资源委员会下属的一个电子管实验工厂。1949年后，也被二机部接管了。我报到后被告知，要先在厂里每个车间都实习一周，熟悉一下全厂的生产情况，实习期定为两个月，叫作"参观实习"。那时候（1953年），全国正在全面学习苏联，国务院公布了一个《有关生产的发明、技术改进及合理化建议的奖励暂行条例》，凡是能为国家节约资金的，就要按比例给予奖励。

那时，我常常会利用废旧材料来改装成有用的材料，习惯于事先谋划、设定可行的方案，并立即动手。完成后，为精益求精，还会拆除后再重新安装……所以，每到一个车间，我都会发现这里不合理、那里可改进。每个车间的参观实习期一结束，我就向生产科要一叠印好的合理化建议书（表格），填上十几条合理化建议。一个多月下来，我居然提了一百二十四条合理化建议，其中有二十四条属于重大合理化建议。这是772厂的老厂长张笑晨在一个报告中提到的。他除了表扬我之外，还特意指出，我的建议其中有四条已经兑现，为厂里节约了很多资金。

这就是"初生牛犊不怕虎"。不到半年，我在772厂就解决了厂里多年积累下来的好几桩一直未能解决的难题。这一下就在南京无线电界及大学中传开了，都说南京

左上：还在读高中二年级的萧建亨，有一种桀骜不驯的风采。

左下：萧建亨大学三年级时，在南京大学大门口留影。

右上：大学三年级时，萧建亨已经有了心仪的对象——刚从苏州景海女子师范学校毕业的金玮。
　　　深受小读者欢迎的科幻小说《球赛如期举行》，系两人共同创作完成的。

右下：1951 年，萧建亨、金玮相约在南京中山陵合影留念。

大学培养出来的大学生，能文能武，既有理论知识，又有动手能力。

　　不过我是北京 774 厂派到南京 772 厂的实习生，照规定，我应该在每个车间实习一个星期，然后再决定我应该在哪个科室或哪个车间完成我的实习期。不到一个月，当我轮去装配车间实习时，第一天就发现有几台老式的"电火花式的感应炉"工作状态不正常。这几台机器是 20 世纪 30 年代从美国一个倒闭的电子管厂买来的旧设备，而当时却是中国电子管生产线上的主要设备。这几台主要设备一直调整不好，产生电火花的合金接触片老是因电弧太大而烧熔、烧毁。当时，厂里专门调了一位化工工程师来解决这接触点的合金制造问题。这位上海来的化工工程师，因为试制成了一种合金而得了"先进工作者"的称号，但即便是他也未能彻底解决这个问题。自制的合金接触片虽然可用了，但寿命不长，车间老是因为要更换这些合金片而停产。我从未接触过这种设备，但在询问操作这几台设备的工人时就发现，操作工根本就没有弄懂为什么要这样操作……有时候调整好了，火花片可以用得很久，有时候几个小时就烧熔了。第二天，我请了假，去母校图书馆查资料，居然在几本 20 世纪 30 年代的电子学杂志上找到了这几台设备的图纸和介绍其工作原理的文章。原来，问题并不复杂，只是在调整电路时，没有把两个线圈耦合好，所以，电弧火花会时大时小。搞懂了原理就好办了。我一回厂就动手拆开了一台机器，全面清洁后又重新组装起来，调整了两个耦合圈的位置，电弧火花立刻发出一片柔和的淡蓝色的电火花。就这样试车下来，一个星期未换合金片，设备一直运转正常。这个消息立即在厂里传了开来，说北京774 厂派来的一个大学毕业生，解决了厂里一个重大的难题……

这几台关键设备的运行问题解决了以后，车间的刘工段长立即向厂部要求，将我这个北京派来的大学生留下来，就在他们车间里做技术维修工作。当时，车间里有不少设备，因为有各种各样的问题都搁在那里，有的是缺小零件，有的是在运输当中碰坏了一些零件而无法运转。有两台新的由瑞士进口的美国产电子管自动排气机就是这种情况，缺了一个控制抽真空时间的时间控制器，因此一直无法运用。这是一个机械式的时间控制器，由于国际关系的变化，一直未能补订到这个小小的机械装置。我记得，当时刚到这个车间，领我参观实习的刘工段长一走到这两台设备前就直叹气，他说，现在生产这么紧，可是只能人工一只又一只管子抽真空、排气、封壳，这效率实在是太低了。两台这么先进的设备，就因为丢失一个小部件，却无法使用！

当我得知 772 厂已经停止我的参观实习，要我留在装配车间担当车间技术员时，我就对刘工段长说，也许我可以做一个电子管式的时间控制器来试一试。刘工段长听了非常激动，连声说："好，好，你放手做，我会支持你的！"我向财务科领了 20 元钱，立即跑到南京水西门旧货市场的地摊上买了一只"120 继电器"，又买了一些电阻、电容，都是旧货。回厂后，就在财务科办公室借了一个角落，操起电烙铁，装了一个电子管组成的电子时间控制器。这里我还记得一个小小的插曲：由于想赶时间，电烙铁刚放下，元件焊接一完成，还未检查线路，我就插上了电源。结果，"砰"的一声发生了大爆炸——原来我把电解电容正负电极接反了。电解电容炸裂了，里面浸过电解液的绝缘纸变成了纸屑，炸得我满脸都是。这响亮的爆炸声，把二楼的科室人员全都吸引过来了。这以后，整个772厂就传开了，说有一个新来的大学生在搞技术革新时，差一点儿受伤。"原来，搞技术革新还挺危险的！"——这句话就这么传开了。这次"事故"，其实是由于想赶时间，是我的粗心造成的。最终，电子时间控制器装在电子管自动排气机上面，试车圆满成功！那时候，全国只有772厂生产电子管，当时，南京无线电厂（714厂）生产全国最出名的熊猫牌五管超外差式收音机，所用的电子管就是由772厂供应的。这两台搁置了几年的自动排气机终于开动了，生产效率当然大幅度地提高了。

接下来，我又连续解决了几个重大的问题，其中一个就是电子管老炼台的寄生振荡问题。细节我就不在这儿详说了，总之后来厂里立刻传开，说北京774厂来的一位实习生，用几十块钱一筒的漆包线就解决了厂里的一个老大难问题，并为国家节约了多少万元钱。厂里的总工程师也把我叫到他的办公室去，详细地问我解决这问题的思路是怎么产生的，他是一位真正懂技术的人！因为让他感兴趣的并不是什么技术细节，而是方法论，也就是创造性思维是怎么产生的。临走，他亲切地对我说，听说我在闹胃病，如果我要上医院，可以坐他的车去……那时，厂里只有两部车。接着我就上了光荣榜，成了先进工作者。在厂大门前，光荣榜上贴了我的照片，登了我的光荣事迹，又让我进了疗养院。（1954年）年底，厂里又按国务院的规定，发了一大笔奖金给我。本来北京电子管厂与南京电子管厂有一项明文规定：凡北京电子管厂派到南京来实习的工程技术人员，一律不得要求分配住房（因房源紧张），只能住集体宿舍，但南京电子管厂却破例派给了我两间房子。那时，我已结婚并有了第一个孩子。

水银中毒让我的创作道路倒退回起跑线前三千米

萧建亨：就在我为厂里解决积攒多年的难题过程中，很不幸，我突然病倒了。就在我出差到上海时，突然胃出血，被送到了上海广慈医院（现瑞金医院）急救。在医院住了一个多月，厂里才派人来上海把我接了回去。在南京772厂短短的两年时间里，我三班倒日夜不停地工作，终于病倒了，并且时常失眠、胃痛、双手发抖。隔了许多年后我才知道，当时一下子病得这么严重还有一个更糟的原因，那就是水银中毒。当时，772厂是中国第一家生产电子管的厂家，厂里同时还生产一种全国急需的汞弧整流器，也叫水银整流器。生产这种管子时，管内要充灌水银，而当时由于生产劳动保护知识的缺乏，操作工人们在灌注水银时，常常将水银滴得满操作台都是——按照生产操作规程，应当将这些水银小心地回收，工人操作时也应戴上防护口罩。但实际上，由于生产管理不严，工人又缺乏经验，一般都是用手上的氢氧焰去烧那些滴落的水银珠，这些小水银珠就都变成了水银蒸气，弥漫在整个车间。我每天进车间的时候，就会闻到一股金属的气味。后来才知道，车间里原本有一位从美国留洋回来的工程师，因为怕水银中毒，从来都不进这个车间。而我就因为这个问题，从一个身体健壮的人，变得经常失眠、胃病、双手颤抖……可这是许多年以后，我已离开772厂才得知的信息。

1955年年底，刚调回北京774厂的萧建亨与姐姐萧建元在北海公园九龙壁前合影。

1955 年年底，我调回北京 774 厂，被派到设备科。由于这是苏联"老大哥"援助的一百五十六个项目中最大的一个项目，大量的设备源源不断地由苏联用铁路专用线运往 774 厂。我又投入到新的忙碌的工作中去，接收刚运来的设备，这些设备不是一台、两台地运来，而是几十台、上百台地运到，要开箱、验收、安装、调整、试运行……在忘我的忙碌中，有一天，我在工地上突然晕倒了，被送往北京中苏友谊医院（现北京友谊医院）住院检查，一位苏联专家诊断出我得了十二指肠溃疡，并开出病假条，建议我休养半年。其时，774 厂正在开工前夕，苏联专家陆陆续续到厂，全厂正处于一片火热的忙碌氛围中，人事科建议我先回苏州去疗养，等厂里疗养所建成后再回厂疗养。就这样，我在 1956 年初回到了老家苏州。让我万万没有想到的是，774 厂在 1956 年 10 月开工前夕，突然给我寄来了一份人事处的公函。公函上通知我说，我属于离职休养人员，现按上级规定，厂里在正式开工前夕要定员、定编制，因为我已被厂里做离职人员处理，所以停发工资……这对我当然是一个极大的打击！从此，我要再找工作就十分困难了，因为正常人都会对我产生怀疑：如果不是别有内情，怎么会被一个大型国管军工企业辞退呢？

从那以后，我的生活道路就变得十分艰辛了。当我为谋生活出路走上创作道路时，这些误解、困顿也不时地干扰着我。所以，我常对我的好友说："我从事创作，是比别人倒退了三千米才起跑的！"

科幻之路

失窃的小说原稿竟在多年后重现人世

科幻邮差：萧老师的这段经历确实很坎坷，没想到是因为这样的原因才走上文学创作道路的。那萧老师，您怎么会想到创作科幻小说呢？可否谈谈您的第一篇科幻小说？

萧建亨：走上写作的道路，可能和我少年时期东奔西逃、受尽了欺凌的经历有关。当然，也和家庭教育、客观环境的影响有关。我母亲是个职业学校的专科生，在那时，也算是一位有文化的妇女了。我母亲许如若也是早年丧父，小时候在一个厉害的嫂子手下讨生活，艰辛的童年使她长大后成了一个能吃大苦、耐大劳的妇女，在辗转逃亡时，她也带上了《西游记》《水浒传》《聊斋志异》《三国志》。在整个逃难的过程中，她时而讲一段《西游记》给我们听，时而又会讲《聊斋志异》中的小故事来吓唬吓唬我们。这些故事消除了旅途的困顿，也激发了我们的想象力。

我中学时的学习生活非常丰富多彩，当时，各个班级都会排演四川非常流行的话剧，互相观摩。我们排练过郭沫若的《棠棣之花》，我既做导演也参与了演出，我到现在还记得里面的一句台词："百尺竿头，更进一步！"除了排演话剧，每个班级还会办墙报，我被选拔为墙报的主编兼记者，这个工作锻炼了我对外界事务的观察能力和写作能力，这就是我走上写作之路的开端吧。

但我真正进行小说创作，始于抗日战争胜利后，我回到家乡，在东吴大学附中读高三的时候。那时候，我们的语文老师是当时"鸳鸯蝴蝶派"的主将范烟桥先生。我们班的老师中还有一位"鸳鸯蝴蝶派"的大将，那就是"中国侦探小说之父"、《霍桑探案》的作者程小青。有一次，范烟桥先生出了一个作文题，我花了两个通宵，一口气写了两个练习簿，讲的是抗日战争胜利后，人们乘着长江小火轮回归家乡的故事。这篇作文两万多字，其实应该算是我写的第一篇小说，当然，并不是科幻小说，但整个故事的确是我幻想出来的。因为抗战胜利后，我们一家并不是沿长江坐船回来的，也从未到过武汉，我只是曾在一本杂志上看过一篇《回乡偶记》——记述抗战胜利后，一些逃到重庆的"下江人"（当时的四川人对江浙一带逃到重庆的人的总称）沿长江回乡时，一路上受到那些小火轮船主和奸商敲诈，这个故事引起了我的愤愤不平，于是有了这篇创作。

这个创作冲动并不是平白无故产生的。现在回想起来，一定是和我青少年时代颠沛流离的生活有关。别人的文章使我想起了我们一家一路逃往后方时，每次受到欺侮，母亲只能抱着我们痛哭流涕的情景。当然，创作冲动里也蕴含着一个想当英雄、想当好汉、想当超人的青年的美好愿望和巨大的"想象力"。这里的想象力是加引号的，我是想强调想象的力量的确十分巨大，可以让你编造出许多你并未经历过的事件和故事。不过话说回来，想象力虽然是巨大的，但也并不是凭空捏造。我们一家从南京逃往九江时，乘坐的就是长江里来来往往的小火轮。大家一同出钱包下一艘船，我们一家包括我那位年已九十的曾太祖母，都只能铺上油布露宿在船头的甲板上，而带着我们逃难的亲戚一家却住在头等舱里。下大雨的时候，才七岁的我，和只比我大几岁的小叔叔合力支撑着另一块油布，为大家遮雨。在重庆遇到大轰炸后，我们全家搬到了江津，在来往重庆和江津之间，我也乘过不少次在长江上跑来跑去的小火轮，见到过人、畜的落水事件，也饶有兴趣地留意过这些小火轮如何解缆、如何离岸、如何靠岸，以及船老大如何吆喝、咒骂那些水手。任何创作、任何想象，其实都来源于你的生活。

这就是我创作的第一篇小说，我的语文老师范烟桥先生对这篇作品的评价可不高，他的评语只有四个字——"纯属杜撰"，评分是"中下"。

我的第一篇真正属于有意进行小说创作的作品，是一部写给青少年看的十七八万字的惊险小说，叫《彩色陶罐的秘密》。前面我已经说过，我大学毕业后被统一分配到北京电子管厂，并被派到南京电子管厂实习。当时生产三班倒，而整个车间只有我一个技术员，我常被半夜叫去维修设备，回来往往已无法入睡，只好看看书，自学一点俄文，或写点东西。那时，1954年的南京，连续发生了几桩偷运文物出境的大案，正好，我又在新华书店买到了一本刚刚出版的有关新石器时代仰韶文化的考古报告。也许是因为爱国主义思潮的影响吧，我在这部惊险小说里设计了一个很有趣的点：从这批顺利查获回国的彩陶中，发现了一些比甲骨文还要早的文字……这其实就是一个科幻设定了。不过，我当时的确没有（把它）当成科学幻想小说来写。

我年轻的时候，特别欢喜斯蒂文森的《金银岛》《错箱记》《诱拐》，所以我是把《彩色陶罐的秘密》当成惊险小说来写的。当然，在失眠的夜晚断断续续写成的小说并不完整；由于工作忙乱，我也从未想到要把它寄出去，寄给出版社。直到20世纪60年代，我已开始在各少年儿童期刊、报纸上发表科学幻想故事，才把《彩色陶罐的秘密》整理出来，标上"科学幻想小说"，寄给了江苏人民出版社。他们把此稿转给了江苏省当时唯一的纯文学杂志《雨花》，交到了才进编辑部不久的范伯群（中国现代文学研究专家）手上。等稿子准备刊用的时候，由于篇幅过长，要分期，拖了很久，后来就没了消息……总之，这就是我的第一篇科幻小说的命运。

这部小说的原稿后来可能是被盗了。如果是被盗了，也许还会和《冰海猎踪》（我在失去工作后写的科幻长篇小说）一样重见天日。在我移居美国后，苏州家中失窃，被盗的两箱稿件中就有《冰海猎踪》的原始手稿。2022年，上海收藏爱好者王时亮

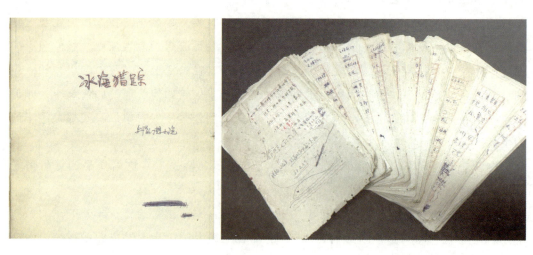

萧建亨失而复得的科幻长篇小说手稿《冰海猎踪》，这部作品几易其稿、命运多舛，一直未能出版。

先生说他在旧货市场收购到了这部稿子，并将此稿交给了八光分。如果以后能找到当然是最好的结果了，这样就能看看我当时是怎么设想文化的多元起源的了。

剧本获奖和并不顺利的"触电"

科幻邮差：我们查资料的时候，看到萧老师早年曾经拿过电影厂的剧本奖项，可以请您介绍一下当时的情况吗？

萧建亨：1956 年中央提出"百家争鸣、百花齐放"的方针，中国的文艺界、学术界活跃起来了。那年年初，文化部（或电影局）向全国征求电影文学剧本，并公布一等奖为 10000 元。接着，中国科学技术普及协会和上海科学教育电影制片厂也面向全国联合发起科普电影剧本的征集活动，一等奖为 1000 元。我那时刚刚失去了工作，看到征文广告后，就想试一试。

因为我从未写过电影剧本，科普电影要怎么写更是完全不知道，于是写了一封信给科普电影征集评奖的委员会，说我想参加征文，但不知道怎么写，是否可以寄些现成的剧本或有关科普电影创作的资料给我。没过多久，委员会居然真的寄来了一大包资料，有油印的、铅印的科普电影剧本，还有一些是讲如何创作科普电影文学剧本的内部讲义。我很用功，立即研读了那些剧本和资料，终于弄懂了什么叫"淡出、淡入"，什么叫"切换"，什么叫"推镜头"，什么叫"蒙太奇"……当然，我所做的准备工作远远不止这些，我还研读了大量相关著作，包括斯坦尼斯拉夫斯基有关电影创作的理论，和契诃夫、易卜生等大师的文学剧本。

接下来就是选题了。我是学电子学的，对电子学的发展一直非常关心，而且也随时追踪。所以选有关电子学方面的科普知识来写，我本应当可以驾轻就熟，但不知道为什么，我一向不喜欢那些过于专业化的科普电影，因为过于专业化，广大群众也并不喜欢。那时候电影院里放片前，常常要加演一部到两部短片，有时是美国的动画片，有时是科普电影短片。我观察到，一到放科普电影短片时，观众根本不看，不是去上厕所，就是聊天。这真是一种浪费！我一向喜欢更有概括性的东西，看事物要看其在更高一个层次上的应用和展现的魅力。我一向相信，生活是复杂的，从来就没有所谓单纯的科学、单纯的技术。

那时，我正在为科普著作收集一些资料，里面有一本是讲影子的，一本是讲气泡的。这些都是讲人们平常生活中的科学知识。我那时已经认识到，要想获奖，就一定要选择一个出人意料的科普题材，而且也认识到电影是视觉形象（的艺术），写剧本的时候一定要考虑画面的可表达性。为写这个剧本，我前前后后一共花了八个多月，写了好几稿，改来改去，一直拖到征文快截止的时候才寄去。没想到，不久后，评奖委员会寄来了一封热情洋溢的信，说这个剧本被上海科学教育电影制片厂选中，准备拍摄。不久，我真的接到上海科学教育电影制片厂的邀请信，要我到上海去为该厂的编导讲课，讲"如何创作科普电影剧本"。这是我第一次和上海科学教育电影制片厂接触，也是我第一次与电影界直接接触，就是现在大家所讲的"触电"了。

不幸的是，接下来的"触电"很不顺利。后来，科普电影剧本征集获奖名单公布，一等奖一名，是我撰写的《气泡的故事》，评奖委员会寄来了 1000 元奖金。原本《气泡的故事》被列入拍摄计划，但是好景不长，评奖委员会被重组，重新成立的评委会认为之前评出来的剧本题材都不够重大。最终，原评定的一等奖取消，改为二等奖，一等奖空缺——这就是登在《人民日报》上的公告。评好的奖被改评，虽然奖金并未叫我们退回去，但这在中国的评奖活动上，还是很少见的吧。这是我的第二次"触电"了。

至于第三次"触电"，已是三年以后的事了。当时，上海科学教育电影制片厂重新成立一个摄制组，准备将《气泡的故事》拍成一部能够获国际大奖的科普片，为此还特地进口了一批彩色胶片。但导演改写分镜头剧本时，因改动过大，与我原来的设想差距太大，这个分镜头剧本被我否定了，合作因此失败了。《气泡的故事》虽然获了奖，但却一直未能正式拍成片子。

写科幻长篇小说和拍科幻故事片的想法太超前

科幻邮差：除了《气泡的故事》，萧老早期还创作了哪些科幻作品呢？为我们介绍一下您早期的创作经历吧。

萧建亨：我早期的科幻创作经历，真的是道路曲折、跌跌撞撞，是在一边尝试、一边摸索、一边开拓中前行的。当然，其间也走了许多弯路，尤其是在和电影界接触的过程中，吃尽了苦头，而且可以说是彻底失败了。或者说，我当时想搞成一部科幻故事片的想法，太超前于时代了。

前面我已经说过，我在1954年撰写《彩色陶罐的秘密》时，并没有把它当作科学幻想小说来写，而是当成惊险小说来写的。我真正开始科幻小说的创作，应该是1956年了。那时候我刚完成了一部有关宇宙争夺战的科幻长篇小说的初稿——《卡里斯托人》（上、下两部）。接着，我看到中国科学技术普及协会和上海科学教育电影制片厂联合征集科学教育电影剧本启事，对其中的第六条产生了强烈的兴趣，征文条例写的是"科学幻想、科学新闻、我国科学研究的成就"。

我想，既然他们也需要科幻，那我正好可以把我刚完成的小说《卡里斯托人》改编成电影剧本，拍成一个大型的科幻片了。所以，我在撰写《气泡的故事》的同时，就去信询问：征集的是什么样的科幻？科学幻想故事片可以应征吗？我还进一步地问：如果我们写科学幻想故事片，拍摄时特技能跟得上吗？那时候我已经注意到了，没有特技的话，有很多科幻电影是拍不出好效果来的。特技问题，到今天依旧是科幻电影的大问题。不过，我提这个问题的时候，还是20世纪50年代末。问题提得实在太超前了，评奖委员会非常认真地答复了我的问题，并寄来了我向他们索求的参考资料。在回信中，他们实事求是地提到，他们对"科学幻想片"并不熟悉。回信是这样写的："创作科学幻想片，我们没有经验，希望你们创造。"

"希望你们创造"，这个回答对于一个欢喜"创造"的青年来讲，是多么鼓舞人心啊！真是令人激励！我可以把我那刚完成初稿的宇宙空间剧拍成一部大型的科幻片了！于是，我就开始与上海科教电影制片厂反反复复通信，讨论如何拍成一部大型的宇宙科幻故事片。我花了很大的精力，拟好了一份《卡里斯托人》的详尽提纲，细得就像一个分镜头剧本了……这就是我与电影界打交道的开始，这第一次以及以后的好多次"触电"都以惨败而告终。对一个青年来讲，惨败原本并不要紧，但对于那时的我来讲却很要紧，因为，我因病而莫名其妙地失去了工作。

总之，后来因为种种原因，科学幻想故事片的计划取消了！电影制片厂寄来一封信，退还了我的稿子，只说了声"抱歉"。当然，上海科学教育电影制片厂或许也了解到我那时的处境，把我推荐给了中国福利会——也就是说，把我这个一直想出版一本科幻长篇小说或拍成一部科幻电影的科幻作者，推向了"小儿科"。中国福利会倒也很慎重地为我召开了一个大型的座谈会，希望我能为他们主办的《儿童时代》创造一个能超越《中国少年报》的"小虎子"、《上海少年报》的"小豆子"的受儿童喜爱的人物形象出来。这就是我和上海《儿童时代》合作的开始，由此认识了《儿童时代》的盛如梅老师。

此时，我试图在科幻长篇小说和科幻电影上有所突破的努力完全泡汤了。正如布迪厄所说，域场一旦形成了一种趋势，比什么力量都大。我终于也汇流到少年儿童科幻创作的队伍中去了。我到今天也不知道，郑文光、鲁克、稽鸿他们当时是不是也试过去实现科幻长篇小说的梦想？不过，就我所知，所谓的第一次科幻文学创作高潮十四年中，国内出版界好像没有出版过一本中国人自己写的、给成年人看的科幻长篇小说。同时，我的另一部科幻长篇《冰海猎踪》已经寄给了中国青年出版社，本来中国青年出版社已来信告诉我，这篇稿子他们准备做一定的修改留用，但后来他们也将稿子转给了中国少年儿童出版社。这稿子转交到了郑延慧的手上，这也是我和郑延慧老师合作的开始。

郑延慧老师来信说，她看了稿子，觉得很好，只是主人翁谈恋爱的情节似乎不适合给少年儿童看……由于事隔多年，我已记不清当时是如何同郑延慧讨论《冰海猎踪》修改意见的细节了。总之，我记得前前后后大约大改了三次。第一次是说少年儿童读物中不准有恋爱情节，我照意见进行了改动。从事过写作活动的人都知道，有时改写稿子，比新写一个稿子更费心，也更费时间。稿子改好并寄给郑延慧后，不久即收到了一封令人鼓舞的回信，说稿子已送审了，估计是可以顺利通过的。可是，隔了几个月吧，郑延慧又来信说，出了新的问题，当时一个野生动物保护组织在海上拦截日本的捕鲸船，抗议日本人对鲸鱼的滥捕滥杀，我那本《冰海猎踪》，写的虽然是先进的改革思想与落后保守的思想斗争的故事，但背景正是跟南极的捕鲸有关。如果稿子发表出来，不排除会引起国际上的争议，被说成中国也想染指南极的自然资源……所以，稿子又寄了回来。于是，我又重新把稿子改了一遍，把提高捕鲸效率的情节，改成了人类已经实现了鲸鱼的大量饲养后，如何提高捕鲸的效率。这样的改动，的确是很费心力和时间的！

记得 1962 年，郑延慧为《冰海猎踪》特地赶到苏州去看我，她看到堆放在我书桌上的《冰海猎踪》的稿子，大吃一惊。好多年后，郑延慧已成了我的责任编辑和老友，她在为我的一个科幻集子写的《萧建亨和他的科学幻想小说》一文中这样写道："我

1999 年 8 月由湖南教育出版社出版的萧建亨个人作品集《布克的奇遇》中，收录了郑延慧所写《萧建亨和他的科学幻想小说》一文。

有一次出差，就专门绕道到他的家里拜访，发现他正在把自己埋在一大堆稿纸当中。交谈之后我才知道，他寄给编辑部的虽然是只有万把字或几千字的短篇，草稿却有厚厚的一摞。当时，他正在修改一个科幻长篇《冰海猎踪》，竟写了一大捆二尺多高的草稿。使我感到奇怪的是，当时他年纪不大，又是大学毕业，却没有一个工作单位，这在当时，几乎可以说是绝无仅有的。什么原因呢？不便深问……"郑延慧写这篇评论已是 1999 年的事了，可是在 1962 年，我印象最深的是，在我苏州的家中谈《冰海猎踪》如何改动，从一早谈到中午，我想请她吃顿便饭，延慧却一口拒绝了，匆匆地赶到外面吃了中饭，又匆匆赶回我家中继续谈《冰海猎踪》的修改方案。那时候，我对她这种"不占群众一针一线"的作风真的是肃然起敬！随后稿子又按编辑意见重新改了一遍，这时已到了1963年！《冰海猎踪》原稿再次被寄了回来，这次可不是修改，而是退稿。这在当时对我的打击够大的了。也就是说，我花了这么多时间，在科幻长篇小说或电影上的突破尝试完全失败了。退稿信中除了解释出版规划变更，还批评了我作为一个大学生，不出去工作，就在家里"写写弄弄"，是"不务正业"。信未具名，落款"编辑部"，但一看就是郑延慧的来信。

拿《冰海猎踪》来说，它被退稿到底是因为涉及捕鲸怕引起国外争议呢？还是因为"一个大学生没有工作，只在家写写弄弄"不符合当时社会的规范呢？还是有其他更深层次的原因？到今天，我依然未想明白。总之，为了生存，我只好放弃写作，到处去寻找工作。

1962 年 6 月 7 日，萧建亨、金玮夫妇携三个孩子与姐姐、姐夫以及萧母合影留念。

我的《布克的奇遇》入选了语文课本

萧建亨：这就是我早期的科幻创作经历了。应该说，这是失败多于成功的一些经历。所幸，这两年（1956—1966）我虽然在科幻长篇和科幻电影上未能取得突破，但在科幻短篇和科学文艺小品的创作上总算还做出了一点点成绩：写了一本得了一等奖但始终未能拍成电影的《气泡的故事》；参加了《十万个为什么》的撰写工作；在上海少年儿童出版社出版了一本专讲南极探险的《谜一样的地方》；写了一些给孩子们看的科学文艺小品，如《影子的故事》《看不见的大力士》等；还写了几篇给少年儿童看的科幻小说。不过要知道，那时全国只有两个少年儿童刊物发表科幻小说，北京中国少年儿童出版社的《我们爱科学》只是一个不定期刊物，从1956年到1965年一共才出了十三期，而我一个人就发表了五篇小说。

这就是后来所谓的"中国科幻文学的第一个繁荣期"，就是这样"僧少粥少"，发表阵地少得这么可怜，"繁荣"是要打问号的。那时，我们这些为数不多的科幻作者只能算是较早的尝试者，而且说得准确些，我们只是初期艰辛的开拓者而已。不过，

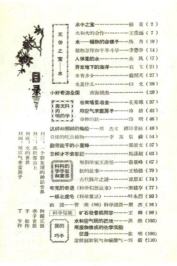

无价之宝——水

水中之宝……………………杨垦（2）
水和火的合作………………王燕远（7）
水——植物的命根子………马舟（10）
植物怎样和干旱斗争……李懋学（14）
人体里的水…………………东风（17）
开发地下的海洋……………石丁（21）
水有多少……………………戴闻天（24）
水是什么……………………曰文（28）

小好奇游全国 南海捕鱼（29）

奇天科幻 月空里冶金………孔宪璋（37）
明的学 月空气来盖房子……冷洁（42）
奇妙的犰狳…………………路明（46）

这样和那样的轮廓……朋 杰文 穆邵棠画（49）
奇怪的吃虫植物……………李苏 敬麟（54）
勤劳能干的小草……………那嵌文（57）
怎样才不会忘记……………马谋超（63）

科幻的 科学怪想家王厉任……蔡景峰（67）
文学故事和科幻 新的故事……王怡德（70）
古代钥片之谜………………宜慰正（74）
布克的奇遇（科学幻想故事）……萧建亨（77）
一根龙虎毛（科学童话）……叶永烈（93）

科 谜……管 庶（88）科学谜语……朋 杰（16）
矿石收音机间答……………王 犇（99）

灵的 水和空气玩的把戏……洪 燕（103）
巧学 用废物像成的化学实验
     仅盘…………………佟 明（106）
     怎样制取氧气和燐燃气……刘 载（110）

1956年到1965年，北京中国少年儿童出版社的《我们爱科学》一共出了十三期，萧建亨一个人就在这本刊物上发表了五篇文章。其中，第7期推出的《布克的奇遇》，后来发行单行本，成为当时名副其实的畅销书，先后印刷数百万册。

这些科幻小说在当时的确受到了孩子们的热烈欢迎。《布克的奇遇》在1962年第7期《我们爱科学》上发表后，郑延慧作为此稿的责任编辑，一直对它很欣赏，曾多番推介。在评论这篇小说时，她曾经这样写道："1962年，编辑部接到萧建亨同志写的科幻作品《布克的奇遇》的时候，总觉得有一种新鲜感。题材无疑是有启发性的……通读全篇，总的感觉是不一般化的，有趣味，有启发性，有余味，科学和故事结合得比较自然，比较紧密，在创作上有所突破。这篇作品发表以后，受到广大少年读者的欢迎……20世纪70年代后期，它再版发行的数量达到将近一百万册……在1980年第二次全国少年儿童文艺作品评奖中，《布克的奇遇》被评为二等奖。"

1958年，萧建亨写的科学文艺著作《谜一样的地方》由少年儿童出版社出版后，很受读者欢迎。

不过延慧大概不知道，《布克的奇遇》在1984年又被收入到中等师范学校的语文课本中，这应该是中国第一篇被正式收入语文教材的科幻作品。同时，《布克的奇遇》《奇异的机器狗》以及1979年创作的《万能服务公司的最佳方案》，一起被收入小学语文的辅导教材中。由于我国学生众多，教材印刷起来都是几十万册，所以如果真正统计一下，《布克的奇遇》印数恐怕早已超过三五百万册了。

科幻邮差：原来萧老师在这么早就尝试过成人科幻长篇小说的创作和出版，确实过程很坎坷，除了您提到的一些外部因素外，您觉得当时科幻小说与儿童文学深度融合，还有没有其他原因，比如出于科幻作家的创作自觉？或是受到外国尤其是苏联科幻的影响？

目　　录

《文选和写作》教学参考资料的说明 …………（1）
第三单元说明 ……………………………（1）
几欣五官 …………………………………（2）
偎子的秘密 ………………………………（7）
时光老人的礼物 …………………………（10）
什么叫做好，什么叫做不好 ……………（12）
大用的工作 ………………………………（14）
尾巴 ………………………………………（16）
布克的奇遇 ………………………………（20）
第三单元作文练习说明 …………………（24）

第四单元说明 ……………………………（26）
稻草人 ……………………………………（27）
矿砌和演绎的故事 ………………………（33）
丑小鸭 ……………………………………（38）
快乐王子 …………………………………（43）
一个天才的杂技演员 ……………………（47）
寓言三则 …………………………………（54）
第四单元作文练习说明 …………………（62）

第五单元说明 ……………………………（69）

· 1 ·

1984 年 6 月，《布克的奇遇》被收入人民教育出版社编写的中等教育师范学校语文课本《文选和写作》，该课本前后发行了好几版，每版均多次加印，每次加印都是几十万册。

萧建亨：这个问题真的不容易回答。不过就我个人来讲，我从来不认为科幻小说就是儿童文学。因为我在初中、高中时，接触的大半都是英美的科幻小说及科幻电影，所以我一开始从事科幻小说创作时，写的都是给成年人看的科幻小说，而且写的都是科幻长篇，还包括科幻电影剧本。这些稿件寄给出版社、杂志社后，都说准备要用了，但最后却由于种种原因搁浅，甚至直接被转往中国少年儿童出版社。

写儿童科幻是一部分科幻小说开拓者的妥协

萧建亨：20 世纪 50 至 60 年代的中国出版界，这么多的出版社，虽然也零零星星地出版了一些苏联的科幻小说，但却从来没有一家出版过中国自己的科幻作家写给成年人看的科幻小说。这种现象的确也让我困惑了好久，直到 2022 年，我拜读了姚利芬博士发表的学术论文《场域视角下的"十七年"少儿科幻文学》（《哈尔滨工业大学学报（社会科学版）》，2022 年 1 月），才恍然大悟。姚利芬博士用法国社会学家布迪厄的场域视角来分析中国这个独特的现象，这才把问题说到了点子上：深层原因在于政府在"向现代科学进军"的口号下，强调要调动一切手段（包括科学幻想小说）来给中国未来的主人翁普及科学技术知识。政府的力量往往大于资本（市场）的力量，久而久之，会形成一个场域、一种趋势，当时，全国为数不多的科幻小说的开拓者，由于成人读者领域的阵地缺失，屈于场域的趋势，只好向少年儿童的出版社和报刊涌去。我那本《冰海猎踪》的经历，以及我和上海科学教育电影制片厂打交道的过程，就很能说明问题了。

科幻邮差：所以主要还是受外部因素的影响。对了，萧老师，我看到介绍说 20 世纪 60 年代的科幻小说还需要通过科学鉴定，这是怎么一回事儿呢？

萧建亨：我为《我们爱科学》杂志写的短篇科幻故事《铁鼻子的秘密》，因为写的是有关嗅觉的科幻，被出版社送到了中国科学院生理研究所去进行科学鉴定，后来退稿信中附了生理研究所一位助理研究员写的鉴定意见："毫无科学根据。"幸好，我那时是受苏联科学院的科学简报上一则有关鼻子研究的论文摘要启发，写出的这篇作品，并非没有科学依据，我把此摘要翻译了出来寄给郑延慧，最后这篇稿子还是被采用刊发了。1977 年，我在上海少年儿童出版社临时招待所里写的《重返舞台》，也被送到上海音乐学院去进行鉴定，因为《重返舞台》写的是如何利用现代科学技术帮助一位失声的歌唱家重新登上舞台的故事。后来我才知道，这篇稿子在上海音乐学院各个科室转了一圈之后，又回到了院长办公室，最后还是时任院长贺绿汀来最后过目。这里还发生了一个有趣的小插曲，中国的著名歌唱家王昆（歌剧《白毛女》的第一个扮演者）正好到上海出差，有人告诉她，有一位科学家发明了一种可以治疗嗓子的电子仪器，王昆大感兴趣，立即要去了稿子，还提出来要与这位"科学家"（即作者）见见面……一篇为少年儿童写的科幻小说，竟然被误解成一项正式的科学技术发明！这就是当时中国科幻界的实际情况。中国的科幻就是在这种被误会、不被理解、因幻想出来的"科学"而被质疑中萌发、被打压、再萌发中长大的。

科幻邮差：萧老师，您的作品影响了很多人，比如科幻迷出身的科幻出版人、现任《科幻世界》副总编辑姚海军就曾说，是《布克的奇遇》改变了他的人生。

影响了一代读者的《布克的奇遇》，也曾被人民教育出版社收入《小学语文阅读文库》第七辑第九册，还推出了多个版本。

　　萧建亨：我的作品影响了很多人，这当然是对一个作者最好的嘉奖了。我想，从当时我的作品发表后所接收的大量小读者的来信看，可能我的这些作品的确是为他们带来了一些小小的欢乐。我一直相信，一个孩子如果在年幼的时候，真正尝到了生活的乐趣，他长大后是不会去作恶的。

　　至于你们说我的作品还影响了"中国的坎贝尔"姚海军，那我真是太光荣、太高兴了！在这里，我却想对海军说一声"对不起"，为什么呢？因为海军当年还在林场的时候，曾给我寄过他用钢板刻制油印出来的刊物。一般来说，我对读者、初学的作者、科幻爱好者的来信，都是有信必回。可是那时候，我的处境已十分艰难，已决心彻底离开科幻这个"是非之地"，对所有的朋友——（郑）文光、（刘）兴诗、（童）恩正、（叶）永烈……包括出版社的编辑来信，我一律不再回信，出版社寄来的合同也一律扔在一旁，不再签署。记得兴诗来过信，说要收我的什么科幻作品到一个他编的集子里去，我也一口回绝了，并在信中对他说："对不起，我不想再炒冷饭了！"这就是我当时的心情。说我是科幻的"逃兵"也可以，说我对中国科幻太悲观了也正确！幸好，历史最终证明是我错了！

科幻邮差：有资料提到早在 20 世纪 50 年代，您就在苏州发起成立了一个科学文艺创作研究小组，可以跟我们介绍一下相关的情况吗？当时都有哪些作者参加？有什么社会反响吗？

萧建亨：由于我在苏州较早地开始从事科学文艺创作，逐渐有不少爱好科普创作的作者找上门来，商讨科学文艺的创作问题，后来，来访的人渐渐多了起来，于是大家就相约，每个月到苏州著名的园林——怡园碰次头。我记得，那时讨论得最多的是，怎么才能把科学小品写好、写得能吸引读者。当时，我曾在这些朋友当中提出过一个有点开创性的主张，那就是：我并不反对写专讲一个单纯的科学问题或技术问题的科普文章，但出于我个人的爱好，我更提倡多写一些与人文有关联的科普文章，比如《影子的故事》这类科学文艺小品。因为一时想不出如何定名，我就说，这是一种"横切面式"的科普小品。当然，现在看来，这个名称取得并不十分贴切。但我的意思是说：我们应当多从群众日常生活中常碰到的一些"科学""技术"问题出发，对这些常见的科学现象进行纵深挖掘，寻找它们对人、对生活、对社会、对自然长久而深远的影响。也就是说，应当多从人文的角度来考虑科学的问题。我认为这就是科学文艺的主要任务。

在这群科普创作爱好者的朋友当中，有一位很有才华的作者，叫王震元。当时震元也向科学教育电影剧本评论委员会投了一篇稿子，获得二等奖。他写的剧本叫《煤炭的故事》。我们这群常在怡园碰头、聊天的业余作者中，居然有两个人同时获得了全国性的大奖，的确引发了不小的轰动。苏州市文联召集了一个座谈会，建议我们正式组建一个小组，问我这个小组应如何命名时，我建议就叫"科学文艺创作研究小组"。经选举，我任小组组长，王震元任副组长。这个小组的级别不高，挂靠在苏州平江区的群众艺术馆下，还得到了几十元的活动经费。当然，拿这几十元的经费，可得为平江区办的大型墙报《百花园》写稿。

科幻邮差：有一种说法是，中国早期科幻被认为受到苏联的影响很大，萧老师您觉得有这方面的影响吗？

萧建亨：就我个人来说，我认为苏联的科幻小说对我影响不大。为什么这样讲呢？这很简单，因为从我的年龄上来讲，我在初中、高中时，所接受的基本上都是英美的电影、小说、杂志的影响，所以，对科幻小说早已形成了一定的概念。当时，我们的出版社零零星星出版过一些苏联的科幻小说，譬如，阿·托尔斯泰的《加林的双曲线体》，伏·阿·奥布鲁切夫的《萨尼柯夫发现地》，还有一本好像是讲怎么从植物中提取黄金的科幻小说，我都拜读过，印象却不深。《萨尼柯夫发现地》我读了一个开头就读不下去了——这本书好像是讲什么地理上的大发现，由于过于遥远、过于专业，并未引起我的阅读兴趣。当然，也许是翻译上的问题。我记得还有几本别利亚耶夫的科幻小说。可那时比较热门的书一旦错过了机会，就失之交臂买不到了。我当时想买一本《平格尔的奇遇》，还是托上海少年儿童出版社的编辑帮忙才买到。总之，科幻小说作为一个品种来讲，当时好像并未引起过文化部门的重视，不然，就无法解释整个出版界为什么不出版自己作家写的成人科幻小说，也没有系统地出版过苏联和英美的科幻小说。

总之，这就是当时的实际情况，文化界不重视科幻小说，而科普界却只想把科幻当成普及知识的一种手段、一种工具。即便是这样，科普界也未能提供阵地让中国科幻小说有个可以落脚的地方。所以，应该说，苏联的科幻小说对中国影响并不大，至少对我个人来说，就更是谈不上了。

科幻"三剑客"都到了上海

科幻邮差：好的，萧老师，关于您早期科幻创作的部分我们就聊到这里。1978年全国科学大会在北京召开，"科学的春天"到来，中国科幻发展的第二个高潮也出现了，您可以为我们谈一谈这个时期的情况吗？

萧建亨：好的。应该说，就科幻而言，我的确是这次科幻创作高潮早期的参与者，也是这次高潮全过程的见证者。1976年，《少年科学》的主编黄廷元、张晋华到苏州找我，希望我尽快给他们赶一篇稿子出来，他们带给我的《少年科学》上刊发了叶永烈的《石油蛋白》，不过那时候《少年科学》没有称它为"科幻小说"，而叫"科学小说"。在《少年科学》编辑部的再三催促下，我又重新提起了笔，记得是在一个大冷天，

1977年，《少年科学》杂志频繁登载科学幻想小说，其中，第4期、第5期分两次刊发了萧建亨的《密林虎踪》。

天寒地冻的时候，我花了三个夜晚，为他们赶写了《密林虎踪》，这篇科幻小说后来在《少年科学》上刊出了。

讲老虎、讲马戏团的科幻故事《密林虎踪》发表后，反响热烈，《少年科学》就盯上了我，频繁地催稿。那时，苏州手表厂交给我一个任务——仿造高精密度的仪器"全自动摆轮平衡仪"。我忙了整整一年，才终于完成了这个任务，这台完全国产的仪器成了全国手表行业争相模仿的样品。苏州手表厂原是一个新成立的小厂，就用这台仪器的图纸，与手表行业中的其他工厂交换得到了不少紧缺的机床、大卡车……于是，我又当了一次"先进工作者"，上了光荣榜，不过，我那时的身份依旧是一个临时工。任务一完成，上海少年儿童出版社又来催稿了，想把我借调到上海去为他们写稿。

后来，上海少年儿童出版社通过苏州市委宣传部，最终把我"借"到上海，"关"在出版社临街的一幢红色三层小洋楼里写作，为《少年科学》赶写科幻小说。这就是我中断了十三年又重新拿起笔再次投入科学幻想小说创作的开始。

在借调到上海少年儿童出版社的半年里，我陆陆续续写出了《不睡觉的女婿》《重返舞台》《"金星人"之谜》，重新把《冰海猎踪》改写并整理了一遍，交给了上海少年儿童出版社。因为那时，我又接到了厂里派下来的一个新任务——试制苏州手表厂首款电子表，所以在这期间，我还不得不经常赶回苏州处理手表厂的紧急事务。

我断断续续住在上海少年儿童出版社赶写科幻小说的那一段时间，值得一提的有以下几件事：

第一件，我终于见到了此前仅通过书信神交已久，但一直未见过面的两位朋友——刘兴诗与童恩正。

说起兴诗、恩正，我就要提一提我们是怎么认识、怎么成为好友的过程了。那还是 20 世纪 60 年代初的事。当时，我除了写作那几本最终出版失败的科幻长篇小说，也试着写了几篇科幻短篇故事和科学文艺小品，这些短篇故事先后都在少年儿童的报纸与期刊《我们爱科学》《少年文艺》上发表了。这时，我已注意到了几乎是与我同时期在这些报刊上发表作品的刘兴诗和童恩正。后来有一天，我接到一封长长的来信，字迹很潦草，读起来有点费劲，但写得非常热情，说是看了我发表的《钓鱼爱好者的唱片》，很欢喜，特来信说希望与我结为朋友，今后大家互相交流。我一看署名，是刘兴诗。

1962 年 12 月，萧建亨、刘兴诗、童恩正的作品出现在同一期《少年文艺》杂志的目录上。

那时我被当作"自动离职人员"处理后，正一个人待在家里，处于最孤独、最失落的时候，突然接到这样一位热情洋溢的同行写来鼓舞人心的信，当然非常高兴，立刻就回了信，就这样，我和刘兴诗成了"从未见过面的科幻战友"。不久，兴诗在来信中又说，他联系上了同在成都的、也和我们同期在同样的杂志发表科幻小说的童恩正，并说恩正也准备给我写信，不久，恩正果然也给我来了信。恩正的信短短的，字写得方方正正的。于是，我、兴诗、恩正，我们三个成了从未见过面的好友。

我至今还记得，1962年我的《布克的奇遇》发表后，兴诗立即写来了热情洋溢的长信，信中说，他看了《布克的奇遇》觉得怎么怎么好，要好好向我学习。那封信中，让我印象最深的是他热情地邀我到成都一游，说他已和恩正商量好，恩正做"交际处长"，他做"导游"，他们一定陪我到峨眉山一游。我的少年时代几乎都是在重庆度过的，因此我一向把四川当成我的第二故乡。我当然想去峨眉山一游，可那时我已失去了工作，实在出不起赴四川的路费。这就是我和兴诗、恩正结识的经过。

因为《少年科学》急需科幻小说，我便向张晋华建议，是否可以把兴诗和恩正也请到上海来写稿？张晋华一听大为高兴，连忙问我要了地址，终于也把兴诗和恩正请到上海来写稿了。我们三个"从未见过面的好友"终于见面了！恩正先来上海，立即住进了那间由图书室临时改成的招待所，我和他同住一室，兴诗拖了一段时间才来。这当然是中国科幻史上的一段佳话。我们三个人的老责任编辑刘东远（《少年文艺》分管科幻的老编辑），有一次特地来看我们三人，脱口而出："好，三剑客都到了！"

审读叶永烈的《小灵通漫游未来》原稿

第二个值得一提的往事是，我是怎么审读永烈的《小灵通漫游未来》的原稿的。

那时候，我和恩正同住一室各忙各的写稿任务，有一天，上海少年儿童出版社低年级编辑室的编辑戴杨藩突然来找我，说想求我一件事：他夫人沙孝惠刚从"五七干校"回到社里，接到一篇科幻稿，由于沙孝惠从未编辑过科幻小说，所以他想请我帮她审一审这篇科幻稿子，看看写得怎么样、能不能用、科学上有什么错误没有。当时恩正正好也在边上，所以戴杨藩对恩正说，也请童老师看一看这篇稿子，帮沙孝惠把把关。我记得，那是写在有些发黄的十六开的、灰绿色的再生纸小本子上的稿件，成稿的时间已经很久了。这种纸质很差的稿纸是用回收的旧纸张漂白后做成的，不过很干净，一看，原来是叶永烈写的《小灵通漫游未来》。

人们常说"以文会友"，我就是从文字上先认识永烈的。受编辑之托，我觉得事关重大，所以这次读永烈的稿子读得很认真，一边读还一边写下我的意见和看法，一共写了二十多条意见和建议。虽然沙孝惠老师告诉我说，这稿子原是永烈学生时代写的，还曾被少年儿童出版社退过稿，但我读完之后，觉得此稿写得还不错。尽管纵观通篇，这只是一个好奇心很强的小记者的参观访问记，故事性并不强，但作者却把那个小记者（小灵通）写得很生动，文笔流畅；作者对文字的驾驭既冷静又敏感，能够仅靠几句话或个别字的转换，把一些毫不相干的事情顺滑地串联起来，这的确是这位青年作者的特殊本领。我把应修改的地方和建议写在上海少年儿童出版社的专用稿纸上，写了十来张纸，并请恩正过一下目。恩正翻了翻稿子和我写的意见，只是笑了笑，并未表态。第二天，约好沙老师，我们在那小洋楼的二楼详细谈了我对稿子的读后感。隔了几日，沙老师特地请我到她家里去玩儿，请我吃了一顿丰盛的午餐，我们再次讨论了《小灵通漫游未来》如何修改的问题。现在已经记不得当时我们讨论的那些问题的细节了，不过，有一个大方向的问题，我还记得，那就是我建议沙老师要提醒作者，在描述未来时，千万不要犯我们这些老一代的科幻作者所犯过的失误，即在描写未来时，把未来社会讲得过于轻飘，可以过于轻松地获得一切。

我至今还能记得，永烈的《小灵通漫游未来》初稿是薄薄的一本，好像只有四五万字，后来改写成了七万多字。有一些细节多少也有一点这样的倾向。我提醒沙老师应该提醒作者，改写时，应尽量避开那些"衣来伸手、饭来张口"的细节。这就是我认识永烈的经过。当然，现在回想起来，我第一次读到永烈的《小灵通漫游未来》的初稿时，只觉得这是一个青年作者的习作，绝没有想到出版后，会在小读者中引起如此轰动。研究中国科幻的人，从来没有一个人能深入地探讨一下这样的问题：为什么同样一个出版社，同样一批编辑，以前会把《小灵通漫游未来》拒之门外，而今天又把它当成重点出版物来出版？总之，评论一篇文章、一个作家，不能离开当时的社会背景。

第三件事，我要讲一讲恩正和他的《珊瑚岛上的死光》。

恩正给我的第一个印象是高高瘦瘦的个子，风度翩翩，一副高校学者的模样。也许是我比他长几岁的缘故吧，他一直对我比较尊重。这可能也跟他的学识以及家庭

1982 年 12 月 20 日，萧建亨（左）与童恩正（中）、叶永烈（右）在上海合影留念。

的教养有关。在同住一室相处的一个多月当中，他谈到了他的家庭，以及他年轻时在湖南雅礼中学求学的情况。他读高中时，因肺病休学过一年，在这一年中，受同学的影响，他读了不少古文，还背了不少古诗词。另外，我还了解了他在大学毕业后分配到峨眉电影厂的过程，以及他在大学时就曾和上海电影制片厂的编剧沈寂合作，想把《珊瑚岛上的死光》改编成电影。

那时，沈寂一听恩正到了上海，就立刻来看他，从他们的商谈中我才知道，要想把《珊瑚岛上的死光》拍成电影，有种种现实层面的阻挠，是很难的。看到恩正和沈寂讨论来讨论去，都想不出一个万全的办法来，让我想起了 20 世纪 50 年代我和上海科学教育电影制片厂以及上海海燕电影制片厂打交道的艰难过程，真为他们干着急！没有想到，半年后，一个突然来到的机会，让我帮了恩正一把。

这个机会，是在 1978 年 5 月的全国科普创作座谈会上不期而至的。

我推荐《珊瑚岛上的死光》到《人民文学》发表

科幻邮差：1978 年 5 月在上海召开的全国科普创作座谈会，我们听另一位口述史受访嘉宾王麦林老师提到过，会后第二年还成立了中国科普作家协会前身中国科普创作协会。萧老师您也是这几次会议的亲历者，请您就从帮助《珊瑚岛上的死光》的机缘开始，给我们讲讲这几次会议的经历吧。

萧建亨：是的，这几次重要的会议，我都有幸参加了。回想起来，有些事件还是令人非常激动的。我就按时间线来讲一下吧。

前面提到，1977 年，我在上海少年儿童出版社完成了《密林虎踪》科幻作品集的几篇稿子后，回到苏州手表厂，厂里马上又交给我一个新的任务——试制苏州手表厂首款电子表。为试制电子表，首先要解决电子表中的集成电路块（集成块）的问题。那时的手表用集成块，国内研究所开价是每块 1200 元，而如果从日本进口，每块才十几元人民币。说到这个细节，好像是题外话，其实不然，因为手表用集成块的情况和当时我们中国科幻面临的情况有相通之处——在国外，科幻早已成为一种普及的通俗读物，而在国内却还只是处于少数生产者的"试制"阶段，这"试制"的成本太大了……这个例子也许并不完全贴切。

这年 5 月，全国科普创作座谈会在上海黄浦江旁的浦江饭店召开了。我被邀请参加了这次会议。会议通知是从苏州市委宣传部转到厂里交给我的，除了我，江苏省好像还去了几位省科学技术协会的干部。童恩正也参加了，但四川代表中没有刘兴诗。就在这次会议上，我认识了郑文光、叶永烈、张峰、周国兴、王麦林、江一、章道义、陶世龙、赵之等人，还有从前只通过信件打了多年交道却从未见过面的编辑们。大家都非常激动，互相鼓励，相互关怀。因时间久远，我现在只记得在大会上发生的几件大事，在这里简单地讲一下。

那次会上，有人把我在北京电子管厂不公正的遭遇汇报上去了。大会简报组的赵之很快找到了我，听完我的讲述后，立即写成简报并在大会上传开了。大会组织者之一的王麦林也找我了解了情况，又在大会主席团会议上讲了我的经历，最后，时任国家科委副主任于光远立即约我谈了一次，表示关心。后来他还亲自写信给上海市科学技术协会，建议为我安排一个工作。可是那时候，苏州已经抢着要我了。如果不是苏州坚持不肯放我的话，我也许就真的调往上海市科学技术协会，和永烈变成同一个单位的同事了。

在这次大会上，我做了一个发言。会后，不知是由谁发起的，组织我们几个人去离浦江饭店不远的上海国际大饭店看望了高士其老先生。大会还组织我们去参观了东海舰队。

这次开会，我的老责任编辑郑延慧也赶来看我了。她已听说我正在为上海少年儿童出版社赶写一本科幻作品集，就问我手上有没有还没发出去的现成稿子，我说有呀，正好我手上还有刚写好、未发出去的稿子。延慧说，她是帮一个老同事问的。她口中的"老同事"，是《人民文学》杂志的王扶。王扶老师原来在中国青年出版社工作时和延慧是同事，后调往《人民文学》小说组任编辑。这次，《人民文学》派她来参加大会，任务就是要组一篇科学幻想小说稿。由于王扶从来没有关注过科幻小说，对中国的科幻作者队伍并不熟悉，一时觉得无从抓起，只好求助于她的老同事郑延慧。延慧约好王扶，和我在一个小会议上碰了头。我告诉王扶，我手上正好有三篇未发表过的科幻作品，一篇准备给《少年科学》，一篇正在上海音乐学院进行科学鉴定，还有一篇给了上海少年儿童出版社。王扶问，能不能看看我的原稿，我说可以，只是我得抽空回苏州去取回这些稿子。王扶听了很高兴，和我约好，等我取回稿子后，我们再进一步商讨。

那天晚上，我刚开完一个小会，突然想起了恩正，想到他一边开会，一边还为《珊瑚岛上的死光》抽空往上海电影制片厂跑，那我为什么不把《珊瑚岛上的死光》推荐给王扶呢？如果《珊瑚岛上的死光》能在《人民文学》上发表，那肯定是能推动电影厂为《珊瑚岛上的死光》立项的！这样也许能推动一下中国科幻电影的发展。我连忙找到恩正，告诉他《人民文学》来向我组稿，而且要得很急，我觉得这是一个很难得的机会，如果《珊瑚岛上的死光》能被《人民文学》刊用，那肯定是会对电影项目的通过起到一定作用的，恩正当然明白了我的意图。于是第二天，我约了王扶和恩正，大家商量，让恩正先把稿子拿来给王扶过目，我去苏州取稿的事就再推迟几天。后面的事，我就不必在这儿多说了。稿子王扶看过后，觉得很好，也提了些意见，希望恩正抓紧时间改，这样王扶也好回《人民文学》交差了。

这就是《珊瑚岛上的死光》在《人民文学》发表的过程。我和恩正、王扶都没有想到，此稿在《人民文学》发表后会如此地轰动。当然，更没有想到，正因为此稿，后来会引发一场科学幻想小说究竟姓"科"姓"文"的争论，真是"祸兮福之所倚，福兮祸之所伏"。王扶能抓住机会，在《人民文学》上发表童恩正的《珊瑚岛上的死光》，在推动中国科幻小说的发展上，确实是一个重大的突破，在催生中国第一部科幻电影上也是功不可没的。所以，我特地要在《中国科幻口述史》里再强调一句："王扶，你的功劳，中国的科幻作者们都会记住的！"

全国科普创作座谈会结束后，我回到了苏州，刚向厂里报到没几天，就被调到苏州市科学技术委员会担任科室干部。

我被"关"在招待所里写出了科幻小说《梦》

科幻邮差：原来帮助《珊瑚岛上的死光》和恢复工作的机缘是这么一回事儿。萧老师，那同年（1978）在庐山召开的全国性座谈会是怎么一回事儿呢？

萧建亨：那是为了解决儿童读物的"书荒"问题，1978 年 10 月，中央又在庐山召开了一个全国性的大型座谈会——全国儿童读物出版工作会。这是中宣部、全国妇联、共青团中央、文化部、国家科委、作家协会、科学技术协会、出版局八个部门联合召开的一个大型会议。与会者有出版界人士、各报社编辑、儿童文学作家三百余人，会期也特别长。这次，郑文光、叶永烈都与会了，记忆中好像没有童恩正，儿童作家有柯岩、韩作黎、刘真等，我们江苏省有五人，带队的是时任江苏省出版事业管理局副局长鲁光、江苏人民出版社副社长索菲，还有出版社少年儿童编辑室主任石永昌、副主任刘新生以及我，我想我大概是作为儿童作家与会的吧。总之，这次会议的确激动人心。

在大会上，我也做了几次发言，由于我曾为少年儿童写过一本有关南极探险史的科学文艺著作（《冰海猎踪》），写作过程中收集过大量南北极探险史的资料和世界著名探险家的专著或传记，所以在会上我就向出版界的编辑们呼吁，应该大量出版这类书籍，要鼓励我们的少年儿童敢于去征服大自然，敢于去探索未知世界。我的发言，打动了当时主持全国出版工作的领导陈翰伯（出版家，曾任商务印书馆总编辑兼总经理、人民出版社领导小组组长、文化部出版局局长、国家出版事业管理局代局长、中国出版工作者协会主席等职务）。

　　会议第二天，陈翰伯约我一同去庐山第六泉，一路上我们讨论了应当出哪一类的书，我举了不少例子，挪威阿蒙森的北极探险故事，英国斯柯特的南极死亡之行这类激动人心、英勇的探险事迹，人类早期的海洋探索、月球探索以及宇宙探索，当然，还应包括科幻小说……我为这套丛书取了一个名字，就叫《探索者丛书》。我还提出，应当努力降低书价，学学英美出版的那些简装、廉价的通俗读物，让学生们都买得起。陈翰伯越听越高兴，我的这位苏州同乡脱口而出："好，你赶快定下来，一定下来就告诉我，我一定为你进口一套无脊装订的设备！"是的，这位从延安来的老知识分子依旧抱着这么激动人心的梦想！

　　会议开了整整十二天，每个人都怀抱一个美好的梦下了庐山。我和鲁光、索菲、石永昌路经杭州换车去上海，途中，石永昌不当心拿错了邻座的一个黑色手提包，就在那一瞬间，我突然想起了英国作家斯蒂文森的《错箱记》，我一直在构思的一篇科幻小说就这么突然成形了。当我们换好从上海到南京的车，刚坐下，我就开玩笑地向石永昌说："你这一拿错了人家的包包，倒帮了我一个大忙，帮我构思好一篇科幻小说了！"我原是随意说说，哪知听者却当真了。石永昌立马要我把这个科幻构思说给他听，长途旅行，坐着本来就十分无聊，我边想边把整个故事编了出来。我一讲完，一行人大感兴趣，本来此车终点是南京，可是一听我讲完那个科幻故事，负责人鲁光立马决定，不让我在苏州下车回家，要我跟他们一起回南京，立刻把这个故事赶写出来。

　　于是，我被"关"在南京的招待所里整整十一天，写出了中篇小说《梦》。

　　《梦》的责任编辑是江苏人民出版社少儿编辑室的黄天戈老先生，他

1979 年 6 月，江苏人民出版社推出了萧建亨代表作《梦》。

本人也是一位儿童文学作家。他接到此稿后，仅改了几个错别字，就立即安排出版了。后来他告诉我，为了调查少年儿童对科幻小说的看法，江苏人民出版社少儿读物编辑室曾做过一次社会调查，买了市面上能买到的科幻小说拿到几所中学和小学去，让孩子们阅读，然后从中选出他们最喜爱的科幻小说。结果，得到孩子们投票票数最多的就是我的《梦》和《布克的奇遇》，《奇异的机器狗》也是他们比较喜欢的一篇。天戈兄还说了一个很有趣的细节，他们在一些班级做调查的时候，问孩子们最喜欢《梦》中的哪个角色，孩子们一致表示他们最喜欢《梦》中的那个头发乱得像个鸟窝的"杨副司令"杨毛头！有一次他一提到"杨毛头"，有几个小同学居然还喊出了小说中的原话，一边喊，一边顿脚！

　　天戈兄本就是一位修养极高的儿童文学作家，他与我讨论，当时中国儿童文学有一个最致命的问题：书中的孩子形象往往都是天天送老人过马路的"乖乖孩"，可是在真实的生活中，天性活泼的少年儿童恰巧喜欢、崇拜的是那些不怎么循规蹈矩、甚至调皮捣蛋的"坏孩子"形象。马克·吐温的《汤姆·索亚历险记》之所以成功，也正因为书中塑造的人物形象不是一个循规蹈矩的孩子。

　　我们还讨论了怎么在科幻小说中塑造人物形象的问题。我记得这位编辑特别指出，塑造一个人物形象，并不是一定要描写这个人物外貌如何如何（譬如"来人身高八尺，声如洪钟"），人物形象的塑造主要是在人物行动的讲述中逐渐完成的。他认为，《梦》所描写的几个孩子形象，虽然没有着眼于描写其外表，但这几个孩子的形象都各有不同，比较成功，这在当时的中国儿童科幻文学中是个重要的突破。而且，这个科幻故事是放在现实生活背景中展开的，从儿童文学的角度来讲，这是一篇生活气息较浓的科学幻想小说，算是一篇比较成功的儿童文学作品。天戈兄告诉我的这些话，不仅是他的个人意见，还是江苏人民出版社举办的"1957—1979江苏省少年儿童文艺创作评奖"讨论会上与会评委们的评语，当然，这对我而言，是一种鼓舞。

中国第一位专业科幻作家

科幻邮差：您在这之后就成了专业作家吗？

萧建亨：没错，写完《梦》这篇小说后，我回到苏州，还未坐定，江苏省为响应那次"庐山会议"的号召，立马召开了江苏省少年儿童读物创作座谈会。就在这个会上，江苏省出版事业管理局发出通知，要调我到南京去筹建江苏科学技术出版社，已内定我为副社长兼总编，先给八个编制，并答应分配一套房子给我；我的夫人，可以调到出版局下面的幼儿园做主任；我的三个孩子，大儿子和大女儿因已有工作，暂不考虑调动，还在读书的小女儿可一同调往南京。通知里还建议，是否在这次座谈会中先挑选几位少儿作家做江苏科学技术出版社的骨干编辑。著名的少儿科学童话作家杨楠就是在那次会议上，由我的建议而调往南京的。

但是，后来情况又有了新的变化。苏州市为了安排我和刚从苏北农村下放回来的陆文夫，决定在市文化局下面成立一个专业的文学创作室，也给八个编制。由于我夫人当时已快到退休年龄，同时也想照顾孩子，不想再折腾了，所以希望我能留在苏州。最后，只得由我自己出面，回绝了南京的调动，最终进入了苏州市文化局创作室，成了专业作家。苏州市还为我和文夫定了一个级别——十九级干部，每月工资 76 元。

这就是我成为专业作家的经过。大概也是中国第一个从事科幻小说创作的专业作家。现在回忆起来，我真的不知道，成为中国第一个专业科幻作家是祸还是福。

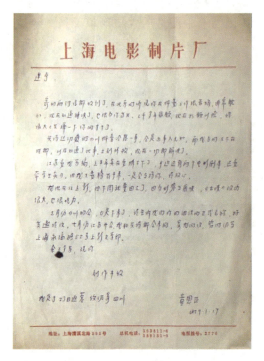

1979 年 1 月 17 日，童恩正得知萧建亨的生活环境有所改善，特地写信鼓励老友。

虽然我没有去南京就职，但省里还是下了两个"硬任务"给我，一个是帮助江苏少年儿童出版社完成《少年儿童科学文艺丛书》的规划和组稿工作。这套丛书是"庐山会议"后，中国出版局派下来的硬任务：由江苏人民出版社、科学普及出版社（现中国科学技术出版社暨科学普及出版社）、福建人民出版社三社合出一套《少年儿童科学文艺丛书》；二是帮助江苏科学技术出版社搞一套《科学文艺译丛》，我被指定担任主编，由江苏科学技术出版社的张崇高和我对口联系。

1979年2月，萧建亨收到的有关参与主编《儿童科学文艺丛书》的通知。

在进入文化局的创作室工作后，我立即收到了兴诗和恩正的来信。兴诗在信中除祝贺我之外，说他也希望能像我一样，放弃所有工作，专业从事科幻小说的创作；恩正则在信中除祝贺之外，还邀我去参加为四川省科普创作协会成立而举办的科普创作讲习班。同时，我又接到四川科学技术出版社社长张叙生、刘佳寿和兴诗的来信，说四川省已准备创办一本专门刊载科学文艺作品的杂志，取名《科学文艺》，由恩正做主编，要我给创刊号写一篇高质量的科幻小说。为此，我寄去了《"金星人"之谜》，这是我准备寄给《人民文学》王扶的，但为了老友之托，我将这篇手上最好的稿子给了四川。

《"金星人"之谜》在《科学文艺》上刊出后，我从未收到编辑部有关《金星人"之谜》读者的反馈信息。这大概和《科学文艺》才创刊，还未形成读者调查机制有关。不过，此稿发表后，在日本收到不错的反响，日本科幻评论家渡边直人曾对《"金星人"之谜》做过这样的评论："《'金星人'之谜》译自四川《科学文艺》创刊号。在当时，中国描写宇宙航行的作品十分罕见，这篇科幻小说堪称出类拔萃之作……"后来，日本太平出版社出版了一套十二卷本的"中国儿童文学"，其中第一卷就是我的科幻小说，并以《"金星人"之谜》（日本译作《给地球人的信》）作为此卷书名。在各报刊宣传这套丛书

1979 年 3 月，四川省科普创作协会邀请萧建亨赴川参会、讲课。

时，也是以我这本《"金星人"之谜》"打头阵"的，该卷中同时收录了《布克的奇遇》。此丛书的第二卷就是迟叔昌的《割掉鼻子的大象》。一套十二卷本的丛书，科幻就占了两卷，可见日本对科幻的喜爱和重视了。

再提一句，日本汉学家伊藤敬一也是我那两篇小说的译者，他在译后记里评价道：

"《给地球人的信》（原名《'金星人'之谜》）是 1980 年发表的作品。小说是从本应该没有生物的金星为什么发现了金星人开始的，平时和宇宙毫无关系的语言学家突然由于意外来到了宇宙（太空）之中，故事由此展开……当时，在中国以宇宙人为题的作品还很少见，这个作品以比移居到太阳系更加遥远的幻想，创造了移居到 X-a 星系的宇宙人，憾人心扉的文笔，是一篇令人难忘的作品。

另外，关于中国科幻小说的简史，最近的动向在第二卷《没有鼻子的象》（原名《割掉鼻子的大象》）的代后记里有简单的介绍，请阅读。另外，我想追加说明的是

1984 年，日本太平出版社推出了一套介绍中国儿童文学的丛书，萧建亨的《"金星人"之谜》排在首位。译者、汉学家伊藤敬一对萧建亨的《"金星人"之谜》和《布克的奇遇》做出了较高的评价。

近年中国的科幻小说家层出不穷，异常活跃，本书中就收录有萧建亨、郑文光、叶永烈、金玮、童恩正、王晓达、刘肇贵、吴伯泽、章以武、未燎、迟叔昌、于止、刘兴诗等（科幻小说家的作品）。"

　　说回 1979 年 3 月，我应邀参加了四川科普创作讲习班的讲课活动。第一讲，就是由我讲"科幻小说的创作"。讲习班办得很成功，把全国主要的科普作家都请来了，还请了当时中央电视台杨时光、谷文娟、《星星火炬》节目的主持人蔡字征、《小喇叭广播》节目的易杏英等好多人。我也第一次见到了《科学文艺》的刘佳寿、谭楷，还有作为四川科幻、科普新秀的董仁威、王晓达。当然，也见到了恩正和兴诗。总之，都是科普界的精英。与会者对未来都充满了信心和期望，可是我却在会议刚刚结束时就病倒了，住了几天医院。

　　回到苏州，杂七杂八的事就更多了，我根本无暇顾及自己的科幻小说写作了。江苏省科普创作协会的筹建工作、三个出版社联合办的。《少年儿童科学文艺丛书》的组稿、江苏科学技术出版社的《科学文艺译丛》的工作……除了这些，我还要忙召开江苏省少年儿童读物创作出版座谈会的事情。这一年 8 月，中国科普创作协会成立，我当选为协会的理事。值得一提的是，在第一次理事会议上，有人提名我为常务理事。当时选举常务理事的会议是这样召开的：有人提名，大家鼓掌就算通过了。我当场谢绝了。我建议，应选举江苏省南京美术学院从事科普美术的殷教授为常务理事，大家就拍手通过了。那时科普界的精英们都很谦让，互相尊重，也很团结，都对科普创作协会的成立寄予了许多美好的期望。接下来，各个专业委员会也成立了。我、恩正、永烈当选为科学文艺专业委员会的副主任，郑公盾是协会指定的正主任。我记得很清楚，当时郑文光是少儿科普专业委员会的主任。假如我的记忆没有错的话，文光是在1980年哈尔滨两个专业委员会（少年儿童、科学文艺）开年会时，才调整到科学文艺专业委员会来的。

　　大会一结束，我又被科普出版社留了下来，硬塞了一个任务——主编一本由科普出版社和美国《生活》杂志合作出版的《北京人》。这是美国《生活》杂志出版的一套大型科学丛书中的一本（一卷），指定由周国兴翻译。为此，科普出版社在虎坊桥《光明日报》招待所包了一个房间，让我和周国兴一同完成此稿。为了此书，我在北京一待就是大半年。当然，在这段时间里，我一边编辑此书，一边为江苏科学技术出版社的《科学文艺译丛》组织了大量稿件，同时，还为科普出版社的白金凤老师审读了不少科幻作家的来稿。

　　1979年就这样匆匆地过去了。现在回想起来，那一段日子还是非常值得怀念的。因为，日子过得非常充实！

1980 年 11 月，萧建亨耗费了大量心力的《科学文艺译丛》由江苏科学技术出版社推出，到1981 年 8 月，一共推出了三辑。

"老弟，你这样信口开河，真该打手心！"

科幻邮差：刘兴诗老师曾在之前的《中国科幻口述史》访谈中，提到中国科幻作家加入世界科幻协会的事情，萧老可以跟我们谈谈吗？

萧建亨：看了兴诗在之前口述史访谈中谈到我们五个人首批加入世界科幻协会的事，我差一点要喷饭大笑起来。真的，如果我们今生还有机会见面，我一会要对这老弟说："你这样信口开河，真该打手心！"

首先，他在口述史中说世界科幻协会主席布赖恩·奥尔迪斯访华时，曾向邓小平提出要在中国发展科幻会员的事。我认为奥尔迪斯应该不会在这样规格的会议上贸然提出这个问题。如果真像兴诗所说的那样，那么这次会见必然会有公开的报道，而我们这些天天在关心科幻的人却从来没有见到过这样的报道。如果有的话，那事无巨细必然笔笔记录的永烈，也一定不会放过这么重要的消息的。查一下永烈写的回忆录就知道了，细心的永烈并未记录这件事。兴诗这位大幻想家，好像在编故事，一不留心，编出了一个有逻辑错误的故事来了。

那么事实是怎么样的呢？当时上海外国语学院（现上海外国语大学）聘请了一位外籍教师——菲利普·史密斯，史密斯发现中国的科幻还比较落后，觉得大有潜力可挖，于是开了一门介绍世界科幻的选修课，并通过世界科幻协会号召大家给他寄科幻书。为了了解中国科幻的情况，菲利普·史密斯和学校派给他的助手吴定柏就近找到了在上海的作家叶永烈。可以说，加入世界科幻协会，是奥尔迪斯通过史密斯联系办成的。

于是，永烈直接联络了我们几个人——郑文光、我、刘兴诗、童恩正。永烈来信问我们要不要入会。当然，那时刚刚改革开放，能与某一世界性的组织联络，大家都很感兴趣，于是都表态说，可以！这样，永烈就通过菲利普·史密斯办妥了我们几个人的入会事宜。

这里我要着重提一提，细心的永烈是十分谨慎的，办我们加入世界科幻协会这事的时候，向他的组织——上海科学技术协会打了份报告，先打招呼，问清了可以入会，才联络我们大家的。看一下他的回忆录，都写得明明白白。他是事先向所在的单位打了报告，得到了上级的同意，才通知我们入会的。

至于永烈怎么当上了世界科幻协会中国区的秘书长，也不是兴诗所回忆的那样。事情经过是：永烈通知我们，问我们愿不愿意加入世界科幻协会，我们都表态愿意。入会得交会费，我记得是一年六英镑。永烈先为我们垫付了会费。付了会费之后，我就不时地接到协会寄来的一些通讯，这些简单的通讯，我也从来没有仔细地看过，收到了就扔在一旁。

　　不久，我又接到永烈的来信，信中夹了一张复印出来的五个人（郑文光、萧建亨、刘兴诗、童恩正、叶永烈）名单，让我们推选世界科幻协会中国区的秘书长。我立刻在叶永烈的名下打了一个勾（我想，文光他们一定也会选永烈为秘书长的）。就这样，是我们一致选举了永烈当秘书长，并不是上面什么人派定的！这就是我们五个人参加世界科幻协会的全部经过了。

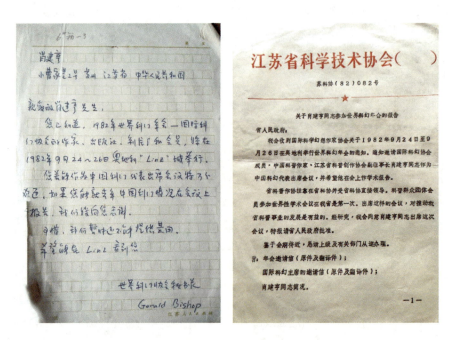

1982 年 7 月，江苏省科学技术协会就世界科幻协会邀请萧建亨参加大会年会一事向江苏省人民政府打报告。

在中国，我最早在小说中提出人工智能概念

科幻邮差：萧老师，我们注意到，您的小说《沙洛姆教授的迷误》和《乔二患病记》两篇作品曾在《人民文学》发表，能请您谈谈发表的经过吗？

萧建亨：《沙洛姆教授的迷误》其实是我准备写的十篇有关机器人故事中的第一篇。看了阿西莫夫的《我，机器人》之后，不知道为什么，忽然我也想写十篇机器人的故事并编成一本集子，不走"我是机器人"路线，而是"我不是机器人"！不用说，我不是真正地在写机器人，而是在写人，在写"人不是机器"，强调人性的复杂，人并不是能用统一的标准来管理、来约束的。

《沙洛姆教授的迷误》写的是一个流浪儿被收养后，一个机器保姆公司想把他改造成一个能进入上流社会的君子的故事。老实讲，我写的时候也缩手缩脚，一直不敢放开来，痛痛快快地把这个故事写好、写透。

不过，这篇小说在国外反响更为强烈，尤其是日本。《沙洛姆教授的迷误》并不是描述机器人如何的小说，而是借机器人的故事探讨人性奇特而复杂的一面。当然，我是不相信机器人会替代人类的，现在宣扬机器人会有一天替代人类的人，不是在哗众取宠，就是对人性的复杂不了解。人即宇宙，我们要了解宇宙，都还早呢！人造出来的机器，怎么可能取代人类？

至于《乔二患病记》，也是为王扶的约稿赶写出来的一篇科幻小说。1980 年在哈尔滨召开科学文艺专业委员会以及少儿科普专业委员会联合会议的时候，我们都住在哈尔滨友谊宾馆。那次会议，叶至善、郑延慧、王扶还有小吴岩都来参加了。就在这个会上，延慧来向我要稿，我因走错了会场的一个巧合事件，突然就构思出一篇讽刺性的科幻小说。我把编好的故事讲给延慧听了：一个技术人员当厂长后，老是开会，他的妻子就设计了一个跟他一模一样的机器人来代替他开会。这专门开会的机器人开起会来可起劲儿了……可是有一天，厂里接到严禁文牍主义的指示，会议没得开了，开会机器人因想开会而不得，就生起病来了。

这当然是一篇讽刺性的科幻小说。老实讲，国内还没有人这样写过，延慧听了，就在她主持的少儿科普专业委员会的会上，把这个故事讲给叶至善和王扶听了。第二天，我们全体与会者去游太阳岛，叶至善找到我和他一起走。他觉得这个故事挺好，

因为针砭时弊，不过，他感觉结尾太平了。叶至善到底是个大内行，我那个故事的结尾的确没有编好，只说开会机器人因没有会可以开了，就大病一场，大病以后，又怎么样了呢？故事的结尾是太平淡了。这就是大编辑的厉害之处，一针见血就指出我那个故事的问题所在。我那时反应还算快，没走几步路，我就想出来了一个比较妙的结尾。我告诉叶至善说，故事的结尾应这样来安排：这开会机器人想开会而不得，因此患了忧郁症，不言不语病倒了！机器人公司的老板就把"机器人之父"沙洛姆教授请来给机器人诊断。当专家到齐后，主持人宣布："会议机器人病因诊断会议正式开始……"话未说完，本来躺在一旁奄奄一息的机器人，突然掀开盖在身上的白被单坐了起来，笑容满面地对大家说道："同志们，你们又要开会了？哈，太好了！请允许我也来参加这个会议！"

我记得叶至善一听这结尾，哈哈大笑道："好！这结尾好！"《乔二患病记》就这样诞生了。之所以叫"乔二"，是因为当时，蒋子龙创作的短篇小说《乔厂长上任记》正红得发紫。后来王扶也找到我，说她要这篇稿子。当然，这稿子真正写出来，那是以后的事了。这稿子发表时，被压缩得很厉害。我一直挺不满的。王扶后来打招呼说："今后出集子时可以恢复嘛。"可是不知为什么，我把原稿弄丢了。所以，最近我正在写信给施战军（中国作协党组成员、书记处书记，《人民文学》主编），希望他能帮我找到那份原稿。

《乔二患病记》发表后，在国外又引起了很大反响，有人评价说，这是中国第一篇讽刺性科幻小说。以上提到的在《人民文学》发表的两篇科幻故事都提到了"机器人之父沙洛姆"，这的确是我那十篇科幻小说的一个构思，用同一个角色把这些故事串联起来。但遗憾的是，这个计划因我决定退出科幻界而停止了。

科幻邮差：这个系列没有完成确实太遗憾了……不过说到机器人故事，我们还注意到您的《万能服务公司的最佳方案》，这篇小说很有可能是国内人工智能小说的先行者，可以给我们介绍一下这篇作品的创作情况吗？

萧建亨：《万能服务公司的最佳方案》好像并不是国内人工智能小说的先行者。这篇科幻故事是这样产生的。就是之前我提到的，1979年3月四川省科普创作协会成立时办了一个科普创作的讲习班，我也被邀请去讲课，第一课就是由我讲"如何创作科幻小说"。郑延慧也非常想到四川参加这次会议，但那时《我们爱科学》变成了月刊，她和赵世洲等几个人轮流负责发稿。正好这时轮到延慧发稿，她非常着急，就缺一篇科幻，于是她就来信要我支持一下，并且要得很急。我那时的确忙着乱七八糟的编书任务，但延慧是老朋友了，我当然会支持她，于是就赶写了这篇《万能服务公司的最佳方案》。稿子寄去后，延慧很满意。后听说叶至善也很喜欢这篇稿子。延慧完成了发稿任务，如愿以偿地到四川参加了会议。

我是学电子学的，对电脑的功能和发展当然还是比较了解的。但我这篇写给孩子们看的科幻故事，根本没有谈什么电脑的强大功能，只是普及了一些简单的逻辑推理的思考方法而已。至于你提到的人工智能问题，恐怕你们是弄错了。你们大概是指我的那篇《奇异的机器狗》吧。

我在网上看到过一个视频，是吴岩教授在一个科幻学术会上所做的一个报告，他在报告中说，我是中国第一个在科幻小说中提出"人工智能"概念的。他考证下来，1965 年我写的《奇异的机器狗》是中国最早在科幻故事中直接提到人工智能的作品。不过，我这儿要更正一下，《奇异的机器狗》在 1962 年就正式发表了，不是 1965 年。初稿是写于 1960 年，1961 年改完第二稿后，寄给了上海的《少年文艺》。《少年文艺》的责任编辑刘东远来信说，此稿准备采用，因篇幅长，要分两期刊出。但后来计划又变了，稿件被收入《失去的记忆》科幻作品多人集里发表了。所以，《奇异的机器狗》首发是1962 年，初稿是 1960 年完成的。麦卡锡在美国达特茅斯学院第一次正式提出人工智能这个概念，是 1956 年。

《奇异的机器狗》主要讲的是一只叫卡曼（这是我读初中时养过的一只德国狼犬的真实名字）的机器狗的种种神奇表现。在这篇小说里，我写了一个能跑、能走、能听、能看、能为了适应环境的变化而改变自己的、具有自我学习能力的人工智能机器。其实，不特

《奇异的机器狗》被收入人民教育出版社出版的《小学语文阅读文库》第八辑第七册，影响了当时一代少年读者。

地指出这就是人工智能并非关键问题，关键的是，小说中描写的这只机器狗就是一种人工智能机器。

吴岩教授在和我聊天中还提到，他最近在国内外连续三个会议上演讲，讲的都是人工智能的相关科幻小说。据他的考证，在中国科幻小说中，写人工智能题材最多的也是我。他还提出，我的《万能服务公司的最佳方案》《沙洛姆教授的迷误》《乔二患病记》讲的是三个连续的、从不同角度递进的人工智能产品。第一篇小说主要是试图表现算法，第二篇小说表现深度势态感知，第三篇小说则是探讨人与机器共处的一些问题。

我能比较早地在科幻小说中提出人工智能的概念，和我当年一直在关心世界电子学最新的进展有关。那时，我通过大量阅读后，对人工智能已形成了自己的一些想法。我并不想将我的有关人工智能的科幻小说写成仅仅是机器人怎么为人类服务，或者人跟机器人的斗争。我希望能从人的角度，更合理地来讲述我的科幻故事。遗憾的是，由于种种主观、客观的原因，《我，不是机器人》这个计划最终还是放弃了。

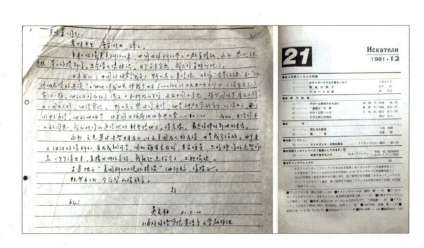

1981 年 5 月，上海外国语学院老师吴定柏致信萧建亨，介绍日本科幻研究者野口真己。1981 年 12 月，日本科幻同人杂志《探索者》一次登出了萧建亨的《沙洛姆教授的迷误》和《"金星人"之谜》两篇小说。评论家渡边直人对这两篇小说评价极高。

我们都知道科幻小说是小说

科幻邮差：萧老师，说到您想用科幻小说来探讨一些问题的创作理念，我们注意到一种说法，就是认为您早期的科幻小说注重"奇思异想"，后期作品在此基础上又加入了对科技与社会关系的思考。从《布克的奇遇》到《沙洛姆教授的迷误》，您的科幻创作理念有发生什么变化吗？

萧建亨：这个问题，我一时真觉得无从答起。的确有人这样评论过我的科幻小说，说我的科幻小说是从普及知识开始，到 20 世纪 70 年代后期，则转向了在科幻小说中注重对社会的思考和关怀。

其实，这是一种误解。从我的年龄来讲，我对科幻小说早就形成了一定的看法，并没有把科幻小说看作一种普及科学知识的手段。我年轻的时候（初中、高中阶段）就已经看过不少当时世界上非常流行的科幻小说和科幻电影，当然，还包括当时非常流行的科幻漫画。我一直就知道，科幻小说是一种通俗读物，是小说，既然是小说，当然它就会涉及社会、政治、人文方面的问题，所以我早期开始尝试写科幻小说的时候，写的几篇都是长篇，这些科幻并没有普及什么科学知识。也就是说，我一直就认为，科幻小说并不仅仅是普及科学知识的工具。

那几部科幻长篇小说出版失败之后，我就开始转向少年儿童科幻故事的创作，这里的原因我前面已经谈过了——受大环境和大趋势的影响。

若问从《布克的奇遇》到《沙洛姆教授的迷误》，我的科幻创作理念有没有变化，我的回答是：没有。科幻小说是小说，既是小说，它一定会涉及社会问题。这才是科幻小说的本来面目。这里我还可以补充一点，前些日子，我翻检以前的材料时，找到了《沙洛姆教授的迷误》最初的构思提纲，那还是在 20 世纪 60 年代就记下来的笔记。所以，有些评论家在写文章时，认为《人民文学》发表了《珊瑚岛上的死光》，其后童恩正在 1979 年 6 月发表了《谈谈我对科学文艺的认识》，才标志着中国科幻整体的创作理念开始了由"科学"转向"文学"，这显然是误解，不符合真实历史。

真实的情况是，郑文光、我、刘兴诗、童恩正、叶永烈对科幻小说的看法基本上是一致的，即我们都知道科幻小说是小说，是文学的一种。既然是文学，当然会反映社会问题。这与当时的主流看法相悖，主流观点和当时报纸期刊的选稿标准认定科幻小说是科普的一种手段，是为普及科学知识服务的。在这种强大的压力下，作家们为了作品不得不投其所好，甚至在进行理论探讨时，也不得不暂时放弃自己的理念，屈从大势，发表一些为缓和紧张关系的言论，这才是当时真实的情况。

有关科幻的风波

科幻邮差：萧老师提到关于科幻属于"科学"还是"文学"的争论，其实之前不少科幻前辈和受访嘉宾都提到过科幻的"科""文"之争，似乎在 20 世纪 80 年代初期，人们的科幻观念发生了很大的改变，请您展开谈谈这个问题吧，您认为应该怎样定义科幻小说？

萧建亨：说真的，姓"科"姓"文"的争论，一开始我并未特别留意，包括叶永烈和《中国青年报》的赵之之间的争论。1978 年 5 月，在上海召开了全国科普创作座谈会之后，我一直在为自己工作落实的事奔忙，前面已经讲过了。总之，我的确是真心真意地投入到推动科学文艺创作的工作中去了。

但这场越来越激烈的争论，终于引起了我的注意。记得有一次，我为《探索者丛书》的事到《人民文学》去找崔道怡。一到编辑部，王扶就对我说："有人批评童恩正的《珊瑚岛上的死光》不科学。哼！我已经去信，让童恩正同志写一篇文章反驳一下！"我当时并未放在心上，不过，从王扶和我谈起这篇文章的口气看得出来，她对这种鸡蛋里挑骨头的批评文章很反感。当时我很感慨，《人民文学》到底是中央一级的刊物啊，会为自己刊出的作品负起责任来，也会在紧要关头维护自己的作者。没有多久，恩正为《珊瑚岛上的死光》辩驳的文章在 1979 年的《人民文学》第 6 期上发表了。文章一出来，我就看了。这一看，又有点担心。这文章本身写得不错，讲出了我们这些科幻作家都想讲的话：科幻小说是小说，是一种文学作品，它的功能绝不仅仅是普及科学技术知识而已。问题是，恩正在文中提的是整个"科学文艺"，把整个"科学文艺"都定义为文学作品，我觉得这种提法一定会引起一场大风波。果然不错，当时我到北京，到南京，到上海，都碰到不少编辑或科普作家协会的人来问我："童恩正是什么意思？他如果仅仅说科幻小说是文学作品，当然可以。但他说整个科学文艺都是文学作品，那有些用科学文艺形式来普及科学知识的科普作品怎么办呢？你们刚刚成立的科学文艺专业委员会难道要搬到作家协会去吗？"讲这些话的人，都是支持科学幻想小说、关心科学幻想小说发展的相关人员。的确，当时在中国提起"科学文艺"这个名词，人们都认为是科学普及的一种手段，尽管这个概念包括了普通科普著作、科学小品、科学童话、科学诗等，都是属于科学文艺的范畴。总之，这还是很常见的一种观念，这个集合式的概念（科学文艺）本身就是模糊不清的，但大家已经形成共识。那么，突然有一个人提出"科学文艺都属于文学作品"，许多人当然是不容易接受的。我不能说恩正这文章一发表就舆论哗然，不，应该说在文艺界几乎没有任何反响，因为文艺界根本就没有几个人在关心科学文艺的问题。

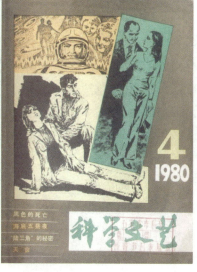

《人民文学》1979 年第 6 期刊发了童恩正署名文章，为《珊瑚岛上的死光》辩驳，引发了科幻姓"科"姓"文"的争论。萧建亨为童恩正解围撰写了《谈谈我国科学幻想小说的发展》一文，先在哈尔滨会议上宣读，后在《科学文艺》1980 年第 4 期和 1981 年第 1 期分两期发表。

其实我当然知道，恩正是在为《珊瑚岛上的死光》辩护，为科幻小说辩护，至于文中把"科幻小说"写成了"科学文艺"，应该只是一时笔误而已。为了帮恩正解套，我就匆匆忙忙地写了一篇文章《谈谈我国科学幻想小说的发展》。这篇文章最早是我在中国科普作家协会科学文艺专业委员会和少儿科普专业委员会哈尔滨年会上的发言稿，正式发表是在《科学文艺》1980年第4期和1981年第1期（续完）。这篇文章后来被吴岩收到他的论文集《中国科幻文论精选》中去了。当然，限于自己的水平，这文章还谈不上是什么论文，只是在科幻小说遭到不公平的指责时的呼吁而已。

今天，时隔多年，客观地回顾一下往事，当年恩正、永烈作为科幻小说的实践者，当然有为自己作品辩护的权利。但是，就像我前面提到的场域问题，在当时强大的压力下，趋势已成，我的辩护还是失败的。作为这场科幻姓"科"姓"文"争论的亲历者之一，我一想起这些往事，总有一种不堪回首之感！当然也十分伤感，尤其是听到当时这场辩论的对立方到现在还在说，当时科幻小说之所以一蹶不振，是因为那时的科幻作者们不争气，拿不出像样的作品来。这种说法当然是错误的，这只是一种不想承担历史责任的诡辩术而已。想想当时，一夜之间，几乎所有的阵地（科幻小说发表平台）都没有了，已经印好的科幻小说终止发行；正当壮年的郑文光被气得中风了；刚刚成长起来的年轻的科幻作者连发表的机会都没有了，还能叫他拿出什么样的作品来呢？

至于怎么定义科幻小说，我的回答你们也许会失望。我不是搞理论的，当然也就没有这种能力来为科幻小说下个什么定义。世界上有很多大师都做过这种努力，但也是各说各的。我真的很佩服文光、兴诗、恩正、永烈他们都能为科幻下个什么定义，还有人能一下子就把科幻分成什么"软"的"硬"的，这个朋克、那个朋克什么的，还有人动不动就给人家套上一个"玄幻"的帽子，称自己的才是最"硬"的科幻。这些当然都很值得大家去争论、去分析，不过我总认为，创作才是第一位的。理论家、评论家最好不要乱下定义。当然，我不否定理论，但理论家最大的任务，是推动创作走向繁荣，而不是到处下个定义来设法框住它。

最后，我想把一段论及科幻的话在这儿说说，这是我为了这次口述史采访翻检以前留下的资料、文件时发现的，是我在1981年6月16日写给研究中国科幻的日本科幻爱好者野口真己信中的一段话：

"至少我个人认为，科幻小说，乃是现代文明中一种无比辉煌的文化现象。不管在小说中写的是过去、现在或未来，都是对我们当前的现实生活的一种认识上的深化、丰富。也许只有文明高度发达的人类才能这样，用一种冷静的、科学的态度，带着含泪的微笑，去批判自己的过去，正视今天的现实，怀着巨大的激情去大胆地想象未来。对我来说，这并非是一种思想上的实验，一种推理的游戏。它应当是我们今天不甚完美的人类现实生活的一种补充、一种批判、一种呐喊而已。"

"科""文"之争本质上是对科普的认识有差异

科幻邮差：那时候"科""文"之争的影响这么大吗？您觉得为什么会产生这样的影响？

萧建亨：我前面已经说过，这场科幻姓"科"姓"文"的争论，我一开始并未注意。包括永烈和古生物学家甄硕南在《中国青年报》的《科普小议》栏目关于用恐龙蛋化石是否能孵出恐龙来的争论，我也未关注，以为这只是一般的评论而已。紧接着，永烈和甄硕南的争论越来越厉害了。同时，之前提到的恩正自我辩护时说"我这是文学作品，而不是科普作品"的事情，让鲁兵在《科普小议》上发表了一篇言辞激烈的批评文章，这才引起了我的关注。这场争论其实不仅仅是关系到科幻小说的性质，还关系到"科学普及"这个大概念，它的范围、它的属性问题。

这里就不得不提到所谓"黄山会议"，这是中国科普创作协会成立后召开的一次重要的学术讨论会议。会议不是在黄山召开的，而是在安徽歙县召开的，会议的目的是提高科普创作水平，由科学普及部、科普创作协会、科普研究所联合领头，动员了科普界的主要骨干和科普作家，来编写一本能指导科普创作的理论著作《科普创作概论》。我被邀请参与这本概论的编写，负责《科学创作概论》中《科学文艺》一章的统稿工作。

会议很隆重，大家热情高涨。刚开始，会议开得很平和，大家都能畅所欲言，发表自己的看法，偶尔有些小争论，但大家都相互尊重，各自发表观点。会议的第四天还组织大家去黄山游玩。隔天，又组织大家去参观了胡开文老墨厂，记得我还买了几锭上好的松烟墨。之后，不少同志发言以后就离开会场回单位上班去了。但讨论到《科学文艺》这一章时，会上立即出了明显的两种不同的观点，而且还产生了较大的争论。

这场争论，就是在以我为首的科普作家们与科学普及部、科普研究所、科普创作协会编委会之间产生的。

这里，我要顺便插一句。在你们邀请我参加科幻口述史采访时，我最先是有些犹豫的。由于时间已经久远了，记忆是不可靠的，所以一开始我未能答应。但后来答应你们进行采访时，我为了尽可能地让回忆准确些，曾与我在苏州的亲戚联系，要他们去我苏州的老家寻找一些可供我回忆的资料。他们确实找到了几大箱当时我留下来的笔记、原稿、来往信件，这其中就找到一封吴岩的来信，信中他十分关心地问我："萧老师，我听说你们在黄山吵得很厉害……"

当时吴岩还是一个中学生，"黄山会议"的争论居然会传到那时的吴岩那儿去了，可见黄山那场争论的确是非常激烈的。不过说真的，那时真的没有吵架，而且也不是后来有人在回忆录里所提到的那样，说"黄山会议"就是因为科幻姓"科"姓"文"的争论才把大家弄得不欢而散。这种说法不正确，因为很多这样写的人都没有参加这个会议，仅仅是道听途说而已。

其实那次的争论，是比科幻姓"科"姓"文"的争论要大得多的一场争论。那是一场关于"科学普及"本身属性的大争论——是应该把科学普及本身看成一种更开放的概念呢，还是将科学普及仅仅看成是一种普及"天地化、数理生"的一种手段而已？显然，前者是一种开放系统的观点，而后者是一种狭隘的封闭系统的概念。其实，归根结底，这就涉及对科普这个概念本身的理解了。

争论的一方，主要是《科普创作概论》的主编方，认定"科学普及"就是把"天地化、数理生"这些已经证明是正确的科学技术知识普及到群众中。而我提出的观点是：科普应当是一个更加开放的观念，不仅仅是要普及"天地化、数理生"的科学知识，而且还应该普及它们与社会科学、与人类学、与自然、与宇宙、与历史、与人文相互渗透的关系的科学知识。

显然，这是一个更大的科普概念。

我当时是这样提的：

"随着工业化的发展，为了提高生产率，工业除大规模发展之外，也越来越倾向于明细分工，从而也推动科学的细分化和专业化。在古代，科学和艺术是不分家的。而进入牛顿、培根时代，科学更加细分，这在当时是一种巨大的进步，这也就是所谓的现代科学的开始。可是到了量子时代，尤其是信息化时代的到来，科学又从另一种高度与社会科学、人文科学产生新的碰撞与融合。这已是世界上所有科学家都知道的常识，而我们却还是抱着一个已经过时的概念在谈科学，谈普及科学知识，这实在是太落后了。"

为了说明问题，我举了不少例子。

第一个例子就是控制论的创始人罗伯特·维纳。维纳论述过："社会科学和人类学基本上就是通信的科学。经济也是控制论的一个分支。控制论还影响到科学哲学的本身，尤其是科学方法论的领域……"

维纳在20世纪40年代就已经知道了，随着信息化的到来，科学必然会在一个新的高度与社会科学、人文科学融合。所以，他在那个时候，就请了神经科的医生、律师、语言学家等各种专家，每月聚会一次，讨论各种各样的问题。

当然，在那几天特地延长的会议中，我还举了许许多多具体的例子。我举了那时大家都熟悉的例子——苏联作家伊林写的《五年计划故事》。当年，这本书是当成科学普及读物来出版的，但伊林讲的不是纯科学、纯科技，他讲的是社会科学。另一个例子就是伊林的《人和山》。我又举了房龙的《人类简史》，大家都说，这是一本好的科普读物，可它讲的却是人类的进化史。

同时，我拿我自己的一篇作品作为例子。《影子的故事》大家都说它是一篇好的科学文艺作品，的确，这是一篇得奖作品，得了全国科学文艺评奖二等奖，并且被收到了语文课本里。这的确是大家公认的一篇好的科普作品，也可以说是一篇好的文艺作品。在这篇作品里，既讲到了许多大家熟悉的科学知识，又讲到了"伊戈尔王公远征"的历史故事，也讲到了汉武帝思念已故伊人的小故事。这当然是属于人文方面的内容了。

举了这么多例子，都是为了说明，科普如果能坚持一个更开放的观念，那我们一定能够更好地搞好科学文艺这种群众都比较欢喜的科普形式。当然，也只有持一个开放的观念，我们才能更好地容纳科学幻想小说，从而发挥它的巨大作用了。

对于我的倡议，参会的作家们起先都是积极支持的，包括刘后一、周国兴、张峰……基本上都支持我这种开放的观念。但遗憾的是，《科普创作概论》的主编方却死死咬住科学普及就应当只普及那些已被证明是正确的科学技术知识。由于双方都无法说服对方，所以会议又延长了整整一周。到最后我发现，坚持支持我的观点的人，只剩下张峰一个人了。

这就是我亲历的"黄山会议"。从这次会议之后，科幻姓"科"姓"文"的争论就越来越厉害了。这本质上就是大家对科普的认识有差异。

"香山会议"后，中国科幻一蹶不振

科幻邮差：我们之前在采访几位受访嘉宾的时候，他们的确提到争论越来越大，而且有一场对当时风波有特殊意义的会议，就是所谓的"香山会议"，萧老师有参加吗？这场会议上究竟发生了什么？

萧建亨：关于"香山会议"，有各种各样的说法。就我所知，这次会议并不是为讨论科幻而召开的。这次会议，大家都称之为"香山会议"，是为了迎接全国科普创作协会第二次代表大会的召开，是为了缓和科普评论委员会和科学文艺专业委员会之间的紧张关系，消除误会，加强团结而召开的一次小型座谈会。会议的通知就是这么写的，并没说这是一次讨论科幻小说的座谈会。我参加了这次会议，而且是作为科学文艺专业委员会主要发言人参加的。这次会议之后，中国科幻一蹶不振，所以这次会议对我而言犹如昨天开的一样，真是历历在目，是永远不会忘记的！

自1979年"科""文"之争开始以后，中国科普创作协会的评论委员会与科学文艺专业委员会的争论越来越厉害，分歧也越来越大。在"香山会议"前，科普创作协会的秘书长王麦林曾找我谈工作，她谈到科幻小说在1980年以后发展迅速，形势很好，但也出现了一些不健康的科幻小说。她曾建议，科学文艺专业委员会是不是可以考虑召开一次全国性的科幻小说作者座谈会，讨论一下如何提高科幻小说的创作质量问题。理事长温济泽、副理事长仇春霖也找我谈过科幻问题，提出和麦林一样的建议（召开全国性科幻小说作者座谈会）。他们这个建议，当然是从爱护科幻的角度提出的一个好建议。可是，由于当时我的工作实在是太多、太忙，而童恩正不在国内，叶永烈又正好在为《科普小议》的争论与赵之闹得不可开交，麦林这个建议未能实现。

直到1983年，我接到参加"香山会议"的通知，时间是1983年10月17日至10月23日。本来我已经萌生急流勇退的想法，不准备参会了，可没有想到，突然接

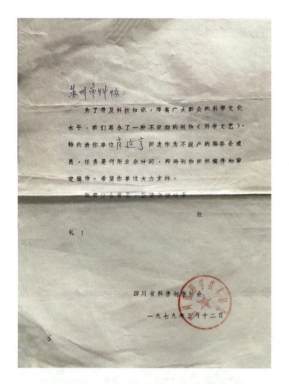

1979年3月，四川省科普创作协会就正在创刊的《科学文艺》杂志邀请萧建亨担任编委的函。

到永烈的来信，本来已拒绝参加会议的永烈竟然来信劝我一起参加会议。后来我才知道，永烈的突然转变是因为全国科普创作协会第二次代表大会即将召开，新上任的理事长温济泽为了开好这次大会，通过上海科学技术协会做了永烈的工作，也做了评论委员会的工作。双方都答应，各自做自我批评，然后双方加强团结，开好这次座谈会。所以"香山会议"原是一个"消除误会，加强团结"的座谈会。

会议一开始，就是理事长温济泽讲召开这次会议的目的，温老讲话并不长，虽然口气平和，可是看得出来，整个会议室里，空气还是十分紧张的。等温老话一说完，评论委员会的一位同志抢先发言，其发言一开始还算和平，后来话锋一转，口气突然变了，攻击起科幻小说来，而且口气越来越重。他的讲话倒真的一句也没有提叶永烈或叶永烈的作品，也未提到童恩正的作品。他抨击的是不在场的魏雅华。当然，也提到了一些不在场的科幻作家的作品和地方小报刊登的一些科幻作品，说这些作品都是假借科幻的名义，写些下流、黄色的东西……

会议室里一片死一般的寂静。这样尖锐的发言，恐怕并不是温济泽所希望看到的。我怒从心起，接着发言，大意是：科幻是个幼苗，应该扶持。我们欢迎评论，欢迎大家监督，但应该从爱护的角度来对待科幻。

第二天会议草草地结束了。评论委员会和科学文艺专业委员会的人之间，关系未见一丝缓和，矛盾愈演愈烈。这也许就是中国科幻的宿命吧。

任何评论、批评都应该以推动科幻繁荣为目的

科幻邮差：后来在这场有关科幻的风波中，您本人受到了怎样的影响？此后您淡出科幻写作，与这场风波有关吗？

萧建亨：是的，当时几乎所有能发表科幻的平台都没有了。能刊登科幻的报刊停的停、关的关，出版社的大门又关闭了起来。阵地都没有了，还写什么呢？老实讲，这时已经快到我的退休年龄了，如果再折腾一次，我可太对不起我的夫人和孩子们了。

科幻邮差：叶永烈老师在分析 20 世纪 80 年代中国科幻小说为何会陷入低潮时曾说："文学界不重视，主流文学不接受科幻小说；另一方面，科学界的批评又太过苛刻，寒了作者们的心。"萧老师怎么看这个说法？

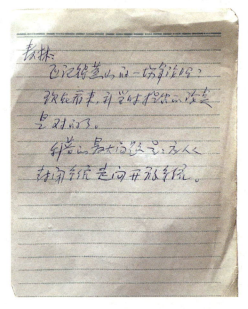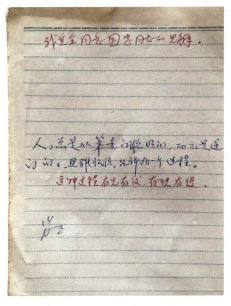

20 世纪 80 年代，山东泰山，在第三次中国科普作家协会理事会上，萧建亨给王麦林递纸条，讨论科普应该"从封闭系统走向开放系统"。

萧建亨：永烈说得不错，他说的是真正的事实。更准确点，应该这样解释：任何文学艺术形式的发展，是和社会的发展分不开的。封建时代、骑士时代能产生科幻小说吗？当然不能。科幻小说是科学技术迅猛发展的产物，是科学技术发展到一定程度，人们对科学技术的进步带来的社会变革所产生的期望、疑惑及反思。所以说，当时刚刚改革开放，一方面是来自封闭系统的陈旧观念正主宰着整个场域，认为科幻小说的功能就应当是普及科学知识；而另一方面，真正懂得科幻小说是什么的、思想比较开放的中国科幻作者试图恢复科幻小说真正的面貌。这两种不同的观念必然会发生碰撞。正如布迪厄所说的，主掌场域的一方，通常都会为了维护该场域的现状，而给予试图改变现状的人一定的打击，或把这种企图革新的观点扼杀在摇篮里。

这就是中国科幻的宿命。永烈轻巧地转身去搞他的传记去了，恩正拍拍屁股到美国做教授去了……留下一地鸡毛！怎样才能为这段历史做一个公正的结论呢？其实这结论是很容易得出来的。任何批评、评论都应该是推动科幻繁荣的，如果它们反过来把刚刚兴盛起来的科幻"打"得一点也不剩，那这些批评者、评论者用的手法是应该受到责备的！中国科幻的发展应当引以为戒。

还有一点应该在这儿提一提。当时几个主要的科幻作家，郑文光学的是天文，并且出版过有关天文哲学的论著；童恩正是一位论著等身的考古学家；叶永烈是北大六年制的化学专业的毕业生；我学的是无线电专业，那时对无线电专业的学生要求是很高的，特别是对数学和物理成绩的要求，都和对数学系、物理系学生的要求相同。这些作家都是受过严格科学训练的人，说他们不懂科学，是在搞伪科学，岂不是一个大笑话？

科幻邮差：谢谢萧老师带我们了解中国科幻发展史上几次繁荣与几次风波的真相，也感谢萧老师为参加我们的口述史访谈，做了那么多扎实的功课。期待在不久的将来，我们有机会去探望您，继续听您"摆科幻龙门阵"。

1988 年在安徽屯溪召开的全国少儿科普创作座谈会全体参会人员留影。
第 1 排左起依次为：杨楠、郑延慧、xx、xx、萧建亨、刘厚明、王国忠、xx、xx、杨多文、盛如梅。
第 2 排左起依次为：冯中平、xx、沙孝惠、里群、xx、赵世洲、陈天昌。
第 3 排左起依次为：汤振华、蔡字征、xx、xx、张冲、黄廷元、余俊雄、xx、xx、xx、宗介华、xx。
第 4 排左起依次为：杨福康、xx、李利、达世新、李毓佩、xx、石永昌、何龙。
第 5 排左起依次为：池连方、xx、xx、叶小沫、吴岩、迟方、许道静。

趣问趣答

01 您能否就科幻小说给出一句话的定义或描述？

不能，我没有这个本领，这是理论家们干的活儿。不过有一句话我倒想说一说，科幻小说就是小说，既是小说，那就要写得有趣，让人们欢喜看，看得懂，不要借着科学的名义故弄玄虚，搞得佶屈聱牙地叫人读不下去。

02 可以给我们推荐几本您喜欢的外国科幻小说吗？

苏联的科幻小说，印象深一点的大概是别利亚耶夫的《平格尔的奇遇》，这本科幻小说写得不错，故事编得很有趣。还有两篇登在《知识就是力量》杂志上的短篇科幻小说《X-1 号机》及《横行的螃蟹》给我留下了很好的印象，觉得这样的科幻小说可以提倡。至于西方的科幻，记得还是在重庆念初中的时候看过凡尔纳的《十五小英雄》，印象极深，非常喜欢。

03 如果时光可以倒流，您最想回到什么时候？为什么？

这问题挺科幻的。我最想回到 20 世纪 70 年代末。对我个人来说，那是一个充满激情和希望的年代。当然，如果真能回到那时候，我会选择听我那位老朋友刘东远的话，不去参加任何会议，不去主编什么《探索者丛书》，不去参与什么科幻姓"科"姓"文"的争论……只闷头写自己的东西，我想，那时只要我自己能坐定下来，稍微花点时间整理一下，早期写的那些科幻长篇就都已经出版了。

04　如果现在有一本关于您一生的传记，您希望用一句怎样的话做开头？

"这是一个老是乘错车的人的故事。"——可用这句话做开头！

05　如果用几个关键词来总结您长寿的秘诀，会是哪几个词？

也挺难回答。因为从真正的科学角度来讲，活到九十出头并不能算是真正的长寿吧。回顾我这一生，也够曲折、艰辛了吧。之所以还活着，那大概是遗传因子起了很大作用。还有，这应该是和我对人体的潜在能力有新的认识有关，这种认识，帮我渡过了几次重大的病痛难关。

06　在您创作的众多科幻小说中，您最看重的是哪一部？为什么？

最欢喜《梦》。因为这部中篇科幻比较贴近孩子们的生活，比较富有生活气息。还有，那时候我也正满怀创作激情，想给孩子们写点好故事！

07　您最想给年轻创作者传授的写作秘诀是什么？

没有什么秘诀可以传授。因为每个人的写作经历、情况都不一样，有些东西也是无法传授的，唯一可传授的就是，首先你要坐下来开始写、写、写，要坐得住，要耐得住寂寞。

08 您最常梦见的场景是什么呢？

这好像是隐私，不过说说也无妨。我常梦见的是每次赶火车都赶不上，老错过班车，常急着要找熟人去"开后门"买一张火车票。不知道熟知弗洛伊德学说的人，能不能为我分析一下，这是为什么？代表什么意识？

09 您最大的遗憾是什么？

最大的遗憾是，没有在条件允许的那几年抓紧写点东西，自以为凭借个人的力量就可以去推动中国的科幻发展。而时间的窗口对我太无情了，我真正能从事科幻创作的时间窗口，只有 1960、1961、1962 短短的三年。而"窗口"第二次为科幻打开的时候，1978 年到 1982 年这段时间，我又没有很好地抓住它，忙着开会、讲课，忙着为地质出版社主编《探索者丛书》，忙着为江苏科学技术出版社主编《科学文艺译丛》，忙着"为他人做嫁衣"去了！是的，想到这一点，真的很遗憾，而且，还有点懊悔，人老了，反而有点患得患失了！

10 请谈谈对中国科幻事业的期望和祝福

希望中国科幻不要又像 20 世纪 80 年代一样，一轰而起，转眼被打得烟消云散。任何有生命的东西，只有在宽松的生态条件下才能蓬勃地发展。不要对科幻太苛求，不要太功利了！

科幻"雇佣兵"

CHINESE SCIENCE FICTION'S "HIRED SOLDIER"

刘 兴 诗

幻想，
从现实起飞：

刘兴诗

人生经历

084 最重要的作品，是自己的人生

086 出国或留下，我选择的是留下

087 我还可能去做自己渺小的作家梦吗？不！

090 文如其人，就是这么回事

093 我是一个科幻"雇佣兵"，没有激情，但有责任

094 第一篇科幻小说《地下水电站》

097 第一次科幻高潮，就只有几个编辑

099 觉得儿童科幻幼稚的看法本身就很幼稚

人物回忆

101 这才是我和童恩正友谊牢不可破的一个重要方面

104 重归科幻：用泪水洗了一次终生难忘的澡

108 世界科幻协会的五个中国会员

110 成都为什么能够坚持下来

110 在第二次科幻低潮中，大家都不敢作声了

112 对叶永烈批得太严厉，我坐不住了

113 在荒诞的外衣里面，有一颗严肃的心

114 一篇小说准备了十六年

117 细节必须真实，才能使大家相信

118 《科学文艺》的重组

119 20 世纪 80 年代的中国科幻影视并不是一片空白

120 所谓的"四大天王"问题

122 提携"京城四少"

123 我们一起退到底，什么职务都不兼

124 "王刘二将"及其他

125 关于两岸科幻的"破冰行动"

科幻理念

127 我的科幻小说都是可以附参考文献的

128 娱乐流派，这绝对不是贬义词

129 谁主张移民外星，就先把他发射出去

130 这是不负责任的态度

131 我的骄傲与遗憾

趣问趣答

133

导语 INTRODUCTION

　　将地下瀑布用于发电，用人工低气压驱动雨云以改善雾霾，修建从烟台到大连的海底列车隧道……这些在今天看来仍然超前和惊艳的科幻创意，竟然都出自刘兴诗在 20 世纪 60 年代创作的科幻小说。作为中国科幻"重科学派"的代表人物，刘兴诗的每一篇科幻小说都可以附上参考文献。虽然他强调自己只是被"抓壮丁"来写科幻的"雇佣兵"，但不可否认，刘兴诗的科幻小说确立的审美范式直到今天仍然影响着中国的科幻作者们。

LIU XINGSHI
CHINESE SCIENCE FICTION'S "HIRED SOLDIER"

■ INTRODUCTION

Generating electricity with underground waterfalls, artificially lowering air pressure to move around clouds and drive away smog, building an underwater train tunnel from Yantai to Dalian···these inventive ideas, brilliantly futuristic even from today's perspective, all came from Liu Xingshi's science fiction stories written in the 1960s. His style, representative of the "hard SF" tradition in Chinese science fiction which emphasizes scientific and technical details, meant that every single story he wrote could come with a list of references to existing research. Though he always insisted on how he was merely "conscripted" to join the genre of science fiction like a "hired soldier", it's undeniable that his works has established a unique aesthetic that continues to influence Chinese science fiction writers until this day.

■ TABLE OF CONTENTS

Life experiences

084   My most important work is my life

086   Going abroad or staying? I stayed.

087   Can I still pursue my humble dream of becoming a writer? No!

090   One's character is reflected in their writing, as simple as that

093   I am merely a "hired soldier" for science fiction: instead of a passion for the genre, I have a sense of responsibility

094   My first science fiction story, *Underground Hydropower Station*

097   When science fiction reached its first peak, only a handful of editors were around

099   Thinking that children's sci-fi childish is in itself a childish view

Memories

101   A significant aspect of my everlasting friendship with Tong Enzheng

104   Returning to science fiction: an unforgettable experience of bathing in tears

108   The five Chinese members of the World Science Fiction Society

110   How Chengdu managed to persist

110   When science fiction hit rock bottom the second time, no one dared to speak up

112   I couldn't bear the harsh criticism that Ye Yonglie was facing

113   Beneath the facade of absurdity there lies a sober heart

114   I prepared for sixteen years to write a story

117   Verisimilitude in the details helps your readers believe that your story is true

118   Restructuring the magazine *Kexue Wenyi*

119   Chinese science fiction movies in the 1980s, in fact, weren't non-existent

120   The so-called "Big Four"

122   Supporting "The Four Young Talents of Beijing"

123   We retired together; no one took on any position

124   Liu and Wang, and other writers

125   Breaking the ice between mainland and Taiwanese writers

My science fiction philosophy

127   You can attach research references to all of my stories

128   "Writing to entertain" is not derogatory

129   Send to space first those who advocate for extraterrestrial migration

130   This is an irresponsible attitude

131   What I'm proud of and what I regret

133   Fun facts and Q&A

人生经历

最重要的作品，是自己的人生

科幻邮差：要回顾中国科幻历程，无疑是一项宏大的工程。历史离不开人，从某种角度来说，刘兴诗老师的科幻经历也是中国科幻发展的一个写照。刘老师，我们都知道您在1952年就开始了科普创作，也曾形容进入科幻圈子是被"抓壮丁"，请给我们说说您的科普、科幻之路是怎样开始的吧。

刘兴诗：好的。对于一个人来讲，最重要的作品不是文章，是自己的人生。我曾经接受过很多媒体采访，中国的、外国的都有。一问起我的人生，我都这么讲："我出生在烽火连天、哀鸿遍地的岁月。"为什么这么讲？因为我出生在"九一八"事变那一年，1931年，那不是烽火连天吗？那时洪水淹没了整个武汉，那不是哀鸿遍地吗？人家就会问了，这跟你一个吃奶的小孩有什么关系？当然有关系！

那时候，我家在汉

刘兴诗百日照。

口黎黄陂路小胡同内的一栋西式双层别墅。顺便说一下，那栋别墅靠近宋庆龄的故居，到今天，还被武汉作为历史文化古迹挂牌保护着。

那一年，武汉发大水，洪水快淹到我家二楼的窗口了。我爸弄了条小船，我妈抱着我从窗户出来，乘小船逃离，接着上了一艘英国太古轮船公司的轮船到上海去。我太小了，被洪水一泡、江风一吹，一下子患了小儿惊风症，昏迷不醒，完全失去了知觉。你们猜，这时候那个英国船长怎么办？他带着一帮水手过来说："这个小孩不能死在我的甲板上，谁知道有没有什么传染病？"说着，就要把我扔到江里面去。

我父亲是什么人？我的父亲刘静，从进入社会就和当时的大革命有不解之缘。他是早期的中国同盟会会员，中国第一代兵工专家。北伐的时候，孙中山把他召到广州，担任临时大总统府的咨议、桂林北伐大本营少将军事委员等职务。那时候，我父亲正配合四川军人赖心辉带着一个军，也算是一位将军。可是此刻，他在这艘船上无兵无将，一点儿办法也没有。多亏许多中国旅客站出来，对那个蛮不讲理的英国船长说："这个孩子还没有死啊！就是死了，也不能随便往江里扔！"

刘兴诗幼年时与父母的合影。

一位北京老爷爷过来，拿了一颗同仁堂的叫万应锭的药，说我的年纪小，切碎那颗万应锭给我吃了一点。我"哇"的一声哭着醒了过来，这才有了我后来的生命和一切。

这件事情我当然不记得，是我妈后来讲给我听的。"他国衰弱的时候，连一个婴儿也不放过，就是帝国主义，"她说，"你爸是将军，将军又怎么样？他当时也救不了你，只有人民大众才是（我们）真正的保护人，对不对？这件事情永远不要忘记。"

所以我的一生贯穿着两条主线：坚决反对帝国主义，向人民群众感恩。这解释了我的一切。这就是那一代在抗战烽火中觉醒的孩子们的共同心声，是我们毕生追求的奋斗目标。

出国或留下，我选择的是留下

刘兴诗：我人生的第一个板块，主要是逃难。南京大撤退前，我一直逃到重庆。我的作品《抗战难童流浪记》，写的就是这一段历史。当然，那是小说，不是我自己的真实故事。

后来抗战胜利，我没有机会上战场了。但是在那个时候，我逐渐目睹了当时社会的残酷的一面，所以从初中二年级开始我就参加学生运动，经历了很多非常危险的活动。

那个年代的重庆，是旧中国的缩影。我眼里看、心里想，不由自主地一次又一次悄悄走进了游行示威的队伍。我和谁都没有联系，只是凭着自己的良知去做。

我父亲是比较同情进步力量的，有什么情况，马上就送消息来。父亲和我都对时局彻底失去了希望，盼望中国能够有一个新的改变。这一切很快就来了。

我记得一位很有名的旅美华裔科学家说："很幸运地在每一个选择的关头，都作出了对自己人生最有利的选择。"但作为在那个环境中成长起来的一代人，我们所选择的绝对不是自己的利益，而是时时刻刻考虑国家的需要。

我人生的第二个板块，是在南开中学和北京大学接受教育。

当时，校长张伯苓把天津南开中学迁到重庆。这个学校对我有很大的影响，我在那儿接受了很多教育，其中最重要的，是怎么做人的教育和时

校园刊物《南开初中》创刊号。

代的教育。

1949 年大转变，那时候刘伯承的部队已经打到了当时川东南的酉（阳）、秀（山）、黔（江）、彭（水），林彪的部队打过了贵阳，贺龙的部队快到大巴山了。海外的伯父匆匆赶回来，叫我父亲当机立断，离开大陆。父亲没有答应。抗战胜利的时候，他的好友陈仪到任台湾省行政长官，约他一起去工作，担任台湾省的一个厅长，国民政府兵工署署长俞大维又要他离开重庆第 25 兵工厂，到高雄接手两个兵工厂，他统统都没有答应。

伯父又转过来跟我讲："你要念大学了，第二天天一亮就跟我走吧，美国、日本或者其他地方随便选。"但我不可能去。

我这一生只有一个理想，追逐的只有九个字——国家的独立、富强、民主。所以面对这个人生的重大抉择，出国或留下，我选择的是留下来。

第二天，伯父和父亲抱头大哭一场，从此永别了。

我还可能去做自己渺小的作家梦吗？不！

科幻邮差：那年您正好高中毕业？

刘兴诗：是的。中华人民共和国成立了，我们多么兴奋啊！我日日夜夜梦想的国家的独立、富强、民主，是不是就可以实现了？这个从少年时期就形成的梦想，是我生命历程的基调。

那时候，正好遇到重建中国的热潮和朝鲜战争，所有人都怀着一种说不出的激动心情来面对这一切。当时，我们南开中学毕业生有三分之一参军、参干走了；因为要打仗，三分之一的家长不许子女离开，叫他们窝在家里面不准动；另外三分之一，一百多人吧，其中有四十多个考进北大、清华，占 40% 左右，这个录取率够高了吧？录取后集体到北京报到，是我和另一个同学杨训伍带的队。

想一想，我的许多同学都是高才生，可以成为未来的专家教授，当时却没有一个人考虑自己。他们或是慷慨悲歌地参军，走上烽火连天的战场，不少还牺牲在异国他乡；或是响应号召参干，直接投身到社会建设的激流中，默默无闻度过一生。

我喜欢写文章，想当作家，但是处在这种时刻，我还可能去做自己渺小的作家梦吗？不！那样似乎有些太卑鄙了。

我没有多想就选择了地质专业。因为国家建设离不开矿产的支撑，地质工作最艰苦、最危险，这样的工作，我们不干，谁去干？另一方面，这个选择也和我的五叔刘丹梧有关系。他早年被叔公刘庆恩送出国，到日本学习地质，后来在四川开发了广元煤矿，他经常到重庆来，和老一代地质学家黄汲清、李春昱、常隆庆、谢家荣、李四光等非常熟悉。我在他的引导下，很早就在小龙坎地质调查所和北碚认识了这些老前辈。后来他的儿子，也就是我的堂弟刘兴材，参军复员后，也学习地质，最后担任山东胜利油田的老总；弟媳罗德贞和堂弟是成都树德中学的同班同学，在地质队和油田干过，是中国女排最早的队长；我的堂妹刘兴瑞也是从矿业学院毕业。我们可以算是一个地质家庭，这对我产生了很大的影响。

我就这样进了北大。那时候北大在北京城里面，沙滩北街（今五四大街）那边，1952年才迁到燕园——今天的北大所在地。在学生时代，我理所当然在学生会工作，负责大型庆典活动的仪仗制作等，也一直兼任班长。

那时候，每年国庆、五一庆典游行，北大方队总是走在所有学生最前面。我作为游行指挥，不止一次走在北大方队的最前面，走过天安门，接受国家领导人检阅，心里十分激动。

顺便说一下，现在全国商家风行的一种广告方式，用大气球吊标语，谁最先干的？其他地方我不知道，在北京，是北大最先干的。北大谁最先提出来的？是我提出来的。所以这个东西我有版权，哈哈哈！为什么呢？因为当时在北京只有中央气象局、空军和北大三个单位可以做大气球。我想，我们要发挥自己的优势，就自己上天安门去量那个宫灯的尺寸，照着样子做，后来大家都叫我"空军司令"。

由于学生时代的表现，我被顺利选中了留校。

1958年，国家号召清华、北大支援新建院校。当然还有其他原因，我也要离开深爱的燕园。那时，有一个小师妹和我关系很不错，但是我必须要走，怎么办？许多年后在一次电话里，她说："好后悔。"对不起，没有机会了。当时的这个选择，做得非常困难，但也是我重要的人生转折点。

再往后一个板块，我和另一个同学先到了武汉的一个高校，帮助他们建立起地理系之后，马上又到成都，一直到退休，一直到今天。

科幻邮差：我们到您家里收集材料的时候，看到一份北大招生办的名人录，您就位列其中。

刘兴诗：那是 2001 年北大招生办发布的材料。当时列出了两个系列。一个是北大的科坛，有五百六十八个院士，现在当然又增加了。另一个系列是北大文坛，有九十三个文学家。不知怎么搞的，居然把我也弄进去了，实在太惭愧了。名单上有叶永烈，也有马识途。这个名单是 2001 年做的。几年后，可能由于改版，就没有再提这码事了。所以大家也不要太当回事儿。

这里我要特别提一下也在这个名单中的徐訏。过去认为，清末、民国时期的科幻小说，统统是紧密联系时事、忧国忧民、幻想富国强兵的作品，其实不见得。20 世纪 40 年代，我看过徐訏的《荒谬的英法海峡》，就是一个讲述穿越了空间的爱情故事：主人公人在英法海峡的渡轮上，心却还在一座古老的英格兰古堡里，踏上法兰西的土地，才一下子醒过来。这是一篇写得非常细腻温馨的作品，具有那个时代特有的风格，简直像一篇优美的散文。研究中国科幻史，请别忘记了徐訏，不要忘记这篇作品，不要忽略过去的中国科幻小说还有不同的风格。

我在 1946 年上初二的时候，也学着"故事新编"的格式，写过几篇类似的文章，似乎也可以算是穿越之列。可惜现已不存。

1958 年响应号召，我们离开了北大。非常感谢北大没有忘记我，把我列入这个名单，还评我为优秀校友。原来所在的学院还给了我四年聘书，所以我这几年还回去开了一些讲座。

科幻邮差：昨天北大是您的骄傲，今天您是北大的骄傲。

刘兴诗：请你千万别这么讲。北大人才济济，我算老几啊？我很感谢北大给我的关怀。现在我上年纪了，上个月（2016 年）我们去北京参加科幻活动（银河奖和华语科幻星云奖颁奖典礼），我又去北大住了几天。每次到北京，我总是住北大。从首都机场到北大东门外的中关新园，从中关新园到首都机场——我在中关新园酒店一号楼 10 层有基本固定的一个套房，别的地方基本上不去。什么原因？就是感情使然，这里有太多的记忆。人到暮年，怀念尤深。有一天晚上，由于要看中央芭蕾舞团的演出需要过天桥，我上了年纪，出行有一点儿困难，学校马上就派学生过来护送我。每天有什么事，都有学生陪着我。人老了，需要年轻人帮助，实在非常感激。

请原谅我，说了这样多和科幻无关的话。

2011年12月23日，刘兴诗凭借《讲给孩子的中国大自然》（共5册）荣获"国家科学技术进步奖"二等奖。

文如其人，就是这么回事

刘兴诗：上面说的这些似乎和科幻没有直接关系，但是研究一个作家，首先要看他是怎么成长起来的。一切作品都只不过是雕虫小技，算不了什么。一个人的人生和理想，才是最重要的作品。古人曰"文如其人"，就是这回事。

在科幻方面，我虽是一个"雇佣兵"，可是吃了粮、当了兵，也有一点儿责任感嘛。

我在作品里很少胡思乱想，比较脚踏实地。对科幻创作，我有两句话："幻想从现实起飞""科学幻想是科学研究的直接继续"。这和人生经历、研究经历也有关系。

科幻邮差：刘老，您跟文学结缘是从什么时候开始的呢？

刘兴诗：这怎么说呢？我从读小学起就喜欢写作文，而且写得特棒。那个时候我考北大要考九门课，根本没有温习的必要。数学做不出就是做不出，开多少夜车也做不出；物理、化学只要懂得原理就好办；生物很好玩儿；剩下的文科，国文、历史、地理、公民（政治课）和英语，难得倒当年的南开学子吗？岂不是笑话。

那个暑假特别长，又没有暑假作业，怎么才能混过去？我就白天踢足球，晚上下围棋、打桥牌，玩了一个最愉快的暑假。数学嘛，我只会行列式，凑巧有一道小题，侥幸得了五分。所以我是数学只有五分上的北大，踢着足球进的北大。桥牌呀，我创造了一种叫牌体系，后来在北大，我们打遍北京无敌手。有一次在数学所，我和物理系气象学院的上海同学陶祖文联手，与华罗庚先生及另一个女老师对阵，我们打赢了。年少不懂事，还硬叫华先生签字认输。由此也可以看出老一辈的先生们多么谦和，没有架子，哈哈哈。

科幻邮差：当时数学满分多少？

刘兴诗：满分一百分嘛！哈哈。从前北大有个传统，学生只要哪个方面有突出表现，根本就不管你分数了。我们有很多前辈，朱自清先生、吴晗先生、罗家伦先生、张充和先生以及后来在台湾地区很有名的叶曼先生，数学都是零分；季羡林先生考清华数学系，数学七分；钱锺书先生考清华，数学十四分，据说其中有几位都是由胡适校长钦点进了北大校门的。我考文科那几门课可能超常发挥了，也不知道哪一位老师给我录取上的，侥幸侥幸。

科幻邮差：爱科学的种子是什么时候种下的呢？

刘兴诗：科学的萌芽，也是在南开中学。南开中学有个很大的特点，即能够因材施教。发现哪个人有什么才华，就因材施教，这是第一点。第二点呢，它的学生课外社团是自由组织，不是官方组织，那时候我就先后办过好几个壁报，自己当主编。因为我喜欢天文，所以又搞了个南开天文协会。后来进了北大，学天文学，我们的老师是戴文赛先生，中国数一数二的天文学家。上了几堂课，戴先生就问我："你天文知识从哪儿学来的？"我说："中学自学的。"他说："我这个课，你可以不用听了。你有什么问题，直接来找我就完了。"瞧，在大一开始的时候，他就把我当研究生来看待了——这就是北大的风格。当然，我还是认真听课，这是南开中学培养出来的好习惯。

科幻邮差：自己的文字最早变成铅字是在什么时候呢？

刘兴诗：那是 1944 年，印出来是 1945 年。南开中学四十周年校庆，要选评文章，那时我们班上也只选了三个人，我是其中之一。

科幻邮差：最早走上写作道路就是从科普写作开始的吗？

刘兴诗：1952 年，我受邀给中国科学院地理所的刊物《地理知识》写一篇文章，应该是从那儿开始的。后来给其他报刊也写过，比如《重庆日报》，我在大一时写了一篇《重庆城池考》，竟被那个报纸的编辑误以为我是什么北大的"老先生"，请我继续考证。

南开中学四十周年校庆纪念册，收录了刘兴诗初二时的作文《我的大伯父》。

《地理知识》1952 年 9 月号。刘兴诗的科普创作从这里起步。

我是一个科幻"雇佣兵"，没有激情，但有责任

科幻邮差：您的第一篇科幻小说是怎么诞生的？

刘兴诗：科幻小说，我是被"抓壮丁"抓来的。

科幻邮差：谁把你抓来的？（笑）

刘兴诗：以前因为跟上海少年儿童出版社有些往来，我也经常到上海去。当时《少年文艺》有个叫刘东远的编辑对我说："唉，我们现在搞科幻找不到人，你是科学工作者出身，看样子你可以写嘛。"

我问他，科幻是什么呀？其实他也不懂。他说，科学幻想嘛，就是科学加一点儿幻想。你把在科学上还没有实现却有可能实现的东西，从科学的层面出发，稍微幻想一下就是科幻了。后来，钟子芒还有洪汛涛（童话《神笔马良》的作者，是我在出版界最铁的哥们儿之一）都给了我一些鼓励，他们几个就这么把我抓进去了。

所以关于这个科幻，第一是我根本就不懂，第二是我根本就不喜欢，也不知道什么是科幻。那时候我一心一意要写童话，开始并不愿意，不愿把精力投入到一个自己根本没搞清楚、未知系数太大的领域，完全是"赶鸭子上架"。经过出版界朋友们一次次的敲打和劝说，特别是钟子芒，特地约我去静安寺附近一个文艺沙龙性质的地方，进行了一番推心置腹的恳谈，我就没有招架之力了，稀里糊涂被抓进去，真的跟"王保长抓壮丁"一样。

科幻邮差：被抓进去就再没出来？

刘兴诗：不是心甘情愿的，所以很不喜欢。但是话又说回来，当了这么多年的"雇佣兵"，也有些（个人的）看法了。

第一篇科幻小说《地下水电站》

科幻邮差：最初写科幻小说，创作灵感都是来源于您的专业、来源于您实际生活中的经历吗？

刘兴诗：是这样的，这跟认识有关系。

在上海少年儿童出版社不停催促下，我想起了从前的洞穴考察。我没有认真统计过自己钻过洞穴的数量，上千大概没有，但七八百总是有的，其中很多洞穴都是我自己一个人进去摸索的。为什么呢？因为洞穴工作太危险了，多一个人多一分危险，不如自己一个人去来得干脆利落。

在洞穴里，我见过不少奇观。每每看见地下河、地下瀑布，我心里都想着，这么多的水白白流掉多么可惜，如果能够修建地下水电站，利用它们来发电，那该多好啊。我以此为主题，在 1960 年底拿起笔，鬼画桃符般写了一篇《地下水电站》交稿。说起来那完全是应付人情"交作业"，我自己根本没大放在心上。第二年，也就是1961 年，这篇简直不像样子的处女作发表出来了。而我在鼓励声中，接着又写了几篇。

我在前面已经讲过了，我这一生的主旋律之一，就是要向人民群众感恩。作为一个地质工作者，我写的这篇《地下水电站》，不仅源于自己对地下洞穴考察的认识，也源于一种感恩的心理作用，与人生责任感有关。这跟中国当时的科幻高潮也有关系。整个中国科幻的历程中，我算不上什么，过河小卒而已，并不算拼力向前。

中国科幻的发展总是跟时代分不开。那是 1956 年，国家层面提出来向科学进军，这里面就包括一个科普教育的问题。当时非常明确，科普教育和科学技术处于同等地位。那时，科幻被定位成科普的一种载体——因

刘兴诗科幻小说处女作《地下水电站》
发表于 1961 年 7·8 月号《少年文艺》。

为主要是教育少年儿童，就作为儿童文学的一种，放在"少儿园地"里，主管单位是中国科普作家协会，就是这么来的。很多事物都有两面性，由一个具体部门来抓，本来也是有好处的。

关于国内第一次科幻高潮，我觉得应该从科学知识的角度来认识它。我认为抓少年儿童一代的科普教育，这一点做得很好，不能轻易否定。

现在有人不了解，认为那个时代的科幻氛围冷冷清清。我讲过，当时中国科幻就好像《沙家浜》里胡传魁的队伍一样，十几个人，七八条枪，就那么回事。你掰着指头数就那么几个人，看起来确实很冷清。但任何事情开头都很难，我觉得不应该忘记这是一个草创的时代，就是这十几个人，就这七八条枪，在少儿科普方面做了很多工作。那时候，书一印就是好几万册，一下子风靡全国，都是那个时候的情况，今天也难有那样的盛况。

掰着手指算，整个 1960 年代我只有五篇作品，实在算不了什么。

科幻邮差：都有哪五篇呢？

刘兴诗：第一篇是 1961 年发表的《地下水电站》。

第二篇是 1962 年发表《北方的云》。那是 20 世纪 50 年代初期和中期，我在北京附近考察所孕育的结果。那时候亲眼所见，长城以北的怀来盆地、蒙古高原上张北地区的风沙活动，特别对近在咫尺的克什克腾旗的那个浑善达克沙漠产生了很大的担忧。因为克什克腾离北京太近了，加上主要风源是从北边来，以后这个沙源肯定会对北京造成影响，成为危害北京气候的一个"杀手"，必须及早治理。于是，我设想制造一系列小型人工低气压的办法，把渤海湾的雨云一步步引到那里。半个多世纪过去了，后来这儿真的成为北京沙尘暴最直接的起源地，也和今天的雾霾有关。这就是《北方的云》的创作背景。那时我察觉到这个问题，提出必须改造那片沙漠，可惜错过了几十年时机。要是能够早注意环保，不肆意开垦那里仅有的一些草皮，该有多好！科幻作品的科学预见性，由此可见一斑。

1963 年发表了《乡村医生》和《蓝色列车》。

《乡村医生》写的是在地质工作中的亲眼所见。偏僻农村缺乏医疗条件，看病很困难，只能依靠水平极低的无执照行医人员，甚至巫婆、神汉治病。大城市高水平的医生不可能照顾得到所有地方。这实在是一个令人心痛的问题。看病首先要体检嘛，我就想，我们能不能搞一些诊病机器？血压、血糖等针对人体的基本测试通过仪器检查，进行科学测试后，中心城市的专业医生再通过可视屏幕跟病员对话问诊，把治理药方开回来。这个"乡村医生"式的仪器诊疗办法，现在不是已经实现了吗？

《蓝色列车》的背景出自我在山东半岛的考察。那个时候根本就没有旅游，当然没有大批大批的游客，甚至现在从山东到辽东还都用轮渡。请注意，这不仅仅是旅客和游客运输的问题，关键在于华东工业区怎么跟东北工业区联系起来。那时统统靠铁路（连接），必须要从北京、天津绕个圈，北京、天津铁路枢纽负担太大。

通过研究实际资料，我认为山东半岛和辽东半岛之间的庙岛海峡水深较浅，海底的岩浆岩、变质岩的岩体坚硬，完全可以修建一条封闭式海底铁路，大大缩短华东工业区和东北工业区的交通距离，节约运输成本和时间，同时也可大大减轻北京铁路枢纽和天津转运站的运输压力。所以我觉得，应该想办法从山东的烟台和威海修条铁路直通大连，这条铁路肯定用来跑海底列车。现在不是已经开始设计这个海底列车隧道了吗？

1980 年 7 月 1 日，刘兴诗科幻小说《死城的传说》由中国少年儿童出版社出版。

说到这里，顺便总结一下。烟台到大连的海底隧道铁路现在已经规划了，地下水电站也修了，城市雾霾也成了备受关注的问题嘛，对不对？这就是科幻作品为现实服务，不是云里雾里的玄想。我认为有责任感的科幻作家，就应该这样写自己的作品，别去做那些故作高深，却毫无实际意义的白日梦。

1964 年发表《游牧城》，是在蒙古高原考察的副产品。眼见牧民居住条件太差，我寻思是否可以改变，于是设想了各式各样的活动房屋，包括汽车拉的、自动化的，分散开各自放牧，集中起来就是临时城市了。

1965 年，我专心写了一本《死城的传说》，直到 1980 年才在中国少年儿童出版社出版，之后曾被新疆青年出版社以"民语文献"名义，翻译为维吾尔语再出版，那是后话了。与此同时，《北方的云》等五篇作品也被延边出版社翻译为朝鲜语再出版，据说后来还输出到了朝鲜。我由此萌发了一个想法，是不是可以专门组织出版一些针对少数民族地区实际问题如何解决的科幻作品？

我需要讲一下，那个阶段的科幻统统都是用一个简单的故事作为宣传科普知识的载体，这是唯一的模式。后来大家看这样不行，于是开始有几个人——郑文光、童恩正动起来了。

童恩正先迈出一步，在20世纪60年代就发表了《古峡迷雾》。《古峡迷雾》是他研究生期间在长江三峡做研究构思出来的东西。

还有我的《死城的传说》，也是从最初的儿童科幻故事，试图进一步发展为科幻小说的尝试。

从此，我就当上了半心半意的"雇佣兵"，一直到今天，变成"胡子兵"（老兵）了。由于是"雇佣兵"，我几乎没有热情，推一推才动一动，尽管以后"和尚"当久了，慢慢养成了"撞钟"的习惯，但是依旧缺乏基本的热情和主动性。如果有机会逃避，总想悄悄从这个圈子里溜出去。

我现在把这个话头放下来，回头讲讲国内第一次科幻高潮。

第一次科幻高潮，就只有几个编辑

科幻邮差：在您眼里，中国科幻第一次高潮呈现出什么样的风貌？

刘兴诗：第一次科幻高潮给我的印象是积极向上、充满激情。向科学进军，可以说是一个国家布置下来的政治任务。

北京、上海是当时中国的出版中心，任

童恩正早年创作的科幻小说《古峡迷雾》。

务布置到少儿板块，主要是由北京方面的中国共青团中央的《中国少年报》和中国少年儿童出版社承担。编辑方面，北京有叶至善先生，上海有王国忠先生，所谓"北叶南王"。没有人写怎么办呢？自己写嘛。他们两个带头写，组织一些编辑——像郑文光、赵世洲、鲁克、施鹤群他们来写。要说中国科幻小说的由来，"北叶南王"两位先生的开辟之功，绝对不能被忘记。

第一次科幻高潮，主力就只有几个编辑。这不行的啊，必须要建立队伍。叶至善先生在北京看来看去，首先看好迟叔昌，他的代表作《割掉鼻子的大象》就是叶至善先生亲自给改出来的。

迟书昌代表作《割掉鼻子的大象》，发表于1956年第四期《中学生》杂志。

科幻邮差：迟叔昌那时好像在天津？

刘兴诗：对，在天津。上海呢，也就近"抓"了几个人，头一个就是嵇鸿，后来嵇鸿把他女儿嵇伟也带进去了。有一次吴岩还在打听，嵇鸿的女儿到哪里去了？现在科幻界众人都不知道她的下落。我告诉他，早些时候她曾在伦敦 BBC（英国广播公司）工作，现在她在哪里我就不知道了。嵇伟见到别人都是叫老师，唯独管我叫叔叔，由此可见我和嵇鸿的关系了。当时"抓"了我、萧建亨、童恩正，还有赵世洲、郭以实、徐青山、李永铮等，主要就这么几个人，叶永烈出来要晚一些。

掰着手指算，国内第一次科幻高潮中，发表过两篇作品以上的人，数量只有十三个，真是冷冷清清，无法和今日相比。

根据著名科幻理论家、评论家饶忠华在《中国科幻小说大全》中的统计，加以别的补充材料，当时发表过两篇作品以上的作者如下：

《中国科幻小说大全》，海洋出版社，1982 年 12 月第一版。

王国忠	十一篇
鲁克（邱建民）、萧建亨	九篇
郑文光、迟叔昌	八篇
赵世洲、童恩正	六篇
嵇鸿、刘兴诗	五篇
于止（叶至善）	三篇
徐青山、郭以实、李永铮	二篇

此外，还有十八人各发表一篇。需要指出的是，其中除了童恩正的《古峡迷雾》称得上是小说，其他统统都是儿童科幻故事。因为找不到作者，编辑自己"赤膊上阵"创作的作品就占了一半以上。这就是所谓的"第一次科幻高潮"。

觉得儿童科幻幼稚的看法本身就很幼稚

科幻邮差：那时的很多作品，如果把它看作科幻小说的话，是不是会感觉有点幼稚？

刘兴诗：这种看法本身就很幼稚，因为你看不起这个"小儿科"。我说你们现在要搞儿童科幻，找目前这一帮人不行。第一他们写的根本就不是这种东西；第二，他们从思想上看不起儿童科幻，认为是"小儿科"。所以也只有两个办法，一个是把过去的这些优秀作品选一选，编一些选集；再一个，开一个培训班，找跟科幻完全不沾边的人，最好是小学教师来参加，重新建立一支队伍。

科幻邮差：要找那种了解儿童心理、了解儿童世界、真正热爱儿童的人。

刘兴诗：对。

科幻邮差：是不是因为您始终保持着对儿童文学的热爱，所以儿童文学的创作您能坚持这么多年？

刘兴诗：儿童文学创作，我也是被"抓壮丁"的。南开中学时期我有一个同班同学，程庆华，后来的笔名叫鄂华，湖北人，北大化学系的高才生。那时候学生的心理状况和现在学生的心理状况完全不一样，毕业之后他不肯留校，不肯进科学院，坚决要去边疆。后来去了吉林省，他也不肯留在长春，非要到基层去当中学教师，后来出任吉林省文联副主席。那时候人家叫他写童话，他拉我跟他一起写。

人物回忆

这才是我和童恩正友谊牢不可破的一个重要方面

科幻邮差：刘老师，上次去您家采集资料时听说您跟童恩正老师的关系非常好啊！

刘兴诗：是啊！我与童恩正的关系是怎么来的？绝对不仅仅是因为科幻小说。

跨进科幻圈子后，因作品两次被列入相同的选集，我很快就知道了童恩正和萧建亨，盼望能够和这两位"同科"出身的朋友见面。

机会很快就来了。由于我在著名的旧石器时代古人类"资阳人"化石地点开展过一些工作，提出了和裴文中先生不同的地层划分意见，安志敏先生立刻安排这篇文章在《考古学报》发表，引起了圈内一些专家的注意。

当时，四川考古学界元老冯汉骥先生不耻下问，派人前来联系，要我带队去现场讲解。来人是冯先生的得意门生，一个身材高挑瘦削、文绉绉的"眼镜"。我打开介绍信一看，不由一下子惊呆了，想不到让我朝思暮想的童恩正，此刻就笑吟吟站在面前。

冯汉骥先生通过童恩正不止一次找过我研讨了许多问题，再举一个例子吧。

当时成都自来水公司在青羊宫新开挖的水池基坑内，发现一个巨大的北宋石头水磨埋藏在砾石层中。从考古学的角度无法解释，今日的锦江水流怎么能带动那么大的石头水磨。冯汉骥先生叫童恩正找我。根据砾径大小、砾石扁平面倾斜方向和沉积相，我很容易就复原了当时的古河床宽度、水流方向、局部涡流状况，计算出大致流速，得出结论：当年的水流远比今日浣花溪宽阔，其流速、流量也大得多，辅以其他考证，便知古今水流不同，杜甫的"门泊东吴万里船"的确是可信的。

这样相互配合的例子太多了，有兴趣可参看我们的相关论文。这才是我和童恩正友谊牢不可破的一个重要原因，绝不是我们都没有放在心上的"雕虫小技"——科幻小说。

有一次，童恩正约我到"资阳人"遗址去，我立刻就答应了。同去的冯先生和他的一大帮弟子，几乎是当时四川大学考古教研室的全部人马，都是今天四川考古学界精英中的精英。一行人浩浩荡荡去了现场。白天我带大家在野外考察，晚上和恩正共聚一室，天南海北聊天。话题自然也会集中在科幻上，我们交流了各自的看法，一致同意合写一篇作品，就以"资阳人头盖骨化石"为题，躺在床上编故事，纪念这次见面。

由于这个头盖骨有冲磨痕迹，我认为那里并不是它主人死亡的"第一现场"。根据我的判断，它的主人应该来自上游。为了易于故事展开，我们刻意把第一现场"搬"到西边的康巴地区，给他另外取一个带有藏族风格的名字，叫"恰瓦森则那人"。在这篇作品中，安排一个地质学家和一个考古学家，各自用自己的母姓命名。恩正排行老二，母亲姓曹，那个青年考古学家就取名为曹仲安。我排行老大，母亲姓卢，就叫卢孟雄，颇有夫子自道的意味。两人各自发挥长处，写景较多的章节由我写，写人较多的章节就由他操刀。

这篇作品我们各自写了几节，由于不是一个人脑瓜里的东西，相互总有些不合拍，最后没有写下去。许多年以后，恩正第一次出国访学，四川大学一些嫉妒者散布谣言攻击，说他将"叛国不归"。我气坏了，一次在锦江大礼堂开会的时候，趁有川大的代表在场，就站起来指责那个谣言，当着时任四川省省长的面，说我愿意以全家做担保，童恩正不是那样的人。

会后我还不解气，就以当初的"恰瓦森则那人"设想为基础，重新写了一篇小说《雪尘》，极力称赞曹仲安和他的父亲曹启凡都是爱国者。曹仲安的名字是恩正自己取的，我不敢给他的父亲童凯另外取名，就将"凯"拆为"启凡"二字，叫作曹启凡。《雪尘》发表后，被中国福利会儿童艺术剧院改编为话剧《冰山的秘密》，在上海上演，那是后话了。

《雾中山传奇》也是一篇批驳诬蔑恩正"叛国"的作品，是通过大邑雾中山的一段史实，联系他和我所研究的南方丝绸之路所写的以曹仲安为主角的作品，后来在《科学文艺》（现《科幻世界》）获得了中国科幻银河奖。杨潇说，这篇小说的历史考古气氛实在太深沉、浓烈了，对其倍加赞赏。这篇作品后来在台湾地区出版后，也获得了好评。

恩正出国后，我十分想念，又连续发表了几篇以曹仲安（童恩正）和卢孟雄（刘兴诗）两人为主人公的系列故事。其中，只有《柳江人之梦》《童恩正归来》中使用了我们的本名，前者是写"白莲洞三剑客"（周国兴、童恩正和我）在进行白莲洞遗址研究时发现的新结论，后者是通过怀念学术思想开放的童恩正，批评现在那些学术观念保守的考古学家。

童恩正和这些人，分别代表了两种不同的学术流派。所以我才在《童恩正归来》中，给那位迂腐得可以的家伙取名"古迂夫"。这个名字概括了今天一些观念迂腐的学者的做法：已经进入了21世纪，不接受现代多学科的研究方法，还死守着清末民初的办法。我在这篇文章中，无限怀念童恩正和他的导师冯汉骥先生。他们的逝去，给四川考古学界带来了多么大的损失啊。

我与童恩正友谊的重心是考古专业研究，以及对时局的看法，这才是真正的志同道合。包括他的《卡诺遗址》等许多重要论文，写出来以后都是首先给我看，然后才发表的。

他的一些科幻作品写好后也会先给我看。《雪山魔笛》中原本写了一个"黑色花岗岩"，我告诉他："黑色是玄武岩，花岗岩是肉红色，或者灰白色。"他就把"黑色

刘兴诗笔下研究古人类学、考古学、洞穴地层学的"白莲洞三剑客"。左起依次为：周国兴、童恩正、刘兴诗。

花岗岩"改为"红色花岗岩"了。

不消（用）说，后来我是他的国内版权代理人，为他安排了多次书籍出版、电影拍摄，还翻译出版过他的一本书。甚至现在他的夫人（杨亮升），也把我的经纪人当成她的了。

重归科幻：用泪水洗了一次终生难忘的澡

科幻邮差：谢谢您跟我们分享了这么多鲜为人知的往事。下面我们来聊聊您的创作吧。第二次科幻高潮到来时，您重新回归科幻的作品是什么呢？

刘兴诗：我一度赌咒发誓说"哪个龟儿子才再写一个字"。可是不久之后，我就打破了这个禁忌，又重新提笔写起来了。这里有一个故事，请听我接着往下讲。

1976年和1977年，因为我所从事的地质工作，我先后两次去广西西部的瑶山中找水。谁不知道广西风光很美，偏僻的西部山区比桂林山水更美。可是生活在这个地方的村民，说什么也不会觉得美丽。正如《水浒传》里，"白日鼠"白胜挑着卖酒的担子，在黄泥冈所唱的："赤日炎炎似火烧，野田禾稻半枯焦。农夫心内如汤煮，公子王孙把扇摇。"外来的游客也许觉得很美，当地农民却说什么也美不起来。为什么呢？原来这里虽地处亚热带，几乎每天都有一场大雨，可是在石灰岩山里，遍地都是漏斗一般的落水洞，水统统流失得精光。很多山洼里的农民没有水，自古以来就过着"一水三用"的日子：洗了，刷了，最后还要喂牲口。老百姓没法种水稻，只能天天啃玉米，可是他们还给我们这些考察队员白米饭吃，不懂事的孩子就站在旁边看。天气那样热，他们自己从来不洗澡，却让我们每天洗澡。我们怎么吃得下、洗得下去？

我决心要为山村找到水，看中一个溶洞后，打算亲自带队钻进去探寻。

老乡说，这个洞太危险，祖祖辈辈都没有人敢进去，说什么也不让我们往里走一步。

我们安慰了他们，大胆闯进这个洞，一层层下得很深很深，最后终于发现了一条流量很大的暗河。可是限于当时的技术条件，实在没法从暗河引水出来，我们只好失望返回。

那一天不知干了多久，早已忘记了时间。地下不分明暗，我们出洞一看，已经是暮色苍茫了。使我无限感动的是，居然还有老乡点着一盏油灯，守候在洞口一步不离。看见我们出来了，老乡高兴地握住我们的手。

我告诉他们："实在对不起。我们找到了水，可没办法引出来。"老乡说："你们平安回来了就好，还说什么水不水的。"

看我们满脸满身满是污泥，老乡心疼地说："辛苦了，快回去好好洗一个澡！好好吃一顿热饭。"

我们没有为老乡找到水，居然还要浪费宝贵的水洗澡。人心是肉长的，怎能不深深感动？

那一天，我们用平生以来最少的水慢慢擦拭身子，根本分不清所用的是真正的水还是泪水，我们洗了一次终生难忘的澡。尽管非常疲倦，然而那天晚上我们一宿都没有睡，心里想的是我们的群众多好。作为一个地质工作者，我深感愧对群众。我不是前面讲过吗？我这一生有一个信条，要向人民群众感恩，怎么办？那次不成功的地质考察结果，虽然不能写出一篇合格的地质报告，但是不妨碍写一篇科幻小说——用瑰丽的幻想，贡献给最可爱的人民。

这一来，《海眼》就写出来了，1979年由上海少年儿童出版社出版。在这本书里，当然不会有外星人、机器人、外国人，主角只能是勇敢的地质队员和最可爱的乡亲们。

我明白了，写不写不是你自己的问题，是社会的呼唤，是时代的呼唤，是人民群众的呼唤。

创作不应该从个人名利出发，作家不能关在象牙塔里玄思冥想，不能追求编造得越离奇越好。科幻创作不过是一种特殊的浪漫主义文学作品，和其他文学作品一样，必须紧密联系现实。言其奇异，只不过以特殊的折射方式反映现实而已。如果忘记了这一点，就是断线风筝，只能博一时之轰动效应，有什么实际意义？

从这一天开始，我就重新返回科幻文学创作了。

刘兴诗回归科幻创作后的第一部作品《海眼》。

科幻邮差：此次回归，在写作手法上与以前有什么异同呢？

刘兴诗：创作这个东西，不能因循守旧。一个人老是一个路子，有什么意思？我提出来，无论科学研究还是文学创作都必须敢于设想，敢于怀疑，也敢于放弃。

"敢于设想"可以理解，"敢于怀疑"就是怀疑自己、找出不足，而"敢于放弃"是放弃已有的路子，从零开始，开创新的路子。

1979 年，我的另一篇作品《陨落的生命微尘》发表在上海少年儿童出版社的《少年文艺》上。我在这篇文章里，使用一些老同学的名字，想起一个"寻人启事"的作用。文章篇幅比较长，上海少年儿童出版社文艺室主任姜英就说："你看，这一篇占了整本刊物的四分之一，多么看重呀！"由此也可以看出当时的刊物对科幻作品的渴求。

不久，我逐渐对自己的作品不满，打算开创新的路子，由此开始了一个创作高潮期。

如果说《死城的传说》是我对早期儿童科幻故事路子的首次否定，做了一些改革的尝试，希望作品面貌有所变化，那么《海眼》又是另一个尝试。接着，我又尝试了一些别的路子。

我认为科幻小说的时态不应该仅仅是"未来式"，也可以是返回过去的"过去式"。更加重要的，还应牢牢扎根于现实，创造一种"现在进行式"作品。

我所创作的《美洲来的哥伦布》《失踪的航线》《扶桑木下的脚印》《雾中山传奇》《悲歌》《童恩正归来》《修改历史的孩子》，以及《大唐故将军》等考古题材，都是"过去式"作品，所以叶永烈说我老是"向后看"。

《海眼》和着眼于批判"伪科学"的《大西国档案》《追踪诺亚方舟》《尼斯湖梦幻曲》，以及《中国足球狂想曲》《三六九奏鸣曲》，还有《王先生传奇》等短篇作品，可以归类为"现在进行式"作品。

另外，我还有一些例如《柳江人之谜》《喜马拉雅幻想》《台北 24 小时》等地质科学类别的作品。其中，《喜马拉雅幻想》和《21 世纪的来信》关注整个新生代，也就是第三纪、第四纪以来的地质问题。由于印度板块不断向北漂移，挤压西藏板块，致使古地中海消失，喜马拉雅山脉急速上升，隔断了印度洋海洋气团进入我们的大西北，大面积的古代湖群、森林逐渐消失，逐渐演变为干旱化、沙漠化的地貌特征。我想借此发出警示：必须要充分注意这个趋势，设法扭转。《台北 24 小时》是从板块漂移出发，述说台湾回归大陆的故事。《辛巴达太空浪游记》是另外一种风格，是言在天外、意在人间，谈论环境、人口等七个问题的《天方夜谭》式故事。

我的儿童科幻作品就更多了，包括《美梦公司的礼物》《时间储蓄卡》《喂，大海》《巨人恰恰传奇》《钻进海盗船的孩子》《魔镜》《巴巴哇星来的巴巴娃》，还有《天空的逃亡者》《天空的访问者》《天空的迷途者》三部曲，以及《梦里梦外的孩子》等三十多部作品。我所有的成人和儿童科幻作品，总共一百二十多万字，远远不如我的其他作品多。

虽然有这么多作品，但我还是要说，我是被抓来的"雇佣兵"，真的不喜欢科幻。

国家图书馆的"中国记忆"项目，最近把我列为"学者系列"十人之一。考虑到我以地质科学为主的许多跨学科研究、大量的多门类业余创作，以及跌宕人生三个方面，他们最初的切入点是"地质学与科幻小说"，我立刻反对，让他们把科幻改为科普创作才算了。我真的不想在自己身上过于紧密地贴上科幻的标签。

有一次，中国科普作家协会去北京远郊的十渡开会，我在车上和韩松坐在一起。他忽然问我："您的作品风格和人家不一样，请问是怎么形成的？"我说，太简单了。他一听我准备打开"话匣子"，就打开笔记本要记录。我说："你甭记，几句话就明白了。第一，我不喜欢科幻；第二，我几乎不看科幻作品。非要逼着我写，当然就和别人不一样啰，所谓风格就是这么形成的。"韩松禁不住笑了。

科幻邮差：是不屑于看科幻作品吗？

刘兴诗：不是不屑于，而是认识上的原因。尽管如此，既然被"抓了壮丁"，吃了科幻这碗饭，多少也了解一些科幻。它对于我们普及科学知识有很大的作用，所以也还是关心科幻。我自己可以不写，但关心是另外一回事情。

刘兴诗部分科幻作品拿出来便铺满了一桌。 刘兴诗著述堆起来有两人高，可谓"著作等身"。

世界科幻协会的五个中国会员

科幻邮差：刘老师，第一次科幻高潮和第二次科幻高潮您都经历过，您觉得两个阶段有什么不同？

刘兴诗：首先是思想解放了；其次是作品的数量和质量有了很大提升；最后是冲破了科普作家协会管理体制，科幻小说冲破了仅仅作为知识载体这一种形式，可以自由自在地表达更多的内容了——不仅仅是自然科学，也有人文科学。

我觉得值得一提的是，搞科幻必须要有人。在第一个阶段，第一次科幻高潮时期，人数不多，可是这不多的几个人在第二次科幻高潮期间起了骨干作用，不能抹杀这一点。不过，只靠这几个人是绝对不行的，必须要有新人。

科幻邮差：在第二次科幻高潮期间，您所说的起骨干作用的有哪些代表人物？

刘兴诗：这个要说到世界科幻协会的问题了，世界科幻协会最早在中国有五个会员，可以算作是第二次科幻高潮期间的代表人物。

邓小平曾接见了一个英国名人访华代表团。其中有一个人，布赖恩·奥尔迪斯，是当时刚上任的世界科幻协会主席。他在接见中表示了想在中国发展世界科幻协会会员的意向，得到了许可之后，找到叶永烈。叶永烈就担任了世界科幻协会在中国的秘书。由于当时亚洲没有其他会员，实际上在中国的秘书也就是协会在亚洲的秘书。叶永烈之外，又另外发展了几个人，郑文光、萧建亨、童恩正加上我。所以有人就说，我们五个人是那一时期中国科幻的"五大主力"。

我觉得在当时的情况下，我们这批科幻作家是"先知先觉"，科普作家协会领导是"后知后觉"。他们不理解为什么科幻小说可以不宣传科普知识了，所以当初有了姓"科"姓"文"的争论。表现出来就是，北京《中国青年报》的赵之等人把科幻小说当作一种地摊文学的代表，跟什么黄色、暴力的混为一谈。出版科幻小说的平台几乎都关门了，只有成都坚持下来了。

1991 年 5 月 21 日，'91 世界科幻协会年会在成都隆重举行。左起依次为：郭建中、时任世界科幻协会主席布赖恩·奥尔迪斯、叶永烈。

成都为什么能够坚持下来

科幻邮差：成都为什么能够坚持下来？

刘兴诗：跟周孟璞和童恩正这两个人分不开。周孟璞起了核心作用，他对上向四川省科学技术协会解释这个问题，对下团结稳定了一帮人。童恩正铁骨铮铮，他不回避也不退让，而是抗争。周孟璞一篇科幻作品都没写过，但是他有很大的功劳，是功臣，四川科普和科幻的功臣。甚至可以说他稳定了四川，影响了全国，也称得上是中国科幻的功臣。另外，大家也不要忘记刘佳寿，他敢在这种情况下继续编杂志，有胆量，有骨气，这很不错啊。成都的新闻媒体，都很支持科幻，也是一个重要因素。

科幻邮差：《科学文艺》这个阶段的当家人是刘佳寿吗？

刘兴诗：对，那会儿杨潇还没接手，但仅仅刘佳寿是顶不住的，如果上面没有周孟璞，他绝对顶不住。所以即使现在周孟璞年纪大了、记不清这一点了，我觉得他这个功劳也不应该被忘记。科幻创作当时在北京和上海被打压之后，只有成都坚持了下来——中国科幻的版图再也不是"三国演义"，而是成都一家独大了，这都没有异议了。我在外面就听科幻迷有"向总部汇报"这种说法，我问什么总部啊，那些学生娃回答说《科幻世界》。可见在全国爱好科幻的群众里面，《科幻世界》已经深入人心了。所以国内第二次科幻低潮期成了成都崛起的一个很大的机遇，其中起关键作用的核心人物是周孟璞和童恩正，他们稳住了成都的阵脚。

在第二次科幻低潮中，大家都不敢作声了

刘兴诗：第二次科幻高潮的时候，出现了很多新人。叶永烈不用说，还有金涛、尤异、宋宜昌、魏雅华，上海的小将——嵇鸿的女儿嵇伟，还有王亚法、王金海、绿杨、张静等一大帮人。

但是后来在第二次科幻低潮中，大家都不敢作声了。那时候被质疑和攻击的主要

对象，第一是叶永烈，其次就是魏雅华。叶永烈写了《世界最高峰上的奇迹》，有一个地质工作者说，喜马拉雅山没有恐龙蛋，所以说叶永烈"不科学"。魏雅华呢，他那篇《我决定和机器人妻子离婚》被认为黄色、下流。其实一点也不黄色、不下流啊，即使现在看起来，它也比一些同类的科幻作品要正宗得多了。

第二次低潮中，科普作家协会在北京开了一次规格很高的会议，反科幻，批叶永烈。在科幻作家中，只有我一个人参加；其他的参与者基本上都是一边倒的评论家，再就是各省市科普作家协会的代表。当然，还有一些倾向明显的记者。参会人员的基本构成就是这样。

1981 年夏，众科幻友人在上海科幻作家嵇伟（缪士）家中小聚。左起依次为：吴岩、黄廷元、刘兴诗、王晓达、叶永烈、缪士。

对叶永烈批得太严厉，我坐不住了

刘兴诗：那次会议在中国科幻史上，有很重要的意义。

在那次会上，对叶永烈批得太严厉，我坐不住了，就站起来说，叶永烈有功无过。有人认为叶永烈除了"不科学"，还写得太滥，写得太多，说他写得多是"为了赚稿费"。我站出来反驳："你们简直是胡说八道！你们了解叶永烈吗？写得多有啥问题？说他的作品不行，你们的就行吗？这样指责叶永烈，太不公平了。"

有一次在上海，我和叶永烈晚饭后一起散步。他对我讲："我现在工资不想要了。"我说："永烈，你不要稿费可以，不要工资可不行。你不要工资，你上有老、下有小，怎么生活啊？"

科幻邮差：他那个时候在做什么呢？

刘兴诗：他在上海科学教育电影制片厂当编剧。

有一次，上海少年儿童出版社的总编辑张伯文跟我说："老刘啊，叶永烈不要稿费的问题，弄得我们很头疼，你看怎么处理？我们这里还有他的好多稿费。"我说："你不准动他的稿费，在银行给他开个户，给他统统存起来，到适当的时机还是要给他。"

所以那一次，我在科普作协的会议上讲："叶永烈是不追求名利的人，你们说这个话，有没有一点良心？你们认为叶永烈写得多是罪过？我请问你们几位，你们写的文章是不是每篇都没有问题？你们怎么能这么说话？"

我大胆地说："大家要弄清楚一个根本问题，科幻小说从本质上是文学。只不过今天在行政管理上面，属于中国科普作家协会代管。请注意，我讲的是由科普作协代管，不是由科普作协主管。今天我提出来'双重户口'，行政管理归科普作协，但科幻小说是文学作品，大家要怎么写，科普作协管不了。"我这话一说，立刻全场骚动，纷纷交头接耳，一些评论家对我怒目而视。你鼓眼睛，我也鼓眼睛，谁怕谁？主持会议的王麦林认真听了，还自言自语说了一句："哦，'双重户口'。"

科幻小说是小说，可以发挥科学普及的作用，但是作家们也可以不这样写，不是非宣传科普知识不可。我们怎么写，这是我们的事，不能强迫我们一定要跟着你的意思走。行政手段不是万能的，绝不能改变科幻小说属于文学范畴的根本性质。

当时整个会场的气氛非常压抑。我这么一抗争，加上对叶永烈的支持，会议一结束，上海科普作家协会的几个人就走过来，和我紧紧握手，说了一句："老刘，你说得太痛快了。"

后来这个事情你们都知道了，时任中国作家协会书记处书记鲍昌到成都表示，中国作协伸开双臂，拥抱科幻小说这个"灰姑娘"。《人民日报》连发三篇文章，其中一篇的篇名就是《呼唤灰姑娘》，倾向性非常明显——科普作协要批判科幻，中国作协要支持科幻，《人民日报》也支持，这就阻挡不了啦。

在荒诞的外衣里面，有一颗严肃的心

科幻邮差：那个时期，科幻创作还有流派之分，是吗？

刘兴诗：对，那个时候科幻小说在国外除了科学性很强的"凡尔纳派"，还有社会性很强的"威尔斯派"嘛。

威尔斯派是反映社会主题的。就以 H.G. 威尔斯的代表作《隐身人》来说吧，如果谁想从这篇作品学隐身法，那是活见鬼，可是其中还有一个严肃的主题：任何一个人，想脱离社会，那就是自取灭亡。

科幻小说实际上是在荒诞的外衣里面，有一颗严肃的心。如果荒诞的外衣下面还是荒诞的心，那根本就不是科学的幻想小说了，只能是玄幻小说。

科幻邮差：那"凡尔纳派"又是怎样的呢？

刘兴诗：在台湾地区，这两个流派一个是"S 流派"，重 Science（科学）；一个是"F 流派"，重 Fiction（小说），也是就是重文学。20 世纪 80 年代初期，童恩正的《珊瑚岛上的死光》被当成是"重文学派"的代表作，我的《美洲来的哥伦布》被当作是"重科学派"的代表作。

借这个机会，我们谈谈《美洲来的哥伦布》。

科学幻想小说

美洲来的哥伦布

四川人民出版社

刘兴诗科幻代表作《美洲来的哥伦布》。

一篇小说准备了十六年

刘兴诗：在 20 世纪 60 年代初期，我看了一本英国的《地质学原理》，是查理士·莱伊尔写的。莱伊尔是个非常严肃的科学家，知识非常渊博，获得了爵士称号。他在这本书里有一段话，我现在还记得很清楚，说英格兰有一个湖泊，有人排干湖水、挖掘泥炭时，在里面发现了八只独木舟。

请注意，书上的原话是这么说的："它们的式样和大小，和现在在美洲使用的没有什么不同。"我心中不由一震。因为我对考古学有一些了解，深知两个距离遥远、素无来往的民族，其文化特征是不可能完全雷同的。

陶渊明先生在《五柳先生传》里说"好读书，不求甚解"，表现出老夫子的潇洒。但是换一个角度，"好读书，求甚解"怎么样？所以我给我们成都理工大学拟定的校训是"穷究于理，成就于工"。读书必须穷究，刨根问到底。但只是这样还不够，不能做书呆子，还必须付诸实践才行。

从地质专业来讲，我知道英格兰那个湖里的泥炭距今四千年左右。这不会错，我毕竟也是史前考古学研究员，进行过一些研究考察，发表过一些论文和专著。从我所研究的第四纪地质的角度，可以推断埋藏独木舟的泥炭生成于四五千年前，正是墨西哥古印第安文化的一个渔猎时期。一些出海捕鱼的印第安独木舟很容易被横越北大西洋的墨西哥湾流冲带入海。哥伦布发现新大陆的五百年前，同一海流曾将热带美洲的树木冲带到荒凉的挪威海岸，引起诺曼海盗的遐想，扬帆西航发现了冰岛、格陵兰和纽芬兰。为什么洋流不可以将同样性质的古印第安独木舟带到英格兰？其中大多数必定在途中葬身鱼腹，个别漂到彼岸是完全可能的。

值得注意的是，发现独木舟的地点不在英格兰西海岸，而是内陆湖区，竟有八只之多，那就是说至少应有八到十六人操作。倘若上述推断属实，这必定不是最初到达的古印第安独木舟，而是一批仿制独木舟。

由于这是一种偶然事件，不是有意识的探险活动，不可能有成群独木舟同时到达。从常理推想，一只独木舟无法装载多人，也没有妇女随船捕鱼的可能性。唯一的可能是，一只侥幸脱险的独木舟抵岸后，其乘员深入内陆湖区，与当地土著通婚，发展成为一个小部落，然后按照美洲故乡的方式，制作了一批新独木舟安然生活在新的领地。

如果这一切推想属实，可以得出一个十分重要的结论：墨西哥湾流曾经把古印第安的独木舟，漂送到大西洋彼岸的英格兰。

无论对考古科学还是对社会科学而言，这无疑都是很有意义的题材。我决定以科幻小说的形式把它写出来。如果把这些材料拿给现在的科幻作家，或许马上就可以写，但是我不行。因为我必须首先排除一个可能性：古代欧洲有没有和美洲相同的独木舟？假如真有文物特征的巧合，上述推想便完全不能成立了。

为了解决这个疑难，我不得不首先去寻求解决欧洲有无同样独木舟的问题。经过漫长时间的努力，我终于在1979年弄清楚了事实，古代欧洲绝无和古印第安独木舟完全雷同的小船。屈指算来，时间过去了整整十六年，这篇科幻小说终于可以开始提笔写了。

话虽然这样说，我却还不能马上就写，因为这还涉及三个场景：墨西哥、英格兰和苏格兰。必须把所有的背景资料研究透彻，方可动笔。为此，我参阅了大量资料和图片，终于把握住了各个特点，才可以如实描写。

墨西哥一段，我使用了一个古遗址实际场景作为故事背景。其中涉及的文物，没有一件是我杜撰的。英格兰湖区一段，我按照实景照片和文字资料，还参考了一些著名的湖畔诗人的作品，联系多变的阴霾天气加以描述。

这篇小说写的是一次模拟航行。如果让现代模拟者乘坐独木舟到达同一地点，未免显得人工斧凿痕迹太重。我参照了海流图，让它漂到附近的苏格兰海岸，因此又出现了苏格兰海岸的场景。从照片可见那是一道峭壁海岸，可它是什么颜色呢？最后我查出峭壁是由石灰岩构成，颜色便可定为灰色了。

由于有了这些准备工作，小说一气呵成，但我心中却还有些不踏实。当时没有电脑，也没有复印机，我又将其刻写为油印稿，广泛寄送给一些朋友，请大家挑毛病、提意见。上海少年儿童出版社的姜英认为，漂洋过海一段写得太容易——这的确是我没有注意把握的一个环节，我便立刻改写了一遍。直到北京的金涛看后说"好像真喝过几两海水"，我才罢手。后来这篇作品被科幻评论家饶忠华评为"中国科幻小说'重科学流派'的代表作"，也许有一点儿根据。

这篇作品发表后，还有一个尾声。1986年，一个英国伦敦大学的考古学研究生爱丽丝·蔡尔兹，以科幻迷的身份拜访我，我便托她回去查证一下我的构想。

这个姑娘很不错，回国后研究了一番，给我寄来一张地图，查明了莱伊尔所写的马丁湖今天名叫马顿湖，距离海滨城市布莱克浦只有两公里左右。湖水当年被一个名叫托马斯·格林伍德的人排干后，发现了八只独木舟。

再后来，我在一个幽静的海滨别墅度假时，遇见一个二战时期的英国皇家空军老飞行员，说起这件事，他的儿媳马上给我找来马顿湖的照片。

我把这一段被忘却的历史发掘出来，写成这篇科幻小说。越深入研究，我就越坚信这是一段曾经发生过的真实历史。

这个作品的研究和写作过程，符合我的科幻小说创作观——科幻小说是科学研究的直接继续。

不过，这还不是真正的直接继续，因为材料是从书本里来的，只能算是科学研究的间接继续。关于科学研究的直接继续，可以用《海眼》和《柳江人之梦》作为代表。

刘兴诗介绍八只独木舟的发现地——马顿湖。

细节必须真实，才能使大家相信

刘兴诗：1956 年，著名地质学家裴文中先生率队在广西柳州白莲洞考察，发现了一批很有意义的旧石器时代和新石器时代早期文化地层。从 1981 年起，裴文中先生就申请了一个国家自然基金项目，委托周国兴主持研究工作。这个项目分为三个一级子课题，由周国兴负责化石鉴定，童恩正负责文物鉴定，我负责洞穴地层研究。1982 年，在同一地方又发现了两枚智人牙齿化石，引起海内外关注。于是，有关方面就在白莲洞召开了两次国际古人类和史前文化会议，我也因此受聘为新建的白莲洞洞穴博物馆研究员，并在会上获奖。

我们在研究白莲洞遗址的同时，把注意力投到附近同时代的柳江人头骨发现地点。根据我们的研究，柳江人头骨所在洞穴没有任何原始居住遗址的痕迹。这里距离白莲洞只有几公里，中间一片开阔地带，没有任何地形障碍。

我们推想，柳江人很可能来源于附近的白莲洞，不知因为什么死在这里。因为含化石地层上的水流痕迹非常清晰，可以想到柳江人的头骨化石，是后来被水流冲入洞中的。可是由于缺乏更多的证据，不能写成学术论文。

我和周国兴、童恩正等研究人员都是科普作家。写论文不成，大家便推选我写成一篇科幻小说，以故事形式表达我们的共同见解，希望引起公众注意。于是，我就把我们几个人都实名写进去，用完全实境的形式，摊开科学材料和观点，杜撰了一个故事。根据我们的研究，柳江人头骨和肢骨分属一个中年男性和一个女性，故事便叙述两个来自白莲洞的原始人因故死在这里。为了探讨其死因，我写了三个结尾，供读者选择——这里也欢迎读者提出新的见解，作为我们进一步研究的参考。

科幻小说《柳江人之谜》写成后，却一直不能发表。因为我为了强调科学性，表示言之有据，别出心裁按学术论文形式，在文末附了一大串参考文献目录，这怎么能在文学刊物发表呢？后来删除了参考文献，作品才发表出来。不消（用）说，这就是通过科学研究的直接成果写出来的科幻小说了。

科幻小说和任何文学作品的主题都可以是虚拟的，但这个虚拟必须有一个基础，虚拟不等于虚妄，不等于虚假，这个要分清楚。有一部谢晋导演、潘虹主演的电影《最后的贵族》，说的是四个上海姑娘 1949 年到美国去，可是影片中墙上的美国国旗居然是现在的斜排五十星。以前的美国国旗是竖排的四十八星的，没有夏威夷，没有阿拉斯加。谢晋导演学识渊博，怎么会不注意这么一个细节？因此我再也看不下去了。后来看美国大片《血战钢锯岭》，我也特别留意了其中的美国国旗，是竖排的四十八星旗，这就真实可信了。

一部作品的总体设想可以是虚幻的，但是细节必须真实，才能使大家相信。须知，只有细节真实，整个作品才具有真实性。就好像，一幅《清明上河图》的赝品，看起来什么都像是真的，可是屋檐上一只麻雀的位置和原画差几个瓦片，就一个铜板也不值了。我在《美洲来的哥伦布》中，也是这样做的。包括我的《扶桑木下的脚印》，描写阿拉斯加的风光十分真实。我虽没有到过这个地方（阿拉斯加），却在邻近的加拿大北方考察过。这个景色描写，是从加拿大的哈得逊湾移植过去的，都是北极圈内外嘛，一点也不敢乱写。

《科学文艺》的重组

科幻邮差：进入 20 世纪 80 年代，国内发表科幻的平台，唯一剩下的就是《科学文艺》。《科学文艺》的重组是怎么回事呢？

刘兴诗：好，我来谈谈这个问题。《科学文艺》第一任主编刘佳寿成绩很好、功劳很大，后来换了一个行政主管，专业才干并不在科幻这方面。为了《科学文艺》的发展，这个人必须换。于是，有一天（我们）在成都人民南路芙蓉餐厅的二楼开了个会，商议谁去接任《科学文艺》主编。周孟璞主持这个会，我和童恩正都参加了。我觉得应该从《科学文艺》编辑部内部实行民主选举，只有这个办法才能够挽救《科学文艺》，不能再由上面派。童恩正马上支持。周孟璞看见我们两个人这样表态，也就没有话说了，实际上就是我们几个人定的。

就这样，通过选举，选出了杨潇和谭楷，这不是很好吗？没有他们俩，就没有今天的《科幻世界》。他们是《科幻世界》的奠基人。从那以后，《科幻世界》带活了整个科幻界。杨潇、谭楷实在太重要了，不仅功在这个刊物，也在整个中国的科幻事业。他们的上任，可以视为中国科幻事业进一步发展的重要起点。

20 世纪 80 年代的中国科幻影视并不是一片空白

刘兴诗：再来说说科幻影视问题吧。

2015 年 9 月，科幻世界杂志社在北京现代文学馆举办银河奖颁奖典礼，在其中一个环节谈到科幻影视时，主持人严蓬说了一句话："中国科幻小说在最早一代，影视方面是沉寂的。"我下来就对严蓬说："你错了。在那个时候尽管只有十几个人、七八条枪，可在影视上面还真有些成绩呢。"后来《流浪地球》问世时，又有人说，这是"中国科幻电影元年"。

年轻人不知道历史可以原谅，但是话必须说清楚。

1978 年，童恩正和我应邀到上海，分别在上海电影制片厂和上海美术电影制片厂写剧本。谁不知道童恩正的《珊瑚岛上的死光》是中国第一部科幻故事片？难道还有谁怀疑吗？

我的剧本《我的朋友小海豚》，发表于《电影新作》1979 年第三期，也在 1980 年拍摄上映。一部科幻故事片和一部科幻美术片同时上映，这才是真正的中国科幻电影元年。

刊载于《电影新作》杂志上的《我的朋友小海豚》电影剧本。

《我的朋友小海豚》剧照。

我的《我的朋友小海豚》，1982 年在意大利第 12 届吉福尼国际儿童电影节获最佳荣誉奖、意大利共和国总统银质奖章。这算中国第一部科幻美术片。值得一提的是，这是中国科幻作品在海外第一次获电影奖。意大利文化部和中国大使馆的文化参赞出席了颁奖仪式，仪式上升起了我们的国旗——五星红旗，十分庄严隆重。

20 世纪 80 年代，《科学文艺》发表了一篇我的作品——《雪尘》，宋庆龄中国妇女基金会把它改编成了话剧，节目单和许多剧照的照片我现在还保存着。这岂不是中国第一部科幻舞台剧吗？他们说在影视、舞台剧领域，当时完全无所作为，这是不准确、不尊重历史的。

当年童恩正毕业后，第一份工作就是在峨眉电影制片厂做编剧。叶永烈的第一份工作是在上海科学教育电影制片厂做编剧。我也曾经编剧、导演、拍摄一肩挑，地面加空中低飞摄影，在巴丹吉林沙漠拍摄过一部有关沙漠地貌的教学片。我最近（2016年）又与加拿大有关人士合作，将自己的一个作品改编为歌剧剧本。

所有的这一切，岂不清清楚楚表明，过去的中国科幻在科幻影视方面并不是"一片空白"。开辟之功，不容易呀！

请尊重历史，不要无视甚至蔑视当时的成绩吧。

所谓的"四大天王"问题

刘兴诗：这里，我想说说所谓的中国科幻"四大天王"问题。

最早的那个时候，叶永烈还没有出现，一般就把郑文光、萧建亨、童恩正加上我称为"四大天王"。我们都反对，没有一个赞成。后来叶永烈出来了，局面就成了"二桃杀三士"了。要么有萧建亨，要么有我，这个都不对。甚至还有人撇开郑文光，把童恩正、萧建亨、叶永烈、刘兴诗当成什么"四大金刚"。中国科幻界没有郑文光作为领军人物，怎么成？简直就是乱弹琴。提这些没有任何好处，对自己、对别人、对整个科幻事业的发展是有害无利的，头衔只是个花架子。

这里还有一个小插曲。

20世纪80年代中期以后，我认为必须有新人不断涌现，但是新人必须谦逊上进。

那时候，有一个成都青年作者发表了一篇文章，我觉得这篇作品写得很好，我就请《成都科技报》宣传他，说："他刚刚出道，应该好好扶持才对。"天津《智慧树》杂志请我和童恩正去，在上海第一次跟美国的世界科幻协会主席弗雷德里克·波尔见面，我也把他带去了。为了更好地宣传他，我还给海洋出版社的孙少伯打了个电话，因为他们有《科学神话》杂志，我说老孙啊，你帮我宣传一个新人，你必须在头版头条登这个青年作者。然后我又给上海的饶忠华打了个电话，饶忠华是中国科幻界第一位评论家。我说，忠华，你帮我写篇文章，就评他的这个作品，要给我写好，写好给我看了才能发表。孙少伯的文章和饶忠华的评论，都在《科学神话》头版头条发出来了。台湾、香港地区的出版人到成都找我，我都引荐他，认为他是一个很有潜力的新人，可以说够支持提携他了。

后来出了个事件，日本的《科幻宝石》杂志排什么中国科幻"四大天王"，把这个青年作者也算了进去。这个话一出来，立刻就天下大哗。童恩正、萧建亨，以及北京、上海出版界的朋友都有看法。

科幻世界杂志社那年在北京开科幻大会的时候，由郑文光和我出面问研究中国科幻的日本学者岩上治。通过翻译，郑文光提问，这是怎么回事？岩上治就讲，这个不代表日本科幻界的看法。《科幻宝石》是日本的科幻迷刊物，好像只办了两三期就夭折了，他们根本不了解中国的情况，应该是在北京正好买了那一本《科学神话》——就是我让孙少伯跟饶忠华包装这个青年作者的那一期——看后把他凑了上去。岩上治申明，他代表的中国科幻小说研究会，绝对没有这样的看法。本来嘛，中国的作家，怎么能由日本刊物来封"天王"？何况还不是主流刊物。

这个事情，虽然郑文光已经离开了，岩上治还在啊，翻译也还在嘛，可以证实呀。

提携"京城四少"

科幻邮差：之前听您说过"京城四少"的事情，请给我们简单介绍一下吧。

刘兴诗：进入第二次科幻高潮的时候，我提出要考虑科幻作家队伍建设的问题。当时，我看中了北京的四个年轻人——吴岩、韩松、星河、杨鹏。这个"京城四少"里面，我特别注意吴岩。我当时预言吴岩未来一定是中国科幻的马拉多纳。为什么呢？因为马拉多纳是打组织的，他并不是足球队中真正的前锋。

别忘记了，那时候还有柳文扬、张劲松两个小将，也是未来的潜力股。可惜柳文扬早逝，张劲松去美国一脑袋扎进了自己的学业，没有下文了。

科幻邮差：您从吴岩老师的哪些表现，看出他是中国科幻的马拉多纳？

刘兴诗：第一点，他承上启下，他跟老一辈的关系很好。承上，吴岩基本上是郑

20 世纪 90 年代，刘兴诗与科幻后辈们在一起，左起依次为：郑军、刘维佳、姚海军、柳文扬、刘兴诗。

文光一手拉出来的。启下，他自己后来办了个科幻沙龙，团结了一大帮年轻人。第二，内外通联，吴岩跟海外科幻作家的关系很深，他的外语也很不错。第三，他不仅有作品，还搞理论。科幻要发展，只靠作家不行，还要有理论家。从整个中国科幻史来讲，吴岩是一个举足轻重的人。

我推荐吴岩，这就好比我推荐董仁威接替周孟璞担任四川省科普作家协会理事长一样。

我们一起退到底，什么职务都不兼

刘兴诗：这里我谈谈董仁威接任的事情。当时，有人给四川省科学技术协会写了一封匿名信，信中说周孟璞年龄到点儿了，应该退下来。科协领导把我叫去看了这封信，我一看就知道是什么人写的。那个时候没有电脑打字，用手写的。虽然没有落名我也看得出是谁的，但我不能讲。写这封信的人也是这个圈子里的，自以为有一点儿资本，想接替省科普作家协会理事长这个位置。否则，谁会有这样的闲心，跳出来管这件事？

周孟璞问我，该怎么办？我说你年龄到了，是该退了嘛。我的年龄也到了。我们一起退到底，什么职务都不兼。

科幻邮差：那是哪一年？

刘兴诗：记不清了。我跟周老说，现在应该由你提出一个接替的人选。周孟璞给我提了个名字，就是我认为写匿名信的那个人。我说绝对不行。匿名信的事当时不能告诉周老。过了很多年以后，我才跟他说的。

那谁来接替呢？我说，我支持董仁威。董仁威优点很突出，缺点也很明显，他太爱表现自己了，但这是枝节问题。董仁威长期在制药厂担任车间主任、副厂长等行政职务，他有一套管理办法。作为商人，他有经济头脑，有广告意识，他知道怎么张罗这些东西。我看我们科幻界，没有哪个作家具备这些条件。郑文光也好，童恩正也好，叶永烈也好，都没有这个条件。董仁威是科普作家中难得的行政天才。所以后来吴岩也讲，董仁威是"中国科幻的推手"。我觉得吴岩这个词用得很恰当。要推动，没有推手怎么行呢？尽管董仁威不是科幻作家，中国科幻事业现在发展得红红火火，他是功不可没的，所以当时我就提了董仁威。

最后要对周孟璞、董仁威这两届做个评价。我认为，周孟璞阶段是平平稳稳，董仁威阶段是轰轰烈烈，做了不少事情。请注意，在当时那个动静很大的第二次科幻低潮阶段，全国各地的科幻力量都烟消云散了，只有四川岿然不动。这就是周孟璞搞得平平稳稳的功劳。什么事情都要联系当时的环境，平平稳稳在那个非常时期不是贬义词，而是大大的褒义词。要不，在那个时候，北京、上海的科幻为什么都噤如寒蝉了？四川做一个平平稳稳的表率给大家看嘛。

"王刘二将"及其他

刘兴诗：科幻需要新人，只有"京城四少"几个人还不行。我还看中两个人，就是"王刘二将"——王晋康、刘慈欣。我认为，王晋康比许多新人更成熟，刘慈欣也有很大的潜力。

2000年，我访问台湾地区的时候，相关出版公司要我推荐一个大陆的新人。我毫不犹豫推荐了王晋康，所以他的《生死平衡》就在台湾出版了。

当时太原有一个出版社，对我鞍前马后十分殷勤。我就说："你们那么远，找我干什么？为什么不找你们山西自己的刘慈欣？"他们问："刘慈欣是谁，在哪里？"我告诉他们："刘慈欣必成大器，就在你们的娘子关。现在不上门，以后不一定能够巴结上呢。"

我反过来让刘慈欣去找他们，也没有成功。后来我给刘慈欣出主意："下次这个出版社来，叫他们先填会客单。冷他们半个小时，再见五分钟，多一分钟也不给。他们真是太看不起人了。"

这些新人里面，我也看重韩松。韩松毕竟当新华社记者那么久了，观察力很敏锐。我觉得他有思想深度，能够接触现实，这点非常不错。

科幻邮差：韩松老师有哪些作品给您留下的印象比较深？

刘兴诗：当初我看的第一篇是《宇宙墓碑》，后来我看了《地铁》，都不错，我没有看更多的。

科幻邮差：其他几位老师呢？

刘兴诗：星河往往有些非常奇妙的思想和观念，可惜的是他当了奶爸以后，就不管这些事情了。杨鹏呢，他在儿童科幻方面不错，现在走了另外一条路。这四个人我真的没有看走眼，"王刘二将"我也没有看走眼。还有一些人可惜了，像柳文扬啊，可惜了。

关于两岸科幻的"破冰行动"

刘兴诗：我再跟你讲讲当年的"破冰行动"吧。

说简单一点，就是考虑从"一个中国"的基本原则出发，我们科幻作家能不能从相互了解开始，做一点有利于推动和平统一的事情。

那是 20 世纪 80 年代的时候，我跟台湾地区的科幻作家联系了一下。我首先找的是张系国。我研究了他的人生经历，推断他也认同"一个中国"的理念。他和我一样，都是出生于抗日战争时期并逃难到四川的。我在重庆念初中的时候，张系国在念小学。他应该跟作家白先勇差不多是一个年龄段的，白先勇的哥哥白先德是我在南开中学的同年级同学。果不其然，我一找到张系国，他当即就回复我说："好啊，那我们该怎么办？"

简单说，我的构想包括以下几点：

1. 在海峡两岸出版一套对方的科幻选集，再出版一本共同的选集，以示同是中国人的统一信念。

2. 找一个合适的地方，大家见一次面。为此，我找到一个福建的出版社，筹备在厦门见面；又找到一个香港出版公司，准备在香港见面。

3. 双方派人互相访问一次。

4. 设立一个海峡两岸共同的科幻奖。

5. 在适当的时候，建立一个松散的"世界华人科幻作家联谊会"。请注意，我提出的是"联谊会"，只比坐一次茶馆的"茶话会"进了一步，而不是什么"协会"之类有组织形式的概念。

当时障碍重重，我又说，换一个方式，化整为零，我们相互访问吧。

1993年，台湾地区科幻作家吕应钟第一次访问大陆，不是到北京、上海，而是从香港直接飞成都。他是冲着我来的。我又介绍他到科幻世界杂志社去访问。吕应钟应该算是两岸科幻界互访的破冰第一人，这件事应该记录在册。

2000年，我应邀访问台湾地区。除了从自己的专业出发，对1999年台湾集集大地震现场，以及环岛海岸、山地进行地质考察外，还在那边好几个地方进行了关于科幻创作的演讲。我行程的第一站是高雄，第二站宜兰，第三站台北，第四站台中，第五站台东。在台北和台中，我仅仅是和对方简单交流接触一下，而在其他几站都有科幻讲座，特别是在高雄与当地作家群交流，在台东师范学院给研究生做讲座，参与者都很感兴趣。

顺便说一下，从1993年起，我在台湾先后出版过包括小说、童话、科普等类别的十八本书，其中有《辛巴达太空浪游记》《雾中山传奇》两本科幻小说。我的科学童话《没法举行的宴会》，1998年进入台湾地区学校教师研习会编印的四年级下期普通话教材。这不仅是大陆科幻作品第一次在台湾出版，还是大陆作家的作品第一次进入台湾小学课本，也可以算是具有破冰意义的事件吧。

科幻理念

我的科幻小说都是可以附参考文献的

科幻邮差：您在很多场合都提到一个科幻创作理念，就是科学性、文学性，还有民族性和现实性。

刘兴诗：对，联系现在的科幻，我要谈科幻创作这个问题了。

科幻小说说到底是浪漫文学的一种，它是通过折射的方式来反映现实生活。如果忘记了这一点，那就是断线风筝，无源之水，无本之木。所以我提出了两个口号，其中一个是幻想从现实起飞。

过去认为科幻小说有两个流派，我现在分成三个流派。

重文学派，这个不够确切，什么作品不重文学啊？所以我说应该是"重社会学派"。一部作品必须要有社会内容。

重科学派，必须有一个真实可靠的科学主题在里面。这里面又分两种：一种是直接研究，另一种是间接研究，也就是通过文献分析进行的研究。所以我又提出一个口号，科学幻想是科学研究的直接继续。

《海眼》就是这样，我在科学研究里面不能解决的问题，就写成科幻小说；《柳江人之谜》是另外一种，我和童恩正、周国兴研究古人类的问题，在没有获得结论的时候，我们就可以把整个课题铺开，拿出线索和材料来编一个故事，让大家跟我们一起分析，最后我们给出几个不同的结尾。这些作品我认为都可以附参考文献，都是实实在在的东西，而《美洲来的哥伦布》就是间接研究的成果了。

耄耋之年的刘兴诗坚持在野外进行地质考察。

娱乐流派，这绝对不是贬义词

刘兴诗：如果既没有科学内容，也没有社会内容，那这一派我给它起一个名字——娱乐流派。生活好了，当然应该娱乐一下，这绝对不是贬义词，但是也绝对不能把这个当作科幻的主流，或者唯一的形式。你看美国就分得很清楚：科幻奇幻协会。在一个圈子里，既有科幻，也有奇幻嘛。

我们有的作家不敢承认自己写的是奇幻，但实际上现在大多数标榜为科幻的作品，几乎都是玄幻。玄幻就玄幻嘛，奇幻也可以，干吗非得往科幻上面靠？这样的作品到底有多少真正的科学成分，是值得研究的。

后来，我不是不喜欢科幻作品，而是没有时间看。记得以前我老师说自己没有时间看小说，我感到很奇怪。现在自己的年龄到了这个地步，才深深明白，工作头绪太多了，人一老，精力也有限了，的确没有时间看小说，特别是鸿篇巨制的那些大部头，看见就害怕了。

还有一个批判现代迷信的问题。这往往是披着科学的外衣宣传伪科学，譬如什么"北纬30度之谜"等，都禁不起仔细推敲。现在很多伪科学，好像说一千遍就成真的了。什么"北纬30度之谜"，说得神乎其神，但北纬30度就是非常普通的一个纬度，哪有什么谜？这是伪科学。关于科幻小说中的一些问题，我素来说话很谨慎，我不大说是伪科学，通常说是伪命题。

现在我们搞科幻，动不动就谈外星人到了地球，或者我们移民到外星球去。我也研究过天文，开过天文课。我的老师是中国数一数二的天文学家戴文赛先生。我认为，外星人似乎没有到过地球。

现在很多谣言，什么美国空军保存有外星人遗体、外星飞碟。如果这是真的，美国政府是不是发疯了，还向太空发射地球名片寻找外星人？如果这是真的，整个天文界都要集体发疯了，是不是要组织起射电天文望远镜，联片成网，昼夜不停地向太空搜寻外星人的踪迹？

想一想，如果外星人真的来过了，我们还需要去搜索吗？

谁主张移民外星，就先把他发射出去

刘兴诗：再一点，动不动就是向外星移民，大家忘记了一个很根本的问题——人类其实是一个非常脆弱的物种。我们只能够生存在这样的大气成分和水环境中，稍微变一下就不行。

不，不是简单的"生存"，而是只能够"禁锢"在这样的生活环境里。只要稍微有一点变化，你就受不了。普希金的《渔夫和金鱼的故事》写得很美，但是，金鱼真的可以生活在大海里面吗？同样的道理，大海里面的鲨鱼能生活在淡水里面吗？人类也是一样的。要知道，宇航员是有特殊宇航服的，不能真的在外太空呼吸。

移民外星是一个非常复杂的问题。如果能建造一个密封的仿地球环境，在未来技术条件下也许可以，但要在外星球过完全敞开式的生活，那就未必了。

有人说，外太空星球的大气环境可以改造嘛。那谈何容易！

有人说，已经发现了近似地球环境的星球。

但近似不等于完全相同。只要非常细微的一点差异，人类就受不了。

我是地质工作者，如果拿登山来讲的话，我登得不高，只有四五千米的纪录。但上到太高的海拔以后，产生的这个高山反应，就不是一般人可以承受的。如果空气成分稍微变一点，氧的成分多一点、少一点，或者氮和其他成分有所变化，人类肯定窒息而亡，肯定没法生存。

你见过高山缺氧没有？见过煤气中毒没有？见过矿难中，人在地下矿洞呼吸困难没有？其中一些情况，空气成分基本上没有产生变化，只不过含量有一些细微差异，就能导致人因缺氧而亡。

我有个小小的建议，谁主张向外星移民，就给他一点福利：现在先把他发射出去，看他有何感想。我看见有一篇科幻作品，叫《在冥王星上我们坐下来观看》。标题听起来很浪漫，想一想就不那么浪漫，不那么真实了。冥王星离地球多远哪？冥王星是根据引力计算发现的，肉眼能够看见吗？冥王星上有空气吗？就算有，大气成分是甲烷、氮气、一氧化碳，根本就没有氧气。你呼吸一口冥王星的空气，活得下来吗？可能马上就会窒息而亡吧。加上表面温度在零下二百二十摄氏度以下，你受得了吗？咋还能坐下来观看呢？

这是不负责任的态度

刘兴诗：要知道，外太空有这么多星球，绝对不可能有哪一个星球的空气成分和我们的地球完全一模一样，不可能。

何况，除了空气，还有水。人类其实非常脆弱，只能生活在这一个环境内。你到外星去，根本没有办法生活。地球历史上曾经有过好几次生物大灭绝，就是自然环境稍微有一点变化，便导致整个生物体系全部崩溃。所以，认真保护环境，才是生存之道。

现在许多科幻作家似乎胸怀宇宙，大谈什么"后地球时代"。

但我要说，我们所有的人类，连同地球上所有的生命，就好像生活在一个刚下过大雨之后的小水潭里面。只要这里的水一干，大家全部完蛋。所以今天我们最重要的问题是保护自己地球的环境，而不是寄希望于把地球搞得乌七八糟，拍拍屁股乘着一艘宇宙飞船，到另一个外星球的新大陆去。请问，你真的走得了吗？到了那里，你活得下来吗？有人说，这是技术障碍。我看，是不可克服的生理障碍。

所以，一切移民外星的作品，我觉得都是扯淡。若当成玄幻小说，说着玩玩儿可以，要一本正经当成科学的，那就不必了。

还有什么《星球大战》？胡说八道。如果外星人真的来了，根本不用联合国号召大家去抵抗。他们若有种，掀开面罩，呼吸两口地球的空气，马上就会窒息而亡。因为他们不是在地球这个成分里面生成的嘛，你懂我的意思了吗？所以那天我在北京新华网总部就讲，只要外星人呼吸一下地球的雾霾，马上就死光光。你不是地球"产品"，还需要组织联合国军去抵抗吗？

我这样说，也许会被群起而攻之。攻就攻嘛，反正我不是这个圈子里的人，认识不一致，也没啥奇怪的。如果我真的说错了，就赔礼道歉，认一个错得啦。你们高屋建瓴地去考虑后地球时代吧。我目光短浅，只盼在这个实实在在的地球时代，再多活几年。活过九十岁，奢望一百岁，能够再多看两届奥运会、世界杯，就非常满足了。

我的骄傲与遗憾

科幻邮差：刘老师，在您的科幻创作生涯中，最骄傲的事情是什么？

刘兴诗：没有什么值得骄傲的。"骄傲"是"完蛋"的同义语。我不止一次在一些会议上说过，也是提醒大家——自我膨胀是败坏自己最好的办法。一个人骄傲的话，这个人离完蛋就不远了。

科幻邮差：在您的人生中有没有留下一些遗憾？

刘兴诗：遗憾的事情太多了。每个人多多少少都曾经有过遗憾，应该尽可能从遗憾的阴影里面走出去，这才对。

科幻邮差：您希望得到别人怎么样的评价？

刘兴诗：如果大家能够意识到，我是一个科技工作者，是一个地质工作者，我就感到很满足了，这些身份比作家更重要。我一生的理念就是坚决反对帝国主义，向人民群众感恩。

科幻邮差：您看过的最新一篇科幻小说是什么？

刘兴诗：《北京折叠》。我一般不看科幻小说。大家说好的，我就翻一翻。刘慈欣的《三体》送了我两次，肯定写得很好。要不，怎么会获得那么大的奖呢？我为他高兴，发自内心祝贺，但是真的没有时间看那么厚的书了。

年轻的时候，我也曾捧着《巴黎圣母院》《大卫·科波菲尔》《战争与和平》《安娜·卡列尼娜》《飘》《静静的顿河》这样的大部头看，但是现在真的不行了，这不仅是脑力劳动，也是体力劳动嘛。人老了，杂事太多，哪有那样的精力。

科幻邮差：谢谢您今天的讲述。希望将来还有机会把您今天没讲完的故事给我们讲完。

刘兴诗：但愿如此。希望诸位不要马上就成为我的"生前好友"，以后还要见面。我们先吃个火锅，就别送花圈了。哈哈哈哈。

2016年4月，85岁高龄的刘兴诗在南方一个飞行培训基地感受模拟飞行的乐趣。

趣问趣答

01

您能否就科幻小说给出一句话的定义或者描述？

科幻从现实起飞。以浪漫主义手法反映现实生活或科技发展的作品，就是科幻小说。

02

您在创作过程中是否有灵感枯竭的时候？如果有，一般如何重新激发自己的创作灵感？

肯定有，因为创作源于生活，而生活是有限的。如果科学里的东西还没认识到，这时我的创作灵感就枯竭了，我会重新"充电"，然后重新获得新的灵感。

03

您认为科幻作品中的什么元素或场景最有可能在本世纪内成为现实？

只要你所设想的具有真实的科学基础，就有实现的可能性。我早年写的那五篇不像样的东西，里面的设想现在基本上都实现了。

04

您信赖科技吗？在生活中是否是重度科技依赖者？

我当然信赖科技。我是一个科学工作者，离开了科学，我一事无成。

05 **除了写作，您还有什么别的兴趣爱好吗？**

　　我有很多兴趣爱好，比如说足球，我这辈子连考大学也没有开过夜车，可是看足球就会开夜车。

06 **如果时光倒流，您最想回到什么时候？**

　　20 世纪 30 年代到 40 年代。我曾有个理想，走上沙场去当兵，为自己的国家作战。

07 **如果您的某一部作品将要拍摄成影视作品，您最希望是哪一部？**

　　我的版权代理人正在联系改编我的两部作品：《抗战难童流浪记》和《卢沟桥记忆》。《中国足球狂想曲》也许是拍出来大家会喜欢的一个作品。

08 **您最喜欢自己的哪一部作品？**

　　我对自己所有的作品都是采取一个归零的态度。人要善于放弃，只有不停地放弃自己的过去，创造新的东西，才有出息。

09 **请谈谈对中国科幻事业的期望和祝福。**

　　当把科幻和玄幻的界限分清楚了，中国科幻就有出息了。

踏上科幻之路是
一生的骄傲

EMBARKING ON THE JOURNEY OF SCIENCE FICTION IS A LIFETIME ACHIEVEMENT

王 晓 达

科幻是科学时代的文学
她的发展繁荣是时代
文明的进步.
我们为此而奋斗努力.

王晓达

与科幻密不可分的人生

140 工程师世家的家学熏陶

143 崇尚科学，大学报考焊接专业

148 工厂生涯：跟真正的现实交锋

151 科幻之始：写科幻劝人读书

157 有两个人我们是要记住的

162 科幻小说还是要和科学有关

追忆科幻的艰难征程

166 当时大家都是一条心

169 科学家搞什么文学，是文学就到文学界去吧

172 《关于科幻小说评论的一封信》

174 "香山会议"

178 幻想是不需要印证的

179 你不让我写科幻小说，我就去搞科普

183 《科幻世界》的生存之道

人物回忆

188 我们一见面就叽里呱啦说上海话

190 结果第二天，他在手术台上就没回来

194 萧建亨是我的苏州老乡

科幻理念

199 科学技术变化无穷、威力无穷

201 我有三重身份

203 我的骄傲与遗憾

趣问趣答

206

导语 INTRODUCTION

与众多科幻前辈不同，王晓达堪称大器晚成——四十岁才进入科幻圈，但之后厚积薄发，创作出了大量优秀的科幻作品。他的作品充满奇趣，构思精巧，同时又极具核心科幻的想象力。除了写作，他还亲身参与到中国科幻发展的各个环节，为中国科幻留下了宝贵的财富。

WANG XIAODA

EMBARKING ON THE JOURNEY OF SCIENCE FICTION IS A LIFETIME ACHIEVEMENT

■ INTRODUCTION

Unlike many of his predecessors, Wang Xiaoda could be described as a late bloomer. Though he officially started writing science fiction at the age of 40, given his prior accumulated experiences, he was able to produce a myriad of extraordinary works. His stories, imbued with intriguing ideas and meticulously crafted plotlines, are representative of the kind of imagination that lies at the core of the science fiction genre. Apart from writing, he was also personally involved in various aspects of Chinese sci-fi community's development, leaving a priceless legacy behind.

■ TABLE OF CONTENTS

A life inseparable from science fiction

140   Born into a family of engineers

143   Developing an admiration for science; majoring in welding in college

148   Factory life: confronting the reality

151   Beginning of sci-fi career: writing to encourage reading

157   There are two people we must remember

162   Science fiction should be related to science

Remembering the challenges that chinese science fiction had met

166   Everyone acted together in a united way back then

169   "You're a scientist; if you want to do literature, then join the literary world!"

172   *A Letter Regarding Science Fiction Criticism*

174   A conference at Xiangshan

178   Fantasies don't need to be validated

179   If you won't let me write science fiction, then I'll go write for science education

183   How did *Science Fiction World* survive?

Memories

188   The first time we met, we chatted in Shanghainese

190   The next day, he passed away on the surgical table

194   Xiao Jianheng, like me, is also from Suzhou

My science fiction philosophy

199   The endless changes and immense power that science and technology offer

201   I have three roles to play

203   What I'm proud of and what I regret

206   **Fun facts and Q&A**

与科幻密不可分的人生

工程师世家的家学熏陶

科幻邮差：王老师，虽然您在成都生活、工作多年，但听您的口音，好像并不是本地人。今天我们的访谈就从这里开始吧，请王老师给我们介绍一下您的父母和家庭，他们对您的科幻之路有没有产生什么影响呢？

王晓达：好的。我是纯粹的苏州人。苏州是一座文化古城，我们家里头，从我的曾祖父、祖父、父亲到我，基本上都是读书人。早年，曾祖父王同愈才十几岁，就穿着棉袍到由清代洋务派创办的上海制造局当学徒。曾祖父有数学跟制图的特长，便在那里站住了脚，也因为这个特长，当时被清朝的封疆重臣吴大澂发掘，被招去做幕僚。曾祖父帮吴大澂干了不少事，有的事情甚至载入了史册。

当时在东北，吉林珲春处与沙俄间的国界还没明确，沙俄的商人来侵占这个地方，吴大澂就要去划清这个界限。为此，他做了两件事情，一件是竖立金属的国界牌，一件是在那里修了炮台，炮台就是他交给我曾祖父主持修建的。那时候曾祖父虽为幕僚，但还想上进，便去参加考试，中了进士，当了翰林。再回过头来，他就和洋务派重臣张之洞、吴大澂等人一起，参与了洋务派办教育、建实业的洋务强国活动。我们的家学渊源就是这样的。

我的祖父王怀琛，实际上也是从北洋工艺学堂（1951

1972年，王晓达（二排中）携夫人李嘉慧（二排左一）和长子王威（前排中）回苏州老家探亲，与父亲王尚忠（前排右一）、母亲张锦华（前排左一）及兄弟等家人合影留念。后排左起依次为三弟王孝杰、二弟王孝昆、四弟王孝权。第二排右一为表妹柯依群。

年与河北工学院合并为天津大学）毕业的。我是后来才知道——他在天津也是北洋系的，一方面搞钢铁兵工，一方面就是搞教育。他从北洋工艺学堂毕业以后，去了德国、瑞典这些先进的钢铁制造国家留学，回国之后在国民党的兵工署当技正，算是现在总工程师这个职务吧，先后出任了云南、武汉、重庆、沈阳一系列兵工厂的厂长。解放前后，他在重庆任29厂和101厂厂长（29厂、101厂均为重钢前身）。当时，他是蒋介石点名要带到台湾去的专家，后来在地下党的掩护下留了下来，成为所谓国民党留下来的"三个半"钢铁专家当中的一个。宝成线、成渝线的铁路钢轨轧制，就是他主导的。1953年，北京人民艺术剧院有个话剧《四十年的愿望》，其中那个坚持自主轧钢轨的钢厂工程师的原型就是我祖父。后来，他当过九三学社上海分社常务副主任委员兼组织部长，历任第一、二、三、四届全国人大代表。从重庆调到上海后，担任上海钢铁公司的总工程师。

我祖父给我留下了很深的印象。我属于孙辈，离他比较远，我在苏州老家，他在上海，但我每年假期都要去他那儿报到，汇报近况。那时候他已经七八十岁了，有好多笔记本，笔记本里记了什么？都是报纸、电台报道的有关钢铁的新闻。

我父亲王尚忠是化工工程师，沪江大学（上海理工大学前身）毕业的；妈妈张锦华是当时江苏省立苏州第二女子师范学校毕业的，也生于知识分子家庭，在苏州算是比较好的家庭。我们住的那个房子，很像上海的那种石库门房子——一扇门进去，上面有个楼，三层，后边就是厨房，完全是上海住宅的格局。

　　科幻邮差：家境应该算比较殷实的吧？

　　王晓达：只算是比较好的。我小时候在那里居住，不需要担忧生活，而且我父母比较重视教育，所以我们兄弟四人从小除了有书看，还有订阅的杂志看。

1943 年，四岁的王晓达在上小学前，在苏州公园内扶着父亲的自行车留影。

崇尚科学，大学报考焊接专业

科幻邮差：您还记得那个时候都订了哪些杂志吗？

王晓达：有《小朋友》《少年科学》等，都是科学类的杂志。我们兄弟四人，除了身体不好的老二以外，其余都是大学毕业，也算是继承了家族传统。当时的孩子们都读书早，我四岁就上学了。

科幻邮差：那可真是早啊……

王晓达：所以我大学毕业才二十一岁，还是读的五年制大学。我读书不费劲儿，但一直不太懂事。上高中的时候十三岁，个头才 1.475 米，特别矮。

科幻邮差：啊，怎么记得这么清楚？

王晓达：我考取的那个中学，江苏省苏州高级中学，是全国重点中学。当时一去报到，门卫就把我挡住了，说："小朋友别来玩儿，今天事情多，你礼拜天再来玩儿

1959 年暑假，王晓达在天津大学求学期间，参加庆祝中华人民共和国成立十周年大学生游行，在水上公园留影。

吧！"气得我把录取通知书拿了出来。因为这一插曲，门房就记住我了。后来每次看到我进出，他都要叫我"小同学王孝达（我的本名）"。这事儿对我肯定也有点刺激不是？而且因为个子矮，我在班里都只能跟女生坐在一起。

科幻邮差：那会儿你们排座位，是男女生分开坐吗？

王晓达：不，我们这个班是男女混坐的。年龄大的女生在一班，剩下的女生和小男生在二班，三班全是男生。

科幻邮差：哈哈，这种分法好奇怪呀。

王晓达：我们那个班"阴盛阳衰"，三分之二是女生，三分之一是男生，所以各种需要举手表决的活动，最后结果出来都是跟女生走。因为我个子矮，上体育课也是跟女生一起上，那个时候，乘公共汽车，连把手都够不到。哎，别提了！不过，说到看书和学习，从小学起，我基本上都是班里男生的前几名。

说到上体育课，我们的体育老师很有意思。他过去参加过全国运动会，年纪大了，就到学校教书，后来教到我的时候，身体不太行了，他又调到学校图书馆工作。我因为喜欢看书，经常去找他。他看到我就吩咐："唉！王孝达，帮帮忙，帮我搬书。"当时别人只能借一两本书，我可以借三四本。而且他还会引导我阅读："你都高中生了，还看什么童话啊！"见我找外国童话什么的看，他就给我推荐了一些书，不仅有《包法利

中学时期的王晓达。

夫人》这样的世界名著，还有苏联的惊险小说和科幻小说。我经常三四本、四五本带回去，读一个礼拜，比其他人看书看得多。

科幻邮差：其中的科幻小说有哪些呢？

王晓达：《加林的双曲线体》《阿爱里塔》，另外还有《水陆两栖人》等。

科幻邮差：那还真不少。

王晓达：嗯，看苏联的科幻小说比较多，还有苏联的惊险小说。那时候有一个故事让我印象特别深，苏联和德国打坦克大战时，德国的一辆坦克被炸毁在了战场上，当天晚上，德国派了一个团的兵力去把坦克拉了回来。因为坦克上面有德国的两大尖端科技，一个是机枪，一个是装甲钢板。

科幻邮差：听起来很"硬科幻"呀。

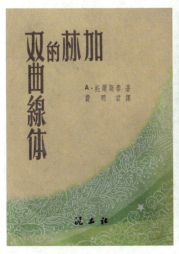
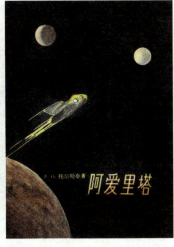

王晓达先生的三本科幻启蒙书。

王晓达：这个故事就和我后面学材料有关系了。当时，在那位老师引导下，我从阅读童话转到阅读文学（包括科幻文学）作品，而在此之前我还一心想要把《格林童话》什么的看全。所以后来我想通过写科幻小说来影响我的学生，引导年轻人爱科学、爱读书，也是这时埋下的种子。

科幻邮差：算是科幻启蒙了。

王晓达：嗯，就是科学启蒙，由此还对科学产生了敬畏之情。后来高三临毕业的时候填报高考志愿，我要报考的专业叫焊接专业，当时好多人都不知道这个专业。

科幻邮差：为什么想报这么冷门的专业呢？

小说《茹尔宾一家》。

王晓达：说到焊接，大家就联想到焊水壶、洋铁桶之类的，是不是？我为什么选这个专业呢？是因为当时看了一本小说和一部电影，小说叫《茹尔宾一家》，电影叫《大家庭》，是根据《茹尔宾一家》改编的。

科幻邮差：这是一个什么故事呢？

王晓达：关于一个造船工人一家的故事。主人公一家都是焊工，故事是讲他们怎么制造一艘大轮船。这部小说和由其改编的电影都获得了苏联的相关奖项。顺便说一句，当时苏联的焊接技术是远远领先于美国的。

根据小说《茹尔宾一家》改编的电影《大家庭》。

科幻邮差：所谓铆接，是指打钉子吗？

王晓达：打铆钉。我国自行设计建造的第一座长江大桥——南京长江大桥，最近（2016年）要封起来修，其底座就是打的铆钉。打铆钉看着就挺有意思。在电影《大家庭》中，只见上面一颗铆钉、底下一颗铆钉，那么一丢、钉进去，热的时候打好，冷的时候一收缩，就压紧了。原来的钢铁结构建筑、桥梁、输电铁塔大多都是铆接的，但实际从结构上来讲，铆接是不合理的。两块钢板这样子连接后产生剪切力，对于钢材和铆钉都很不利。焊接就像是对接，它受的是拉力。总之，看了《茹尔宾一家》和《大家庭》，深受影响的我在高中毕业的时候就报考了焊接专业。

科幻邮差：那会儿个头长起来了吗？

王晓达：到高三，我长到1.735米了，长了很多。当时人家开玩笑说："你吃什么肥料了吧？"我长个儿晚，年龄也小，进高中才十三岁，到十五岁是该长个儿了，是不是？当时我报了三个学校：清华大学、上海造船学院（上海交通大学前身）和天津大学。

清华大学和上海造船学院属于国防工业体系，政审很严格。我最后被录取到了天津大学。当时我想反正能上大学，而且又是这个专业，也算遂了心愿。我们那一届有三个班，一百四五十个人，其中有八个是焊接中专生考上本科的，剩下的人里，第一志愿填焊接的不超过五个。

科幻邮差：您就是其中之一。

王晓达：是的，而且我是很坚定地要学焊接。学了五年，1961年毕业了，一心想做焊接工作。

工厂生涯：跟真正的现实交锋

王晓达：1959 年至 1961 年，我们面临全国性粮食和副食品短缺危机。我算是热血青年，就是想到祖国需要的地方去。由于当时没有四川的学生学焊接专业，国家就把我分到四川来了。分到工厂后才发现，工厂实际上并不需要我。

科幻邮差：是分到了成都吗？

王晓达：对，到了成都。我被分到一个鼓风机厂，工厂名字听上去好像会用到焊接技术，但实际已经转向做汽车配件了。全厂只有三个焊工，我是唯一一个本科毕业的大学生。到厂里我就想，既然自己不熟悉生产，就下车间劳动呗，劳动了一年多，厂里把我给忘了。

科幻邮差：为什么呢？

王晓达：不是很需要我啊。另外，按当时厂里的规定，假如你是去当技术工程干部，一个月 21 斤定粮，还要扣掉两斤，拿到手只有 19 斤，当时 19 斤是吃不饱的；但是如果你去当工人，一个月定粮 33 斤左右，当焊工还有半斤油、半斤白糖。

科幻邮差：是鼓励大家到一线去当工人吗？

王晓达：我去了之后发现，那里并不是真正需要焊接技术，时间一久他们也忘了厂里还有个大学生。但我还是每天早上先去把工具准备好，把电石都拉好，师傅一来马上就可以干活。后来我可以帮着干一些活儿，都算师傅的计件。师傅很喜欢我，有时候中午自己家里煎个蛋，也会带给我。那个时候还要自己种菜，我哪儿会种菜呀，都是师傅帮我种。

科幻邮差：每人在工作之余还分了地？

王晓达：对，你种了菜交给食堂后才有菜票。结果，我发现自己种的胡萝卜居然越长越矮。后来才发现，人家把我的胡萝卜拔掉，光把萝卜缨子插回里头了。

科幻邮差：（笑）天哪……

王晓达：后来还是师傅帮我弄。师傅说，全厂一千多人，只有你一个本科毕业的大学生，怎么老叫你当工人？这不对哦。总的来讲，我学焊接是想造船，分到这儿来，父母也不太同意，只有祖父支持我。他在重庆工作过，认为虽说我目前仅仅是在鼓风机厂、汽车配件厂，但大学刚毕业，要实实在在做些事。

虽然我在鼓风机厂很积极，想做好工作，但是我的思想观念，有时候不适应现实社会，跟真正的现实有好多交锋。

我平时跟科长就处得不太好，一直磕磕碰碰的。后来，我又捅了个娄子。我们厂出口汽车配件凸轮轴到阿尔巴尼亚的工作由我负责，俄文的说明书也是我在弄，我还跟着外贸局的同志去跑产品。结果那年到年底要交货的时候，检验口的人跟我说，抽检十只里面，有三只达不到标准。抽检不合格率达到30%！我知道这是大问题，坚持要上报。他说："完不成任务你负责吗？"我说："当然我负责。"但是，假设这批不合格的产品出口了，我也要负责呀。这个道理跟厂里无论如何说不通，我就告到主管单位去了。局里的技术科长比较重视，结果那段时间，厂里面连节假日都不得安生。

科幻邮差：加班加点赶工。

王晓达：技术科长事先没通知，一来就直接到仓库去检查这批出口产品。

1961年，刚走出大学校门的王晓达。

一检查，也是 30% 左右不合格。于是他就扩大了检查范围。这下不得了，要把出口的全部重检，把全市的硬度计都调来。这又成了我惹的"祸"。大家都说，学生做事和实际工作之间是有落差的。

另一方面，我当时心中还很窝火，我想造船，我想学焊接，可现实跟理想越来越远……

我 1964 年调到工程机械厂搞焊接结构，这下就很好了。身边的大学本科毕业生多了几个，大家很谈得来，到现在我们还有来往。到了 20 世纪 70 年代，我们一起参与大功率的装载机 ZL90 的制造。1978 年，我们获得了全国科学大会奖。那时候我们非常高兴，虽然奖金只有 35 块钱。正在这个节骨眼儿上，我突然被调到技校当班主任了。

科幻邮差：那是哪一年？

王晓达：1978 年。我当时非常气愤，刚刚才能够安心当工程师啊，真是气得我一天不吃饭、两天不说话。可是没办法，还得去，而且调过去了就要开展工作。

1978 年，王晓达在成都汽车配件厂宿舍中，他的科幻成名作《波》就是在这筒子楼里完成的。

科幻之始：写科幻劝人读书

科幻邮差：那年王老师快四十岁了？

王晓达：三十九岁。

科幻邮差：那距离您的处女作发表不远了。

王晓达：我为什么讲这个？因为处女作的发表跟这件事很有关系。我去了技校之后，情绪很快转变了过来。我做事是比较认真的，当班主任就要对整个班负责，而且我带的又是焊接班，所以调动时我就没法发火啊——你学这个专业，叫你带焊工，专业对口嘛。

科幻邮差：跟您真是专业对口了。

王晓达：但让我带焊工，其实有点贬低的意思。在厂里面，技术工艺才是先行的、决定性的工作；而学校培养技工是为厂里服务的工作。我去了学校以后，学生们跟我关系都很好，勾肩搭背，还有人递烟给我，或者抽我两根烟。

科幻邮差：哈哈，王老师年轻时特别帅，一定特别受学生喜欢。

王晓达：是吗？（笑）我上课还好，还压得住堂子。其他老师上课的时候，我在窗外巡视，看到过有女生照镜子，有男生看小说，后面几排甚至还有打扑克牌的。老师呢，就睁只眼、闭只眼，学生不闹、不讲话就行了。我很着急，有时候也跟学生聊聊。可他们说："读书有什么用？你这个大学生本科五年读下来，还不如我爸七级工，他拿 79 块钱，你才拿 52.5 块。"

科幻邮差：很受打击。

王晓达：那是肯定的。我再怎么说"这么下去不行，你还得要读书"，他们也不想读书，反正技校毕业就上班挣钱了。我想到自己在高中时看的那些科幻小说，看的时候觉得科学技术真是太奇妙了，可以有那么多变化，科幻小说威力真大，对人对社会有改变的作用。如果他们能够喜欢上科学技术，说不定就会知道要认真读书了。所以我就想，能不能找点儿科幻小说给他们看。

当时只能找到两篇科幻小说，一篇是叶永烈的《小灵通漫游未来》，但这书是针对少儿的；另一篇是童恩正的《珊瑚岛上的死光》，登在1978年的《人民文学》上。我给学生推荐，他们说看过了。那个时候我就想，不如自己写吧。所以在那个暑假，1978年8月，我写得满头大汗。写的时候，打定主意是写给我的学生、我的小孩看的。

当时，我们那个楼是筒子楼，住着八户人家，七家都有学生，小孩都差不多大，那些小孩都要看我写的小说。不仅小孩要看，他们的家长也要看。我那个时候每抄一页，他们就在窗口等一页。我一共誊抄了四本，它们在厂里面的同事、邻居中的年轻人里流传。厂里边也有几个文学青年，他们说："嗨哟，晓达，这个作品你可以去投稿。"

科幻邮差：王老师，这就是您提到的手抄本吗？

王晓达：对。

科幻邮差：现在看到这种手抄本，觉得特别珍贵，因为我们现在用钢笔写小说的机会已经很少了。而且王老师对这本小说特别用心，还自己做了一个封皮。

王晓达：还做了版式设计。

科幻邮差：对，还做了版式设计。王老师的字非常漂亮，这本小说拿在手上，翻开，每一页都赏心悦目。我猜，当时周围的同学和邻居拿去借阅，除了看小说，很可能也是在把这个手抄本当字帖临摹呢。（笑）

《波》的手抄本（上）和改名为《神秘的波》正式出版的单行本（下）。

王晓达：那时我没有投过稿，也没有当作家的想法，只是想写给学生看，所以我就自己手抄了四本。厂里面的同事和朋友觉得这个小说可以去投稿，我就拿了其中一本卷了一卷，准备投到署袜街邮局的邮筒里。但是邮筒开口小，投不进去，我又拿到邮局里，贴上"投稿"两个字——贴上"投稿"当时好像要便宜些，稿件属于印刷品。

投稿以后，心中惴惴不安，万一被退稿多丢脸！当时我就老往厂门口的收发室跑，心想万一有退稿自己赶紧拿走，不要让人家看到。结果等了两个月，有一天刚上班，突然有人来找我，是《四川文学》的人。

科幻邮差：是编辑吗？

王晓达：对。我印象很深，那个编辑问我："这是你投的稿吧？"我说："是"。他说："不错，没什么要改的，我们准备直接发表。"当时是1月，4月就要发表，问题是我投的那个稿子没法儿排版。他拿了两本稿纸给我，说希望你一个礼拜之内誊抄一下。我两天就把它抄完了，抄完了赶紧送去。我这第一篇作品，就这么在《四川文学》发表了。

当时，1978年第8期《人民文学》发表了《珊瑚岛上的死光》，跟着同名电影1979年就开始拍摄了。那位编辑说，你这篇写得不错，《人民文学》可以发（科幻），我们《四川文学》也来发一篇。这一发表，我没想到影响会有那么大，很快东北有人写信来了，上海也有人把它改评书了。

科幻邮差：说明特别受欢迎呀！

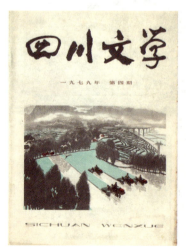

《波》发表于《四川文学》1979年第4期。

王晓达：据说北京也有传言，说四川有个作者有多好，诸如此类。当时我也很意外，也是在这个时候，四川省科普作家协会成立，请了郑文光、萧建亨、叶永烈这些科普、科幻作家在成都开会。我因为刚好发表了这个作品，就作为非正式代表受邀参会，我挺高兴能够有这么个机会。之前光是从杂志上知道有这些人，叶永烈因为"小灵通"（《小灵通漫游未来》）名气很大，童恩正是因为有《珊瑚岛上的死光》。我能跟这些人见面，真是太荣幸了。但是也有遗憾，叶永烈、郑文光都带了些书来送人，而我当时还不是正式代表，就没有拿到。

也就是在这个会上——他们在台上，我在台下坐后排，没有编号和位置——郑文光专门派人来找我，还有萧建亨，因为他知道我俩是老乡嘛，说要见一下，专门跟我谈。会议结束后，他们把我带到自己的住处。郑文光跟我说："你这个路子对，你以后写的东西寄给我就是了。关于写作，你现在还有些什么其他想法？"我大致讲了一下，他也跟我探讨了一下。

科幻邮差：郑老真是非常关心你呢。

王晓达：对，我当时很惊讶他能这么关注我。童恩正也是，他说"我在四川又多了个朋友"，实际上我们这才第一次见。后来，我和童恩正就有了往来，那个时候他住在四川省博物馆（现四川博物院）的一个"长溜溜"（形容房屋户型狭长）。这个时候正好碰上《科幻世界》杂志筹办，当时还叫《科学文艺》，另外，《成都晚报》和成都市科学技术协会也

1982 年，王晓达前往科幻作家郑文光在北京和平里的住处探访时留影。

开了科普副刊。这次会后，我就算正式涉足科普、科幻了。

科幻邮差：这对您来说，是人生的一大转折吧？

王晓达：嗯。其实当时的情形也出乎我的意料，我本来没有想过要当作家，也没什么机会。结果不仅报章杂志要约稿，电影制片厂也找来了。中国人民解放军八一电影制片厂的编导那年到四川组了两个稿，一个是周克芹的《许茂和他的女儿们》，另一个就是我这篇《波》，改了三稿。

科幻邮差：请给我们说说当时的情况吧。

王晓达：他们计划拍两部片子，一个是《许茂和他的女儿们》，一个是《波》。但是要拍摄电影，《波》还比较单薄。我们商量了一下，《波》里头的技术发展比较明显，人物故事比较简单。为了拍成电影，我加强了几条主线。一个是玲妹跟主人公小伙子来往的细节，有点儿"言情"的意思了；另外就是在基地和机场的部分，在技术背景下再增加了一些故事性。正在此时，有人出来指责科幻是"伪科学"，国内一时之间充满质疑科幻的声音，电影改编无疾而终。

科幻邮差：实在太遗憾了……

王晓达：总体来说，我虽然写作起步晚，但是碰到了所谓的天时、地利、人和。

我后来理解，这个"天时"并不一定就是顺风顺水，实际上我开始写科幻小说，偏偏就是因为工程师的路走不顺、走不通，才有机会的。

我想为年轻人做点儿事，结果有心栽花花不开，无心插柳柳成荫。当时我在小说里面就写了——寒凝枝不绿，春来花自红。这里不是讲我喜欢科幻小说，而是我自己本想做点儿事情，做不成，等到国家向科学进军了，重视科学了，我的科幻小说才成功。大背景是 1979 年开始，科学的春天来了，《四川文学》杂志才想到要发表科幻小说。假设再早一点，他们不发，我也没这个机会。在工程师当不成的时候，我走上了这条路，实际上也是个天时，大天时。"地利"是指正好在四川，有《四川文学》。

科幻邮差：对，有这样一个平台。

有两个人我们是要记住的

王晓达：当时很多同道中人都来到成都，包括现在科普界的几位。搞科学文艺的，大多都是年轻人，虽然那时的我不年轻了，但也算是新人。我和刘佳寿认识也是在那个会上。

科幻邮差：刘佳寿当时的身份是什么？

王晓达：刘佳寿当时的身份是《大自然探索》杂志的主编，搞科普的。

当时创办《科学文艺》——《科幻世界》的前身，有两个人我们是要记住的，一个是刘佳寿，另一个是李力众，四川省科学技术协会的领导。李力众是个老干部，在他的大力支持下，四川省科普作家协会才能办这个刊物，1991年才能够开国际科幻会议，这些都是跟他的支持分不开的。当时也是他叫刘佳寿去请上海、北京的知名作家到成都开会的。

那个时候，科学文艺还是个大概念，谭楷、杨潇还没开始有意识地要走科幻的路。所以我们看到《科学文艺》第一期上面的作品，有文学作品，也有张昌余的科学随笔，也有一些科普的作品，在四川大学、四川师范学院（现四川师范大学）找了一些作家支持，才组成了第一期的稿子。

《科学文艺》开始挺不错，发展下去却逐渐碰到了问题。当时，四川传媒圈流行这么一句话："《科学文艺》不科学，《文明》杂志不文明。"那时，四川科学技术出版社还出了一本叫《文明》的杂志。《文明》是社会性的刊物，搞普法，讲一些边缘人物的问题，现在看倒是挺好，有针对性，但当时有人认为不是正面宣传，里边写吸毒的、赌博的、第三者……都是"不文明"内容。但实际上人家是正面讲述，而且这些社会问题确实存在。而"《科学文艺》不科学"就是针对《科学文艺》里面的科幻小说。之前科幻兴旺的时候，科幻小说受到中学生喜欢，全国有十几家科普杂志愿意刊载。

后来科幻因为"不科学"遭到批评，这些发表平台大多不在了。

科幻邮差：王老师，您继《波》之后，比较集中的创作阶段是什么时候？

王晓达：1979 年到 1983 年那段时期。

科幻邮差：包括后面的那部《冰下的梦》？

王晓达：1980 年我到北京去开会，海洋出版社找我约稿，也是郑文光老师介绍的。那个时期我写作了"海、陆、空三部曲"：《波》《冰下的梦》《太空幽灵岛》。《太空幽灵岛》是在外地先出版的，后来四川出的一个科幻选集，叫《神秘幽灵岛》，这个书名就是出自我的《太空幽灵岛》。这三部作品，第一部是我的处女作，比较"硬科幻"，主要是关于科学技术的幻想，现在看起来还有点儿政治色彩。到创作《冰下的梦》时，我的思路开阔了一些，也明确了自己读者的定位就是年轻人，里面就开始添加一些社会思考了。

写作《冰下的梦》的时候，我正在改编《波》的电影剧本，所以在可视化方面有考虑，特别注意画面感。

科幻邮差：听您说，《冰下的梦》最初是叫《凝固的恶（噩）梦》？

王晓达：对。

科幻邮差：后来名字为什么改了呢？

王晓达：找我约稿的海洋出版社提出最好跟大海有关。后来他们还说，起名字要文雅一点儿，不要太惊心动魄。那么，我是怎么想取这个名字的呢？当时看了个纪录片，叫《冰上的梦》，是一部关于溜冰的纪录片。我想，叫《冰下的梦》给人的想象空间也很大；而且故事一开头，主人公被救之后讲出的经历大家都不信，像做梦一样。

科幻邮差：《冰下的梦》讲的是个什么故事？

王晓达：我有意识地写成系列科幻，使用统一的人物，主人公都是军科社（军事科学出版社）的记者。

科幻邮差：就是《波》里面的人物？

王晓达：对。《波》里面就是主人公张长弓去采访（引出故事），《冰下的梦》也是，写张长弓本是到北非去采访，那边的能源中心出了问题，结果受了伤。在《波》里面，张长弓实际上只是个旁观者，最后卷入意外有点儿偶然性，但在《冰下的梦》里，他成了主角，不再是旁观者。

一开始，我就给他制造了一个惊悚场面。我本人是搞材料的，当时钛合金被称为"21世纪合金"，在结构材料中，它的强度比钢好，重量比钢铁轻得多，只有它出现了，航天科技才有可能实现——就像铝出现了，才能航空。钛合金还有一个功能，就

《凝固的恶（噩）梦》手写稿（左图），在正式出版时，改名为《冰下的梦》（右图）。

是有生物亲和性。以前如果我们骨骼坏了，要先切开，再用不锈钢做个钉子植入并接好伤处。但不锈钢跟人类的肌肉、器官及代谢循环不亲和，所以一个人装了不锈钢的器件之后，天气一变化，伤处就会酸痛。但是钛合金不会，接在骨头上后，它可以和骨头无缝长合，皮肤和肌肉都可以附着在它上面不排异。

我由此受到了启发，就在故事里写，主人公张长弓受伤了，被削掉一块头盖骨，但是脑部没伤，于是经过手术补了一块钛合金的头盖骨，把头皮植上去以后，还长出了头发。这是有医学根据的。同时，我安排把钛合金放到他头上，是给下文里他在冰下历险埋了一个伏笔。

张长弓到了南极以后，被冰下世界抓走。冰下世界只能存在一种思想，所以张长弓被迫接受洗脑。而洗脑的过程中，钛合金起到了屏蔽作用，给他洗脑的那个女科学家也觉得很奇怪，怎么他就是"洗"不掉？这时故事展开了，这位年轻漂亮的女科学家也是被抓来的，眼见丈夫、父亲都被洗脑改造成了唯唯诺诺的奴隶，她一心要复仇，但没有办法，冰下世界控制太严格，孤掌难鸣。但后来在发现张长弓并读取了他的思想以后，她觉得自己可以跟他一起"造个反"。这个科学家，我给她取的名字是费南思，维纳斯的谐音，还有一层意思为她是广东人、思念南方。这么一个人，她最终牺牲了自己，把我们的主人公救了出来；同时，在冰下世界，她把长官的脑子也"洗"了，长官在她的控制下，使整个冰下世界凝固了起来。

这个小说兼顾了故事性和画面感。我觉得如果再把人物丰满一下，作为电影，可视性还是比较强的，放到现在也不过时。所以，多年以后，2016 年 8 月 18 日，这部小说还参加了国际科幻电影节的"IP"推荐。

科幻邮差：嗯，是成都国际科幻电影周。

王晓达：对，电影周。前几天我在网上搜到，山西就出现了一个存在了几千年的地下冰洞。本来我就一直在想，我这个《冰下的梦》外景到哪儿去拍呀？你要找一个大的地下冰洞，这就送来了。另外，钛合金是真的跟我有缘分。前年我动了个大手术，颈椎全部打开了，植入了钛合金的支撑。我三十多年前在小说里给人体内加了个钛合金部件，这下在自己身上也应验了。伤口愈合后，我一点儿感觉都没有。这么说起来，我也是个合成人了。（笑）

科幻邮差：哈哈，王老师亲身实践了呀……

王晓达：科幻、科普，实际上是联系在一起的。当然我写科幻小说，并不只是要讲波或是传感。我是想说，科学技术很奇怪，变化很多，出人意料，而且威力巨大，可以影响很多人。实际上，我写的科幻小说还真起到了这个效果，因为收了很多学生给我写的信。

曾经有一个沈阳大学机械工程学院的大学生，大四了，给我写信说，"王老师，你给我推荐一些参考书吧，我毕业了就要去某某基地搞某某防御系统"——我就给他回了封长信推荐了一些书。二十多年前，成都七中的一个学生也曾寄来一封信，是她看了《冰下的梦》以后写的感想。后来，我知道她考上了哈佛大学的研究生。

科幻邮差：这个学生主要表达的观点是什么呢？

王晓达：她说，假设科学技术掌握在《冰下的梦》里长官雷诺那类人手中，只会被用来干坏事；而掌握在好人手里，就有积极正面的效果。我在小说里有一些对社会的思考不想写得很明显，结果连中学生都看出来了。这实际上也是科幻小说的作用。科幻小说不是真的要教你什么技术，虽然真正用技术来讨巧（迎合读者）的人也有。

2016年8月18日，王晓达应邀出席成都国际科幻电影周，上台介绍《冰下的梦》。

科幻小说还是要和科学有关

王晓达：叶永烈跟我说过一件他碰到的尴尬事。他的一篇科幻小说中描写了一种万能粘贴剂，黏性很强。他是学化学的，就想多讲一些化学原理，并适当加入自己的幻想。结果有一天，某科研单位的两个人开着介绍信来找他……

科幻邮差：找他干什么呢？

王晓达：要找这个粘贴剂的配方。（他们）还提了要求，不仅要它能粘住，还要能够再揭开，说以后和叶永烈一起研究这个东西。叶永烈就苦笑说："我虽然是北大化学系毕业的，但真不是搞这个的。"由此可见，科幻小说也有这方面的作用，激发人们的创造力，虽然当时还不能具体解决问题。

凡尔纳的科幻小说，当然是"硬科幻"，但是小说里的奔月大炮，在现实里是行不通的。那个大炮的材料，（人们）到现在也没找到；就算真找到了这种材料，把人藏在炮弹里头，打到月球上去，那整个人都变成肉饼了。还有他写的那艘潜艇，用钠做燃料，用盐做燃料，都是不可能实现的。

很重要的一点，凡尔纳假设的都是科学技术，利用科学技术登上月亮，利用科学技术在深海潜行，这跟我们的嫦娥奔月、《封神演义》里面的土行孙不一样，后者跟科学无关，只是一种幻想。土行孙往地下一钻、孙悟空翻个跟头十万八千里，这些很不科学，都是神话。凡尔纳的珍贵在于，他的幻想是通过科学来达到的。

另外就是社会性思考。比如，重不重视科学就是一种社会性思考。还有其他社会问题，是不是能够通过科学技术解决？这种推想写出来就是"软科幻"，像 H.G. 威尔斯的小说你不能去深究，不能像凡尔纳的小说那样去推导具体的技术可行性，因为他的幻想在技术层面往往是不可行的。比如他的《隐身人》，我们说它是"软科幻"的典范——由于吃了某种药，或受了某种辐射，主人公就变得隐身了、透明了。但是你顺着他的小说去找，都不可能知道主人公吃的是什么药，也不知道他是受到什么辐射。

但是，假设有这种技术，对这么一个人、对这个社会有什么影响呢？这方面 H.G. 威尔斯写得淋漓尽致。主人公本来是一个受气的小厮，他到城市里面生活，到处受气，被人看不起，大家排挤他，欺负他，所以在他能够隐身了以后，首先想到的就是能不能吃得饱，能不能有地方睡觉。刚开始隐身的时候，他进了一家宾馆，在食堂里吃饭，没人发现，之后在房间里的软床上睡了一觉，后来，他发现自己有更多的需求了，还开始想复仇了。到这里故事好像还比较正面，但是再到后来，他就感觉到这种隐身技能成了力量之源，他开始利用这种力量来做坏事，最后受到惩罚。所以，整个故事其实是在讲科学技术对社会的影响，对人的影响。但是，它仍然是通过科学技术而不是念个咒语产生影响。这关乎如何认识科幻小说。

少年儿童对社会的思考没这么多，简简单单，在他们眼里，好的就是好的，坏的就是坏的，但是他们对科学技术的变化很敏感。《小灵通漫游未来》里没有太多曲折的故事，而是讲科学技术的发展变化对我们生活的影响，少年儿童都能理解，所以能够有几百万册的印数，到现在已经出了好多版了。

科幻小说针对成人，则要多一些社会思考。我还是主张，虽然你的小说是对社会的思考、对真善美的思考，但科幻小说还是要和科学有关。否则，你这个品种特别的小说，跟其他小说有什么区别呢？

当然现在我们可以很宽容，科幻元素只作为一个道具也可以。这次的科幻电影周，《九层妖塔》得奖了是不是？我之前没看，后来看了一下，觉得有点儿悲哀。按照我刚刚讲的，这部电影里科学的作用和力量并没有表现出来，相比较而言，玄幻的成分更大些。当然不能说这些东西是旁门左道，但是跟主流科幻，我觉得……

科幻邮差：有偏差，是吗？

王晓达：有偏差。

科幻电影有几个流派，《九层妖塔》更接近日本、韩国的流派，美国、英国应当是主流的；俄罗斯的我现在接触不多，它原本也是主流的。电影《澳门风云3》我也看了，我想说，它比《九层妖塔》还要像科幻电影。当然它是搞笑类的。

如今看起来，对科幻电影的追求还是跟社会发展的潮流分不开的。现在因为有很多科幻迷和科幻作家，电影界觉得科幻可以发展，投资者也觉得大有可为，但是大家的认识还不太一致。不过，只要能够有关注，即使拿科幻当调料，对科幻的发展也是有帮助的。

我真正希望的，还是主流科幻作品能更关注科学技术对人和社会的影响，重心放在这上头。否则，如果科幻只是个道具的话，任何一部片子都可以改造成科幻片了。那不是开玩笑吗？一部爱情片，只不过把谈恋爱的地方改到火星或者月亮上去，之后打个"飞的"又回来；或者两人对打，本来是拿枪，现在是拿激光剑，看起来也蛮好看，但是情节不变，不就换成了两把激光剑吗？这种电影也可以看，至少可以引起人们对火星、月亮或者激光剑的兴趣。

真正的现代科幻小说，为什么是从雪莱夫人（玛丽·雪莱）开始的？这种说法不准确，后来我查了一下资料，实际上她那时还是雪莱的情人。（笑）她是个文学家、艺术家，在工业革命的浪潮中，也就是在第一次技术革命的背景下，她感受到了科学技术对社会和人的影响。所以第一篇现代意义上的科幻小说《弗兰肯斯坦》，也就是《科学怪人》，应运而生。雪莱夫人很敏感，在那个时代找不到更多的科学技术，可她想到了医学，想到了通过器官再植再造一个人出来。造出的这个人，究竟跟这个社会怎么相融？她更多思考的是这个。这就是现在成年人的主流科幻了。当然是偏"软科幻"的。

阿西莫夫基本上是以写"硬科幻"为主，但他最后也是落脚到探讨科学技术、机器人的发展，对人、对社会到底有什么影响。所以我们看到，对于一部真正优秀的科幻小说来说，科幻元素要有，社会思考也必不可少。因为小说毕竟是小说，它是要给人看、给人审美的。

从这个角度说，科幻小说可以很宽容，但是科幻小说一宽容，玄幻小说，还有盗墓小说都可以纳入其中。回顾科幻小说的历程，现代科幻的发展实际上是非常宽松的，但我内心就是向往主流科幻，我觉得这才是正宗的。

这就是我——一个理工男写科幻小说所感受到的。

科幻邮差：您更认同核心科幻这个概念？

王晓达：我也不排斥其他的，童话我也喜欢看。可是如今有些作品借科学之名，大写玄幻，我很是担心。它（玄幻）跟科学无关呀，你偏偏又说它是科学。就包括现在写量子纠缠，人家把鬼都写出来了，物理学怎么会导致鬼都出来了吗？当然，有人会这么想，这也正常，谁天生就是正确的呢？对吧？

追忆科幻的艰难征程

科幻邮差：王老师，从 1979 年到 20 世纪 80 年代初期，据不完全统计，那个阶段发表的科幻小说是 1949 年到 20 世纪 70 年代中期的四倍，全国上下都兴起了一股科幻创作的热潮。那是一个什么样的面貌？

王晓达：在当时，科幻生存发展所依赖的就是科学。在全世界科学技术真正发达的国家和地区，科幻都有生存之地；落后的地方，就没有科幻。

2016 年 5 月 30 日，在全国科技创新大会上，习近平总书记提出"科技创新、科学普及是实现创新发展的两翼，要把科学普及放在与科技创新同等重要的位置"。在这样的背景下，科幻显然是会大有发展的，毕竟科幻广义的作用就是普及科学思想。

但是，所谓"天时、地利、人和"，"天时"有了，"地利"不同了。以前我们四川科普、科幻的阵地是《科幻世界》杂志，现在，虽然《科幻世界》还是一家独大，但受众接受的形式越来越多元了，科幻迷不一定就要看《科幻世界》。现代人看科幻的途径太多了，网络将是以后传媒的主战场，这一点我很多年前就提过。因为我搞科普，比较关注新技术革命，关注互联网。以前的人写那么厚的东西都是手写，存放不便；现在拿个 U 盘往电脑上一插，轻轻松松存放很多个字节，是不是？原来提的多媒体还是个概念，现在，人手一部智能手机，大家接受的途径太多了，你躺在床上醒过来，眼睛睁开、手机一拿，马上就可以接收到信息。正儿八经拿本杂志或者打开一份报纸的人越来越少了。受众还是有，需求还是有，但是接受的形式、方式不同了。

科幻要发展，对作者来说，写作只是整个系统里的一环。作品到最后真能产生作用，或者真正能够产生经济价值，还得要有人消费、有人接受。

当时大家都是一条心

科幻邮差：科幻发展任重道远啊。王老师，在第二次科幻高潮中，全国的科幻出版业也迎来了一个热潮，很多新的出版社和科普期刊应运而生，在这个过程中，《科学文艺》诞生了。您当时虽然是刚刚进入科幻圈，但起点很高，迅速和童恩正、郑文光等老前辈建立了联系，您能回忆一下《科学文艺》诞生前后的故事吗？

王晓达：很早以前就有中国科普协会，是以知识分子和科技人员为主要会员的高端组织。为提高国民素质、加强全民科普，所以成立了一个科普协会，后来就发展成了中国科学技术协会——中国科协。在那个时期，包括科学家在内的一些专家带头在各个报纸上发表为科普摇旗呐喊的文章，各个报纸也开始有科普专栏，周孟璞老师是元老，我祖父也是。

1978年全国科学大会以后，各地方都在成立自己的协会，四川这边要筹建的是四川科普作家协会，所以会议主办方就把相关专家请来开办讲座，培养科普作家，还创办了两个刊物，一个叫《科学文艺》，一个叫《课堂内外》。

科幻邮差：《课堂内外》开始叫《科学爱好者》吧？

王晓达：对，就这两家。当时邀请的专家来了，《科学文艺》立即跟他们约稿，所以你看，第一期里头的那些人……

科幻邮差：阵容特别强大。

王晓达：是，当时大家都是一条心。

科幻邮差：刘佳寿当时是《科学文艺》第一任主编？

王晓达：对，他原来好像是《大自然探索》杂志的主编。就是他找到杨超、李力众等领导争取支持，利用他原来办杂志认识的这些人，组建了《科学文艺》编辑部。开头应当说还算可以。那个时候，谭楷还在研究所，贾万超是工厂的电工，他们就都在这个地方集结起来了。编辑部有个编务还是我介绍的，姓段，段星樵，后来去了科协，当时是我们厂里面的厂办主任，是个老报人。我了解情况后就把他介绍去了，他也愿意。我经常去编辑部，当自己家一样。那时候的编辑确实比较能干，什么都能办得下来。

《课堂内外》的目标读者是中小学生，跟教育界联系比较多；《科学文艺》呢，因为科幻是一个独立门类，只有爱好者，没有什么行业或者部门，那个时候跟学校，也就是跟中学生和大学生联系比较紧密。开始势头很好，编辑部也很活跃，开笔会啊，请人吃饭啊，办了些活动。但是，后来杂志要加强管理，就有各种矛盾了，一个是要机关化……

科幻邮差：怎么讲？

王晓达：唉，就像机关一样，固定上下班的时间。我后来在《成都大学学报·自然科学版》当编辑，干了二十多年，深知编辑工作跟机关上班完全不是一回事情啊——你拿到一个稿子要弄完，或者下班弄到半夜一两点钟，或者放下了明天再来弄，都是寻常事……这是以工作量为主的，又不是以时间为主的。这当中就出现了各种矛盾——本来爱干的人不爱干了，本来能干的不想干了。有专业业务能力的人员大量流失，甚至刘佳寿也被调走了。他一走，人心就散了，这才出现了我跟童恩正到杨潇家里动员她接手那一幕。

科幻邮差：那大概是哪一年？

童恩正慧眼识珠，鼓励杨潇挑起了《科学文艺》的重担。图为 1994 年 7 月，童恩正最后一次与四川科普、科幻友人合影。二排左起：徐清德、谭楷、童恩正、刘兴诗、何定镛、董仁威；三排：杨潇（左四）、王晓达（右三）。

王晓达：1984 或 1985 年吧。当时杨潇刚生了小孩，好久没上班了，但是《科学文艺》内部乱了套，分成了好几派。

科幻邮差：那时杨潇老师已经到编辑部了吗？

王晓达：嗯，但她那时还没有"挑担子"。她是中共四川省委原书记杨超的女儿，另外她自己做事比较细心、有分寸，人家不去惹她，她也不去惹人家。我跟童恩正两个局外人，觉得这个杂志不能垮了，分析来分析去，觉得杨潇的主观条件和客观条件比较好。那个时候《科学文艺》已经归四川省科学技术协会管，在那前后，有一阵子也想归到省文联、省作协去，结果没人接。

杂志社内部，谭楷、贾万超、晏开祥几个人分成几派，也有人推杨潇出来，只是她自己不愿意。我和童恩正认为她出来担任领头人也许能够稳得住阵脚，跟科协的领导也好沟通。

科幻邮差：也就是说，那个时候《科学文艺》处在群龙无首的状态，然后省科协也不再派领导，让从《科学文艺》自己内部产生？

王晓达：嗯，我跟童恩正商量以后，找了杨潇两次，一次是到她家里去，一次好像就是在他们编辑部。

科幻邮差：当时是怎么说服杨潇老师的呢？

王晓达：就是跟她讲实话："你要勇挑重担。从你自身来讲，对《科学文艺》，对科幻小说都有感情。现在是一个机会，你出来，我们给你撑起，你一定能把这个事情做好。"经过几年工作锻炼，她的为人处事和工作能力，是让领导认可的。后来，编辑部内部好几派都支持她，她心里就有底了。

杨潇上任以后，务实开拓，做了不少事。后来《科学文艺》还更名为《奇谈》，但是出现"《科学文艺》不科学"的说法，是在改名为《奇谈》之后。后来叫《科幻世界》，也是经过讨论才最后定下来。这之后，虽然有点儿起起伏伏，但总算是稳定健康了。

科学家搞什么文学，是文学就到文学界去吧

科幻邮差：王老师，《科学文艺》问世不久，国内出现了一场科幻小说的"科""文"之争。您能给我们介绍一下当时的情况吗？

王晓达：好，这可以从《科学文艺》说起。

办《科学文艺》这个刊物，四川省科学技术协会的初衷是从科普的角度出发的，等于借文艺宣传科学，目的比较单纯。中国科普作家协会呢，是中国科学技术协会的下属机构，有编制、有级别，所以它的内部就比较程式化。他们自然认为，《科学文艺》刊登的，不光是科幻小说，还应包括科学诗、科学童话等，毕竟这一系列都是"科"家的。

但科幻小说这种形式的归属，当时还存在分歧，而且这个分歧一直延续到现在。

是什么呢？就是鲁迅翻译引进科幻小说的时候，把它称为"科学小说"。

科幻小说在当时是一种类型小说，类似武侠小说；而科学小说是有关科学的小说，但定位又是文学。到了科协内部，就有人提出来说，"科"家的小说是为科学服务的。

这里实际上已经出现了矛盾——有严格逻辑思维的科学怎么能用形象思维的文学来表达呢？不仅很难表达，也表达不确切。你可以去体会，但是你怎么表达？比如写化学中的三苯甲烷，你只能按照分子结构叫它，少一个字就不是这个东西了，你也不能强行文学化叫它押韵，这当中就产生了矛盾。

用科学诗、科学童话的形式好像更容易解决这个矛盾。让小狗、小猫讲科学，写出来就是科学童话了对不对？科学诗，又难一点，但也不是不可以。当时还有人把科学报告文学叫科学小说，但其实也不是。

《哥德巴赫猜想》这篇文章把陈景润的名字宣传得家喻户晓，激起了很多人的热情和眼泪，非常不容易。但是很关键的一点，包括作者徐迟自己也觉得很恼火（难）的，是让陈景润废寝忘食、义无反顾追求的数学问题——"一加一等于二"究竟是个什么问题？说不清楚。

徐迟在这篇著名的报告文学里有一大段关于数学的推论，后边他不得不注明"此处艰深难懂，可以跳过"。他写不明白，没法明白。这当中存在一个问题：陈景润在一个房间里头写稿子写了几麻袋，摘下了数学王冠上的明珠，但是弄到最后，大家对"一加一等于二"这个事还是不太清楚。

对科学的追求当然是很令人感动的，但是讲清楚他为什么追求这个，实际上是所谓科学小说的一个关键点。科学报告文学的主旨也是写人，不是拆解算式，文学就是人学。那写科学要怎么写呢？当然也有著名的《蜡烛的故事》《细菌自述》，让物开口叙事，但这些也不叫小说啊。小说是有自己的定义的。鲁迅提的科学小说实际上就是科幻小说，是关于科学的小说。

我刚才讲这么多，实际上是给小说定性，它是文学。这样一来，科学界和科普界有的人就不太舒服了，说："我们科学家搞什么文学，（你说）是文学就到文学界去吧！"这虽然是气话，但实际上也确实不太好驾驭。

这样一来，科幻小说究竟姓"科"姓"文"出现争议，包括叶永烈得科普奖受到有些人的白眼，原因都是我们的科普队伍内部的认识产生了很大分歧。

科幻邮差：当时这个争议是由什么引发的呢？

王晓达：刚才就说了，包括在《科学文艺》内部，有的编辑是从文学的角度出发，他们认为科幻小说是小说，而小说的定性是文学。这就像是要去投奔作家协会了。作为主管单位的科协当然不高兴了，认为我出钱、出人办了个刊物，到最后变成作协的了，跟我科协还有什么关系？你们喜欢当作家，就当作家去，就挂靠作协去。当时的背景就是这样的。

本来这件事是可以讨论的，作家也可以写与科学有关的作品，实际上很多科普作家就是这样。反过来，我接触过一些科学方面的专家，叫他们写或者讲科普，真是要他们的命哦！专家讲出来的是很高级的技术，需要有很多知识储备，但要把这个东西对大众讲清楚，是另一码事。

记得当时出过一套《院士科普丛书》，看着还不如教科书易懂，叫好不叫座，卖都卖不掉。所以说，科学的文学表达是要专门考虑的事情。

现在我们这么讨论都是比较心平气和的，而在那时候，身处其中的人当然无法冷静。本来这个姓"科"姓"文"的事是可以讨论的，而且这种讨论还可以深化。因为同样的问题，科学诗、科学童话、科学美术就都没有产生多大矛盾，唯独这个科幻小说老是扯来扯去。老这么扯实际上也没扯"深化"，只扯出了"情绪化"。当时，以《中国青年报》和北京其他几家报纸为代表的媒体开始发文批科幻小说，我带来的那些剪报里都有，文章语言尖锐，已经完全站在对立面了。

姓"科"姓"文"的讨论前期，我们在座谈会上、在杂志上都时有交锋，还有不同的意见，而后来姓"科"的声音压过了姓"文"的声音，还直接点名批评了。

科幻邮差：点了哪些名呢？

王晓达：点了叶永烈，还有童恩正，还有就是点名魏雅华的小说——和机器人谈恋爱的那个《温柔之乡的梦》被批"低俗"。当时，很多人不约而同地写信、写文章，反复提出不同意见、辩论，最后还促成了我们联名——联合全国的科幻作者写了一封信，要表达我们的意见，要正确评价这段时间科幻小说的发展。

《关于科幻小说评论的一封信》

科幻邮差：就是《关于科幻小说评论的一封信》？

王晓达：是。当时童恩正是四川省科普作家协会科学文艺专业委员会的主任，我相当于秘书，我起草了这封信，然后寄给《中国青年报》和《光明日报》，都没下文。后来在四川文艺评论界的刊物《文谭》（现《当代文坛》）上刊登了，影响很大。在这个过程中，对科幻小说的批判也反映到了具体的行动上，他们打出的旗号是"专业出版社不能出文学性图书"，主要针对一些科学、科技类出版社，尤其是北京的海洋出版社、地质出版社。在 1978 年之后，这两家接连出了几本科幻畅销书。

科幻邮差：都有哪几本呢？

王晓达：有一本叫《科学神话》。"科学神话"就是那时中国的科幻小说。很荣幸，《科学神话》中第一篇就是我的作品《波》，这本书是由当时上海《科学画报》的主编饶忠华和海洋出版社的一个编辑两个人主编的，书挺厚，还再版了几次；还有一本《魔鬼三角与 UFO》，是外国科幻小说集。这两本书，海洋出版社重印了好几次，

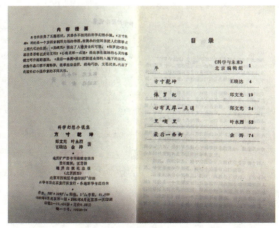

未曾面世就"被消失"的《方寸乾坤》封面、版权页和目录页。

发出去就脱销。然后就是我的《冰下的梦》，也是科幻小说集。另外还有一本连环画，叫《大西洋底来的人》。在那两三年，海洋出版社的书风行全国。地质出版社呢，他们有几个编辑觉得既然刘兴诗在他们那儿出了书，如果还有别的什么科幻作品，就也愿意编，后来商量的结果，就是出了一本科幻小说选集。

科幻邮差：就是这本《方寸乾坤》。（拿起书展示）

王晓达：《方寸乾坤》收入的是我在香港《科学与未来》杂志上发的稿子，香港来约的一篇科幻小说。另外再加上郑文光、叶永烈、金涛几个人的作品，由地质出版社出了这本选集。可是，这本书刚印好，那边就规定专业出版社不能出文学性图书了，只能全部销毁。

科幻邮差：啊，就是说这本书并没有上市？

王晓达：编辑辛苦了快一年，弄得这么个下场，最后只能说：对不起大家，稿费按照基本标准给。作者们只拿到了几本样书，相当于胎死腹中。

科幻邮差：还没出世就"被消失"了……

1991 年，王晓达送了一本自己珍藏的《方寸乾坤》给访蓉作家韩素音。从左至右依次为：谭楷、杨潇、韩素音、周孟璞、王晓达。

王晓达：我也拿到了三本样书。1991 年，韩素音到成都参加科幻笔会，会议之后杨潇约了我们几个，去跟韩素音见了个面。我送了几本我写的书和我编的书给韩素音，其中就有这一本，但我当时不好跟她说，这个书是"绝版书"。很遗憾，前些年韩素音过世了，我这个话都没机会说了，只有在这儿说一下……

"香山会议"

王晓达：就在这时，也就是 1983 年 11 月，在位于京西香山脚下的北京植物园召开了一次会议，又叫"科幻小说座谈会"，本来定于 9 月召开，由于好多作者不能到会，改到了 11 月。

科幻邮差：是谁组织的？

王晓达：中国科普作家协会给我们发的通知，但是自己出路费。除了我，还有上海的叶永烈，苏州的萧建亨，北京的金涛，贵州的彭新民以及东北的作者，都是在前一个时期比较活跃的科幻作家。

科幻邮差：通知开会的时候，说主题是什么了吗？

王晓达：只是说，中国科普作家协会要写一个关于中国科幻小说的报告。

科幻邮差：哦，听一下你们的意见。

王晓达：对，就是让大家一起来讨论中国科幻的现状。
会上甚至有人直接说，觉得科幻姓"文"的都出去！那帮人基本上就是批科幻小说的。讨论姓"科"姓"文"的文章，本来是刊登在"科"系的报刊上，例如科技报刊或者科普报刊，后来就扩大到别的报纸上了。扩大以后，那个态度就不只是"科"家如何如何，而是代表整个社会的看法。记得当时有位参会的人公开说："我家小孩

1983年11月"香山会议"后，众科幻好友齐聚在北京的郑文光家中，左起依次为：叶永烈、萧建亨、郑文光、王晓达、徐唯果

不准看科幻小说。"公开场合被这样说，你能看出科幻小说在当时就像过街老鼠，人人喊打。

从那个时期开始，科幻小说萧条了，科普也渐渐萧条。之前四川省的科普报刊有十几家，像《四川科技报》《老年科学》之类，后来越来越少，连《成都晚报》的《科普园地》栏目也没有了。记得此前那个《科普园地》长期发表科学小品、科幻小说，搞了几次科幻小说征文，我还去做过评委。

所以整体来讲，虽说被攻击的是科幻小说，但也殃及科学，科普的领地也随之遗失。科幻小说是科学的产物、科学时代的产物，没有科学做基础，就没有科幻小说。

科幻邮差：王老师，在这次会议上，参会人员具体有什么表现呢？

王晓达：当时大家都知道肯定是要交锋，但到什么程度不清楚。中国科普作家协会的王麦林、章道义在主持会议时，持一个比较公正的态度，他们并未表示就是要来批判谁。

科幻邮差：叶永烈老师在会议上表达的观点是什么？

王晓达：他说，欢迎评论，欢迎讨论，诚挚的批判也可以，但是要讲道理，讲事实。

科幻邮差：不能一棒子打死。

王晓达：虽然这次会议上并没有真的批判什么，也还是有人站出来辩论。中国科普作家协会的理事长温济泽也出席了会议，做完报告，发完言就走了。这三四天会，他只在主席台上出现过几次，到第三天晚上八九点钟，温老来了我和叶永烈住的寝室。他用自己的亲身经历鼓励我们，我记得他说："人可以犯错误，但是自己觉得对的事情，就要坚持做下去。你们搞科普、写科幻，都是应该做的，你们要做下去，不要让道听途说阻碍你们的创作。"他没有谈真正具体的事情，也没有说科幻小说是好还是坏。

后来我们体会，他的话说得直白点，约等于是："听蝲蝲蛄叫就不种庄稼了？要不得！"不然他作为一个领导，有什么必要来同我们讲自己的人生坎坷呢？他讲这些人生经历就是告诉我们，自己认定的路要坚持走下去，这实际上就是在给我们打气。

科幻邮差：用心良苦啊。

王晓达：从我自身来讲，写科幻小说本来是要发挥正面作用的，遇到阻力写不成，那我就去搞科普，我还是要起同样的作用。不能写长篇，我就在《成都晚报》搞个"微型科幻征文"，所以后来，就转成这么个形式……

科幻邮差：您后来主要创作的是儿童科幻，是吗？

王晓达：是，都是短篇。时不时在《少年百科知识报》上发表两三千字、三五千字一篇、分两期刊登的小说。那个时期还是有不少报纸刊发了我的作品，不过我大多都没有留下来。我的初衷就只是带带学生，提高他们的素养，培养他们对科学的热爱，知道科学能够改变人、改变世界。我这个创作初衷始终没变。

科幻邮差：王老师，1982年4月24日的《中国青年报》上，以鲁兵为首的评论家对科幻小说的目的性、思想性、文学性进行了全方位的批判。这个事件在整个科幻圈引起了什么样的反响？当时跟您遭遇相同的一批作家，都有什么样的反应？

1983 年 第 5 期
《作品与争鸣》
刊载有关叶永烈
惊险科幻小说的
争论。

王晓达：在香山开会时，大家的感受就是，我们自己的事情该做的还照做，他们那些人再批评也是乌云遮不住太阳。我们能做的，就是耕耘自己那一亩三分地。

当时一些评论家不是攻击叶永烈的《自食其果》吗？那个小说写的是基因遗传。当时我们几个在郑文光家里商量了一番，觉得还是有些地方能发表（科幻作品），比如像黑龙江的某家杂志，以及《中国科学报》。之后我们每人写了一个《自食其果》的续篇以支持叶永烈。叶永烈的《自食其果》本身就是一个美国科幻小说的续篇，这下添了三个"续篇的续篇"，就成了一个很有趣的现象。叶永烈后来把这几篇收在一起，还出了一本书。这就是当时我们科幻作家表达态度的应对之一。另外一个，就是刚才讲的，我转向少儿报纸和杂志，在不那么显眼的、地区性的媒体上，依然进行着创作。

而叶永烈就有些气愤，因为之前他得过科普奖，树大招风，写出来的科幻作品被人咬着不放。他写了个恐龙蛋的科幻小说，人家说他不科学，言之凿凿地说有恐龙蛋的地方肯定没有恐龙的脚印……说这话的还是科学权威，地质部门的专家。套用当时叶永烈回应的一句话："没发现不等于不可能。"后来过了五六年，考古学发现，真的又有蛋又有脚印，这就印证了科幻小说的幻想不是信口开河。

幻想是不需要印证的

王晓达：本来，幻想是不需要印证的，你们硬要印证，后来居然就真的印证了。

科幻邮差：其他科幻作家的情况呢？

王晓达：**魏雅华**《温柔之乡的梦》写男女之情，写了个女机器人，其实这部作品是注重文学倾向的，但有人就觉得情节有点出格……当时是有这种不正常的评论风气，所以后来大家都各干各的，叶永烈也转向了，他就喜欢写稿子，不写科幻、科普，就搞传记文学去了；我也没闲着，我还有别的事情做。

说到叶永烈，他前期在那几个出版社出的书很畅销，出版社对他都很支持，单是"科学福尔摩斯"那几本科幻惊险小说，直属于公安部的群众出版社非常看重。所以后来他搞报告文学采访也得到很多支持，成功开辟了新的领域，从科协编制的专业作家转投了作协，也不领工资。他说："我伤心了。"这个事情之后，他就脱离科幻圈了。当然，他跟我以及其他很多朋友还是保持联系的。至于对科幻、科普界，他有时候礼节性写个信、发个贺电什么的，也还在走动。

后来他都是在弄传记文学，还写了长篇小说《东方华尔街》。他从 20 世纪 60 年代就开始发表作品，到现在（2016 年）五十多年了，他创作的《小灵通漫游未来》影响大到连后来手机"小灵通"的叫法都是从这本书里来的。

科幻邮差：对呀，那是叶老师的专利呢。

王晓达：叶永烈收了他们一块钱的专利费，一块钱。他对少儿的影响，持续到现在。所以科幻文学，对人类未来、世界未来的展望，这些应该有；让小孩对科学充满兴趣，也要有。

你不让我写科幻小说，我就去搞科普

科幻邮差：当时您有没有受到冲击？

王晓达：我还好，因为是在学校工作。只不过，原来想要发表的作品，想要写的一些东西，不具备发表条件了，我只能转向，做一些纯科普。再后来，我去主编成都市的《科普画廊》，一年发表几百幅科普作品，相当于一个科普长廊。

科幻邮差：就是那种竖在街头，供市民阅读浏览的壁报？

王晓达：对，从2000年到2007年，我都在做这些……那也是一个时代的缩影。这种形式的宣传原来是科协的职责所在，城市改造之后没有了。那时候，我们几个科普作家希望重新把这个阵地建立起来，一起写信向有关部门提意见，后来几百米的科普长廊还真的恢复了，成都各个区（县、市）都有。

科幻邮差：科普长廊内容是定期更换？

王晓达：对。统一编辑，我们做好底片，把它刻录了，再发到各个区去，区里喷绘到长廊中，这样子就实现了及时更新。我们做好一套，马上所有区就全部更新了。

科幻邮差：在那个时期是一种很好的科学传播手段。

王晓达：对，我自己也在想这件事。

我写科幻小说，不是为了实现自己的人生价值，而是觉得这是我力所能及的事，还能对社会产生积极的影响，起到积极的作用，就很好了。我跟很多文学爱好者不一样，他们大多从小就是才子，能写作；可我到四十岁才出道，当科幻作家在我的人生中的确是个意外。假如最初的道路还走得下去，那我就是个工程师，甚至可能是高工。结果，人家把我这条路给堵死了。说回"天时、地利、人和"，这个阶段对我也算是"天时"。"天时"不一定是有顺风助推你，甚至可能是来逆风，转一下向，新"天时"

不就出来了吗？大家可以到网上去查一下我的本名，"孝顺"的"孝"，"王孝达"，是教授、编审，出了什么书、再版多少次，讲过什么课，得过什么奖，大概有几十条；你们再去查"王晓达"，我的笔名，写科普、科幻用的，能搜出几百条，书评更是不断有更新。在这两种身份上，我都下了功夫。在专业教学、编书方面，我下的功夫比写作多得多，但论影响力，科幻、科普明显比教书大得多。

人生的经历啊，就好比天气冷的时候，一直都长不出东西来，风向好了以后，开的花……

科幻邮差：胜过你之前有意……

王晓达：对！胜过有意要栽的花。

文学界我也进过，也当过成都市作家协会的副主席，但是我觉得，科普界相对要纯净一些。正因为无所归属，没有一个科普专业或者科普单位对不对？上面最多有个科协。因此，没有很直接的名利之争，大家聚在一起，讲科普，好像在谈论某种信仰一样。科幻也是这样，大家聚在一起都有话要说，就觉得有共同的志趣。这种心境非常好。所以，童恩正、叶永烈、萧建亨，包括科普界的一些人，很多都成了通家之好，爱人、孩子都认识，这个也真的不容易。

1991年成都举行世界科幻协会年会期间，王晓达（中）与科幻作家萧建亨（左）和叶永烈（右）合影留念。

科幻邮差：嗯，温暖得像个大家庭一样。

王晓达：是真的不容易。当年那些反对科幻的人，现在看到我们也很不好意思。

科幻邮差：唉，时过境迁，他们自己可能也会有些反省吧。

王晓达：虽然现在形势好了，但少有作者愿意在科幻上下真功夫。见大形势好，科幻热门，就有好多人偷懒，把科幻元素当调料——即使本来只是个二三流的小说，加点儿科幻元素当调料就变成科幻。当然也要允许人家这样做，但是真正好的科幻小说，乃至真正好的科幻电影，应该有新的东西给大众。还要努力，还要努力。

科幻邮差：叶永烈老师后来分析中国的科幻为什么会陷入第二次低潮，说"文学界不重视，科学界的批判又太多苛责"，他之所以这么说，看来的确是深有感触。王老师，您觉得造成科学与文学如此对立的原因是什么呢？

王晓达：我曾写过科普的三个"纠结"，其中之一就是科学跟文学的纠结。科学讲究严格的逻辑思维，讲规律，要定论，要数据，是不是？文学是形象思维，需要感情、审美。那么这两者能不能结合？有些很容易结合，我之前举了例子，比如科学诗、科学童话。而在小说的结合上，科幻展开说是科学幻想。幻想，文学界早就接受了，比如神话小说《西游记》，再怎么说，主流文学界谁敢说它不是文学名著？但再加上科学，对文学界就成了一个难题。

对科学的难以理解和难以接受，诞生了两种态度：一种是想办法解决，态度积极，比如写报告文学的徐迟，他也承认，实际上自己没办法弄懂科学，那么他就只写科学家的故事。另外还有一种人，写不来，弄不懂，却要张口就来瞎批一通。《红楼梦》里有没有科学？有。从饮食、养生，到医学、穿着，都是严谨的科学的真实描写。对这种科学描述，大众并不排斥。对科幻小说的不容忍，实际是对科学的不容忍。雪莱夫人写科幻小说，并没有降低自己的作家身份，她是真正只把科幻当作一种文学题材来创作的。

目前，文学界也正在逐步接受。当初（1991年）在成都开世界科幻协会年会，时任中国作家协会书记处常务书记鲍昌来到成都，发了言，他是支持科幻小说的。鲍昌的爱人，还是科普刊物《智慧树》的主编。

科幻邮差：哦，她是叫亚方吗？

王晓达：对。鲍昌的讲话，我当时摘录并打印了出来，还带到作家协会的会上。鲍昌身居高位，对科学、对科幻都有清醒的认识。

真正的大文学家，很多也非常愿意跟科学亲近，不管是写《红楼梦》的曹雪芹，还是写"狐仙鬼怪"的蒲松龄。别看蒲松龄在《聊斋志异》里写的都是鬼故事，但你从故事里能看出他对医学非常尊重。

除了科学跟文学的矛盾，另一方面，科幻还存在科学普及跟技术推广的矛盾。科学跟技术有关，但它们并不是一个东西，这就是为什么分科学院跟工程院的原因。科学讲究规律，讲究客观事物变化、发展的规律。没有绝对的真理、绝对的科学，但是要不停逼近它、追究它的本质。技术不同，技术是有功利性的，讲究效率，讲究效益。这两个东西都放到科普里头，又产生矛盾了。

科学普及，没有近期的效益，是作用于思想，提高素养，使受众对客观世界认识得更清楚。而技术是要讲究效率、效益，而且技术有实业做支持，你把它放在科普的篮子里头，科普自然而然就变成了技术推广。就像现在很多所谓的科普专栏，已经变成推广美容、养生、保健品的地方了。因为这个就……

科幻邮差：趋利。

王晓达：对科学普及来说，做了多少场报告，有多少人看，很难量化。

科幻邮差：嗯，无法转化成经济效益。

王晓达：对科幻来说，从对科学的认知，到对审美的潜移默化，并不是具体教给读者某一个配方、某一个定理。而技术趋利化了以后，对科幻也有类似的影响。所以我看了《九层妖塔》《澳门风云3》就有点儿担心，大家不能只看重特效技术。

除了上面讲到的两点，所谓的"核心科幻"还面临一个问题——很多科幻迷对科幻是小众文学这一点沾沾自喜。但是科幻真要发展，一定要成为大众文学。科幻迷之间是有共同语言的，比方说《三体》里的某个场景，我俩讲得好高兴，旁边没看过的人听了可能就一头雾水。

　　科幻邮差：进不来这个世界？

　　王晓达：进不来。像《007》系列，电影里的汽车和各种发明，好多都有科幻元素，但大众都能接受；《盗梦空间》之类讲梦境的电影中，比如说要在梦境里暗杀美国总统，那怎么进入梦境，电影里需要有一个说服你的道理。这一种类型，比较大众化。另外像《阿凡达》，科幻故事不见得是一流的，力气都花在了技术和特效上。

　　以前搞科幻电影讲究"编、导、演"，说电影的"决定三要素"是编剧、导演、演员。但是到 20 世纪 90 年代以后，变成了"编、导、演、视"，为什么"视"要加进去呢？现在电影都要求视觉效果了。现代的摄影技术，已经不是原来的技术了，它可以把故事、人物用全新的方式包装拼接，甚至加个人物进来也很轻松，这就是科学技术的进步。

　　中国拍科幻电影，这几项要求缺一不可。编剧要下功夫，导演要下功夫，而技术现在好像发展得比较快。

《科幻世界》的生存之道

　　科幻邮差：王老师，我们回过头来说说《科学文艺》吧。您觉得，当时《科学文艺》是凭什么为中国科幻保存下火种的呢？

　　王晓达：主要原因是它在四川。首先四川人多，作为读者的学生也多。相比较而言，虽然河南人也多，但是河南没有四川这样的一支专业队伍，这支队伍包括采编队伍和作者队伍，四川本土的队伍，加上原来团结的作者，有一种凝聚力在发挥作用。姚海军也在山西的《科幻大王》待过，是不是？一本期刊最后是谁养活你？读者养活你。要有人订阅。采编和作者队伍稳定了，就基本能够满足读者需求，虽然会有一点起落，但基本的生存条件还是有的。

相比之下，上海的队伍比较散。上海没有专门的科幻杂志，作者写了科幻作品，只能投去其他地方。所以说，维持一本科幻刊物，只有四川具备这个条件。杨潇他们带了这么一支队伍出来，也真是不容易。虽然《科幻世界》在全国发行，但大家都知道它在成都，而且早年的各种科幻活动，也是在我们四川举办的。

科幻邮差：基础比较牢固。

王晓达：对。

科幻邮差：到了 20 世纪 90 年代，科幻才真正开始走出低谷，进入了比较辉煌的发展时期。记得上次采访杨潇老师，她说，1991 年的世界科幻协会年会在成都召开，是为科幻正名；1997 年在北京举办国际科幻大会，是为科幻扬名。王老师有没有参加这两次活动？

王晓达：都参加了。

科幻邮差：您怎么理解杨老师的这个说法？

王晓达（二排左一）出席 1997 北京国际科幻大会。前排两位分别是：日本中国科幻研究会会长岩上治（左），美国科幻作家大卫·赫尔（右）。

王晓达：怎么说呢，开这两次会真是不容易。1991 年的世界科幻协会年会，换了别人可能还真是难做。开国际会议要经过省委、省政府批准，主办单位要怎么申报？杨潇他们也都没经验，要去外事处，请他们指导。这次科幻大会，政府是作为一个世界性的活动来办，而《科幻世界》杂志则有机会表明科幻不是"伪科学"，而是一种积极的能量，是真正的精神文明建设，是社会发展的一个需要……

科幻邮差：这就是给科幻正名呀！

王晓达：有了 1991 年的经验，后来 1997 年举办的那次，又把俄罗斯和美国的宇航员请来了，在更高的一个层次上，为科幻扬名。但真要大幅提升科幻的地位，还要靠自己的影响力。现在刘慈欣用实际行动回答了这个问题。

当然，我们也要审视自己的科幻小说，从文学性上来讲，是不是达到一定的水准了？当年童恩正、叶永烈、萧建亨的作品都发表在《人民文学》上，而《人民文学》是不愿意降低标准的。不管你是什么小说，不达到一定的文学水平，不会被接纳。

我的小说就没有被接纳。当时《人民文学》也跟我约过稿子，叫我修改的时候，我自己不想改了，这涉及我的一个坚持。

时任中国作家协会书记处书记鲍昌在银河奖发奖大会上的讲话稿。

人物回忆

科幻邮差：在过去几十年的科幻长路中，王老师与很多的科幻作家都成了挚交。请您跟我们分享一些有趣的故事吧。

王晓达：先说郑文光吧。他是广东人，他第一次到成都参加科普、科幻会议，已经知道我在《四川文学》上发表了处女作《波》，他就问别人我有没有来，想找我谈谈。真正谈的时候，我当时感觉——这位是老前辈，我是新学生……

科幻邮差：有点诚惶诚恐的？（笑）

王晓达：对。但是他真的是一点儿架子都没有，还说："你的稿子都可以给我看看，到北京记得来我家里。"非常可敬。我去北京的时候，虽然在北京有亲戚，但我们通常会谈到很晚，我就不回亲戚家了，每次都是把行军床一搭，在他家的客厅里睡。当时点评到《珊瑚岛上的死光》和《小灵通漫游未来》，他称童恩正和叶永烈是"成熟的作家"，而我是"才开始写"。他对我说："你这才第一篇，第二篇还没有，但方向、势头是对的。"

香港有一个文学杂志叫《开卷》，办刊比较开放，刊登现代艺术、现代文学，也推科幻小说，专门发表过郑文光的科幻小说。当时，《开卷》的编辑杜渐两次采访郑文光，文章还被转载到其他杂志上，郑文光在采访中特意介绍了我，还有宋宜昌。他说这两个人势头很好。我的第二篇作品《冰下的梦》得以在海洋出版社出版，也是郑文光推荐的。

另外，郑文光原来是中国科普作家协会科学文艺专业委员会的主任。他觉得自己年纪大了，就叫童恩正接任主任，还跟我们讲，要帮童恩正"扎起"。所以，我就去当了秘书长，萧建亨担任副主任。他对我们说："你们到四川可以开辟一块新天地。"他鼓励我们放手去搞。郑文光的确是科幻界令人敬佩的老前辈。

科幻邮差：他是很多科幻前辈的良师益友。

王晓达：另外他非常关心年轻人。他对吴岩就很喜欢。后来郑文光病了，再发表作品，都是由他口述，吴岩帮他记下来。他在中风之后很久都不能写字，第一次能写字，就是给我回信。

郑文光中风后第一次写字，就是给王晓达回信，该信一直被王晓达珍藏。

我加入中国作家协会，就是由郑文光介绍的。那时我将《冰下的梦》拿给他，他说："好，行，你等几天，我要告诉你一个消息。"然后他帮我填了作协的入会申请表。他对年轻人的扶持，完全不沾一点儿利益。

我们一见面就叽里呱啦说上海话

王晓达：叶永烈呢，他是温州人，一直在上海，所以后来见面就说和我也算老乡了；还有萧建亨，萧建亨本身就是苏州人。我们三个人一见面就叽里呱啦说上海话，别人开玩笑地抗议："你们几个，讲普通话！"

叶永烈跟我年龄差不多，萧建亨年龄要大一些。叶永烈来成都，我都去接他。那时候也没有那么多讲究，我推个自行车就去了，把他的行李放后座上。1991年成都召开世界科幻协会年会，我去汽车站接他，用自行车推着他的行李去科协报到。四川这边，他就跟我交往比较多。我去上海，也会去找他，到他家里吃饭，他妈妈做得一手好温州菜。

我们的年纪差不多，比较好说话。有次去上海，正好他家里的洗衣机坏了，他说："你不是工科生吗？给我看看。"我给他修了好一阵也没修好。（笑）现在不同了，各种签书会，一会儿重庆，一会儿别的城市，有时候在成都就待半天，只能通个电话，有时候我们就在宾馆见一下面，或在宾馆吃个饭。有时候出去吃，点个麻婆豆腐下饭，各自都觉得很自在。

1980年，王晓达（右）和叶永烈（中）一起看望中国科普作家协会名誉会长高士其（左）。

我们彼此信任。比如上次他发现了童恩正的一篇遗留稿件，马上就跟刘兴诗和我说，我赶紧同姚海军那边联系（上刊）。稿子问题处理好，他就放心了。

另外，还有件趣事。前年（2014年）我的邮箱突然收到他发来的一封信："晓达，我有一事相求，你方不方便？你回了信，我再告诉你什么事。"

我心想搞什么鬼哟！搞错了吧？但我还是回了信，因为信落了他的名字。他又回复说："不好意思，我有些急用，问你借20000块钱，要打到上海的一个账号。"

我想，这就奇怪了，他问我借20000元？我问他借20万元还差不多……一个电话打过去，他说自己也正想打给我："哎呀，晓达我正要跟你打电话，你要借两万做什么？"我说："是你要借两万，不是我要借两万。"

他一下把邮件发给我，俨然是我写的："永烈，我有事情相求，请你快……"原来是碰到骗子了。

科幻邮差：是邮箱被盗了？

王晓达：就是。知道是骗子后，我们就都把密码改了。虽然我们之间往来比较多，但提及某些事情——包括这次《中国科幻口述史》访谈，我跟他讲了以后，他就说："哎呀，我离开科幻已经很久了。"——我就知道，他心里还有结没解开。

但是实际上，他的科幻情结——从《小灵通漫游未来》到"科学福尔摩斯"系列——肯定还是无法割舍。他年龄比我小一岁，1940年出生的，我常说他是"非凡的温州人"，这两年出的书加起来差不多有四百万字，而且两只眼睛的视网膜都曾经脱落。虽然现在还看得见，但他还有那么多需要完成的书稿怎么办呢？幸而他有位好夫人。

科幻邮差：夫人怎么帮他呢？

王晓达：他口述，夫人用电脑弄。

科幻邮差：一直都是这样吗？

王晓达：不，后来他眼睛好了。他眼睛包扎起来的时候，也没有停止写作，所以我说："你效率高，可也太辛苦了。"但是，他很超脱，他说："我现在就做我想做的事情。"

结果第二天，他在手术台上就没回来

科幻邮差：您跟童恩正老师呢？

王晓达：童恩正老师很有意思。最早在成都开的那次科幻会议，他没开完就走了，他那时也是大忙人。后来他在《人民文学》得了奖，在哈尔滨开的科学文艺年会上，郑文光老师推荐他担任中国科普作家协会科学文艺专业委员会主任。他当时说："我一个人咋弄？"郑文光就说："还有王晓达嘛。"童恩正接着说："王晓达你不能赖呀！"意思就是："我做了，但有事情还得你做啊！"

科幻邮差：要拉您一起搭班子吗？

王晓达：对。因为他在大学要负责的课题比较多，我也就答应了。后来，他一方面是科学文艺专业委员会的主任；另一方面，叶永烈原来编的《科幻小说创作参考资料》，后来改成《科学文艺信息》，移交到了我们这边。

在这之前，叶永烈是作为全国科普工作先进工作者担任中国科普作家协会科学文艺专业委员会的副主任，那个时候郑文光是主任，他是副主任。叶永烈起初编《科幻小说创作参考资料》，上海有出版社在制作、印刷上出钱赞助。到我们这边后，就没有经费了。我去找人帮忙打字，然后我们再自己印，坚持了两三期。

科幻邮差：这一直是内部资料吗？叶永烈老师一共出了几期？

王晓达：对，中国科普作家协会的内部资料。叶永烈出了五期。

科幻邮差：然后就移交到了你们这边？

1986年，王晓达（右）
与童恩正（中）、叶永烈
（左）合影。

王晓达：对，后来就停了。童恩正实际上是以学者身份为主，他研究考古，当时是四川大学的著名教授。他还是年轻学生时就参与过三星堆考古。实际上，科幻小说是他一个业余的文学爱好。他不写纯文学，跟他家里有关系。他家族接触新的科学技术比较早，所以他20世纪60年代写的作品中就有激光。

科幻邮差：哦，是说《珊瑚岛上的死光》？

王晓达：对，就是激光才出现的那个时候。那时激光功率没多大，但它的特性——单色性好、方向性好，都一一体现出来了。所以，他就幻想把激光功率放大，大功率的激光可以击落飞机。但是要产生激光，需要高能电池，基于这两个点子，他就构思了一个故事。

这篇小说在20世纪60年代已经成稿，本来好像是要刊登在一个少儿刊物上。后来到了20世纪70年代，《光明日报》发表了《香水月季》，是一篇散文，引起了全国性的关注。那时候没有什么文学作品。

科幻邮差：《香水月季》？

王晓达：对，《香水月季》。在这种情况下，各种文学刊物都开始复苏了。童恩正从事的考古科学虽然属于社会科学，但是用到的技术跟思维基本上还是自然科学的。同时，他也一直很坚定地认为，科幻小说是一种特殊的文学，具有科普功能，也可以列入流行文学的范畴，于是就把《珊瑚岛上的死光》投稿到了《人民文学》。发表了，就好比春雷一声！ 这部作品影响大，上海电影制片厂立刻就要拍成电影。拍完了电影，他问我："晓达，你看了《珊瑚岛上的死光》没有？"我说："看了，蛮好嘛。"他只跟我说了四个字："惨不忍睹！"

什么原因？他说那些演员，乔奇他们，也是好演员，导演也算是名导，但是，跟他在美国看的科幻片差远啦！场景就像机关布景，里边的人物都很模式化，等等。我说："这是'破冰'！中国还没有过科幻电影，现在有人愿意拍，你说不好，是你要求高，这电影票还不好买呢。"

科幻邮差：文学刊物发表科幻小说是件好事情呀。

王晓达：不管怎么样，我们四川有个人在《人民文学》上发科幻小说了。所以四川省科普作家协会要他当副理事长，成都市科普作家协会要他当理事长。后来他去美国访学，我就去兼任了成都市科普作家协会的理事长。

他每次去美国前都把家里钥匙给我，嘱咐我："我的那些书，你要给我关照着。"连着三次。

即使后来去了美国生活，他还总是想要回国。等他在美国读博士的孩子毕业，落实了工作那一年，他就回国了，还约了我们几个人一起吃饭。他让弟弟在成都安排了一间房子，因为他离开四川大学，原来的房子没有了。

那次，他春节回来是打算安排一下，第二年下半年回成都定居，搬进新的房子。他说，以后他在美国讲学半年，剩下半年都回来，还是和我们这些老朋友相处着舒服。

当时他就是想在回国以前，在美国把肝病看一看——他喜欢喝点儿小酒，正准备回国继续喝呢，就觉得肝不舒服。去医院检查，医生建议考虑移植。肝脏移植本来是一项很成熟的手术，大家一点儿都没有想到有危险性。

第二天动手术，医生头一天嘱咐他爱人："你下午来接他到病房去。休息得好，就可以回家疗养……"结果第二天，他在手术台上就没醒来。

科幻邮差：啊，就这么倒在了手术台上……

王晓达：对。他之前回来，我们还见了面，吃了饭，去看了房子。童恩正曾是中国科普作家协会科学文艺专业委员会副主任委员、四川省科普作家协会副理事长，我等于一直是他的秘书，工作的执行者，好多事情要等我们商量了以后，我再去起草，去通联。

科幻邮差：就是说，在很多年里，您跟童恩正老师一直是紧密协作的搭档？

王晓达：对，很多年。甚至在他小孩去上大学时，都是我背着手风琴去送……我们家庭之间也很熟。当年在四川大学，他第一个用计算机，第一个买汽车。他先是买了个摩托车，跑起来吓人得很，之后买了辆菲亚特——川大第一辆私家小车。他等单位下班了，晚上七点多钟开车载我去金牛区看金牛，之后又开回来，问我："体会怎么样？"我说："你这个车开的时候震动太大了，停在那儿还嗒嗒嗒嗒……"但这辆车子当时不仅在川大，在整个四川教育界都是……

科幻邮差：很大的一个新闻？

王晓达：对，可以这样说。他也是首先用计算机来分析甲骨文的学者。当时我们都以为他下次回来能多住一些时间，不想……就成了永别。

科幻邮差：唉，确实太遗憾了。

萧建亨是我的苏州老乡

王晓达：萧建亨呢，年龄比我们要大些，他跟郑文光差不多年纪，是我的苏州老乡。他第一次到成都来参加四川省科学技术协会召开的会议，就认了我这个小老乡，后来还翻看了我的两篇作品。

他从南京大学毕业以后，返回家乡苏州当工人。他发表科幻作品的时候，是从文学口入门的，当时还在无线电厂当装配工。到了成都以后，他对《科学文艺》杂志很重视，对待科幻小说也更加认真，开始把科幻当成自己的一项事业，这也成了他人生的一个转折点。他说："我是学理工的，写小说是另外一个路子。但是我写科幻小说，就把我的长处和能力都结合起来了。"他后来逐步从一个工人变成一个作家，再成为作家协会的专业人员。

他的经历比较散，但是他对科幻的态度一直很坚定，你看我们一起写联名信为科幻辩护，他署名时毫不犹豫。

科幻邮差：他是从什么时候开始淡出科幻界视野的？

王晓达："科""文"之争以后，他在苏州搞科学文艺培训班、创作培训班，实际上已经是往"文"的方向走了。苏州的文学氛围是比较浓的。

科幻邮差：转向科幻写作的培训？

王晓达：嗯，写作培训班这个类型的。

科幻邮差：那刘兴诗老师呢？

王晓达：刘兴诗老师是我在成都的前辈。我第一次见到他是开一个会，我当时四十岁，他四十多岁。刘兴诗的科普、科幻作品一直不断。从作品上说，儿童文学是他的特长。他创作科幻小说还有一个理念——科幻是科研的继续。所以他的科幻小说下面往往还附有几条参考文献。人家问，这个东西怎么写的，科幻小说还有参考文献？他就说自己是"重科学派"。即使这个流派，你在中国再找不出第二人了，但是也不能说科幻小说中没有这个品种。他写作很勤快，一直不间断，对科普、科幻，对《科学文艺》杂志都是有贡献的。

科幻邮差：您跟董仁威老师打交道也比较早吧？看你们很早就有合影了。

王晓达：对，20世纪70年代开会的时候认识的。后来童恩正退了，我当成都市科普作家协会理事长，董仁威是秘书长。后来，四川省科普作家协会的理事长退了下来，童恩正也走了，选出了我们两个，四川省科普作家协会的理事长由他担任，我当副理事长；成都市科普作家协会的理事长由我担任，他当副理事长。

科幻邮差：挂两个牌子。

王晓达：对。所以那时候好多事情是到他家里去商量，他搬家搬了三四次，我都知道。他家的猫丢了，还是我去再找了一只给他。他那个时候在味精厂工作，我们买味精要比人家便宜一点儿，我都一箱一箱地买。（笑）一直都很熟，跟他的爱人、小孩也都熟。

说到科幻，实际上董仁威是以科普见长，能力见长——活动能力，没人能比，风格比较粗放。我们合作的时候，他管外头，我理内务；他"放炮"，我善后。为什么说他活动能力极强呢？当时，意大利有一个针对中国的援助项目，全国都要去争取，他知道之后，也去参加竞争。竞争方很多是医药行业的，用高精尖的项目去立项。但他的市场嗅觉很敏锐，据他分析，虽然意大利是先进国家，但是肯定不会拿先进技术来援助，特别是高精尖的项目。当时他在厂里既是副厂长，又是儿童营养中心主任，想了半天，选了儿童营养这个项目。四川是大省，儿童基数大，用这个项目去竞争，果然就入围了。他们到北京后，几天几夜地搜集信息、赶方案，要把同时入围的其他三家比下去。几百万元的项目最后是争取下来了，可他回来差点倒下。回来开会汇报的时候，在会场就晕倒了，幸亏医务室在隔壁，马上抢救。这样的事发生了两三次。

科幻邮差：董老师做事情很拼命。

王晓达：嗯。他在厂里是副厂长、儿童营养中心主任，而且还写东西。每天晚上他先睡觉，睡醒了起来开始写，有时候下午五六点钟吃了饭就睡，睡到夜里十一二点钟醒了，起来写，写到天亮。他写的大多跟技术推广有关，跟他的厂、跟他从事的项目有关。后来他搞了个杂志《儿童营养保健》，我搞了个《国防风云》，都搞了一期。嘿嘿。

科幻邮差：只做了一期？

王晓达：对。当时市场上既然有《科学文艺》，又有其他的科普杂志，我们就想再多搞一些。后来发现搞不下去。

那个时期我俩的合作非常多。当时还有这么个背景，成都市落实知识分子政策，要评"有突出贡献的中青年拔尖人才"，要求是要得过国家级奖项。这就是比较硬的

1992年1月，王晓达主编的杂志《国防风云》创刊。

指标。后来，第一届从六十万名知识分子里评出了五十八个人，科协系统就我跟董仁威两个。

我们两个主要是在全国的科普征文比赛中得过奖。我还有一个全国科学大会的奖，就是我搞工程机械那个奖。当时，《成都晚报》的《科学与生活》专栏经常刊登一些有奖征文的消息，比如全国环保征文、全国绿化征文、全国新技术征文等。我们两个经常通过这个阵地参加全国的征文比赛，然后得奖。当时《成都晚报》的总编辑凯兵经常给我们发奖，而且是全国奖项，跟我们就都很熟了。我们两个当时被称为"获奖专业户"，评上了两届"拔尖人才"。

现在董仁威跟四川省和成都市科普作家协会的老朋友们渐渐往来少了，可能跟他搬到温江去住有关。他愿意经常请人去做客，但到底不太方便。所以有的时候，科幻、科普界的老朋友们就改到我这儿来聊聊天。我的腰不好，没办法像以前那样和老朋友们来往了。以前骑个自行车就来回跑，童恩正还给过我一辆摩托车。哦，对了，关于童恩正，有个事情要说一说。他搞考古，做博物馆馆长、历史系教授。1988年、1989年，全国出现下海经商的热潮。我们也商量是不是一起搞点儿什么。他想和他的几个朋友在学校里做培训，一方面叫我帮他做培训班，另一方面又叫我利用专业技能开个公司，搞精密铸造，做仿古铜器。结果真就做出了几件，董仁威那儿有，童恩正那儿也有，就我自己没留。最后，投入的经费还是不够。

科幻邮差：没有办法持续生产？

王晓达：唉，童恩正说"晓达，你辛苦了"。我当时骑一辆自行车，他给我派了一辆摩托车，结果我不敢骑。（笑）当时有很多想法，我们也想做成产品线。童恩正说，只要你做得出来，博物馆里的那些铜像你去仿制，只要说明是仿制的，就不是造假。

后来，我在学校实践，还找了校长，来回折腾花了三四千块钱。那时候三四千块钱是我一年的工资了。

科幻邮差：听王老师回忆过去的事情，感觉恍如隔世。

王晓达：真是。那个时候，大家之间没有利害关系。搞这些名堂，也不是因为我想发财，就是想挣钱把科幻小说研究会、把《科学文艺》杂志搞好。当时，大家还组织了个科幻小说研究会，徐久隆当秘书，我们作为会员，稿费的 10% 拿给科幻小说研究会做经费，出了书再拿本样书给研究会。但后来就没有活动了。可惜了那些书，不知道弄到哪里去了。

科幻理念

科学技术变化无穷、威力无穷

科幻邮差：关于小说创作，刚才王老师已经或多或少涉及了一部分。关于创作理念，其实从您创作第一篇《波》以及后来的系列小说"海、陆、空三部曲"开始，您都在践行自己的科学理念。

王晓达：高中时，图书馆老师引导我看科幻小说，首先我是被故事吸引，然后就感觉到它讲的虽然是幻想，但又像是真的一样，威力如此之大。通过书中描写，我感到科学的发展变化如此奇妙，非常有意思。

科幻邮差：王老师，在科幻界，尤其是比较老派的作家中，喜欢把科幻小说分成"重科学派"和"重文学派"，您怎么看待这个问题？

王晓达：我对科幻小说的理解，就是"科学技术变化无穷，科学技术威力无穷"。一个是发展变化，一个是威力，然后这两方面再发挥作用，影响人跟社会。科学对人和社会的影响，就是我写科幻要表达的主旨。

给少年儿童写的科幻比较简化，故事里只有好人、坏人，重点放在了科学技术的发展变化跟威力上，这就是所谓的"硬科幻"，或者叫"重科学派"。而面向成年人创作的科幻作品，作者就要考虑科学技术对人跟社会的影响了。

我国科幻小说在发展初期，主要是在少儿科普杂志、报纸上发表，对象是青少年，偏少儿。《小灵通漫游未来》就是典型的"硬科幻"，以科技发展变化的幻想来展开故事，描绘的未来社会也是科技发达的社会。对于人物的刻画塑造，也是符号式的，对于人物的思想感情、爱恨情仇描绘比较简浅，好坏善恶分明。虽然作品受众大多是少年儿童，但科技发展变化的幻想依然能给广大读者留下深刻印象，能产生深远影响，其社会意义并不浅薄。

有很多人因为少年时期读了凡尔纳的硬科幻作品而立志于造潜艇、献身宇航事业，后来成了专家、大家；或者读了《小灵通漫游未来》而投身科技创新……也可以说，"硬科幻派"或"重科学派"科幻，是通过奇思妙想的科幻来激励读者关注科技、爱科技，相信科学技术变化无穷、威力无穷，可以改造天地、改变社会，相对"软科幻"或"重文学派"科幻，似乎与通常说的科普概念更贴近。所以，科协与科学界对这类科幻较多地持支持态度。

而"软科幻"或"重文学派"科幻通常以科学技术发展变化的幻想为前提，重在关注科幻对人和社会的影响。人与人之间的关系变化和人性发展衍生出新奇怪异的故事，引起更多的思考和启发。与"硬科幻"不同，"软科幻"往往不注重科学逻辑，而着意于在此前提下的人和社会的发展变化，注重人物形象的塑造和故事的社会意义。这也是这类作品讲究文学性、社会性的特点。

对于高中生、大学生和成人来讲，后者更受欢迎。其文学性也就以类型小说的标准，如历史小说、武侠小说、推理小说等来衡量。

在科幻小说发展初期，为了便于评论分析，所以有"硬科幻""软科幻"或"重科学派""重文学派"之说，其实科幻小说发展至今，特别在科幻发达国家和地区，已很难拿这么个标准去划分不断出现的新作品。

成功的科幻小说，或者说，受读者欢迎、受社会认可的科幻小说，首先必须是好看、新奇的小说，更多人不去计较它的"软""硬"，具体的作品也不可能是简单的"硬到底"或"软到底"，而是"硬中有软、软中有硬"；既注意科幻的科学逻辑，让人信服，又注重科幻对人和社会的影响，在科学和文学上都让读者可以进行审美和引发思考。

另外，科学幻想有一个悖论，就是这篇科学幻想好不好，判断的标准之一是构想能不能实现。凡尔纳之所以非常伟大，是因为他的好多幻想到现在都实现了。为什么说这是个悖论呢？实际上，凡尔纳的幻想，比如潜海是实现了，但是并没有按照他的描述实现。按照他的描述，这个潜艇沉下去就起不来了；按照他的幻想，登月是实现了，但炮轰登月是实现不了的。但假如抽掉炮轰登月这个设定，小说的故事就没有了。

我的处女作《波》里，假如没有"波"的种种变化，这个故事就没有了。而《冰下的梦》关键是一片巨大的冰下世界，因为主人公头部有钛合金，洗脑奈何不了他，后面的故事才得以展开。假如你把这个设定抽掉，故事就瓦解了。

我之所以坚持这样的理念，是因为现在有一些作品就有这个问题。包括我说为什么要担心像《九层妖塔》那样的作品，它里头的一些科幻元素完全可以被替换，甚至说可有可无。声称是科幻，打个科幻名号，加点儿科幻元素，可真正起主要作用的，是妖。它跟科学有关系吗？

主流的科幻中，科学幻想是整个小说的有机组成部分，不是可有可无的。你把这个科学幻想抽掉，整个故事就散架了。一旦把科学幻想拿掉，小说就不能成立。我认为这才是主流科幻小说。

所以，主流科幻就是科幻在小说中不可或缺、不可替代，抽除则作品散架。这就是我的基本理念。

我有三重身份

科幻邮差：在过去的岁月里，王老师创作了不少科幻小说，但更多的是科普作品。

王晓达：因为科普作品更加短小。

科幻邮差：对，在您看来，科幻和科普是怎样保持创作平衡的？

王晓达：科幻小说是一个大系统、大项目，作用和影响都要深远一些。科普呢，特别是科学小品，两千来字，就像游击队、轻骑兵。所以，有比较完整的时间，能完整思考的时候，我还是写科幻小说；比较零碎的时间我就写科普文章。我前面跟你说过，在没退休以前，我实际上有三重身份。

科幻邮差：哪三重？

王晓达：一重是教师，我要上金属工艺学的课、材料课和工程图学的课。这就已经够一个副教授、教授的工作量了。同时我还是学报的编辑部主任、常务副主编，一年四期，一期十五万字，虽然一年只有六十万字，但从组稿、编辑、审稿，到最后交出去，有时候还包括做封面设计，都得我自己来，还是比较劳累的。

再一重身份就是科普、科幻作家。这是我自己喜欢的。有时候我跟董仁威聊天，他感叹说我们爱好这个就是有病，还是自己找的病。最近几年，我也还在写，我觉得阵地不能丢。我找了几位科协的老同志，在《四川科技报》开辟了一个专栏叫《科苑百花》，写一篇一千多字的文章，有时候才得8块钱。那没关系，能开辟个阵地也不容易。

不过也有收获，2015年年底我写了一篇文章，一千字，关于大数据，这篇稿子被中国科协评为"优秀网络科普作品"，给我发了奖品——一个品牌手机外置镜头。

现在年龄大了，我更多地写这些短小的文章。我特别关注前沿科技，比如纳米技术、石墨烯，这里面特别有幻想的空间。譬如说石墨烯领域，可能最近三五年又要有突破了。轻便的石墨烯电池、氢燃料电池的问题解决了之后，电动机、汽车都要更新换代了。

我的这个构思，有点儿像叶永烈的路子，《小灵通漫游未来》《小灵通再游未来》，是面向少年儿童的；而面向成人的是刘慈欣的那种，这个类型的科幻很难再有突破了。就我自己来说，还是要选择大众化的科幻，少年儿童的科幻。

我的骄傲与遗憾

科幻邮差：王老师，回顾过去这三四十年的科幻之路，您最骄傲的是什么？最遗憾的是什么？

王晓达：写出《波》，踏上科幻之路，是最骄傲的一件事。

科幻邮差：改变了您的人生。

王晓达：对，因为事先想不到。你刚才看到我那时的手抄本了，只是打算自己抄写四本，根本没想到后来起了这么大的作用。反过来说，它也满足了当时的一个社会需要。当然也感谢《四川文学》杂志，实际上它后来也没发表过什么科幻小说，倒是《人民文学》杂志后来还发了几篇。这件事，应当说是我人生低潮期迎来的转折。

1979年是我的人生转折，发生了三件大事。

科幻邮差：哪三件大事？

王晓达：第一件，《波》问世。第二件，我从工厂技校调到了成都大学。第三件，我的祖父平反，1979年进了上海革命烈士陵园。

科幻邮差：人生开始了真正的春天呀。

王晓达：本来1978年我得了科学大会的奖，不是挺好吗？结果来了这么一手，把我调去学校。唉，只能说东方不亮西方亮，先前整我的人，恐怕气得跳脚——把我推到坑里，我又冒出来了。（笑）

科幻邮差：其实这个不是骄傲了，是您人生的一个里程碑。

王晓达：是我的一个选择。我老说"天时、地利、人和"。所谓"天时"，看上去好像是磨难，其实也是机会。就好像人家说的，上天关了一扇门，也会打开一扇窗。本来我一心想当工程师，搞设计，结果才得科学大会奖——这扇门却给你关上了，不过，打开的那扇窗另有天地，也值了。

科幻邮差：那您有没有什么遗憾呢？

王晓达：我曾经一心想造船。看了《茹尔宾一家》，下定决心要学焊接，要造大船。后来到了工程机械厂，祖父就跟我开玩笑说，大船造不成了，你是要去造"陆地行舟"——装载机是陆地上的。

科幻邮差：在王老师家的客厅墙上，就挂着"风帆号"的壁毯呢。

王晓达家中的"风帆号"壁毯。

王晓达：就是。创作《冰下的梦》暗合了我的另外一个心愿——在小说里面造船。造不成船，是最遗憾的。后来想想，假设真去造船，我恐怕写不成科幻小说了。

科幻邮差：您或许会有新的遗憾。

王晓达：那就不知道了，也不会知道我能写科幻小说。说来说去，我知道人生是不可能重新再来的。

趣问趣答

01 请您给科幻小说下个定义吧。

科幻小说是文学，是一种特别的文学，特别之处就是科学幻想。科学幻想应当是小说的有机组成部分。假设抽掉了科学幻想，小说就不成立了，就不是一部成功的科幻小说。

02 在生活中您对科技的依赖强吗？

还是很强的。因为我自己就信奉"科技带来更高的效率，能更有效地改善、提高生活品质"这样的信条。现在有人说，科技是把双刃剑，我经常要纠正这句话：技术是把双刃剑，科学不是。所以我应当算是比较愿意接受新生事物的，从数码产品到滴滴打车，都乐于尝试。

03 几十年前，您在小说中设想的钛合金技术，现在已经是医疗领域的常规技术了。对于当下的科学技术前沿，您有什么新的期待？

有很多期待。譬如钛合金制品的 3D 打印技术，它可以应用到航天领域，用到高精密的机械上，另外可以制作关节、头盖骨、颈椎骨。另一个是现代陶瓷，生物陶瓷也可以用来制作关节，不过跟钛合金相比，生物陶瓷对老年人来说要重一些。

04 假如时光可以倒流，您最想回到什么时候？为什么？

能倒回去的话，想回到大学的那五年。我上学太早了，上大学还不懂事，又参加合唱团，又是美工团长，还参加天津市美展，可是会这么多，也只是爱好而已。所以我就想，大学里是不是可以过得更实在一点？不过，现在我还是比较满意的。

05 张长弓这个角色在您的小说中出现最多，同时也是塑造得比较成功的一个角色。如果这个系列要影视化，您对演员的形象有没有设想？

这个角色是比较硬派的，我就想到两个人，一个是陈坤，一个是侯勇。但是他们的年龄有点偏大，跟角色设定不符。

06 如果有一本您的传记，开篇的第一句话您希望怎么写？

假设要科幻一点，就这样写：一个苏州书香门第的后代，恐怕谁也想不到会去搞科普、科幻。他的太公是进士、翰林，祖父是被收录在名人录上的，隔壁巷子住着的苏州大儒也是王家的祖先。这些都和他一生的经历有关。

07 王老师写科幻这么多年，有什么经验可以跟年轻的作者分享吗？

我的写作基础来自被家里要求从小写日记的习惯。我写科幻小说，有自己的科幻小说理念。像《阿西莫夫科学探案》这种小说就很符合我的科幻理念，它的科幻点是整个故事的有机组成，你拿掉了就不成立。

08 请谈谈您对中国科幻的期待和祝福。

现在是科学的春天，愿同时也是科幻的夏天。

为中国科幻服务

TO SERVE CHINESE SCIENCE FICTION

王 麦 林

科幻是开发人类
大脑的钥匙。

麦林

214　一点儿思想准备都没有，我去了《知识就是力量》

216　在《知识就是力量》每期都发科幻小说

220　编农村科普读物时，是我在出版社最好的时候

222　学生与科学家见面，扭转不重视学习的风气

225　科幻有缺点，但不能整个否定

228　对科学文艺创作的期待

231　趣问趣答

导语 INTRODUCTION

王麦林未满 14 岁就在抗日活动中加入了中国共产党，1945 年毕业于中央军委俄文学校（原中国抗日军政大学第三分校俄文大队），后调任东北民主联军航空学校卫生队指导员、俄文教员。中国人民解放军空军成立后，她历任空军训练部翻译科副科长、空军司令部翻译科科长，荣立三等功一次。1958 年，王麦林转业至中国科学技术协会工作，先后担任《知识就是力量》杂志编辑部主任，《科学大众》杂志第一主编，科学普及出版社（后改名为中国科学技术出版社暨科学普及出版社）副总编、社长；后任中国科学普及创作协会（现中国科普作家协会）理事会首届秘书长、副理事长，中国科学技术协会党组成员等职。从参加革命到投身于科学普及工作、获评中国科普作家协会授予的"成绩突出的科普作家"，王麦林的漫漫人生征程如同她热爱的中国科普、科幻事业一样跌宕起伏，贯穿始终的信条是：为中国科幻服务！

WANG MAILIN
TO SERVE CHINESE SCIENCE FICTION

■ INTRODUCTION

Wang Mailin joined the Chinese Communist Party during the period of anti-Japanese invasion before she turned fourteen. She graduated from the Russian Language School under the Central Military Commission (formerly the Russian language team of the Third Branch of the Chinese People's Anti-Japanese Military and Political University) in 1945 and was later transferred to the Northeast China Democratic United Army Aviation School to serve as a health instructor and a Russian teacher. After the establishment of the People's Liberation Army Air Force, she successively served as the deputy director of the translation department in the Air Force Training Division, and the head of the translation department of the Air Force Command, and she received a third-class merit award. In 1958, she started her work at the China Association for Science and Technology. She successively served as the director of the editorial department of *Knowledge is Power* magazine, the editor-in-chief of *Science for the Masses* magazine, deputy editor-in-chief and president of the Science Popularization Press (later renamed China Science and Technology Press aka Science Popularization Press). She then became the first secretary general and vice-chair of the board of the China Association for Science Popularization and Writing (now the China Science Writers' Association), as well as a member of the party group of the China Association for Science and Technology. Participating in the revolution, dedicating her energy to the work of science popularization and education after the People's Republic of China was founded, receiving the recognition of "Outstanding Science Writer" from the China Science Writers' Association⋯Wang Mailin's life journey, much like her beloved Chinese science popularization and science fiction projects, has been full of crests and troughs. Her unwavering belief, however, could be described by one sentence: to serve Chinese science fiction!

■ TABLE OF CONTENTS

214   I joined *Knowledge is Power* without any preparation

216   Every issue of *Knowledge is Power* published a science fiction story

220   My best time in publishing was when I edited science popularization and education
      reading materials for rural China

222   Students meeting scientists changed the trend of devaluing education

225   Science fiction has its power and weakness, it shouldn't be completely neglected

228   My expectations for science literature

231   Fun facts and Q&A

一点儿思想准备都没有，我去了《知识就是力量》

科幻邮差：王麦林老师，您好，托陈玲（中国科普作家协会秘书长、中国科普研究所研究员、中国科幻研究中心执行副主任）和吴岩（作家，南方科技大学教授、科学与人类想象力研究中心主任）两位老师牵线，今天代表《中国科幻口述史》团队到北京来拜访您，特别高兴。希望听您讲述人生旅途中跟科普、科幻相关的珍贵故事。

1956 年，党中央发出"向现代科学进军"的号召，在这次科普大潮中诞生了一本名为《知识就是力量》的杂志，后来在您的带领下，成为国内最早发表科幻小说的平台。今天我们就先从您是在怎样的机缘下进入《知识就是力量》编辑部讲起吧。

王麦林：那是 1958 年，中华全国自然科学专门学会联合会（简称全国科联，后与中华全国科学技术普及协会合并为中国科学技术协会）副秘书长黄哲一行人到空军为《知识就是力量》杂志寻找领导干部。因为杂志创刊时为中华全国科学技术普及协会同全苏政治与科学知识普及协会合作，效仿苏联刊物《知识就是力量》向青年进行科学普及，所以前期常常需要把苏联《知识就是力量》的内容"搬运"过来，翻译成中文。他们听说空军队伍里（俄文）翻译很多，正好我即将从空军转业，（部队）就把我的介绍材料给过去了。

黄哲他们觉得很合适，就定下来，直接把（我的）档案带走了。

等（空军）干部科通知我，说"把你调到《知识就是力量》了"时，我愣了，完全是一点儿思想准备都没有，因为我不懂科学技术，也没办过杂志。不过我知道《知识就是力量》这本杂志，我老伴儿当时是搞科学技术的，他喜欢这个，所以我知道这个刊物。

当时我不想去《知识就是力量》，觉得自己不懂，就还想自己另找去处。当时（我）听说外交部成立了国际关系研究所，需要人手，但是后来也没去成。因为那时候我们家住在公主坟，而那个刚成立的研究所（办公地点）在贵友大厦，当时那一片都是荒地。我住在公主坟怎么上班啊？公主坟外就一趟车——38路（公交车），到终点站西单就再没公共交通了。若要骑车去的话，花一个小时可能都骑不到，太远了，给我难住了。但我也不能干耗着不工作呀，这种情况下，我还是去了《知识就是力量》。

1945 年，王麦林与丈夫张开帙于延安合影留念。

在《知识就是力量》
每期都发科幻小说

科幻邮差：您去的时候，《知识就是力量》是什么样的情况？

王麦林：当时（杂志）销量下滑厉害，只有四万册了，还在往下掉。（销量）最高的时候是二十万册，1956 年创刊，前五期都有二十万册销量。

科幻邮差：为什么会出现这么大的下滑？

王麦林：当时编辑们很着急，懂俄文和懂办刊规律的人都少，编发的内容大家不愿意看——内行不愿看，外行看不懂。我去了之后先搞的调查研究，（心想）得弄清楚怎么回事儿才知道该怎么干呀。

到底是怎么回事儿呢？杂志前五期是"苏联定制版"，也就是苏联《知识就是力量》编辑部专门为中国读者编的。他们根据中国读者的需要编，所以很受欢迎。专栏里写的都是直截了当的"怎么、什么、为什么"，正是大家想问的，是当时中国市场需要的，一下子就把读者都吸引过去了。另外，杂志里也有科技新闻，还有科学幻想故事。当时有一个关于刀具的科学故事让我印象很深，本来刀具革新是很枯燥的（内容），但是这篇稿子加入了故事情节，把刀具的知识讲得特别有意思。我还记得有一篇关于"换头"的故事，你看这吸引不吸引人？所以（难怪）一下子有二十万的销量。

为什么后来销量掉下去了呢？因为苏联《知识就是力量》编辑部在编了五期以后，决定不再专门针对中国读者编杂志了，而是只给他们自己的读者编，这样子的内容翻译过来，肯定就"水土不服"了。慢慢地，中国读者就不愿意看了，（因为杂志）不再符合中国读者的需要了。

我去编辑部之后，发动大伙儿做了广泛的调查，（面向）科技人员、学生、干部等，看看他们需要什么。调查结果显示他们都需要新的东西，需要新的科学知识。受限于当时的国际形势，国内读者特别想了解国际前沿的科学技术新知。

我们根据这个（调查结果）制定了相应的策略，就是要（刊）发新的东西，因为（贯彻了）这个方针，《知识就是力量》慢慢又开始受欢迎了。

同时，（杂志上）之前做得好的专栏也保留了下来，像是科幻我们就保留了，每期都发科幻小说。在此基础上，我们增加了读者意见板块，增设了新的栏目，内容覆盖原子（科学）方面、无线电方面、超声波方面……一切都根据读者的需求来做。

科幻邮差：王老师，那个阶段的《知识就是力量》是不是集中翻译了一批科幻小说？有哪些比较受读者欢迎？

王麦林：那时候的科幻小说都比较一般，不过每期都有，很受读者欢迎。

科幻邮差：当时有国内科幻作者投稿吗？

王麦林：国内没有。但当时国内的作者是从这里开始学习的，跟苏联学科普作品、科幻作品应该怎么写，所以有人说《知识就是力量》培养了一批科普、科幻作者，就是这么来的。过去大家不会写，（不懂）怎么写才能写得引人入胜，怎么写既有趣，又能传递知识。

《知识就是力量》创刊号封面。

含《荒岛怪蟹》篇目的《知识就是力量》封面（左）和内文（右）。

早年国内的几个同类杂志，比如《科学画报》，又如专业类的《航空知识》《天文爱好者》，都没有（刊发过）像这样的科普、科幻文章。

我们每期都发科幻小说。其中有一篇比较有争议的（作品）让我印象深刻。那是一篇叫《荒岛怪蟹》的来稿，开始我压着没有刊登，觉得它不算科幻。它讲的是一个自动机器能够生产出跟自己同样的机器，这么（简单）一个故事，能算科幻吗？

那这篇稿子后来怎么又登出来了呢？差不多是 1961 年、1962 年，当时（国内）反对美帝国主义①，为了配合这样的政治大环境，我就选择了发表这篇（《荒岛怪蟹》）。

前面提到，《荒岛怪蟹》写一个机器遇到金属能生产出跟自己一样的机器。一位在荒岛上做实验的科学家，利用这一特性，把这机器投放到了敌国，（它）碰到敌国的金属，把它们都耗尽了。科学家在荒岛上做出来更多（这种）机器，把金属都用完了。机器们互相切割（对方的金属），自相残杀，最后只剩下来一个机器。这仅剩的一个机器继续找金属，最终找到了科学家的金牙。

这篇小说的寓意是玩火者必自灭。

---

① 20世纪60年代初期，虽然美国政府"遏制孤立"的对华政策逐渐走到尽头，但国际环境依然紧张，我国旗帜鲜明地反对美帝国主义，面对这种国际、国内环境，王麦林认为科幻也应该表达自己的立场。

科幻邮差：到现在也还有读者喜欢《荒岛怪蟹》这个故事，还有科幻小说选集将这一篇选入其中。王老师，您在《知识就是力量》工作了多少年？

王麦林：在《知识就是力量》一直（工作）到 1963 年暂时停刊。我 1958 年去的，到 1962 年，杂志销量提升到了十二万册，是我去时的三倍。当时全国印数比较多的（同类杂志），像《天文爱好者》《航空知识》，销量都只有一万多册。

科幻邮差：来之前，我们查看了一下《知识就是力量》历年发表科幻小说的情况，发现 1958 年没有发表科幻小说。

王麦林：这个我不清楚。1958 年我去的时候，已经是第四季度了。

科幻邮差：吴岩老师有一个问题托我们请教，您翻译了苏联作家齐奥尔科夫斯基的《在地球之外》，是国内的第一个版本吗？那本书的影响也很大。

王麦林：我不是很清楚是不是第一个版本，这本书也是"突击"出来的。当时湖南教育出版社要出两套世界名著，计划在那一年的四月出，但是责任编辑一开始找的翻译不行，可能就是学生吧，译出来没法看，他们编委会的委员章道义就把这本书拿过来交给我。（刚）过了春节（已经）三月份了，时间已经非常急了，我一个人不行，还把齐仲找过来（帮忙），齐仲也是《知识就是力量》的资深编辑，我们俩加入了那个翻译项目，突击完成了任务。还好，出来就能用。

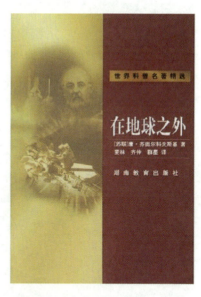

王麦林与《知识就是力量》编辑齐仲一起突击翻译了苏联科幻作家齐奥尔科夫斯基的《在地球之外》，1999 年由湖南教育出版社出版。

MY BEST TIME IN
PUBLISHING WAS
WHEN I EDITED SCIENCE
POPULARIZATION AND
EDUCATION READING
MATERIALS FOR RURAL
CHINA

编农村科普读物时
是我在出版社最好的时候

科幻邮差：1963 年，《知识就是力量》停刊，停刊后您去做什么了呢？

王麦林：《知识就是力量》停刊后，我一度被任命为《科学大众》杂志第一主编。1962 年，（国家号召）要向现代科学进军，时任文化部部长（作家茅盾）要求给全国干部编一套知识丛书，在这套书里面，科学技术这部分就交给中国科学技术协会了。中国科学技术协会把科学普及出版社给重新建立了起来（成立于 1956 年的科学普及出版社在 1960 年前后一度被撤），之前出版社被撤，人员已经四散到全国各地去了，有的去了大庆，有的去了新疆、云南。为了编这套知识丛书，必须重新成立一个图书编辑室。

科学普及出版社恢复后，成立了一个党的领导小组来领导出版工作，由我担任领导小组组长。重建的科学普及出版社设一个副总编、一个副社长，我做了副总编。当时国家发展农业，抓农村实验，制定"农业八字宪法"[①]，我们出版社成立了农村读物编辑室，我作为副总编，就负责这个工作。我们当时的办公室就在北京天文馆旁边，就是在中国科学技术协会那儿。当时（出版社）的情况是领导小组（有）

[①] 根据我国农民群众的实践经验和科学技术成果，毛泽东于 1958 年提出来的八项农业增产技术措施，"八字"指土、肥、水、种、密、保、管、工。

三个人，（下设）几个编辑室，每天大家到食堂吃饭以后都自动回办公室，晚上也不回家，都要求进步，要入党、要上党课。（我们就去）中国科学技术协会那边（找）科学技术普及部的人过来给大家上党课。这一时期出版社可以说是"精神物质双丰收"，我们赚了很多钱，拿收入给科协盖了一个宿舍楼，（有）三个单元，五层楼。

科幻邮差：您当时怎么会转向去做农村科普的工作呢？

王麦林：我当科学普及出版社副总编的时候，负责《学科学》杂志。《学科学》是农村科普期刊，编辑部是要定期去农村办公的。为了编好农民科普读物，我去农村调查，了解到挂图是最好的（农村科普形式），可以深入农村，我们就决定编挂图。

这个（挂图）是由中国科学技术协会科学技术普及部出费用。搞了两套，一套是《农村植物保护》挂图，主要讲治疗病虫害，农民一看就懂，非常好；还有一套是《畜牧与兽医》挂图，讲怎么治疗猪、牛、羊病之类的。另外，我自己还编了单张挂图，内容是针对甘薯黑斑病的。之前虽然也有讲这方面（甘薯黑斑病）的书，但是都没讲到点子上，我就跟中国农业大学的专家联系，他回复说甘薯黑斑病只要治疗关键的地方就行了，现在我也忘记了关键地方是什么。（笑）总之，我把他讲的做成了挂图，这个挂图发出去以后影响非常大，读者写信来说，（挂图上介绍的技术）就像窗户纸一样，一点就破，一看就懂。还有，我找到华中工学院（现华中科技大学）的赵学田教授，跟他一起搞了一本《机械工人速成看图》——很多工人不知道怎么看图纸，这本书就教大家怎么看图纸。《机械工人速成看图》出了一百多万册，很受欢迎，后来又在这基础上编了一本《机械工人速成制图》，教大家怎么画图。这些都是我搞农村科普读物的成果。

1970年，国家实行"三科合并"，中国科学技术协会和国家科委（国家科学技术委员会）并入中国科学院，中国科学院设立第一业务组，承接原本由国家科委负责的科技行政管理工作。我被调回了下设的科协办公室。当时，科学普及出版社也并入科学出版社了。我回来就是先到的科学出版社，帮着整理了一些还能用的图书，然后又回到了科协办公室。科协办公室的办公地当时就在原科协大楼楼下的28号房间，我们原来中国科学技术协会的几个人（回来后）想尽力恢复科协，给中央写信，给周培源、高士其等科学家写信，想以科协的名义做点事情，告诉大家中国科学技术协会还在。

学生与科学家见面，
扭转不重视学习的风气

王麦林：1977 年，邓小平重新担任党的领导职务以后，召集科学家开了一个会（1977 年 8 月，邓小平主持召开科学和教育工作座谈会并发表讲话，以科教战线为突破口，领导全面拨乱反正），他在讲话时强调，实现四个现代化要从科研和教育着手，事实上就是倡导搞科学技术，把教育办好，把不重视学习的风气改过来。

我是从部队出来的，已经养成了习惯，就是对于党的号召、党交给的任务，都是马上执行。既然中央领导都讲话了，要把教育搞起来，我就闻风而动吧。

当时我想，如果我们能请一些科学家和英雄人物来给青少年讲学习的重要性，一定会收到很好的效果。我在办公室提出这个想法以后，大家都很赞成。我把想法汇报给上级领导，又去向主持中国科学院日常工作的李昌同志（时任中国科学院党组副书记、副院长）请示，他们都非常支持。

于是，我们就真的搞起来了。科协办公室几个人都是干将，大家立即分工行动起来——有人联系中山公园音乐堂的场地，有人邀请科学家，有人联系学校，有人联系记者。没想到有三十二位科学家都要来，（笑）结果一场活动还不够，后来又组织了两场，一共（做了）三场。

周培源、茅以升、华罗庚、陈景润等三十二位科学家分别参加了三天的见面会，讲了学习的重要性，这对同学们的影响很大。后来中国青年出版社还把科学家们（在活动上）的讲话整理出版了一本书，就叫《科学家谈数理化》。

1980 年 1 月，王麦林和时任中国科学技术协会副主席钱学森在中国科普美术展会上合影。

当时这个活动在北京很是轰动，后来其他省市也有搞（类似的活动）。我们的活动结束不久后，中国科学技术协会就恢复了。（1977 年，国家科学技术委员会再度成立，中国科学院不再承担行政管理职能。1978 年 4 月，国务院批准了《关于全国科协当前工作和机构编制的请示报告》，中国科协书记处和机关正式恢复。）裴丽生当了中国科学技术协会党组书记、副主席，我和杨沛是科学技术普及部负责人，但是我们的"老窝"被古人类研究所占了，没地方去（办公）。我们便把友谊宾馆旁边的一溜儿房子租下来作为办公室，那里之前是苏联专家来中国时给他们的孩子准备的学校。

1978 年，全国科学大会召开，中国科学技术协会副主席裴丽生让我准备十年科普工作规划，抓恢复出版社的工作。

这时候我是中国科学技术协会科学技术普及部副部长，以科普部的名义联系过去的科普作者，希望他们能积极创作科普作品。当时，我建议教育部、出版局和我们（科协）三家一起联系全国的科普作家来开一个座谈会，解决科普"书荒"问题。时任教育部副部长董纯才和出版局的局长王子野特别赞同（这个想法），后来就由中国科学技术协会牵头来召开这个大会（全国科普创作座谈会），我负责筹备。

1978 年 5 月 23 日至 6 月 5 日，全国科普创作座谈会在上海浦江饭店召开，我们邀请了全国各地的科普作者，一共三百多人参加了这次"浦江会议"。大会上，华罗庚、于光远、郑文光等好多科学家、科普作家、科幻作家都发了言，大会主旨是批评了之前社会上鼓吹的读书无用论，强调了科学知识和科学普及的重要性。这样一来，大家搞科普、科幻创作的热情和积极性就（被调动）起来了，我们迎来了科普、科幻

随着王麦林筹备组织的全国科普创作座谈会顺利召开，全国科普、科幻作者的热情和积极性都起来了。图为《光明日报》（1980 年 2 月 18 日）刊登几位著名科幻作家郑文光、萧建亨、叶永烈、童恩正的文章。

1979 年 8 月 20 日，中国科普创作协会在北京成立，王麦林被推选为秘书长。图为《光明日报》（1979 年 8 月 22 日）报道。

创作的春天。

这次大会上，大家决定发起成立中国科普创作协会，就是现在我们的中国科普作家协会。筹委会筹备了一年多，1979 年 8 月，我们在北京崇文门饭店召开了第一次代表大会，中国科普创作协会就是这时候正式成立的。这次大会有比较重要的意义，因为从一年前在上海召开全国科普座谈会开始，全国各地已经相继成立了地方科普创作协会，而且还有很多地方创办了刊物，比如四川搞了《科学文艺》《科学爱好者》，广东办了《科学世界》，还有黑龙江的《科学时代》。中国科普创作协会的正式成立进一步解放了大家的思想，激发了大家进行科普、科幻创作的热情。大会上，大家推选董纯才为理事长，我担任秘书长，像叶永烈、郑文光、童恩正这些科幻作家都是理事。

大会闭幕的时候，胡耀邦、邓颖超等当时的党和国家领导人在人民大会堂接见了中国科普创作协会的全体代表，我们大家都很受鼓舞。

科幻有缺点，
但不能整个否定

科幻邮差：在《知识就是力量》杂志刊发科幻作品以后，王老师是什么时候重新关注到科幻小说的？

王麦林：我没有主持科幻小说（的工作），当时（全国科学大会后）不是号召大家写书、要多出作品吗？科幻作家也开始写了。中国科普作家协会成立以后，我最早认识的科幻作家是郑文光、萧建亨，还有四川几位作家，叶永烈最开始也没有写科幻，他（后来才）写了《小灵通漫游未来》。我告诉你们，我没有搞过科幻，我是为科幻服务。（笑）1978年的座谈会（全国科普创作座谈会）确实为科幻小说的创作营造了一种良好氛围，大家都开始写了。我跟最早的这几位科幻作家关系都挺好的，为他们服务嘛，他们写，我帮他们出书。科幻作品出了很多，不过具体的（篇目），时间太久，我记不清了。

科幻邮差：王老师，萧建亨老师得知这次我们要来看您，说"王麦林老师是中国科学文艺最早的倡导者"，您当时提这个概念的初衷是什么呢？

王麦林：可以这么说，当时提这个的初衷就是繁荣科普创作，向广大群众普及科学知识。科学幻想是未来可能实现的科学，科幻是很有意义的，可以启发大家的思想和想象力，更好地促进科学发展。一开始确实有很多（优秀的）作品出来，不过确实也有一些糟粕，我印象最深的是有一篇作品说故宫的宫女复活了，在跳舞什么的。

科幻邮差：是不是叫《王府怪影》？

王麦林：我记不太清了，另外还有一些闹神闹鬼或者宗教方面的（科幻作品）。当时叶永烈出了不少科幻小说，还有贵州、黑龙江、吉林的作者也有写，天津也有，好像陕西也有一个，裴老（裴丽生）还让我去了解一下（是不是有问题）。这其中当然也有写得好的，我认为比较好的作品就是《温柔之乡的梦》，魏雅华写的，讲跟机器人结婚的故事，文笔比较美。我印象比较深的就是这两篇作品，一个（《王府怪影》）是胡编乱造的，一个（《温柔之乡的梦》）是比较好的，它写的机器人还是有可能实现的。其他的我都记不太清了。

科幻邮差：您刚提到，当时有关注到叶永烈老师的科幻创作？

王麦林：我们对叶永烈的印象是写得多、写得快，我跟叶永烈谈过，我们科普作家协会的理事长温济泽也跟他谈过。叶永烈写得比较粗（放）一点。我曾到他家访问，当时是代表副总理方毅（中国科学院原院长、国务院原副总理）去看望他，那时候他家比较简陋，家里除了床和桌子，就一大排书架。叶永烈写东西不打草稿，也不写提纲，一气呵成，一笔就下来了，他是这么个写法，难免有粗糙的地方。我跟温济泽都有这种感觉，也跟他谈过，他的作品有时候不那么优美，（因为）图快，（觉得）东西写出来就好了。我对叶永烈的看法就是，他确实写了不少东西，对宣传科学起了很大的作用，他的贡献是很大的。

科幻邮差：王老师，当年有人批评叶永烈的作品比较粗糙，你们去做过他的工作吗？

王麦林：肯定有人批评，但也是个别现象。他的作品也不是都粗糙，有的粗糙一点，所以我跟温济泽才跟他谈嘛。不过我跟他谈了，他也不以为然。（笑）其他人我

2012 年 10 月，王麦林与叶永烈在第二届中国科普作家协会优秀科普作品奖颁奖大会上合影。

不知道，我是带着任务去叶永烈家的，回来要写报告给方毅副总理，报告交上去后，文化部和科协（中国科学技术协会）还开了一个会，给叶永烈奖励了 1000 块钱，当时 1000 块钱非常多了。

我后来再看科幻小说，看的是我们科普作家协会副理事长王晋康的作品。我是在《科幻世界》上看的，（印象中）看了几次以后，慢慢地国内科幻作品就又多起来了。王晋康还是有功的。

现在科幻搞得非常好呀，有创作，有研究，有培训，连小朋友都发动起来了。现在科幻的工作搞得太好了，我都想不出来还能再做什么工作，因为已经面面俱到了。

科幻邮差：王老师，出现科幻姓"科"姓"文"争议的那个阶段，您有了解到其他一些关于批评科幻的会议吗？比如那次"香山会议"？

王麦林：没有开过（批评科幻的会议），当时就只是在内部（讨论）。

其实（就算）有问题，我打个比方，小孩儿脏了是要给小孩儿洗澡，但也不能把脏水泼掉的时候把孩子一起泼掉。当然，写科幻的作者也应该注意一些。当时就开了这么一个小会，没有开大会批判科幻。即使科幻有缺点，但你（也）不能把整个科幻否定（掉），有缺点可以自我批评，但不能把科幻取消了，当时主要意思就是这样。

对科学文艺创作的期待

科幻邮差：王老师，2013 年您决定创办科学文艺创作奖^①的时候，是有什么特别的契机吗？

王麦林：没有什么契机，就是我有钱了。（笑）我记得当时我捐款的时候，中国科普作家协会来了两位同志，结果我的钱需要（去银行）取几次，才能凑够这 100 万元。我自己花钱的地方很少，儿女也都有自己的工作，不需要我管。另外，光我一个人还不行，我老伴儿也支持，我们两个人的工资凑起来才够的。

科幻邮差：您做了一件很伟大的事儿。

王麦林：力所能及吧，我就是想多为科普做点事儿。现在我自己也做不了什么了，所以就做点支持工作吧。

科幻邮差：您对"王麦林科学文艺创作奖"有没有什么期待和希望？

王麦林：最近几届奖项都是给的老作者，不是年轻人，我希望未来能有更多新的作者、新的好作品出现。现在他们

---

① 2013年6月18日，中国科普作家协会接受了王麦林捐款，正式设立了"王麦林科学文艺创作奖励基金"。这是中国科普作家协会成立以来接受的首笔百万元个人捐款。

2023 年 4 月，王麦林亲自为王晋康颁发了"第五届王麦林科学文艺创作杰出人物"奖杯。

（评奖）还问我的意见，我想以后我都不参与，让大家去评就好了。

科幻邮差：王老师，您现在判断作品好坏的标准是什么样的？

王麦林：标准就是看作品是不是通俗易懂、引人入胜。我在编《知识就是力量》的时候，特别注意这点，小标题都要取得让人一看就想读，我在这方面确实是下了功夫的。我们有的编辑做得很好，我现在都记得一篇文章。当时苏联发明了一种新的汽车，我们这位编辑（孔宪章）在介绍这种汽车有什么好处（创新）的时候，把这篇介绍写得像侦探小说似的，非常有意思。引人入胜很重要，要让大家爱看，我在把关的时候特别注意这点，每篇我都看，周末都在看，做《知识就是力量》的时候我是很辛苦的。

科幻邮差：王老师，纵观国内科幻、科普界，跟您有深刻友谊的朋友都有谁？

王麦林：周孟璞是我的好朋友，萧建亨跟我（关系）也不错，我还留有跟他的合影，郑文光、叶永烈也都是我的朋友。

科幻邮差：王老师，从事科普工作的这些年，您最骄傲的事是什么？

王麦林：哎，没什么可骄傲的，我就是对在《知识就是力量》杂志的工作比较满意，还有就是对在农村读物编辑室的工作比较满意。

科幻邮差：那您有留下什么遗憾吗？

王麦林：遗憾就是我工作做得太少了，还想做工作但是做不了了。

科幻邮差：工作不能做了，但是您创办的科学文艺创作奖还会影响和惠及一代又一代科普、科幻作家呀。

王麦林：希望如此，我创办这个奖的目的就是这个。

2021 年 5 月，王麦林在位于北京的家中接受《中国科幻口述史》团队采访。图中左起依次为：李珊珊、姚海军、王麦林、杨枫、陈玲。

趣问趣答

01 如果时光可以倒流，您最想回到什么时候？

这个问题不好回答。

02 生活当中您有什么爱好？

我（原来）喜欢唱歌、画画，现在年纪大了也没什么爱好，就想着做点事儿。我现在在做一本 1949 年后日本朋友帮助我们培养飞行员、航空技术人员的书。

03 您的长寿秘诀可以给我们传授一下吗？

就是什么都别在乎，（笑）不要计较个人得失，乐观对待一切。

04 您对中国科幻有什么期待和希望？

希望出版更多科幻作品，中国科幻更加繁荣！

薪尽火传，不知其尽

THE TORCH PASSES ON

周 孟 璞

科幻是
高科技时代的
专属文化语言。

周孟璞

科普人生

238 　我的父母都是爱国科学家

241 　失业青年的志向

243 　有人说我是科普学的奠基人之一，就是这样来的

245 　因为一个"户口不好解决"，就没到北京

我与科幻

248 　倡议创办《科学文艺》

250 　我很明确地告诉他：我不批判科幻

254 　不把科幻作为科普的做法，是走不通的

回忆友人

258 　我总要做事，不考虑名利

259 　遗憾的是，有个愿望没有能够实现

趣问趣答

262

导语 INTRODUCTION

　　周孟璞是中国科普学的创始人之一，怀揣着早年未实现的科学家梦想，一步步成长为中国科普界的一面旗帜，他的人生既传奇又励志。即使在最困难的时候，他还是坚持"我总要做事，不考虑名利"的人生态度。作为科普专家，他始终关心科幻的发展，一路扶持《科学文艺》成长为《科幻世界》，编撰《科幻爱好者手册》，在反对声起时逆潮流为科幻仗义执言。周老曾用"薪尽火传"来形容自己："哪怕我一生烧尽，但科普之火要传下去。"

ZHOU MENGPU

THE TORCH PASSES ON

■ INTRODUCTION

Zhou Mengpu is one of the establishers of science popularization and education in China. Harboring the dream of becoming a scientist, which he didn't get to pursue when he was younger, he gradually became a beacon in the realm of science writing in China. He has led an epic, inspirational life. Even during the toughest times, he lived by his motto, "I always want to do things, not for fame or profit". He has always been concerned with the development of science fiction. Throughout *Kexue Wenyi*'s transition to *Science Fiction World*, he was immensely supportive; he compiled the *Science Fiction Lovers' Manual*, and stood up for science fiction when the genre faced hardships and oppositions. Mr. Zhou once described himself as a torch:" Even if I burn myself out in a life's time, I must pass on the flame of science popularization and education."

■ TABLE OF CONTENTS

A life engaging with science popularization and education

238   My parents are patriotic scientists

241   The aspirations of an unemployed youth

243   Some say I am one of the founders of science popularization and education; this is why

245   Due to the household registration restriction, I never made it to Beijing

Science fiction and I

248   Proposing the founding of the magazine *Kexue Wenyi*

250   I made it clear to him: I won't criticize science fiction

254   It won't work if we stop considering science fiction as a part of science writing

Memories

258   I always want to do things, not for fame or profit

259   Unfortunately, there was one wish that I didn't get to realize

262   **Fun facts and Q&A**

科普人生

我的父母都是爱国科学家

科幻邮差：因为马上就要进入冬季，天气寒冷，所以今天的访谈在周老家里进行。一走进周老家中，我们看见墙上高悬着一张照片，照片上是他的父亲周太玄。今天的访谈就从周老的家人聊起。

周老，请您给我们介绍一下您的父母和家庭。在您年幼时，家庭对您产生了怎样的影响？

周孟璞：今天我非常高兴，很激动，因为八光分文化的同志们专程来访问我。我对科普、科幻一生热爱，今天有这个机会来谈一谈这方面的情况、看法，我很高兴。由于时间关系，我只能长话短说，不合适的地方还请同志们多加原谅。

我简单介绍一下我的家庭。我的父母都是爱国科学家，父母年轻时下定决心向科学进军，到法国勤工俭学，整整十年。父亲、母亲都在法国获得了博士学位，1930 年冬天带着我们姐弟五个回到祖国。我有一个姐姐和三个弟弟，我是 1923 年 5 月 24 日在法国蒙彼利埃出生的，当时我的父母都在蒙彼利埃学习，在那里获得硕士学位，后来到巴黎获得了博士学位。我父亲周太玄是我国著名的生物学家、政论家、诗人，他的日记现在由国家图书馆收藏，并且影印出版了七卷。

我父亲非常热爱祖国。早在 1918 年，他就和李大钊、王光祈等人一起发起创办了少年中国学会。后来，毛泽东、

周太玄（周孟璞的父亲）全家与周晓和（周太玄的兄长）在法国合影。

张闻天等人都曾是少年中国学会的会员。那一年，我父亲以记者的身份到了巴黎，正赶上第一次世界大战结束后的巴黎和会，于是，我父亲在巴黎成立了"巴黎通讯社"，向国内报道巴黎和会的情况，这在国内引起了很大的反响。可以说，我父亲成立的巴黎通讯社对五四运动起到了一定的推动作用，他在政治上一直是非常进步的。

父亲早年非常喜欢科学，不愿意只做一名记者，更要学习科学，要像牛顿、爱因斯坦那样成为科学家，甚至还想去争取获得诺贝尔奖，于是他学了生物学，其后在法国生物学领域获得了一定影响力。父亲少年时就离开成都去上海学习，后又漂洋过海，十多年没有回家。他的父亲去世早，家里还有老母，所以尽管有法国科学院的挽留，他在获得博士学位后就不愿意留在法国了。父亲是个孝子，学成之后只想赶回家尽孝。我觉得这一点对我们（后辈）的影响非常大，可以说，现在我们一家的子孙都很孝顺。

我的母亲王耀群学习的是药学，拿到了药学博士学位。母亲回来之后在国立成都大学①做教授，但可惜在1935年的正月十二因病去世了。我的父亲是一个慈父，非常爱我们，同时我们也是乖娃娃，兄弟姊妹间很和气，也很听话，我们家庭一直留下了和睦的家风。我父亲著作很多，20世纪20年代他在法国写科普著作，是我国老一辈的科普作家，我走上科普道路一定程度上也是受到了他的影响。他的科学水平很高，同时他对科普也非常热心，我记得成都的中学都请他去做过科普讲演。

有一次，我父亲在四川省立艺术专科学校（四川音乐学院前身）做生物学科普演讲，我当时读高中二年级，十八岁，也去听了这个演讲，并把它记录了下来。之后我组织班上八位同学（包括我的二弟）办壁报，内容就是关于这个演讲。当时学校有办壁报的风气，每个班都办，不过其他班级都是办文学性壁报，只有我们办的是科学壁报，名字叫《新潮》。

这是我科普生涯的开端，我父亲的演讲里面就谈到，在生物学里有一个现象叫"薪尽火传"，这个我记录下来后印象很深。所以在搞科普的几十年里我曾经也讲，我

1935 年，在痛失爱妻后，周太玄再度出国。出国前，周太玄一家与其兄周晓和一家在望江楼合影。

---

① 1931年，国立成都大学与国立成都师范大学、公立四川大学合并为国立四川大学，为今四川大学前身。

要薪尽火传，哪怕我一生烧尽，但科普之火要传下去。

科幻邮差：听说您跟弟弟周仲璧关系非常好，两兄弟只相差一岁，早年曾一同考上金陵大学①物理系，后来弟弟成了中国著名的实验物理学家。想必周老一定也有当科学家的梦，后来怎么走到科普这条路上了呢？能跟我们讲一讲这其中的渊源吗？

周孟璞：我很早就爱科学。我五六岁的时候还生活在法国，那时玩过一个玩具。这个玩具下面是一个埃菲尔铁塔，上面有一个陀螺，这个陀螺在塔上面转，也不掉下来。我就问父亲，它怎么不掉下来？父亲告诉我，以后学了物理就知道了。当时我就决定大学考物理系。

1943 年的春天，抗日战争时期，金陵大学搬到了成都，我们两弟兄就一起考上了金陵大学物理系。1947 年春天，我们从物理系毕业，我父亲当时是四川大学理学院的院长，物理系招收一个助教，父亲问我们两兄弟谁去？我就主动说让弟弟去。

失业青年的志向

周孟璞：仲璧（弟弟）到了川大物理系，这一生他都在川大物理系，从助教到教授，一直到退休。我当时就到了华西协和大学（现四川大学华西医学中心），在那里当了助教，还是托教务长跟我父亲的关系，我就做助教做了一年。到了 1947 年，国立成都理学院（1950 并入四川大学）成立，院长魏时珍、教务长胡助，也是法国留学回来的，跟我父亲很熟悉。从 1948 年秋季开始，我就到了该校物理系做助教做了一年。到了 1949 年秋季开学的时候，学校却没有继续聘我，其中一个原因是，当年

---

① 金陵大学原是一所美国基督教会创办的私立大学，始建于1888（清光绪十四年）后。它是国内历史悠久、规模较大的著名教会大学之一，是南京地区创办最早的一座教会大学。1949年后由政府接办，改建为公立金陵大学。到1952年与南京大学合并为止，金陵大学共有64年历史，在中国近代教育史上具有重要影响。

的国立成都理学院是青年党办的，青年党跟着国民党去了台湾。而我自1947年大学毕业回到成都以后，就跟进步朋友在一起，还在报上搞副刊，所以学院就觉得我当时有些"红"（亲近共产党），这样我就离开了大学。

离开大学后，1949年下半年，我暂时在府城中学教了一学期课，当时已经是半失业状态了。到了1949年底，成都解放。我的爱人在四川省立成都女子中学（1949年更名为成都一中，现成都树德实验中学）教书，把我介绍给校长，我也入校任教，走上了中学教师的岗位。我的爱人是我在金陵大学的同学，金陵大学搬回南京是在1946年，我跟着到了南京。1947年我毕业回到成都，她也就没有留在南京，而是和我一起到成都。她进了华西协和大学继续学习，毕业后就在四川省立成都女子中学教书。我们在1949年结了婚。

这种情况下我就在成都一中教物理，我这个人还比较活跃，同时学习的热情比较高。当时，一中唯一的一名党员就是校长，他召集我和我的爱人一起组织了一个党课学习组，同时我又被大家选为学校工会主席。当时我就比较进步，到了1952年的暑假，全市一千多名老师被组织去西南人民革命大学（1950—1953）学习，其中就有我。到那年十月初学习结束，一千多名教师里面发展出了八个共产党员，我是其中之一。我一入党，上级马上就派我去接手私立济川中学。济川中学更名为成都市第十六中学，我任校长。

1948年11月，周孟璞在同夫人的合影照片背后深情留字，作为他送给夫人的信物。

这个学校原来比较落后，我有很明确的思想观念，就是依靠教师办好学校。我团结教师、听取大家的意见，教师的积极性马上起来了。两年时间过去，十六中有了比较好的声誉，然后我就被派到中共四川省委省直机关党校学习。省党校那时在重庆，我学习了半年又回到成都，回来过后就到石室中学。这个学校很有名，我过去后当副校长，当时的校长是民主人士。

到了石室中学，我组织了党支部，担任支部书记。在石室中学工作了一年，上级把我调到成都市教育局担任副局长，从 1956 年 8 月一直做到 1958 年 3 月。

有人说我是科普学的奠基人之一，就是这样来的

周孟璞：1958 年初，上级号召干部下放劳动，我带领成都市一千多名教师到了天全县，组织大家参加劳动。我还没真正投身其中，那年 3 月，突然就来了一个调令，说成都市要成立科学技术委员会，简称科委，因为党中央提出要向现代科学进军嘛。我是学科学的，所以我就到了科委，被安排当了秘书长。当时的成都市市长米建书兼任科委主任，副主任是国防科工委的主任。主任、副主任都很忙，所以实际上科委的具体事务就是我在管，不仅要管科普创作，还要管社团组织工作。我组织了一个新中华自然科学学会，其实相当于重建，这个学会在解放以前就组织过。

早在 1949 年之前，成都原有的八个群众科技团体联合成立了成都市科学工作协会，我是这个协会的负责人之一，还代表大家写过《迎接解放宣言》在报纸上发表。这个协会成立没到一年，1950 年上半年，中华全国科学技术普及协会就成立了，同时也成立了一个科研科普协会，我们这个协会（成都市科学工作协会）就是学习了它。

四川当时分为四个区，我们属于川西区，成立了川西区科学技术委员会，我担任常务理事兼业务部副部长。到了 1953 年，四个区合并，改成四川省科学技术协会，我还是常务理事兼业务部副部长。1958 年上半年，我到了科委。四川省科普创作协会我挂个名，并没有很多的事情去做。我因为很喜欢科普，就准备成立成都市科普创作协会。1958 年 7 月，成都市科普创作协会成立，到了 11 月，四川省成立了科学技术协会。于是，我又成立了成都市科学技术协会，那个时候我是成都市科学技术协会的副主席，实际上我是主持工作的。我就这样走上了科普的道路。

到了1978年3月，全国科学大会召开。这个科学大会影响非常大。5月，中国科学技术协会在上海召开了科普创作座谈会。当时我的印象是，过去我们都把科普创作称为"科学写作"，那个会上第一次将其叫"科普创作"，从此就把科普提高了一个台阶。

后来，在1980年全国科协"二大"（中国科学技术协会第二次全国代表大会）会上，我做了一个关于科普的发言，钱学森还专门在会议结束的时候约我。当时是这样的：1978年我和曾启志在全国科普创作协会内部提出要加强科普理论研究，研究科普学。从那个时候起，我就依靠曾启志和松鹰，成立了一个成都科普学研究小组，我做组长，曾启志做副组长。1979年冬天，我跟曾启志两个人写了一篇文章《科普学

1986年，周孟璞在成都市科普作协"二大"会议上发言。

20世纪80年代，周孟璞走进校园，开办青少年科技讲座。

初探》。现在回过头来看，《科普学初探》是当时第一篇正式成型的科普学文章。后来有人说我是科普学的奠基人之一，就是这样来的。

因为一个"户口不好解决"，就没到北京

周孟璞：我们的《科普学初探》是 1979 年底写的。1980 年 3 月中国科协"二大"召开的时候，我跟曾启志都出席了。王麦林当时是中国科协"二大"的重要领导者，她安排我做大会发言，我就讲了《必须加强科普学研究》。我把这个发言稿和那篇《科普学初探》拿给钱学森看了，他之前还听了我的发言，然后就带上我跟曾启志还有王麦林开了一个座谈会。钱学森在这个会上做了一个半小时的讲话，表示支持搞科普学。

当时，王麦林是中国科学技术协会科学技术普及部部长，分管中国科普创作协会，这个科普创作协会响应高士其的号召——高士其提出来要成立一个科普创作研究所，就是现在的北京科普研究所。在成立这个研究所的时候，王麦林专门给我写信，

周孟璞（左）与时任中国科协主席钱学森（右）于中国科协"二大"会后合影。

1986 年，王麦林于
孔庙大成殿前留影。
（周孟璞拍摄）

问我能不能离开成都到研究所去工作。我很高兴，回了她一句："没有问题，我可以来。"

但是这时候，北京方面决定科普研究所涉及的人员应就近在北京本地招收，因为外地人员户口不好解决。所以我就因为"户口不好解决"，没到北京。这个机遇，又失掉了。我想，既然去不了北京，我就在成都搞一个科普研究所。那一年，我们四川省科普创作协会就作出决定，要成立四川科普创作研究所。决定是作出了，但是没有落实。当时为什么不能落实呢？有个体制上的矛盾：科普创作协会是群众团体，科普研究所是事业单位，所以就一直没有落实。

2002 年，《中华人民共和国科学技术普及法科普法》（简称科普法）颁布。学习科普法让我感触很深。我感觉需要加强科普理论研究。2004 年 1 月，我起草了《科普学三大定律》。我提出的"三大定律"，可以说是科普学的一个重要理论基础。当时松鹰也写了一些关于科普史的文章，我跟他商量："理论方面有我这'三大定律'，科普史方面，有你写的科普史，我们可不可以写一本《科普学》呢？"于是，我就把林绍韩、方守默、贾英杰三个人都拉来写文章，我们就在 2007 年出版了《科普学》。在这之前，还有人出版过《科普学创论》《科普学概论》。但是，我们这本书是名正言顺的，就是《科普学》。我的"三大定律"也是一个理论基础。因为牛顿三大定律给我的印象非常深刻，所以就有了我的科普学三大定律。

2009 年，根据修订之后公布的《中华人民共和国全民所有制工业企业法》（简称企业法），科普研究所不再属于事业单位，而属于非营利性企业。在成都市科学技术协会的支持下，八十六岁的我终于如愿以偿成立了成都科普研究所。我担任成都科普研究所理事会的主席，松鹰是副主席兼所长。他比我年轻多了，他只有七十岁啊。干了几年，就得到了四川省科技局的直接领导的支持。今年（2016 年）我已经请了病假，把这个研究所交给松鹰了。

我的科普社团活动，从 1941 年的《新潮》科学壁报，到 2009 年成都科普研究所成立，再到 2016 年我撒手不管科普所的事，整整七十五年。我的一生就走了这么一条道路。

这几十年，我不仅仅是四川省科普作家协会的领导人，也是四川省自然辩证法研究会的理事长，全国自然辩证法研究会的理事，还是中国科普作家协会第一届、第二届、第三届理事，第四届顾问，第五届、第六届荣誉理事，后头又加了个括号写着"终身"。我还是四川省人体科学学会的副理事长，实际上，关于人体科学学会我是做了大量工作的，我也是全国人体科学学会的理事。钱学森很支持人体科学，所以全国人体科学学会开会，钱学森也参加了，那个会上我就跟钱学森在一起。

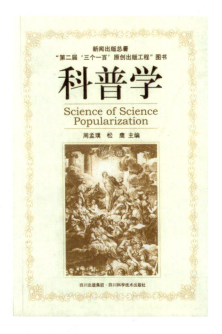

周孟璞与松鹰共同主编的《科普学》(修订版)，由四川科学技术出版社出版。

我与科幻

倡议创办《科学文艺》

科幻邮差：周老，您与科幻是如何结缘的呢？

周孟璞：我在中学时代就非常热爱科学，因为家庭是科学家庭，很自然就热爱科学，很自然地就读到了凡尔纳的科幻小说，它们引起了我对科幻的兴趣。我热爱科学，自然就爱上了科幻。在我一生的科普活动当中，我都尽力为科幻做一些事，做一点工作。

1978 年 3 月，全国科学大会召开，邓小平在这次大会的讲话中明确指出现代化的关键是科学技术现代化，知识分子是工人阶级的一部分，重申了"科学技术是生产力"这一马克思主义的基本观点，并号召向科学技术现代化进军。郭沫若在大会闭幕式上宣布"科学的春天来到了"。5 月，中国科学技术协会在上海召开了中国科普创作座谈会，在座谈会上决定成立中国科普作家协会。很遗憾我没能参加这个座谈会。当时四川有几位代表参加了，一位是四川省科委的主任李力众，一位是四川大学教授、著名科幻作家童恩正。我也是代表之一，但由于当时我是成都市科委副主任，工作忙，所以没能去上海参会。李主任和童恩正从上海回来就马上找到我，把上海座谈会的情况跟我讲了，然后我们三个人就商量在四川也开一个科普创作座谈会。全国科普创作座谈会上提出要成立全国科普创作协会，我们也商量要在四川成立省科普创作协会（后更名为四川省科普作家协会）。

1978 年 8 月，我们在自贡市召开了四川省科普创作座谈会。因为我在 1949 年以前就搞科普，成都一解放我就搞科普组织活动，在科普方面我做了不少工作，所以当时这个座谈会由我主持，童恩正也和我一起。在这个会上，我们决定在成都办刊物《科学文艺》，在重庆办刊物《科学爱好者》。《科学文艺》在 1979 年就正式出刊，发表刊登科幻作品，我很高兴，由于热爱科幻，我是支持这本刊物的。《科学文艺》在 1983 年遇到了困难，我也是积极地支持它的。

当时，《科学文艺》是四川省科普作家协会的一个刊物，但是遇到了一些困难。我就和杨潇、谭楷商量，如果继续把刊物挂靠在四川省科普作家协会下面影响有限，而四川省科学技术协会是半官方的组织，不像我们科普作协是民办群众性团体组织。所以我就跟当时的省科协主席提出：《科学文艺》是有前途的杂志，有一批读者，是不是能挂靠到四川省科学技术协会？第一次提出后，他没同意，后来我就约杨潇又跟他谈，他才终于同意了。所以《科学文艺》最后就挂靠到四川省科协，这样对它的发展很有帮助。

科幻邮差：具体有哪些帮助呢？

周孟璞：具体的我现在也说不出来了，但毕竟是省科协，有影响，比科普作协影响大。《科学文艺》在杨潇、谭楷等几个同志的努力下发展得很快。这第一步，我觉得还是很重要。

《科学文艺》成立三周年（1982 年）的座谈会，我的印象比较深。杂志办了三年了，才举行了一个座谈会。原因我刚才说了，当时形势不好，有人对科幻提出质疑。在这个 4 月份召开的座谈会上，大家有一个议题：是不是以科幻内容为主？到了 5 月，童恩正、刘兴诗、王晓达都成了积极分子了，然后我们就成立了成都市科幻研究会。看笔记才查到这个事，我都忘了。

科幻邮差：哦？好像还没听说过这个组织的存在呢！

周孟璞：因为这个研究会虽然成立了，但是过后并没举行什么活动。1983 年以后，科幻的力量都用在了《科学文艺》杂志上，就不需要这个研究会了。

我很明确地告诉他：我不批判科幻

科幻邮差："科""文"之争的时候对科幻的质疑和批评，您还有印象吗？

周孟璞：那段时间的情况，我的态度是非常鲜明的，就是支持科幻。中国科普作家协会的一个同志到成都来，也是我的好朋友，到我家里来动员我，要我批判科幻，特别是批判我们四川的童恩正、王晓达和上海的叶永烈等科幻作家。我很明确地告诉他，我不批判科幻，我第一件印象深的事就是这个。

另外，当时在北京，科普作家协会开会要成立一个科学文艺组织——科学文艺专业委员会，也遇到这样的问题。这个组织提出要支持童恩正来做主任，在童恩正已经受到批判的情况下，他还是被推举出来了。当时，有部分批判者不同意推童恩正出来，这个我的印象也很深。要我再说一下更多这方面的问题，我就没有印象了。我现在记忆力很差，主要记得的就是这两个事。

科幻邮差：周老的记忆力已经很棒啦。

周孟璞：刚刚我也讲了，我爱科学、爱科普，也爱科幻，这可以说是我一生的追

20 世纪 80 年代，周孟璞
（中）与郑文光（左）共
同出席过不少科幻活动。

求。那么在这种情况下，对我而言，科幻活动我是能参加就参加，就积极地支持。因为按照我当时的身份，我想只要我参加，总有一定的影响力。1979年四川省科普作家协会（当时叫科普创作协会）正式成立，我做第一、二、三届理事长，第四届换为主席，做了四届领导人，整整二十年。所以我认为，我参加科幻的活动是有一定影响力的。关于科幻具体的工作，就是支持了《科幻世界》这个刊物，其他的我就做得不多了。

科幻邮差：20世纪80年代初期，全国除《科学文艺》外，几乎所有的科幻出版物都无法继续生存了，《科学文艺》为什么能保存下来？

周孟璞：它能够生存下来，是因为杨潇、谭楷他们的坚定。同时，在成都有一批非常优秀的科幻作家，他们都是在全国有影响力的。因为有他们的影响，所以《科学文艺》坚持到了《科幻世界》。

科幻邮差：叶永烈在分析中国科幻小说为何会陷入第二次低潮时，曾说："文学界不重视，主流文学不接受科幻小说；另一方面，科学界的批评又太过苛刻，寒了作者们的心。"周老能从科普界的角度为我们分析一下这种说法吗？

周孟璞：作为搞科普工作的，我一直坚定地支持科幻。我最近查了一个材料，上面这样讲：中国科幻分两个时期。一个时期是1902年到1978年，这一时期主要强调科幻的科普作用。1978年到现在又是一个新的时期，科幻就不仅仅有科普的作用，还有文学的作用。在第一个时期，20世纪初期，最有名的是鲁迅，鲁迅当时就很支持科学小说，实际上那时的科学小说就是科学幻想小说，后来一直发展下来，我们就认为科学小说应该是包含了科学幻想小说在内的科学故事、科学诗歌等等。《科普学》里面就讲到了科学小说包括科幻小说。

但是有一批人只承认科学小说，不承认科幻小说，认为科幻小说是文学，不是科普。我记得四川绵阳一个叫汪志的同志当时非常活跃，他跟我争论过。我说不服他，他也说不服我。

我认为科幻要靠人——就是要有一批科幻作家支持。因为科幻的发展离不开科幻作家，因此我再讲一下科幻作家。科幻作家里我很尊重郑文光，"科""文"之争中他受到的影响最大。

科幻邮差：您是从什么时候认识他的？

周孟璞：在中国科协的会议上。1978年中国科协成立的时候，郑文光、叶永烈、金涛这几个人我都接触了的。这几个都是科幻大家。经过和郑文光的几次接触，我对他印象很好，我还专门到他家拜访过。

除了郑文光，还有一个是叶永烈。在中国科协成立的时候，叶永烈的科幻地位就很高，他当时是著名的科幻作家了。萧建亨也是当时著名的科幻作家。1980年5月，我在成都组织了一个科普创作学习班，请了叶永烈、郑文光、萧建亨、鲁冰、陶世龙、刘后一、周国兴这些专家在我这个学习班上讲课，只有金涛跟吴岩没来。就是说，我在四川成立科普创作协会之后就开了科普创作会。这个科普创作协会里面，科幻作者占了很大的比例，为四川的科幻创作打下了很好的基础。

刚才我说的都是一些比较老的作家，新一点的，比如吴岩，是了不起的科幻作家，他为科幻的发展、推动、研究做了很多工作。他到成都来参加过我们的科幻会议，

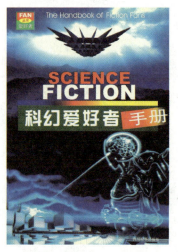

周孟璞主编的《科幻爱好者手册》，由四川辞书出版社2000年4月出版。

我到北京也见他。我们的关系也是很好的。

再比如说刘慈欣得了雨果奖，这对中国科幻的影响是非常之好的。还有王晋康，多次获得银河奖，也是对科幻做出了很大贡献的。所以我觉得，这些科幻作家对我们中国科幻事业的发展起到了不可磨灭的作用，我们应该永远记住他们。我跟他们交往，感到很幸福。

另外，对科幻我还做了一点事情，就是我主编的那本《科幻爱好者手册》，这在该书编后记里面讲了。由于杨振宁给《科幻世界》题了词，这样的大科学家很支持科幻，我就想为科幻爱好者编一本手册，也算是进行科幻教育。有一次会上，我跟四川辞书出版社的社长商量，我要出这本书，他很支持。我就组织了一个编委会，名单这本书上都有。出版这本书，也是我自认为为科幻做的一点工作。

科幻邮差：这个编委会就有杨潇、谭楷，后面还有柳文扬、姚海军……

周孟璞：对，你看到了，就是这本书。我都依靠他们啊。

科幻邮差：《科幻爱好者手册》出版以后，应该很受欢迎吧？

周孟璞：是，因为科幻读者越来越多，所以这样一本书还是有一定的影响。

科幻邮差：对您参加的几次国内科幻大会还有没有印象？

周孟璞：三次科幻大会，第一

1991 年 5 月 20 日，周孟璞应邀出席在成都举办的世界科幻协会年会。

次是 1991 年。1991 年的科幻大会（'91 世界科幻协会成都年会），我的印象比较深，这次大会很不容易啊，是杨潇只身跑到欧洲，跑到意大利，争取了世界科幻协会年会在成都开。在成都开的时候，我很高兴地参加了这个会。会上我基本属于学习状态。

1997 年，第二次，成都和北京两个地方同时开（'97 北京国际科幻大会）。当时我在北京。我很高兴地参加了，也是属于学习状态。

2007 年那次在天府广场的四川省科技馆开。那个时候是叫中国（成都）国际科幻 / 奇幻大会。那次会上才晓得还有个"奇幻大会"，那次会开得很好。

科幻邮差：从整体来说，其实这三次大会的总体规模以及在社会上产生的反响，可以反映整个社会对科幻的态度的转变。

周孟璞：对，应该是这样的。

不把科幻作为科普的做法，是走不通的

科幻邮差：您觉得科普或者科幻跟社会环境，尤其是政治环境之间的关系是怎样的？比如 1978 年全国科学大会上提出"向现代科学进军"，这明显带动了科幻小说的发展。国家和政府的这种支持，是不是对科幻事业的发展有着非常大的促进作用？

周孟璞：当然有，总的来讲，政府是支持的。我们的党和政府对科学非常重视，因此对科普、对科幻都是重视的，这是毫无疑问的。当前这个形势更是好。这次（2016 年 5 月）在北京召开的"科技三会"（全国科技创新大会、中国科学院第十八次院士大会和中国工程院第十三次院士大会、中国科学技术协会第九次全国代表大会）上，中共中央总书记、国家主席、中央军委主席习近平发表重要讲话，进一步阐明科技实力、创新发展对中国进步的意义，会上还专门强调了要在全国加强科普活动。

科普包括了科幻，不把科幻作为科普的做法，是走不通的。我刚才给你看了一篇文章，里面把台湾地区的一些情况讲得很详细：台湾把科普和科幻完全割裂开，科学部门不管科幻。台湾有一个科学普及著作奖，叫"吴大猷奖"，那个奖明确规定不包

括科幻，这个就不对了。我们的世界华人科普作家协会的科普奖是把科幻包括进去了的。台湾这个现象我认为是暂时的，终究还是要像大陆这样，科普、科幻同属于一个概念。科学小说当然可以是一种题材，科幻小说完全也可以是一种题材，两者都属于科学，都是科普啊。

科幻邮差：刚才提到的世界华人科普作家协会也是由您创立的吗？

周孟璞：世界华人科普作家协会的成立我是出了力的，成立之后我挂了一个主席的名，然后还有松鹰，另外我还找了吴岩。

回忆友人

科幻邮差：周老的一生好交朋友，身边的朋友非常多，其中既有跟您同龄的，也有很多忘年交。在跟这些朋友交往的过程中，有哪些让您记忆深刻的事情？

周孟璞：他们都给我留下了很深的印象。叶永烈跟我在科普作家协会的会上见过面，后来我还专门到他上海的家里去拜访过，跟他交谈，谈得非常高兴，我还参观了他的书房。成都他也来过好几次，有次讲课也专门请了他，还有一个什么活动也请了他。我跟郑文光也有交往。童恩正当然不用说了，童恩正就在四川，在成都。我们成立四川省科普作家协会的时候，还是我跟他商量着来的。很可惜，他走得太早了。刘兴诗，至今我们关系都非常好。王晓达，我们也是经常在一起。这些朋友，都是和我很好的……

科幻邮差：还有吴显奎老师呢？

周孟璞：吴显奎对我可以说是非常尊重，同时，他也非常爱护我。在四川省科普作家协会，我是理事长，他是秘书长。我们共同工作了十五年。在科幻遭遇批评和质疑最严重的时候，我们两个一起商量对策。我们办了《课堂内外》——早先的《科学爱好者》变成了《课堂内外》。《课堂内外》本来是在重庆办的，吴显奎又非常积极地在成都办了《课堂内外》的小学版，至今还在办。课堂内外杂志社过去每一年开会、春节活动我都参加。我做了几年这本杂志的顾问，同时也做审读，写了好多审读报告。我们两个非常合得来，观点很容易一致，至今他还很关心我。今年（2016年）中秋节，我的儿子给他打电话，他专门又给我儿子讲，劝我尽量保重身体，现在这么大的年纪，有些事情就不要管了。所以现在，科普研究所

1989年，时任四川省科普作家协会理事长周孟璞（左）与时任协会秘书长吴显奎（右）在参加重庆市科普创作协会年会期间，于重庆长江索道合影。

2003年5月，周孟璞八十华诞，四川省科普作家协会为他颁发"元老杯"终身成就奖。图中人物左起依次为何定镛、周孟璞、董仁威。

20世纪80年代，周孟璞（左）和科幻作家王晓达（右）以四川省科学技术协会科普宣讲团成员身份在四川省大英县中学做科普报告。

的事情我就不管了，交出去了。我在 1988 年退休，只是职务上的退休，实际上没有退下来，退休过后这二十几年，一直在搞社会活动。我现在是彻底退休了。

我总要做事，不考虑名利

科幻邮差：听您回顾这一生，确实像访谈最开始讲的，是遵循了父亲的教导——薪尽火传，其实就是燃烧自己、照亮别人，同时也把科学的火种一代一代地传播下去。您这一生一直是在做一件非常了不起的事情啊。周老，您最大的骄傲是什么？

周孟璞：要说最大的骄傲，那就是"我总要做事，不考虑名利"。我最近写了一篇文章发表在《养生》杂志上，讲养生要"五好"。第一是心态要好。我一生心态是好的。遇到再恼火的境遇，我心里想的是"这种不合理的现象总会过去，我绝不自杀"。这就反映了我心理平衡。

第二个是饮食要好。民以食为天，饮食要注意。我从不挑食。吃任何东西我都感觉很好，吃得很舒服。

第三个是运动要好。我一生游泳，分三个阶段。第一个阶段从十三岁开始学习起，一直到七十岁，这几十年我都是在暑假游泳季节游泳；七十岁到八十岁这十年我又增加了冬泳。从 1984 年到 2009 年，我组织了一个成都市老年体育协会的游泳协会，我是协会的主席。整整二十五年，我基本上每天都要去游五百米、八百米，甚至一千米。

第四，医疗卫生要好。所谓"生老病死"，你不可能不生病，生病就要依靠当前的医疗条件。我生过两次大病。七几年得了胆结石，动了手术，好了。1985 年害了结肠癌，动了手术，后来一点影响都没有。

第五个是爱好要好。一个人要有爱好啊。我的爱好是多方面的，但是在体育这个方面的爱好比较突出，我看电视经常看体育频道。过去对音乐啊、歌曲啊、戏剧啊也爱好，我父亲喜欢唱京戏，所以我过去也喜欢京戏。

我说养生要"五好"，而我自己也有实际体会。

遗憾的是，有个愿望没有能够实现

科幻邮差：因为有这"五好"，所以周老到九十三岁还能这么健康，有一副让人非常羡慕的体魄。那过去的这些年有没有留下什么遗憾？

周孟璞：我的第一个遗憾，就是母亲过世太早。我曾经写过一篇短文章，就是说我接受母爱的时间太短了。我才十二岁，我母亲就去世了。

科幻邮差：父亲后来有再娶吗？

周孟璞：娶了。有个继母。

科幻邮差：继母对您好不好？

周孟璞：很好，但是继母在北京。当时我父亲在中国科学院，他在中国科学出版社任社长，在北京。我每次到北京开会都专门去看他们，继母是对我很好的。我认为我家庭还是很幸福的，唯一遗憾的是，我的母亲去世太早。另外，我的爱人也去世得早了一点，她是七十八岁去世的。但是，我们夫妻一同生活了五十四年，也算可以了。

周孟璞全家福，拍摄于
1987 年春节，成都。

周孟璞一生乐观豁达，照片为他与乐器为伴、寄情山水的退休生活。

在工作上，我认为我没有什么遗憾。我听党的话，党叫我到哪儿我就到哪儿，从不讲条件。虽然我曾经想做科学家，结果没有能够做成，也无所谓了。听党的话，听形势的话，哪个地方需要我，我就在哪个地方了嘛。前面提到，1980 年我有个机会去中国科普研究所，这个愿望没有能够实现，也算是一个遗憾。

科幻邮差：您有哪些人生经验？可以和年轻人分享一下吗？

周孟璞：当然。第一是要努力地学习。第二是要认真负责，对任何事——不管大事小事——都要认真负责。我自认为基本上做到了这两点。还有一点，要正确地处理人际关系。你身处社会中，不可能不接触人，我自己这方面处理得也还可以。

科幻邮差：嗯，不要太计较个人的得失，心放宽一些，不要在一些小事上太纠结。不知不觉我们已经聊了三个小时了，今天的访谈就到这里，谢谢周老。

周孟璞：也谢谢你们，我要再次感谢八光分文化做《中国科幻口述史》采访活动。八光分文化这样热情地支持科幻口述史的编纂工作，非常有意义，也非常辛苦，我预祝这次活动取得圆满成功。

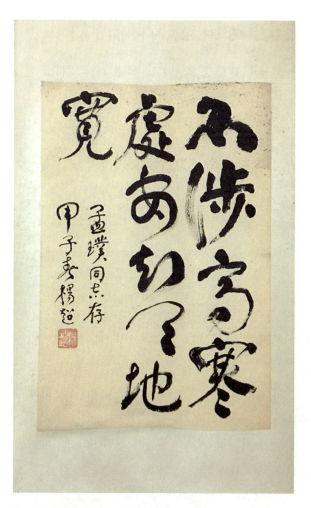

原四川省委书记杨超赠周孟璞的一幅字：不涉高寒处，
安知天地宽。

趣问趣答

01　**您觉得科幻和科普最大的不同是什么？**

　　科普包含的方面很广，科普创作、科普展览等等。科幻小说，就是具体的科幻小说，所以在关系上应该是科普包括了科幻。

02　**您从小就有一个成为科学家的梦，现在还会经常关注科学前沿的发展吗？**

　　这方面我是非常关注的，比如最近我们神舟十一号跟天宫二号对接，我就非常关注。

03　**您提到自己从十三岁第一次下水，一直到 2009 年最后一次游泳，这中间坚持了七十三年。您觉得这种坚持对培养人生的品格有没有帮助？**

　　这个事情里面，兴趣起很大作用。除了感兴趣，还要排除一些干扰。不排除干扰，你就坚持不下去。在六十一岁到八十六岁的那二十五年里，我是想天天都去游，但实际上是做不到的。最后我的统计是两天游一次，也不错了。比如有时候要出去开会，就没有办法游。

　　我曾经在北京参加一次会，住在友谊宾馆。友谊宾馆距离颐和园不远，于是我就在中午休息的时候，从友谊宾馆搭公共汽车到颐和园，在颐和园游半个多小时再回去开会。我在成都工作的时候，有时中午吃了饭也会骑车到猛追湾游泳。我这个叫"积极休息"。就是说，尽量地保持我这个游泳的爱好，锻炼身体。

04　1988 年退休以来，您还一直积极参加各种社会活动。是什么使您这么多年来一直保持着对工作的热情？

这种热情，就是我入党时候表的态：为党好好地工作一生。我有这个信念。我现在（2016 年）已经是党龄六十四年的共产党员了，我确实对党是热爱的。

05　现在您的家庭已经是四世同堂，您觉得家庭幸福的秘诀是什么？

孝顺。我的父亲就是很好的榜样，他很孝顺、很爱国，后来也回到了祖国。现在我的两个儿子和一个女儿对我也都很孝顺。所以我觉得，我们祖国的传统美德——孝道，使我一生都感到幸福。

06　如果时光可以倒流，您最想回到什么时候？刚才一起吃午饭的时候，您说想年轻五十岁。（笑）

我现在已经吃九十四岁的饭了，九十四倒过来，四十九。这个四十九岁就是这么来的。你这个问题不好回答，因为回顾我这一生，我总体感觉还是满意的。

07　如果有一本书是您的传记，您想用什么话来做开头？

这个我还没有想好。

08 在您的心目中，成都科幻在中国科幻版图上占什么样的位置？

　　我认为成都科幻在全国占了比较重要的位置。科幻作家在成都的不少嘛。童恩正在科幻方面产生了很大的影响，他的《珊瑚岛上的死光》是第一部被改编成电影的中国科幻作品。童恩正、刘兴诗、王晓达，还有叶永烈、萧建亨，加起来就是后来说的中国科幻"五虎将"嘛，成都就占了三个，所以确实有一定的影响力。

09 请您说说对中国科幻的祝福吧。

　　中国科幻有很光辉的前途，我相信中国科幻会在世界上起一定的带头作用。

香港科幻思想家

A SCI-FI THINKER FROM HONG KONG

杜 渐

270 第一次看的科幻是香港本土科幻小说

275 凤凰电影公司"三女将"请我翻译科幻小说

280 用通俗点的故事吸引读者转向经典科幻作品

284 "新雅科幻奖"培养了一批香港科幻作者

286 克拉克和阿西莫夫寄来的两封信让我们好开心

290 从翻译科幻小说到创作科幻小说

292 科幻作家首先是一位思想家

295 《三体》确实是中国科幻史上划时代的作品

导语 INTRODUCTION

2019 年香港书展的主题是"科幻与推理文学"，主办方邀请了杜渐作为特别嘉宾参加，他再一次从加拿大回到阔别已久的香港。杜渐原名李文健，1935 年生于中国香港，是香港知名作家、编辑和文学评论家，也是香港早期的科幻文学推手。趁着杜渐先生返港之际，我受八光分文化委托，邀约他参加《中国科幻口述史》访谈。于是，在时任香港科幻会会长李伟才博士位于薄扶林的家中，这两位最重要的推手一起畅谈过去数十年香港科幻的发展历史，以及与内地科幻千丝万缕的联系。尽管已是八十四岁高龄，杜渐先生依然精神矍铄，连续进行了两个多小时口述访谈不见疲态。他说，恐怕这是最后一次回香港了，没想到一语成谶，2022 年 7 月 23 日，他在加拿大溘然长逝。杜渐先生对香港科幻的推动贡献值得被铭记。

（本篇科幻邮差采访人：三丰）

TU CHIEN
A SCI-FI THINKER FROM HONG KONG

■ INTRODUCTION

The theme of the 2019 Hong Kong Book Fair was "Science Fiction and Detective Literature". The organizers invited Tu Chien as a guest of honor, and so he returned to Hong Kong from Canada after a long absence. Tu Chien, originally named Li Wenjian, was born in Hong Kong in 1935. He is a renowned writer, editor, and literary critic, and he is known for being one of the pioneering promotors of science fiction in Hong Kong. During his return to Hong Kong, I was entrusted by Eight Light Minutes to interview him for the "Chinese Science Fiction: An Oral History" project. At the residence of Dr. Lee Wai-Choi, the then-president of the Hong Kong Science Fiction Association, in Pok Fu Lam, I invited the two most significant figures in the history of Hong Kong's sci-fi community to join me in a conversation together to discuss the decades-long development of science fiction in Hong Kong, as well as its intricate connections to mainland science fiction. Despite over the age of eighty years old, Mr. Tu Chien was in good shape and spirit. He spoke energetically for over two hours without any sign of fatigue. He said that he feared that this might be his last return to Hong Kong. His casual statement, unfortunately, came true—he passed away on July 23rd 2022 in Canada. Mr. Tu Chien's contributions to Hong Kong's sci-fi scene deserve to be remembered.

(Guest interviewer: Feng Zhang)

■ TABLE OF CONTENTS

270   The first science fiction I read was local to Hong Kong

275   The three most revered women directors of Feng Huang Motion Picture Co. invited me to translate science fiction novels

280   Hooking readers to popular stories in the hope that they will turn to classic science fiction works later

284   The Xin Ya Science Fiction Awards cultivated a batch of Hong Kong science fiction writers

286   The two letters we received from Arthur C. Clarke and Isaac Asimov made us ecstatic

290   Transitioning from translating science fiction to writing science fiction

292   A science fiction writer is first and foremost a thinker

295   *The Three-Body Problem* is indeed a monumental work in the history of Chinese science fiction

第一次看的科幻是
香港本土科幻小说

科幻邮差：杜渐老师您好，非常开心能邀请您参加访谈。我们一直期待香港、台湾两个地区的科幻界朋友加入到口述史访谈中，从自身的视角、经历出发为我们介绍两地科幻发展的历史，将这一段科幻友谊串联起来，充实中国科幻口述史。今天，希望跟随两位老师的讲述，回望香港与内地科幻发展历程中的人和事。

我们今天的第一个问题，就从您接触科幻的经历讲起吧，杜渐老师您最早接触到科幻是在什么时候？

2019 年 7 月 24 日，在时任香港科幻会会长李伟才位于香港的家中，杜渐与李伟才一同接受采访。左起依次为：白锦辉、三丰、杜渐、李伟才。

杜渐：我是在 1950 年第一次接触科幻的。那时候在读中学，有一次去皇后戏院旁边的百新书局，那时百新书局是专门卖旧书的，各种类型小说都有。我在其中发现了两本书，一本叫《空中巨盗》，一本叫《陆沉》，我都买了下来。《空中巨盗》是惊险小说，而《陆沉》就是科幻小说，我看了之后觉得非常过瘾，接着就介绍给同学看。后来，我爸搬家将那些旧书全部都丢了。

所以这次在香港书展上有人提问"香港最早写科幻的是哪一个"，我就提起应该是安子介，也就是《陆沉》这本书的作者。我跟安子介聊过，他说这本书不是翻译的，是自己写的。他拿了别人的主意（点子），加入了自己的东西，所以（书）里面有许多中国科学家出现，而那个（他仿写的）原著里面根本就没有中国角色。他这本书应该是经历了从翻译到写作的一个变化的过程。我觉得应该算他写的，算早期的科幻再创作。

科幻邮差：除了《陆沉》，您青少年时期主要阅读什么样的科幻小说？

杜渐：凡尔纳和 H.G. 威尔斯都有。我看的第一本凡尔纳的科幻小说是《海底两万里》，另外就是威尔斯的科幻小说，我看了两本，薄薄的，一本叫《隐身人》，一本叫《大战火星人》，实际就是《宇宙战争》。威尔斯这两本，我觉得跟凡尔纳（写的）完全不同。还有，我看过一本苏联的科幻小说，叫《水陆两栖人》，大概是上世纪 30 年代写的，50 年代翻译成中文的。苏联的科幻小说，我不是每本都欣赏，但是《水陆两栖人》我非常欣赏。

李伟才：《水陆两栖人》是非常早期的，听名字都很吸引人，那时候的 Idea（创意）都很厉害。

杜渐：那时候有十几二十本苏联科幻小说翻译过来，类似《天外来客》这些。然后刚刚说凡尔纳和威尔斯，我的看法是，一个的作品比较"硬科幻"，一个的作品比较"软科幻"。因为威尔斯（的作品）不一定有（科学）根据，《隐身人》也好，《火星人》也好，不一定（有）"硬核"，但一定（有）寓言性的思想。凡尔纳（的作品）好像是有一定根据的，所以两个人有争论。我后来还翻译了一本《隐身人魔》，为什

1938年，上海商务印书馆出版了安子介的科幻小说《陆沉》，后来安子介去了香港，继续创作科幻小说。

么会翻译呢？因为那本书是凡尔纳先写好的，但是威尔斯的《隐身人》先出版了，凡尔纳不想被人认为抄袭威尔斯，所以把《隐身人魔》给压了下来，决定在他去世之后才发表。我就是在旧书摊里捡破烂捡到那本英文版的《隐身人魔》。我觉得虽然同样都是讲隐身人，但各有不同，所以我将凡尔纳这本翻译了出来。一来，我觉得是对凡尔纳和威尔斯的尊敬；二来，我觉得无论硬科幻也好，软科幻也好，实际上都是同一个东西，都是科幻，都是向读者介绍一种新的思想。

这本书的英文原版中有一个序言，我没有翻译。序言里讲，这位英文版译者去法国，好像是在马赛的一间旧书店里发现了凡尔纳的这本《隐身人魔》，想办法高价收购了。《隐身人魔》没有收在凡尔纳的全集里，他觉得非常罕见，就带回去翻译成了英文。我意识到这本英文版也非常珍贵，于是就翻译了它。

李伟才：但是非常可惜，不要说你翻译的《隐身人魔》，英文版本现在也非常难找。当然原本是用法文写的，但后来的这些英文版本、中文版本都绝版了，不知道后来有没有再出版过？

杜渐：我翻译的版本我还有，不过内地好像也已经翻译出来了。1988年拿我的版本去翻译的。

科幻邮差：杜渐老师，那您有没有关注过1949年到1978年这段时期内地的科

1983 年，郑文光脑出血中风后，用左手给杜渐写信。（香港中文大学图书馆供图）

幻小说呢？比如郑文光的作品？

杜渐：我跟郑文光是非常好的朋友，他从 20 世纪 50 年代就开始创作了吧，不过那时候我对内地的科幻创作不是非常熟悉，因为当时我也就是大学生而已。

不过我认识郑文光就是因为科学幻想小说。20 世纪 80 年代初，我去北京组局才知道的郑文光，因为他是越南华侨，那时候在香港培侨中学教书。我姐姐曾经在培侨读书，还是郑文光的学生。在 1997 年的北京国际科幻大会上，有一天我们碰巧都在酒店里吃午餐，是在一个非常大的地方，见很多人推着坐轮椅的郑文光来了，我就跟他打了个招呼。见过这一次面之后隔了几年，2003 年他就去世了。

郑文光坐轮椅也是因为科幻小说，我跟郑文光、金涛、王逢振都是好朋友。20 世纪 80 年代初，我跟海洋出版社孙少伯他们一班人合作（办）了一本《科幻海洋》杂志。郑文光也有帮忙写东西，那时候他在做《智慧树》丛刊。后来有一位权威科学家

20世纪80年代初，杜渐
与好友金涛、王逢振于北
京合影留念。左起依次为：
金涛、杜渐、王逢振。

发表反对科幻小说的文章，我还专门写了一篇文章反驳他。那时候我们非常气愤，我一直强调一句话，科幻作家不是科学家，而是思想家，主要就是你的思想正不正确。那时候我在香港接到消息说郑文光突发脑出血，（他）就是被这个事情给气到了，当时他刚刚写完《战神的后裔》。第二次我到北京的病房去探望郑文光，他已经说不了话，讲话都是指一下我，指一下自己，（做动作）说大家要继续加油、努力。后来我跟金涛、郑文光，还是各自写些东西，保持通讯，一直到我去加拿大后都还有联络。

科幻邮差：您还见过内地其他科幻作家吗？

杜渐：叶永烈我没见过，但是有通过信，刘兴诗也跟我通过信，没见过。萧建亨我见过，但没有和郑文光、金涛那么熟悉。这几个（指郑文光、金涛）就在北京，我们和海洋出版社的孙少伯他们一起做了些事情。我每期都帮着写点东西，是用笔名发表的。

THE THREE MOST
REVERED WOMEN
DIRECTORS OF FENG
HUANG MOTION PICTURE
CO. INVITED ME TO
TRANSLATE SCIENCE
FICTION NOVELS

凤凰电影公司"三女将"
请我翻译科幻小说

科幻邮差：杜渐老师，20 世纪 70 年代您就回香港工作了吧？当时主要阅读什么样的科幻，您又是怎样开始翻译科幻小说的？尤其想请您跟我们分享一下您翻译詹姆斯·冈恩科幻小说的经历。

杜渐：对，1971 年回到香港，我疯狂地看外文书。那时候我在荃湾工作，每天下午吃完饭后坐船去工作的地方，差不多要一个小时。这一整个小时能在船上干什么？我又没什么钱，只有去皇后戏院后面那条巷子的一间旧书摊买书回来看。那时候，假如你去购书中心买，一本外文书要几十块钱，我怎么可能攒下那么多钱？只好买旧书摊那种别人不要的书，一块钱一本，成天去那里"捡破烂"。

我买过 *The Immortals*（《不朽的人》），就是詹姆斯·冈恩写的，记得我当时在船上看得非常过瘾，对它印象深刻。我在南开大学的老同学朱枫，当时南下来香港做了电影导演。她爸爸朱石麟是老一代电影艺术家，《清宫秘史》的导演。有一天，朱枫说带我认识一下香港的文化人，就带了陈娟娟、任意之，还有两个电影演员来我家里，介绍给我认识。后来她们三位（朱枫、陈娟娟、任意之）被称为香港电影史上的"凤凰三女将"。"三女将"之后又约了我去喝咖啡，请我帮她们写剧本。我说我不懂电影，不懂写剧本。她们就又问我看过什么小说，能否介绍些什么创意给她们。于是我就把 The Immortals（《不朽的人》）介绍给她们了。

科幻邮差：是把翻译好的小说介绍给她们的？

杜渐：没有，还没翻译。任意之听了很感兴趣，当场就在设想拍成电影镜头应该是什么样的。她们让我翻译出来，我就把这篇科幻小说翻译成了中文，这也是我最初翻译的科幻小说。后来出版的时候是 1974 年。我认识大光出版社的编辑，他帮我出版过几本书，但是那时候根本没有什么稿费，好少的，（翻译一本书）大概一百多块钱，一餐饭就吃完了。不过我还是觉得非常过瘾，有书出。

可惜书出了没多久任意之就去世了，再没多久，陈娟娟也过世了，只剩下了朱枫，所以我以为这段事就完结了。

杜渐将美国科幻作家詹姆斯·冈恩的科幻小说《不朽的人》译介到香港，长城电影公司导演傅奇看过小说后，改编并拍摄了电影《生死搏斗》（1977 年），影片由石慧、江龙等主演。

科幻邮差：那后来呢？电影还是拍出来了呀。

杜渐：后来长城电影公司的傅奇，大概买到了这本书，自己改编拍出了一部电影，之前没有跟我打过招呼。我当时在《新晚报》工作。等他们把电影拍好了，拉我去看样片，我才知道，原来还有这样的事情。不过以前都没有知识版权的概念，那部电影后来叫什么来着？

科幻邮差：我看资料应该是叫《生死搏斗》。那原著作者詹姆斯·冈恩知道这部电影吗？

The University of Kansas

Department of English
Du-Jien (Li Man Kin)　　　　　　　　Aug. 14, 1990

　　　█████████

Dear Du-Jien,

　　I appreciate your thoughtfulness in sending me, through Min-min Chang, one of your few remaining copies of the Chinese translation of my novel. I hadn't known it had been translated, and I wonder whether this was a translation of my novel *The Immortals* or of the novelization I did of the screenplay, *The Immortal*, based on my novel. And I would be interested in your account of the publication: was it a consequence of the film adaptation of my novel produced by the Great Wall Film Company? Did a publisher request it? Or did the idea for the translation originate with you. Needless to say, all of this is a mystery, since there never were any agreements or contracts or even correspondence. I would not have known about the film except for a college professor who came from the P.R.C. to my summer Intensive English Institute on the Teaching of Science Fiction. He wrote recently that *The Immortal* was shown again on Chinese television and that he had made a videotape to send me, but I have not yet received it. Of course the failure to get my permission is not your fault, but as the world gets closer and writers get to know each other better they will make sure that all arrangements are proper and fellow authors, wherever they are in the world, get notified. In any case, I am glad to have a copy of the translation, which is the first of my books (that I know about) to have been translated into Chinese.

　　I, too, hope that we will meet some day. I tried to have Hong Kong added to my lecture tour intinerary, but either the U.S. Embassy there had expended its budget for visiting lecturers or wasn't interested in science fiction. That's a pity. I would have liked to have seen Hong Kong, and my warm experience in Taipei suggests that science fiction has the capacity to communicate across language barriers. I hope to return to your part of the world in the not-too-distant future.

　　　　　　　　　　Sincerely,

　　　　　　　　　　James Gunn

　　　　　　　　　　James Gunn

3116 Wescoe Hall · Lawrence, Kansas 66045-2115 · (913) 864-4520

1990 年，杜渐与美国科幻作家詹姆斯·冈恩通信，杜渐梳理解释了翻译詹姆斯·冈恩作品 *The Immortals*（《不朽的人》）的来龙去脉。（该资料由香港中文大学图书馆供图）

　　杜渐：大概是 1980 年代后期，詹姆斯·冈恩写了封信给我。那时候詹姆斯·冈恩好像在台湾，我亲自将我留下的两本书（*The Immortals* 中文版）送给了他。他问我，为什么电影会拍成那样？我回复他，实际上，第一，我没有什么稿费收入，我翻译这本书主要是因为兴趣；第二，他们拿来（改编了）拍电影什么的我都完全不知道。就是这样一回事儿。因为我翻译了他那本书，所以我对詹姆斯·冈恩的作品非常感兴趣，一见到我就买。他最出名的那本就是 *The Listeners*（《倾听者》）。

　　李伟才：他也编辑过一些书，非常出名的《科幻之路》。

　　科幻邮差：杜渐老师，除了冈恩那本书，您还翻译了一本科幻作品集《星童》，里面所选的科幻小说是何时翻译的？最初发表在哪里？跟我们分享一下相关的故事吧。

杜渐:《星童》是由昭明出版社出版的。最初我在香港的儿童读物里见不到科幻作品,我觉得应该介绍(儿童科幻)。那时候《开卷》月刊已经创刊,我是主编,在编杂志的时候,时不时翻译一篇(科幻小说)出来(刊发)。(《星童》里那些作品)最初发表(大多)就是在《开卷》,有些好像在《文汇报》。后来我就把它们一起交给昭明出版社出版了。

科幻邮差:这些儿童科幻故事的原文您都是在哪里找到的?

杜渐:购书中心地库那边,有家店(店主)姓李,我找到一些少儿科幻,都是英国出的小册子。我从里面选了几篇就翻译了。

科幻邮差:杜渐老师,除了您自己的译作,您对1970年代香港的科幻作品有什么印象?比如倪匡的科幻小说?

杜渐:坦白说,我认为倪匡写的那些不是科幻,除了一两篇,好像有一篇是讲电脑的。

李伟才:是长篇还是短篇?

杜渐:短篇。

李伟才:短篇,那就是《标本》,最出名的。我觉得《玩具》也可以算科幻,《眼睛》也勉强算。

杜渐:我看过倪匡的作品,但是我不喜欢。反而,我看马云(原名李世辉,《大地恩情》作者)的作品,马云的《铁拐侠盗》最初是我儿子看的。从第一本到最后一本我都有。马云后来写了好几本科幻小说,是在20世纪80年代初,真的不用怀疑,非常出名的。

李伟才：张君默（原名张景云）你熟不熟？他的那本《大预言》是科幻啦。《大预言》《蝶神》《蚁国》《宝图》，他就出了四本"异象系列"中篇小说集。

杜渐：《大预言》是，我当时就好奇香港竟然有人写科幻。虽然我觉得这是失败之作，因为前半部和后半部好像没有联系，前半部在讲环境污染，后半部则讲神话传说、外星人什么的。不过算是非常难得了，香港人写的。

李伟才：我觉得"花木兰"（倪匡创作的一个小说系列）也有一些科幻味道，系列里有一本叫《超人集团》，就是讲有一部分人的 IQ（智商）非常高，他们觉得应该由他们统治世界。这本书是倪匡用另一个笔名魏力写的。

HOOKING READERS
TO POPULAR STORIES
IN THE HOPE THAT
THEY WILL TURN
TO CLASSIC SCIENCE
FICTION WORKS LATER

用通俗点的故事吸引读者
转向经典科幻作品

科幻邮差：1970 年代的香港科幻还是很精彩，接着我们聊一聊 1980 年代吧。这一时期您出版了很多科幻译著，当时选择这些科幻小说来翻译有什么考虑吗？这些书在香港的销量和影响怎么样？

杜渐：那是 1980 年代，我结束《开卷》（的工作）之后，陈琪找我合作搞出版社，其实就是为了好玩儿。我说好啊，我出 40000 元，他代表万里出版社（万里机构出版有限公司，是香港一家大型出版商，现为联合出版集团成员。）出 40000元，就这样我们合作搞了明天出版社（香港明天出版社，下同）。出版社开始的主要工作就是我翻译小说，然后出版。

当时万里出版社的编辑曾协泰，也就是后来天地图书公司的负责人，专门跟我对接，我翻译好文稿后就交给他处理。但是后来他跟我说万里出版社上下都对我有意见，反对我，原因是我以明天出版社的名义在工作，相当于是（由明天出版社做这些书的）主编，万里出版社就不是主编了，所以他们不愿意了。

科幻邮差：这段时期您一共出了多少本科幻小说？销量怎么样？

杜渐：十本，本来还有好几本的，预告都发出去了，可惜后来没出了。至于卖得怎么样是他们发行的事，我不管。

科幻邮差：挑选这十几本书翻译出版的时候您是怎么考虑的？

杜渐：我当时的想法就是介绍外国的科幻小说。一开头想介绍阿西莫夫的《基地》，但那么厚一本，可能会把读者吓到了。我想，虽然《基地》是一本非常好的书，但读者一开始可能不容易接受，那么不如挑选一点通俗的（作品）。各种不同形式的作品都来一点，才可以引起读者的兴趣。他们从通俗一些的故事掉进（科幻）这个"陷阱"后，（说不定）就会喜欢那些经典作品。

科幻邮差：您指的经典作品是哪些？

20 世纪 80 年代初，杜渐与朋友成立明天出版社，开始译介国外科幻小说，一共出版了十本。图为其中一本杜渐翻译的波尔·安德逊名作《异星探险》。

李伟才：我打断一下，出版的十本书中，在我眼里最经典的，就是阿西莫夫的 *The Caves of Steel*（《钢穴》）。还有《海底城》这本，是杜渐的夫人（笔名山泉）翻译的，我虽然没读过，但合著这本书的两位作家弗雷德里克·波尔和杰克·威廉逊都非常有名。还有雅伦·福斯达的《黑洞》，1979 年改编的电影非常好看。另外还有《异星探险》，这部小说非常出名，作者波尔·安德逊是名作家。前面你提到过的凡尔纳的《隐身人魔》当然也是非常珍贵了。

对了，还有两本亚文翻译的哈里·哈里森的作品，《太空潜艇》和《太空船大灾难》。

杜渐：也是我翻译的，亚文就是我

的笔名嘛。

李伟才：亚文也是你？怪不得，这十本书挑得太好了，部部都堪称经典。

杜渐：我还翻译了艾·里·布鲁斯的《合成怪人》，讲一个疯狂的科学家试图用合成化学品拼出一个怪人来，但全都失败了，后来他把一个小男孩装进怪人的身体里，以为合成怪人成功了。但实际上不是，那些怪人都是有生命的。

科幻邮差：出了这十本科幻小说之后，为什么后面的几本没有出版呢？

杜渐：因为明天出版社变了，他们变成出了很多算命的书，类似怪力乱神那种，所以我就跟他们撇清关系了。

科幻邮差：原来如此，我们注意到那一时期，您还在山边出版社出了四本科幻小说，这又是怎么一回事呢？

杜渐：山边出版社那四本都是短篇集。当时山边出版社的负责人叫何紫。有一次我要去德国参加书展，但是我的钱不够，就跟何紫商量，他同意借六千块给我，但是有条件——要我帮他翻译几本给儿童看的科幻小说。后来我还了钱，也帮他翻译了科幻小说，那四本短篇集就是这样来的，都是给青少年看的科幻故事。当时（的做法）就是找国外的杂志，这边选一点，那边选一点，《木星飞碟》《太空巨盗》都是这样来的。

李伟才：这里我补充一点，我的第一本书，就是山边出版社的何紫先生帮我出的。何紫也是杜渐介绍我认识的。当时他（杜渐）约我出去吃饭，一桌都是文化人，我第一次见到何紫。当时还很惊讶，因为我一直以为何紫是一位柔弱的女士，哪里知道原来是个大肥佬来着，后来我常常开玩笑。（笑）那天席上聊天，我提到我是科幻发烧友，中学时代就开始翻译短篇，何紫就问我有没有想过结集出版，我的第一本译作《最后的问题》就是这样来的。

杜渐：何紫（在）临死之前还想编郑文光的科幻小说集。我负责帮他搜集了一些资料，结果（书）还没出，他就过世了。

科幻邮差：杜渐老师除了翻译科幻小说，还翻译了一些主流文学作品，您在翻译不同类型的小说的时候，觉得有什么不同？

杜渐：我觉得没什么不同，只是我对翻译科幻小说的兴趣更大。其实我翻译的主流文学作品很少，通常都是比较冷门的。有一次台湾的吕应钟先生要编一本书，请我翻译一篇外国作品加进去。之后很有意思，这本书在内地出版的时候，在我的那篇下面还加了一个注释，说这篇是香港人翻译的，风格不同，其实就是他们认为内地的翻译更正统、更严肃。那篇小说讲的是一个男人和老婆离婚后跟另一个女人在一起的故事，里面有非常多幽默的东西，他们担心读者会觉得轻浮，认为是翻译得不够严肃的缘故。可是把这种类型的小说翻译成一本正经的样子根本行不通嘛，没了原文那种味道，失去了原来的风貌。后来我就不翻译了。

"新雅科幻奖"培养了
一批香港科幻作者

科幻邮差：杜渐老师，香港科幻界在 1980 年代还有一件非常重要的事，就是组织了"新雅少年儿童文学创作奖"科学文艺组的奖项评选，您和李伟才老师都是评委，可以跟我们讲一下这个奖的来龙去脉吗？这个创作奖对香港科幻的影响如何？

杜渐：一次偶然（的机会），我认识了新雅公司（新雅文化事业有限公司）的一位负责人，他跟我介绍了新雅公司，又拉着我聊天，说想搞一个"少年儿童文学创作奖"，其中有一个组别叫"科学文艺"，也就是科幻作品。

李伟才：我补充一下，这个奖（办到）第二届的时候，他（杜渐）就抓着我去当帮手，做了评审。但我们发现头两届有点问题，奖项收来的稿子中又有科普文章，又有科幻小说，搞得我们不知道怎么评选，所以后来就建议新雅公司把"科学文艺"这个组别改成了"科幻故事"。

科幻邮差：两位老师还记得当年评选出来的作品和作者吗？

李伟才："新雅少年儿童文学创作奖"科幻故事组一共举办了六届，出版了六本书，第一本就是《一个昆虫与青草的国度》，后面是《不死的灰白体》《电脑神童》《查拉图》《训导主任 101》《黄昏的人》，六届的作品我都记得，因为我们都写过序言。

　　杜渐先生写序言的时候还温柔点，我更坦白点、尖锐点，如果觉得不行，就会直言"今年的作品水准一般"，其实是有点恨铁不成钢的意思。我们都希望香港科幻作品的水准提升，当时虽然觉得水准一般，但都是充满希望的，觉得起码是顺利起步嘛。虽然最终（香港科幻文学）没有像我们想象中那样成气候，但还是培养出了作者嘛。

　　杜渐：其实培养（出）了好几位科幻作者。

　　李伟才：真的有好几位，比如苏富昌、谭剑、陈立诺，还有我非常欣赏的梁世荣。后来内地的《星云》港台科幻专辑还收录了陈立诺的《园丁》，张系国的《多余的世界》，夜透紫的《宠儿》，头尾都是我们香港的作者。他们都很有潜力，但可惜最终真的能够坚持写下去的就只有谭剑。

　　科幻邮差：在香港"新雅少年儿童文学创作奖"举办的同时期，台湾也有做科幻奖项的评选，1980年代的"张系国科幻奖"，杜渐老师您有听说过吗？

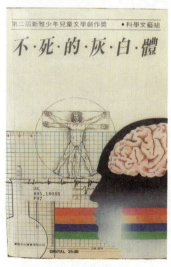

　　杜渐：那时候我还不认识台湾的科幻人，没有听过这个奖，我们都是《幻象》杂志（出版）之后才认识的。

　　李伟才：跟台湾科幻人没有联系，不过张系国的科幻小说《星云组曲》出版的时候我们有看到，黄海、吕应钟是两位先驱嘛，《星云组曲》我觉得是一个里程碑。

"新雅少年儿童文学创作奖"科学文艺组（第二届起改名科幻故事组）一共举办六届，结集出版了六本图书，图为第一、二届获奖作品集《一个昆虫与青草的国度》《不死的灰白体》。

克拉克和阿西莫夫寄来的
两封信让我们好开心

科幻邮差：杜渐老师，我们注意到，20 世纪 80 年代末 90 年代初的时候，您除了翻译科幻作品，还写过一些科幻评论专栏，主编过科幻期刊，比如《世界科幻文坛大观》和《科学与科幻丛刊》，可以给我们介绍一下相关的经历吗？当时在香港的影响如何？

杜渐：《世界科幻文坛大观》主要来自《南洋商报》的《奇书谈趣》专栏。当时报纸的编辑找我，让我帮忙编一个专栏介绍科幻，随便我写，不干涉。我就一期一期写，比较详尽地介绍了世界各国科幻小说的发展（情况），主要就是读书随笔。至于《科学与科幻丛刊》，是和李伟才一起做的……

李伟才：是的，刚刚不是提到我们做"新雅少年儿童文学创作奖"的评委吗？当时这个奖已经发掘出了一些年轻作家，我们觉得要再做点东西去推动香港科幻。

那时候，我已经开始在教香港大学的校外课程，我想不如开一个面对大众的科幻教程。香港大学校外课程部的人说不错，可以试一下。那时候我们都要上班，非常忙，所以就是我、杜渐和潘昭强三个人合教。虽然这个课程只教了 1987 年一期，但我们都很有成就感，还找到了两位特别喜欢科幻的学员。

后来我们组建了一个科幻兴趣小组，还想搞一份科幻杂志。那时候杜渐在香港的三联书店（工作），有渠道，便答应下来，《科学与科幻丛刊》的来龙去脉就是这样的。我们组建了一个编委会，那时候算是"全民皆兵"了，人手很少，组稿、写稿、编稿的都是同一帮人了。我让天文学会的好友也帮忙写一些。虽然好辛苦，但是（我们）都有满足感。可惜的是只出了四本。

杜渐：当时做这本科幻杂志有好多有趣的故事。

李伟才：当然啦，你看这个（翻开杂志的某一页），我们当时还搞了一个研讨会，名字是我建议的，叫"80年代西方科幻小说回顾"。我们讨论什么是"Cyberpunk"（赛博朋克），那时候（这个词）没有通行的中译，杜渐就把它翻译成"电脑崩"。（笑）

20世纪80年代末，杜渐开始撰写介绍世界科幻文学的专栏。1991年，香港现代教育研究社将这些专栏结集出版。图为《世界科幻文坛大观》第1册。

还有这位简智聪，也是我们科幻杂志的读者会员，他当时还是中学生，告诉我他在学校成立了一个科幻学会。哇，应该是香港有史以来第一个在中学成立的科幻协会，出了一本好像叫《科幻空间》的会刊。后来我移居海外，他还和两个好友一起送了这么大的（比手势）太空船模型给我，Enterprise（美国科幻电视连续剧《星期迷航》中的宇宙飞船"企业号"）被我带去了澳洲，开心得不得了。

科幻邮差：听说你们还写信给科幻作家阿瑟·克拉克了？

李伟才：是的，是科幻杂志最后两期，我们做的科幻作家专辑，一期克拉克，一期阿西莫夫。克拉克我见过两次，所以他就认识我了，于是为了杂志专辑我就写信给

为推动香港科幻发展，1990 年起，杜渐与李伟才一起创办了《科学与科幻丛刊》，虽只出版了四期，但这本杂志为香港科幻文学界培养了许多作者。图为四期杂志。

他，他也回信了，我们都好开心。阿西莫夫我们也写信给他了，这个（手指着信件）就是阿西莫夫的回信，1990 年 5 月，两年后他就走了嘛。所以能收到这两封信我们都好开心。

杜渐：好多历史，现在回过头来看，原来包含了好多东西。

科幻邮差：为什么后来没有出了呢？

李伟才：因为不上报刊，就是摆在书店卖嘛，所以销量有限，加上那时候内地也改革开放了，还是要尊重商业化，不能一直亏钱。

ISAAC ASIMOV
10 WEST 66th ST. 33-A • NEW YORK, NY 10023

1 May 1990

Dear Lee Wai Choi,

Thank you for the book and magazine. I cannot read Chinese but both items are being sent to Boston University which collects my papers.

I am delighted that science fiction is flourishing in Hong Kong and I hope your magazine proves successful.

It is a great honor to be mentioned in the books and I am very pleased to appear in a language which is spoken by one-fourth of the world's population.

Isaac Asimov

Dear Lee Wai-choi,
Thanks for letter! Hope you've enjoyed 2061 — much of it set in H.K. (the Planetarium etc.)
I've been invited to the ASIASAT launch in 1990 — no way! Best of luck with your writing!
Arthur C Clarke 17 Aug 88
88 Aug 14

親愛的李偉才：
　　謝謝你的來信！希望你能賞識《2061太空漫遊三集》它當中很多是以香港作背景的。（太空館諸如此類！）
　　我已被邀請參觀1990年亞洲衛星的發射——不去也罷！
　　祝你寫作順利如意！

　　　　　　　　亞瑟・C・克拉克
　　　　　　　一九八八年八月十七日

親愛的李偉才
　　謝謝你寄來的書和雜誌。我雖不懂中文，但兩者皆已送往波士頓大學專門收藏我所有文獻之處保存。
　　欣聞科幻小說在香港蓬勃發展。謹祝貴刊獲得大成就。
　　我能在貴刊多次被提及，深感榮幸，尤能以世界四分一人口使用之語言與讀者見面，更使我欣喜之至。

　　　　　　　　艾薩克・阿西摩夫
　　　　　　　一九九〇年五月一日

在籌辦《科學與科幻叢刊》最後兩期的過程中，李偉才與杜漸寫信給著名科幻作家阿瑟·克拉克與艾薩克·阿西莫夫，告知將會為他們做科幻作家專輯的決定。沒想到兩位都愉快回信了。左上圖為李偉才與克拉克的合影，後兩張圖為克拉克、阿西莫夫給李偉才的回信。

从翻译科幻小说
到创作科幻小说

科幻邮差：杜渐老师，说完您翻译科幻小说的工作，我们接着聊一聊您自己创作科幻小说的经历吧，是从什么时间开始的，可以跟我们分享一下创作科幻小说的机缘吗？

杜渐：是 1980 年代开始的，首先是《酒徒》的作者刘以鬯先生找我帮他写个专栏，让我写什么都可以，科幻小说也行，于是我在那个专栏写了好几篇小说。后来《大公报》的一位副刊编辑向我约稿，我就写了《大禹的足迹》。这些小说虽然是连载，但我不是写一天（稿）交一天稿，而是写上一个月，把稿子汇拢直接交，不用别人催我。因为我自己也做编辑，知道追稿子好辛苦的。

科幻邮差：对了，杜渐老师，我看资料上说您创作的第一篇科幻小说是《金色的流星锤》，这是第一篇吗？

杜渐：《金色的流星锤》是一个写儿童文学的作者让我帮忙写的一篇短小说，新雅公司见到这篇以后，就拿去帮我出成了书，好薄的一本。这是我出的一本科幻小说，我确实不记得有比这篇更早的了，但是是不是第一篇我不完全确定。
后来聚贤馆公司（聚贤馆文化有限公司）的老板写信给我，让我把之前写的科幻小说给他们出版，一共出版了八本（1993 年出版两本——《逃出恐龙世界》《思控机大阴谋》，1994 年出版六本——《即食面谋杀案》《宇航历险记》《女娲王国探秘》《超脑终极战》《基因再造计划》《黑龙三角》）。

这些书一部分是在香港的时候写的，后来我去了多伦多，还写了一些，比如《雪山血魔》。1997年的时候，金涛知道我写科幻小说，就说帮我出版，于是我全部交给金涛，由北京的科学普及出版社（现中国科学技术出版社暨科学普及出版社）的吕明帮我出版了。

科幻邮差：杜渐老师，您写这些科幻小说的创意都是怎么来的呢？风格上是不是都属于通俗流行类？

杜渐：我不知道怎么讲，比如《大禹的足迹》是设想了一个故事，写一个现代的科学家回到大禹那个时代，治理好了长江。

科幻邮差：好可爱的创意，还有您写的《缩影实验》《死光》也都很有趣。

杜渐：《死光》那本书里还有一篇小说叫《战云》，是两个故事合成的一本书。抗日战争的时候，我父亲是第十九路军的，去上海救商人，认识非常多的军官，我父亲回来就整天（把所见所闻）讲给我们听，于是我就想写一篇关于抗战的故事，就是《战云》。

科幻邮差：杜渐老师，写完那批小说之后，后来您还创作过科幻小说吗？

杜渐：什么都没写，最近又老又残，开始生病。

李伟才：不过他有画画，在多伦多还蛮有名的。

1997年，杜渐将自己创作的科幻小说交给好友金涛，由金涛联系科学普及出版社出版。图为当时出版的杜渐科幻小说集系列第六本《逃出恐龙世界》。

科幻作家首先是一位思想家

科幻邮差：杜渐老师，您是从翻译科幻小说过渡到自己创作科幻小说的，在创作科幻小说的时候，有没有受到自己翻译工作的影响呢？

杜渐：那当然会受到影响啦。因为译在先，所以等你开始创作，总会受到翻译过的作品的影响。别人那种方法，我们要学一下。要（开）创一种新的、属于自己的方法不容易，但是翻译的过程本身也是学习的过程，等到自己创作的时候，就会被学习到的东西所影响。

科幻邮差：那对您影响比较大的作家是哪些？或者说您比较喜欢的作家有哪些？

杜渐：非常难讲，为什么呢？我觉得每一个作家都有他自己不同的风格。比如，我喜欢凡尔纳，但我不会像他一样写小说，太过啰唆，太过烦琐，每一样东西都要解释清楚。我更喜欢 H.G. 威尔斯，因为他是讲故事给你听。我觉得小说是讲故事，你是要用故事引导读者接受你。假如完全在讲科学，那会有太多解释，像凡尔纳的《海底两万里》里面写太多细节的东西，就是解释得太过啰唆。

科幻邮差：您也说到了，您创作小说注重讲故事，注重情节。这是您有意选择的创作方向吗？

杜渐：我觉得要吸引读者，首先要有个故事。故事不吸引人的话，你讲得再怎么好都没用。有一次去北京，我跟童恩正、金涛在聊天，有个女记者来采访我们。我就讲，科幻作家首先要是一个思想家，然后才是一个小说家。何为思想家呢？就是有自己的想法，要有独立思考的能力，要有自己的理想，要通过你自己写的故事，将自己的思想和读者沟通。

科幻邮差：杜渐老师，您自己写的小说里，比较喜欢哪几本？

杜渐：唉，我没一本觉得好，写得很烂。

科幻邮差：您太谦虚了，那创意方面呢，我觉得您的 Idea（创意）好多的。

杜渐：我那点（创意）是不入流的，我自己的评价是不入流。

科幻邮差：那还有没有什么构思、创意是还没写出来的？有没有留下什么遗憾？

杜渐：那就没了，我头脑已经枯干了。没东西可想，老了。

科幻邮差：您一直喜欢侦探小说和科幻小说，在您看来，这两种流行的通俗文学有什么关系呢？

杜渐：我写过一篇《即食面谋杀案》，就是科幻小说。但我是用侦探小说的故事来写，就是尝试一下科幻和推理可不可以结合，通过即食面来控制人的思想。故事中的侦探揭露了一些东西，也被人追踪，最后他听见外面有撞门声，知道死之将至。

科幻邮差：好的，杜渐老师，您觉得科幻小说中的科学性、文学性、思想性等要素应该怎么平衡？好的科幻小说应该要做到什么？

杜渐：这非常难讲，哈哈。其实无论怎样都好，像 H.G. 威尔斯的作品也好，像乔治·奥威尔写的《1984》也好，都是由思想来主导。假如单纯讲科学，或者完全是幻想，又或者完全讲故事却没一个中心思想，都是小说没了思想性，你的故事讲得非常好听都没用的啦。

科幻邮差：就像……倪匡？

杜渐：倪匡这种写法是非常吸引人的，他非常会写故事，古龙也是这样。但是问题是，他们要达到什么目的呢？和我们写科幻的目的完全不同。

李伟才：推理小说也是一样的。我觉得推理小说和科幻小说有很大的不同，虽然任何文学作品都涉及人性（推理作家更着眼人性的阴暗面，大部分作品还都和谋杀有关），但是，推理小说除了讲人性之外，不会要求什么微言大义。推理小说纯粹就是一种娱乐嘛，纯粹就是同读者斗智斗勇，（是）一种智力游戏。我百分之百认同杜渐所讲的，就是科幻的层次要高好多，或者说是我们（创作者）自己寄托于其中的理想和抱负更大。科幻应该言之有物的嘛。

《三体》确实是中国科幻史上划时代的作品

科幻邮差：我们聊一聊科幻史上比较重要的大事，两位老师了解 1990 年代国内比较重要的两次科幻大会吗？ 1991 年在成都办的世界科幻协会年会和 1997 年的北京国际科幻大会。

杜渐：我没有去，不过邀请过我和安子介。

李伟才：1991 年我也收到过邀请。1990 年我已经和台湾《幻象》杂志那帮人认识了，我记得吕应钟去了（成都），

1991 年，杜渐与李伟才因故未能参加科幻世界杂志社在成都举办的世界科幻协会年会，他们的好友吕应钟单独前往成都参会。后来李伟才给杨潇寄去照片作为纪念，图中前排右二为李伟才，后排右二为吕应钟。

但是我因为一些原因没有去（参会）。眨眼就过去二三十年了。

科幻邮差：杜渐老师，您最近还有没有关注科幻？国内或者国外的，科幻小说或者科幻电影？

杜渐：看了两本陈浩基写的，《遗忘，刑警》《13，67》，还有谭剑那本，他送了一本给我嘛。内地科幻小说看得比较少，但我看了《流浪地球》的电影，可以给六十分啦。感觉和国外的那些（科幻）电影都是一个类型。因为我看过刘慈欣的小说，我感觉《流浪地球》原著没什么东西，和《三体》的差距太大了。我认为《三体》确实是中国科幻（史上）一个划时代的作品。

科幻邮差：您看了《三体》啊，那还有最后两个问题。您看了几十年科幻作品，觉得以前的科幻小说预见到了这几十年的科技、社会发展吗？您认为科幻对未来人类文明发展有什么意义？都是比较大的问题。

杜渐：我有两个儿子，其中一个儿子学的专业是关于机器人研究方面的，他负责的是视觉方向，研究人看到的东西如何传导到大脑那里。机器人和人类的关系，非常难讲。人类未来可能被机器人灭绝是科幻的老点子啦。未来的科学到底会发展成什么样，我也有点茫然。所以现在写科幻，一定要有更先进的想法，以带给读者新鲜的感觉。

科幻邮差：您自己的儿孙中有没有谁喜欢科幻？

杜渐：我的孙子。他还读中学那会儿，不知道突然发什么癫，写了一篇科幻小说，然后就拿来给我看，想不到写得头头是道。那是个短篇，我还帮着他画了五幅插画，想不到真的在学校（的刊物上）发表了。

科幻邮差：很厉害啊，可以鼓励他继续尝试创作。好了，两位老师，今天的口述史采访就到这里，辛苦两位了。

杜渐（左）与李伟才（右）在香港科幻会图书馆合影留念。

科幻跨越海峡两岸

SCIENCE FICTION ACROSS THE TAIWAN STRAIT

吕 应 钟

科幻是无害的幻想
科学的前沿
永恒的境界

吕应钟

304　成为台湾核工程专业第一届本科生是因为好奇心

307　台湾的"飞碟研究教父"

310　癌症患者变成了抗癌达人

313　《2001：太空漫游》让我爱上科幻

318　1991 年到成都，大陆科幻发展让我大开眼界

320　主编台湾第一本科幻杂志《幻象》，却因市场太小留下遗憾

323　雪中送炭，赞助《科幻世界》推出"吕应钟科幻文艺奖"

329　我的科幻友人

331　趣问趣答

导语 INTRODUCTION

在台湾地区，吕应钟被称为"学术怪杰"，他的研究与专业兴趣范围之广、跨度之大、取得的成就之多令人惊叹——领域覆盖核工程、不明飞行物、营养医学、生死学，当然还有他热爱的科幻。吕应钟在台湾译介西方科幻小说，创作科幻小说，办刊，设奖，推动科幻发展。1991年，吕应钟到成都参加科幻世界杂志社举办的世界科幻协会年会，惊叹于大陆科幻文化的繁荣，此后便率先打开了科幻领域的交流通道。他把大陆科幻作品推荐到台湾发表，出资赞助科幻世界杂志社设立科幻文艺奖，与大陆科幻研究者合作出书……让科幻文化交流跨越海峡两岸。

LU YING-CHUNG

SCIENCE FICTION ACROSS THE TAIWAN STRAIT

■ INTRODUCTION

In Taiwan, Lu Ying-chung is known as a maverick genius in academia. His research and professional interests span extraordinarily widely, and his achievements are simply astounding--nuclear engineering, nutrition, thanatology, UFO studies and of course, his beloved science fiction. Lu translated Western science fiction novels into Chinese and published them in Taiwan, wrote science fiction, edited for magazines, and established awards. He was crucial to the development of science fiction in Taiwan. In 1991, he visited Chengdu for the annual meeting of the World Science Fiction Society hosted by the *Science Fiction World* magazine, and he was in awe of the vibrant sci-fi scene in mainland China. After then, he spearheaded various conversations about science fiction between Taiwan and mainland China. He recommended a myriad of mainland Chinese science fiction works to be published in Taiwan, sponsored *Science Fiction World* in establishing the "Science Fiction and Arts Awards", co-authored books with mainland science fiction researchers⋯Lu Ying-chung was the bridge for science fiction related cultural exchanges across the Taiwan strait.

■TABLE OF CONTENTS

304   My curiosity led me to become a member of the first undergraduate class of Taiwan's nuclear engineering major

307   Taiwan's "UFO Research Godfather"

310   From cancer patient to cancer expert

313   *2001: A Space Odyssey* made me fall in love with science fiction

318   My 1991 trip to Chengdu opened my eyes to mainland China's science fiction development

320   I edited Taiwan's first science fiction magazine *Illusion*, but it didn't last long because the market was so small

323   I sponsored *Science Fiction World* in establishing the "Lu Ying-chung Science Fiction and Arts Awards"

329   My friends in the science fiction community

331   Fun facts and Q&A

成为台湾核工程专业
第一届本科生是因为好奇心

科幻邮差：吕老师好，很开心看到您来参加访谈，我们一直期待港台科幻界的前辈都能够加入口述史访谈。2019年，我们有幸邀请到了香港的杜渐老师，这一次，非常荣幸能邀请到您，希望您能给我们介绍台湾地区的科幻现状以及过往的发展史，将海峡两岸的科幻友谊联结起来，充实我们的《中国科幻口述史》。

今天我们就从您的求学之路聊起吧。之前听吕老师提到过，您在大学念的是核工程专业。在 20 世纪 50—60 年代，这应该属于非常尖端的前沿学科。您对科学的兴趣始于什么时候？为什么会选择这样一个专业？

吕应钟：核子工程（核工程）在台湾的大学开设，我这届本科算是第一届。我选择这个学科纯粹是（出于）好奇心。我从小就充满了好奇心，包括后来对外星人、对科幻都一样。选这个科系和我当年为什么会去写科幻小说的心态是一样的：我思考了半天，写武侠写不过古龙，写爱情写不过琼瑶，但写科幻的人很少，数起来也只有四五个人，那我就来写科幻。我大学选科系也是这样的，如果已经很多人在读了，那我干吗再去挤呀？我就要选大家都没有选的那个班。所以，我看到这个专业是第一届招生，就赶快报名了。也不是说我将来想要从事核工程，（初衷）就只是好奇。但通过四年的本科核子工程专业学习，我还是学到了非常多的东西：相对论学了，量子物理也学了，然后核子工程本科的辐射原理等课程，各方各面都学了，直到现在对我的帮助都很大，就是培养了理工科的思维。

后来（因为）对飞碟和外星人很有兴趣，我又去修了天文学，都是基于好奇心。

科幻邮差：您这么多的兴趣是不是受到家庭影响呢？

吕应钟：父母真的算是很开明，从来没有规定我们几个孩子要读什么，从来没有。我出生在 1948 年，那时候台湾从日本人的手中收复回来也只有大概三年的样子（1945 年台湾光复）。因为第二次世界大战的关系，在我出生的年代，台湾真的是非常残破，处于战后最贫穷的时代。

但是我也很幸运，因为我父亲的工作很稳定，然后我母亲又有工作，家庭有稳定的收入。我们兄弟姐妹一共四个，一直到大学都过的是非常平顺的生活。我爸爸从来不会要求（我们）一定要读医学院，或一定要读什么专业，从来不会，就让我们自己去发展兴趣，这是很宝贵的。

我们几个兄弟读的专业完全不一样：我大学本科读的是核子工程；我的大弟弟读的是物理系，后来去美国修博士学位；小弟弟读的是海事专科，也就是跑船的。

科幻邮差：我们在一些采访资料里看到，您小时候拆过家里面的电器，这是怎么回事呢？

吕应钟：小时候就是很好奇，（对）什么都好奇。20 世纪 40—50 年代的电扇是非常传统的电机驱动的电扇，我看到就好奇，后来就把电扇从底部拆开来研究。我们家那时有一个小型的电晶体收音机（晶体管收音机），非常传统的、1950 年代常用的那种电晶体收音机，也被我给拆坏掉了。因为它是电晶体，不是一般的电机，所以拆了保证会坏掉。（笑）

总之，（贯彻始终的）就是"好奇"两个字，我不仅对宇宙，对任何事物都非常好奇，到现在也一样。

科幻邮差：吕老师，您是从大学阶段开始写作的吗？

吕应钟：对，大学学校里面有校刊，我写短文在校刊上发表。当时在校外的报纸上也有发表，比如翻译《漫谈人造卫星》的那篇文章，应该就是大学四年级的时候发表的。

科幻邮差：那个时候就已经开始关注人造卫星了？

吕应钟：是啊，我对新科技东西都很好奇。

吕应钟从大学就开始进行翻译和科普创作，图为 1971 年吕应钟翻译发表的《漫谈人造卫星》（发表于台湾《中华日报》）。

台湾的 "飞碟研究教父"

科幻邮差：我们知道吕老师兴趣广泛、好奇心强，涉猎的学术领域特别多，其中最常看到的您的一个身份是台湾的"飞碟研究教父"。

吕应钟：这要从 1975 年我翻译出版的台湾第一本飞碟书《不明飞行物》说起。有一天，出版社老板找我们几个（经常译稿子的作者）说，他想出一套宇宙文明方面的书，让我们各自选一些书来翻译。我当时看到那本《不明飞行物》，（心想）这是什么东西，我很好奇，于是决定翻译这一本。刚开始只是翻译，帮出版社译了好几本（类似作品），发现宇宙间竟然有这样的东西，非常好玩。

当年跟我同期翻译的另外几位译者，没有继续研究下去，他们纯粹就是以译者的身份（介入），把书翻译出来，出版就了事。而我因为好奇就继续研究了下去，比如说跟古文明有关的东西：几千年前外星人有没有来过地球？金字塔是不是跟外星人有关？为什么玛雅文明是这样子？我一方面翻译，一方面开始深入研究这些主题。

科幻邮差：您后来因为飞碟研究还上过电视节目，是吧？

吕应钟：对。因为 1975 年到 1976 年两年间（台湾地区）出了很多这类书，在社会上引起很大风潮的同时，招来

20 世纪 80 年代，台湾媒体在报道中将吕应钟称为"台湾研究飞碟第一人"。

了学术界、科学界一些教授的批判，他们觉得这是伪科学，是不科学的怪力乱神。怎么会有飞碟、外星人呢？他们就批判我。但我当时就很笃定，我说时间会证明我是对的，我讲这话的时候只有27岁。我27岁开始出书，到30岁的时候我就上电视了。当时台湾的地区电视台只有三家，看到这个话题引起了很大轰动，有很多人喜欢，于是，这三家电视台就都来找我去谈不明飞行物和外星人。

后来，台湾媒体界就称呼我为"飞碟研究教父"。

科幻邮差：当时台湾的科普创作和翻译，整体上是什么样的状态？

吕应钟：那时候台湾有很多科学界的人在写科普文章，科普创作非常兴盛。而且当年我也有参与《大众科学》（1951 年创刊，一般被认为是台湾最早的科普刊物，1974 年停刊；1980 年台湾环华出版公司创办同名杂志，1984 年停刊。此处特指后者）和《自然》杂志的编辑。

当时台湾的科普杂志有好几份，有《科学月刊》，有《大众科学》，有《少年科学》（1978 年创刊，1984 年停刊），有《自然》，差不多我都曾在上面发表文章，其中两家还让我做了他们的编辑委员。

科幻邮差：编辑委员就是每期要参与稿件的编选，是吧？

吕应钟：对。然后（我）就一路搞科普，也是在这段时间认识了长期旅居美国的张系国教授。当年比较有名的、写科幻的台湾作家有两位，就是张系国和黄海。两个人的风格完全不一样，张系国老师写的小说内容很严谨，而黄海先生写得比较多的是儿童科幻。还有一位张之杰（笔名章杰），张之杰老师是学生物出身的，他很用力地在推动科普，对科幻也蛮感兴趣的。

但1970年代的时候，说实在的，台湾写科幻的就只有这四五个人，没有形成风气。我也不知道原因，我觉得台湾科幻到现在也都一样，没有办法让大众欣赏，始终是一个非常小众的东西。

科幻邮差：吕老师，这么多年的飞碟研究，对您而言，最大的意义或者收获是什么？

吕应钟：因为飞碟、外星人一定是从外星球来的，所以我很自然地去研究天文学。当年写了很多天文方面的文章，同时我也翻译了很多（外国的文章），把自己的视野打开了。国外的科学杂志一有这方面的文章发表出来，我就把它翻译过来。当年（世界上大多数国家和地区）还没有讲究知识产权（版权）的意识，可以随便翻译。

我在翻译天文学文章的过程中，一方面自己获得知识，另一方面也（将这些知识）向大众推广。（我的译作）一篇、两篇、三篇……累积下来，我对宇宙的了解越来越丰富，后来我又去美国读了天文学硕士，就是在研究飞碟、外星人的过程中顺便读的，所以我对天文的研究有了学术的底子。

科幻邮差：您本科学的是核子工程专业，大学毕业后的工作有沿着专业方向走吗？

吕应钟：在核子工程专业的路上走了十年。我最初任职的单位，就是台湾核能事务的主管机构。上班之余，我的兴趣是写天文方面的文章，还有能源方面的文章。我那时候发表的和能源相关的文章也蛮多的，（包括）核能发电、太阳能什么的。

癌症患者变成了抗癌达人

科幻邮差：我们在别的地方看到，2000 年，吕老师的身体健康方面曾经出了一次比较大的问题。好像病痛给您带来了一些新的转变，对您之后的工作、生活、兴趣都产生了影响？

吕应钟：这是很重要的转折。2000 年我五十二岁，医生在那一年 8 月 14 日给我做了一个切片，（我）一个礼拜以后去看报告，获悉自己患了鼻腔淋巴癌，叫"非何杰金氏淋巴癌"（一种源于淋巴结及组织的免疫系统恶性肿瘤）。反正我以前也没有听过。（医生）说要做化疗——我记得很清楚，那是星期一的上午。

下午我回到家，坐在客厅里思考的第一件事，是我年纪轻轻，生活正常，不抽烟，不酗酒，不经常熬夜，饮食也很健康，怎么会得肿瘤呢？怎么会是我呢？我想任何人都会这么问吧？

我思考的第二件事，难道是老天爷要叫我回去？万一没治好，几个月以后就走了，那我要怎么办？总要做个交代嘛。

好，要做交代，我先立一立遗嘱。于是，我就在一张 A4 纸上写下第一条：存款。存折（原本）是我的名字，让太太、小孩去变更成他们的就好了。第二条：汽车。第三条：房屋。这两条原本都在我的名下，现在也都变更为他们的。这样写了三条，好像就没有可交代的了。最后又想到我的书很多，那就捐给学校的图书馆算了，这是第四条。

我当时想，人生不是重如泰山吗？每个人每天都那么努力在干什么呢？到了写遗嘱的时候，那么大一张 A4 纸，写四条就完了，难道我们的人生就轻如鸿毛吗？真的是在那一刻，我想到人的一生为什么要那么辛苦？不管你多有钱，到最后也还是一样。想着想着就很不服气，人生怎么会这样呢？辛苦了几十年，到头来四行字就写完了，轻如鸿毛，太不值得了，很不甘心。我自己当时也在研究佛学，不甘心怎么办呢？既然已经遇到了，就放下吧。

突然我又想到一句"天将降大任于是人也，必先苦其心志，劳其筋骨"，我的思维突然打开了，也许命运如此安排就是要我把接受治疗的过程、经验拿来写成书，去帮助更多的人克服肿瘤。我当时一下子就不怕了。

这个人生转折很重要。我 2000 年以前研究的都是天上的东西，操心的都是虚无的东西，而命运要我 2000 年以后落到地面上来，落到身心上，落到疾病上。

科幻邮差：所以一下子就释然了？

吕应钟：对。然后我就很认真地上网查资料，到书店去买了十几本关于癌症的书回来看，做整理。我用了四天，按照写论文的方式去研究癌症。我很认真地整理，归纳出几个原则，有了一套完整的体系。第五天，我去医院住院，接受化疗。

化疗的第一针打下去真是很痛苦。很多病人其实都是死于治疗过程，而不是死于癌症。我的主治医师就跟我讲，有三分之一的病人是"吓死"的，有三分之一是"医死"的，就是在治疗过程当中死掉的，因为身体承受不了。化疗药是很毒的，非常毒，打进去非常难受。化疗的第二个礼拜，我的白细胞降到每微升 1800 个，远低于正常水平（每微升 4000-10000 个）。医生交代化疗过程中绝对不能受凉，受凉就会有并发症，可能会死掉。

后来，我又改做放射性治疗，就是放射性照射。我的病灶是在左鼻腔，但（放射性照射）一定会影响到口腔。我整个口腔里面都破了，黏膜破了一个月，没办法吃固体食物，只能喝流质，这些治疗的惨痛我都亲身经历过。

我研究的心得就是一定要尽量吃，能吃尽量吃，一定要把抵抗力增强起来，不可以吃不下就不吃。你身体越虚弱，你的癌症就越是治不好。我研究自然医学、营养医学，甚至更深入的细胞分子学，才了解到，我们会得各种疾病，都源于体内矿物质、微量元素以及营养素的缺乏。

我又找到几十年间美国国会的一些调查报告，把这些都整合起来，分析这些资料得出结论，营养不足产生疾病，再加上毒素——环境的毒素、食品的毒素太多了，生命的健康仅仅有"正确的营养素"是不够的。

科幻邮差：没想到吕老师从癌症患者变成了抗癌达人。

吕应钟：对，我后来还去读了自然医学的博士。整个过程都是一次体验，是老天爷给我的人生体验。

这之后的第二年，就有一家出版社找我写关于癌症的书。我开始化疗是在2000年8月的最后一天，第二年的9月就出了第一本《我的肿瘤不见了》。当时很轰动，报纸也都有报道，说"飞碟教父"变成了"抗癌专家"。书很畅销，很多病人找我，我就把我的方法都告诉他们。

科幻邮差：从发现这个疾病到现在，转眼二十三年过去了，后来病情有反复吗？

吕应钟：没有，就是好了，而且我现在看起来也很健康，我今年七十五岁了，完全看不出来是这个年纪的人。这二十多年来，我就坚持一个原则：把细胞养健康，身体就健康。如何把细胞养健康？要靠正确的营养素。可是这一套理论，医生一般不会告诉我们，因为很多医生也不懂营养医学。

科幻邮差：后面我们再跟吕老师好好讨教，争取防患于未然。

《2001：太空漫游》
让我爱上科幻

科幻邮差：吕老师，您最早接触到科幻作品是在什么时候？

吕应钟：有一部科幻电影叫《2001：太空漫游》（1968年），这部电影在台湾上映的时候，我就去看了。当时我就受到了冲击，原来科幻电影可以拍得那么棒。如果以现在的视角来看，可能会觉得这部电影的画面不够好，但在当时，那是一部非常震撼人心的科幻电影。后来，刚好台湾照明出版社找到我，问我要不要把这部电影的同名小说给翻译出来。阿瑟·克拉克先写出小说，后来才被改编成了电影。我说好啊，然后我就翻译了。我因为这部电影（《2001：太空漫游》）而翻译了原著，翻译的过程也启发到了我——原来科幻小说可以这样写。从那时起，我就开始看其他人写的科幻小说，当时黄海、张系国都在写，我就买他们的

吕应钟（笔名吕金骏）在看过《2001：太空漫游》的电影后，翻译了阿瑟·克拉克的同名小说《2001：太空漫游》（1980年，照明出版社）。

吕应钟科幻小说合集《龙船征空记》，1993 年由安徽少年儿童出版社出版。

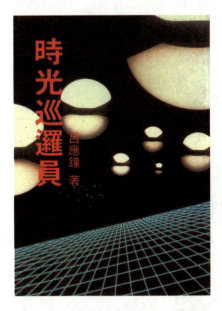

1986 年，台湾晨星出版社出版了吕应钟的科幻小说《时光巡逻员》，2016 年江苏大学出版社再版该书，并改书名为《B12 星球之时空穿越纪事》。

书来看，看着看着自己就有了兴趣。

那个时候，台湾有一本给少年儿童看的杂志，叫《幼狮少年》。之前主编一直找我写飞碟、外星人的故事，我就和主编说，我来写一篇科幻小说好了，于是（写出来）就刊发在了《幼狮少年》上面。

科幻邮差：您的《龙船征空记》这本书是怎么诞生的呢？

吕应钟：《龙船征空记》这本合集里面其实有好几篇短篇小说，本来是不同主题、分别发表在《大众科学》《幼狮少年》等不同报刊杂志上的。我自己也都忘了是什么机缘……哦，当年我到成都，认识了叶永烈老师，他跟我提到要编一套"世界科幻名著文库"，需要我提供小说，我说好，就把这些小说交给他了。

科幻邮差：叶永烈老师主编的这套文库，每本扉页都摘录了当时韩素音女士定义科幻文学的一句话。您还写了一本《时光巡逻员》？

吕应钟：《时光巡逻员》最早是台湾晨星出版社出的，我也忘了那个出版社老板怎么会认识我，就记得当时是聊着聊着就拿去出版了。

科幻邮差：除了写科幻小说，您还有做

科幻理论方面的研究，我们注意到《科幻文学概论》（大陆版书名为《科幻文学入门》）是您跟吴岩老师合著的，当时这个合作是怎么开始的？你们俩是怎么分工的呢？

吕应钟：我早期发表在台湾报纸上的文章提到，跟"科幻"相关的非小说的科幻文章，不能直接叫"科幻小说"（当时"Science Fiction"一词的中文译名尚未统一）。我将它们统称为"科幻文学"，因为科幻文学可以包括科幻小说，也可以包括科幻诗——"科幻"也可以用诗的方式来表述。后来叫"科幻文艺"，概念包括了（和科幻相关的）文学与艺术。

我把自己这些针对科幻的观点和想法写出来发表，然后把这些文章收集起来（结集出版）。刚好那时候我看到外国有关于科幻文学的专著，我看他们写得有道理，阐述科幻文学（作为一门学科）应该怎样去架构。我就根据那种结构来编排，书名叫《科幻文学》。

跟吴岩认识以后，我把以前出的这本书（《科幻文学》）给他看，他的研究也是这个方向。这些文章已经发表好几十年了，我请他根据他的观点和对中国科幻的了解，把我的这本书修改一下。

1980 年，台湾照明出版社出版了吕应钟的科幻文学理论专著《科幻文学》，后来经过吴岩的修改与内容补充，修订为《科幻文学概论》，2001 年由台湾五南出版社出版。

科幻邮差：您这本 1980 年出版的《科幻文学》，在很长时间里都被誉为"中国最早的科幻理论著作"。

吕应钟：对，算是最早的。但是经过了几十年，我觉得可能需要修订。认识吴岩以后，因为吴岩在大陆科幻界也是学术派，我就把整本书授权给他，请他修改。

科幻邮差：所以《科幻文学概论》实际上是对两块内容的整合，包括您那本《科幻文学》和吴岩老师在北京师范大学教授科幻专业课的材料。这确实又是一个创举。

吕应钟：当时我觉得我自己改没有意思。我自己改不了，就交给他改。

科幻邮差：吕老师，您提到自己早期的科幻创作基本上都是发表在报纸期刊上，那个时候台湾的科幻文学整体发展状况是什么样的？有没有专门的科幻文学期刊呢？

吕应钟：其实没有。科幻小说都是发表在几类杂志上，像少儿杂志或《大众科学》这种通俗的科普杂志上。偶尔会看到一些不同的作家写科幻小说。但好在1981年前后，台湾有个老报纸（《台湾时报》）办了一次"科幻小说大展"。《台湾时报》副刊的主编周浩正先生和我以前就认识，我有好几篇科幻小说的主题都是周浩正先生给的点子，我们谈话时觉得这个点子好，我就把它写成小说。
1981年周浩正跟我说，他要在《台湾时报》的副刊上办一次"科幻小说大展"，就是每天的副刊上面登的内容全是科幻。他找了很多人来写。因为要连登几天满版的报纸，肯定要有很多人来写嘛。就这样，周浩正在1980年到1981年的一段时间里，邀请科幻作家一起来写作，在报纸的副刊上连登了好几天。因为我跟他是好朋友嘛，所以我当然也写，包括跟岳飞有关的科幻小说也是那时候写的。

科幻邮差：那个时候，你们能够看到大陆的科幻作品吗？

吕应钟：那个时候还没有。我是1991年到四川成都参加世界科幻协会年会才了解到（大陆科幻作品的情况）。1991年以前完全没有看过大陆的科幻，也不晓得成都有《科幻世界》。

科幻邮差：1977 年，吕老师办了一本杂志叫《宇宙科学》，提出的口号是"探索宇宙奥秘，推动科幻作品"。当时您怎么会想到要创办这本杂志的呢？

吕应钟：对，就是这两个主题（宇宙奥秘和科幻作品），我觉得这两个主题很有意思，都应该推动。但问题是，如果不是自己的杂志，你就没办法推动，所以我就自己掏腰包，一共办了 14 个月，出了 12 期杂志，再算上第一期之前的试刊号，出了 13 期。

科幻邮差：您做这本杂志的时候，稿源来自哪里？都是您自己写的吗？还是您要去跟其他朋友、同好组稿？

吕应钟：当时有五六个朋友一起（写），因为光我写不行啊，也都没有稿费，我只负责印刷等费用。

1991 年到成都，
大陆科幻发展让我大开眼界

科幻邮差：您做这个事情让我想起姚海军老师早年办《星云》杂志，就是自己有特别强烈的兴趣，想把这种兴趣跟更多的人分享。说到 1991 年您到科幻世界杂志社，以及参加世界科幻协会成都年会的事，您最初是因为什么机缘接触到大陆科幻圈的？

吕应钟：当年好多细节都忘记了。好像是黄海告诉我的，说成都要办这个活动，我就想过来了解了解。我也问了几位台湾写科幻小说的朋友要不要一起参加，他们当时都没有想要来，最后台湾只有我一个（来）。

科幻邮差：那次大会给您留下什么样的印象呢？

1991 年 5 月，吕应钟到成都参加科幻世界杂志社举办的世界科幻协会年会，在杂志社编辑部和众多嘉宾合影。图中倒数第二排右二为吕应钟。

吕应钟：给我很深刻的印象。第一是竟然会有《科幻世界》这样的杂志存在，而且还是四川省科学技术协会下面的单位办的。想要官方的单位办这种杂志，在台湾是根本不用考虑的。这是大陆跟台湾不一样的地方。很多事情还是要官方来推动才有办法，纯粹靠民间（自发）是不行的。

第二是我发现科幻爱好者竟然还挺多的。虽然当时《科幻世界》的销量大概只有两万册，但是从相对的资金支持来说就是很多。我很惊讶竟然有这么多人喜欢科幻。后来年会结束，我们又到了熊猫的故乡（卧龙国家级自然保护区），去那边也是第一次。总之这次让我大开眼界，很多事情还是要在大陆才有办法发展。

科幻邮差：您在那次大会期间都认识了哪些朋友呢？

吕应钟：就是科幻世界杂志社的这些人，像谭楷他们，后来都变成了很熟的朋友。还有刚刚讲到的叶永烈老师等好几位，我蛮佩服他们，他们到现在都还在科幻这方面努力。刘兴诗专门请我去他家吃晚餐，给我喝那个"葡萄美酒夜光杯"，就是用那种很薄的杯子喝酒，然后我们聊了很多很多。

科幻邮差：您是在那次大会上认识韩松老师的吗？听说他是在那时把《宇宙墓碑》小说稿交给您的？

吕应钟：对对，还有韩松，那个时候他还是新华社的一个小记者。他的《宇宙墓碑》我带回台湾了，那个时候台湾《幻象》杂志（1990年创刊，1993年停刊）有办科幻奖，《宇宙墓碑》获奖了（1991年首届世界华人科幻艺术奖科幻小说首奖），之后在《幻象》杂志上面刊发（第六期《科幻奖专辑》）。

1992年，吕应钟将韩松的科幻小说《宇宙墓碑》推介到台湾，发表在由他主编的科幻杂志《幻象》第六期《科幻奖专辑》。

主编台湾第一本科幻杂志《幻象》，却因市场太小留下遗憾

科幻邮差：那个时候吕老师就已经是《幻象》杂志的主编了吗？杂志的诞生经过您还记得吗？

吕应钟：当年我们台湾（愿意）写科幻小说，愿意推动科幻小说创作的，其实也没有几个人。就刚才讲到的张系国教授，以及黄海、张之杰等人。张系国的姐姐也是写科幻小说的（应为妹妹张敏敏，曾任台湾《中国时报》编译工作），他就找她来负责《幻象》在整个台湾的发行业务。

我们这几个编辑常在一起开会讨论工作。当时我们就说，大家尽量找一些可以写科幻的朋友来写吧，因为每一期总得刊登不少篇小说。于是大家就分工自己去写，另外也去找朋友写。钱的事情由张系国老师负担，我们负责编辑的人不用管印刷费用、发行之类的事情。

科幻邮差：《幻象》当时是季刊杂志吗？

吕应钟：应该算是季刊，三个月发行一期，可是到后来都会拖期，拖到四五个月，甚至半年才出一期。我也记不太清了，好像办了两年多吧（应为三年多），我记得是六期（应为八期），因为到后来都是拖很长时间才出一期。说实在的，

吕应钟主编《幻象》第四期时制作了科幻大师阿西莫夫的专辑，收到阿西莫夫的来信祝贺。

当年台湾真正写科幻的人并不多，杂志的发行量也不多。

科幻邮差：但是，杂志办的"世界华人科幻艺术奖"给的首奖奖金却很高，有100000台币，当年折合人民币大约有25000元，在当时来说已经很高了。

吕应钟：很高，这个钱全是张系国个人出的，他当时是芝加哥大学的教授，还开了一所私立的电脑学院。

科幻邮差：杂志刚开始办的时候，在台湾地区应该还是引起了一些反响吧？

吕应钟：刚开始的时候是不错，很难得，但也很可惜，因为台湾市场打不开，实在没办法，后来我们几个人也都蛮泄气的。

科幻邮差：市场打不开是因为哪些方面的原因呢？是作者不足，还是说有其他发行方面的问题？

吕应钟：这些也都是原因，但最主要还是因为台湾社会上没有这种"科幻"的风气。到现在也是一样，现在张之杰老师还有个台湾"中华科幻学会"，也非常小众。

雪中送炭，赞助《科幻世界》推出"吕应钟科幻文艺奖"

科幻邮差：吕老师在 1991 年的世界科幻协会年会上跟科幻世界杂志社结下了深厚的缘分，您不仅被聘为杂志社的特别编辑顾问，后来还与《科幻世界》推出了以您个人名字命名的"吕应钟科幻文艺奖"。跟我们分享一下关于这个奖的设立吧？

吕应钟：1991 年到 1993 年这三年我每年都到过成都。大概 1993 年的时候，有一次大家一起吃饭，席间，杨潇说起当时《科幻世界》的发行量只有两万多册，不算多，怎么推广呢？我就说，那就办一个"科幻文艺奖"嘛。我先承担三年，每年出人民币 10000 元，这里面给一等奖 1000 元，给二等奖 800 元，依此类推，反正就用 10000 块钱去设计。

关于用什么名称来给这个奖命名，杨潇说要不就是"年度 XX 奖"之类的，但是设奖不能随便设，需要报国家新闻出版署核准。后来我们接到通知，这个科幻奖的名称（"年度 XX 奖"）没通过，既然是台湾的吕应钟拿钱出来办，那就应该叫作"吕应钟科幻文艺奖"。

科幻邮差：科幻世界杂志社在 1986 年曾经创立了一个"银河奖"，新设的这个奖是不是可以理解为"银河奖"在那个时期换了一种称呼？

《科幻世界》1993 年 1 月刊登载了年度"吕应钟科幻文艺奖"的征文公告以及吕应钟的寄语。

吕应钟：这个我不清楚啊。

科幻邮差：这个奖一共做了三年？从 1993 年开始。刚好是王晋康老师现身科幻圈的那一年，他的《亚当回归》拿了一等奖。

吕应钟：对。

科幻邮差：太巧了，之前我们恰好在王老师保存的众多奖杯、奖状里看到过"吕应钟科幻文艺奖"的奖状。然后 1994 年的特等奖又是王老师，一等奖是何宏伟（何夕）老师和郭威（星河）老师。1995 年的特等奖还是王老师，然后一等奖是吴岩老师和韩建国老师。吕老师赞助的就是这三年吧？在这几年评奖的过程当中，《科幻世界》编辑有把要评奖的作品发给您看吗？您有参与评奖过程吗？

1993 年，吕应钟到成都
科幻世界杂志社访问，
在编辑部接受采访。

吕应钟：有给我看，我基本没有意见，只是看看。

科幻邮差：吕老师是不是也是从那个时候才开始读到大陆的科幻小说？

吕应钟：是从 1991 年到科幻世界杂志社开始，读他们送给我的杂志。我看了 1991 年和 1992 年两年的《科幻世界》，（对大陆科幻小说）就有一个比较清晰的轮廓了。

科幻邮差：这些科幻小说跟台湾的科幻小说有什么区别吗？

吕应钟：写作的风格不一样。我也讲不出来有什么不一样，反正就觉得是很不同的写作方式。

科幻邮差：杨潇老师找到您来赞助设奖的时候，确实也是《科幻世界》比较艰难的时期。这样坚持下去，一直到 1997 年才有了第二次国际性科幻大会的盛况。那次大会上，吕老师获得了四川省科学技术协会、四川省对外友好协会颁发的"金桥奖"。您还记得获奖这件事吗？

吕应钟：记得。那个奖牌我还保留着呢。

科幻邮差："金桥奖"应该是《科幻世界》对吕老师给予巨大帮助所表示的感谢。吕老师让"银河奖"以另外一个面貌出现在读者面前，让它渡过难关，得以延续至今。您还记得当时跟您一起获得"金桥奖"的人吗？

吕应钟：我记不清楚了。

科幻邮差：哈哈，赶巧我们之前做过一点功课，当时跟您一起登台领奖的还有王逢振、郭建中、吴定柏、日本的岩上治、美国的大卫·赫尔和德国的恩格尔·库尔特等人。

1997年，北京国际科幻大会上，吕应钟获得四川省科学技术协会、四川省对外友好协会颁发的"金桥奖"。

科幻邮差：参加这两次国际性的科幻盛会，吕老师感受到大陆的科幻发生了怎样的变化？

吕应钟：有很大变化。我一直说台湾的科幻市场多少年都打不开，可是就大陆的这几年来看，却完全不一样。我觉得还是大陆的科幻市场有希望，从1991年到1997年，看下来不得了，从1997年到现在，那就更不得了了。上一次到成都（2017年），真的给我很大的震撼。二十年里，我都没有参与科幻的活动，一直到2017年，又到成都认识了你们。大陆科幻竟然变成这样的局面，真的完全超乎我的想象。我完全想不到（科幻大会）会有那样大的场地，有那么多人，那么多的展示摊位，整个都让我觉得变化太大了。

2017 年 12 月，吕应钟在成都 2017 中国科幻大会东郊记忆会场参加《追梦人——四川科幻口述史》图书沙龙，与四川科幻界友人合影留念。图中左起依次为：姚海军、吴显奎、何夕、杨潇、吕应钟、谭楷、刘兴诗、杨枫。

科幻邮差：吕老师除了科幻、科普的创作外，在很早的时候就开始了科幻文学的理论和学术研究。刚才也说到了，《科幻文学入门》这本书其实就来源于您早期的研究专著《科幻文学》。您最初是怎么想要做科幻文学研究的呢？

吕应钟：实际上我一直在思考，西方的科幻小说跟东方的科幻小说应该有所区别。说起来，有很多西方的"硬科幻"作品我看不下去。我们姑且把科幻小说分成"硬科幻"跟"软科幻"吧。西方的科幻小说我也看了很多，但大部分我个人都不喜欢，不喜欢他们的那种风格。我看过古代的很多传奇小说，我想说中国古代就已经有很多科幻小说了，虽然古人不会用"科幻"两个字，但是，很多题材跟我们现在讲的"科幻"是一样的。如果我们把里面的一些文字说法修改一下，就变成科幻小说了。

说实在的，我个人一直有着很浓厚的中国古代文化情结，不管是在做哪方面的研究，我都会思考到东方文化的元素，这里的"东方文化"特指中国文化。比如说，我也写过几篇关于中国古代科技成就的文章并在报纸上发表；还写过比较东西方神话、中西神话的文章；宣称过要建立东方特色的飞碟研究。我发自内心认为我们应该有自己文化风格的科幻，不要老是学西方的。

科幻邮差：您最早跟吴岩老师认识也是在 1991 年的科幻大会上。您那次到成都可谓是结出了几个硕果——一个是开始了您跟吴岩老师在科幻文学理论方面的合作，也就是合作了《科幻文学入门》这本书；另一个是把韩松老师的《宇宙墓碑》带回台湾发表，至今在两岸科幻文学界被传为一段佳话。韩松老师在多个场合都说您是他的"伯乐"，让他这篇曾遭退稿的作品得到了曝光的机会。您后来还在别的场合见过韩松老师吗？

吕应钟：有的，在北京，哪一年我忘记了，当时吴岩在北京师范大学（工作），我通知他，他通知韩松，我们几个人一起吃晚餐，又聊了蛮多的。

科幻邮差：吕老师，这么多年您一直密切关注着大陆的科幻发展情况吗？

吕应钟：有在关注，但也不是很密切。我知道吴岩后来成立了一个科幻研究中心（2017年吴岩在南方科技大学成立科学与人类想象力研究中心），我觉得这个太好了，怎么会有办法在大学里面成立这样的中心？在台湾是没办法的。我真的体会到大陆是有这种文化氛围的，而且对科幻特别重视。我个人觉得科幻是一种很好的、无害的幻想，青少年应该多导入科学幻想的思维，这对他们将来的发展，譬如说对现在人工智能等方面的理解，应该会很有帮助。

科幻邮差：吕老师有关注到2023年成都世界科幻大会吗？您有兴趣参会吗？

吕应钟：是十月吧？也许可以去看看我的好朋友，我先把这个日期记下来。

科幻邮差：吕老师，您觉得2023年成都世界科幻大会会给成都以及中国科幻带来什么样的机遇？

吕应钟：这个我倒是没有去想过，不过能够办这么大的会议就已经是很棒的了。局面已经打开，是非常好的机会，让外国人通过这次大会更加了解中国科幻的发展。

我的科幻友人

科幻邮差：吕老师，下面想请您分享一些您跟科幻同好之间的故事。比如说台湾的张系国老师、黄海老师、张之杰老师，或者您想到的其他人。

吕应钟：好，我首先谈张系国老师，我受他的启发很多。他在台湾出版的很多部科幻小说，我都有买来看。（他的小说）我看得下去，而西方的那种"硬科幻"我是看不下去的。甚至可以这样说，张系国老师就是我的科幻启蒙人，他的科幻小说我差不多都读过。最初我还不认识他，就觉得他的小说都写得很棒，后来有机会去参加他的科幻演讲还是什么活动，就相互认识了。

再后来他创办《幻象》杂志，我更是佩服。因为当年我自掏腰包来办过杂志，他也是自掏腰包来办《幻象》，我们两个对科幻这项事业的心态是一样的。

再说黄海，其实我跟他认识得更早，我们是在青少年杂志上面写科幻小说的时候认识的。他的小说我也都有看，他的小说看起来比较轻松。他比较偏重于写少儿科幻，这也给了我一个启示，原来写给儿童看的科幻小说跟写给大人看的不一样。

张之杰老师，我们是在办科普杂志的时候认识的，1970年到现在，算是老朋友。他在台湾办过几份科普杂志，都曾把我拉进去当编委。编委的责任，一方面要审稿，另外一方面要写稿。每期总要有文章发表，也是促成我那一阵子发表很多文章的原因，那个时候产量比较高。他后来还成立了台

倪匡在台湾与吕应钟、
叶李华合影留念。图中
左起依次为：叶李华、
吕应钟、倪匡。

湾"中华科幻学会"，到现在都还很用心。

还有一位叶李华，你们知不知道？

科幻邮差：跟倪匡先生他们办"倪匡科幻奖"的叶李华，对吧？

吕应钟：对，叶李华在美国留学，后来回台湾教书，他写的科幻小说也蛮不错的。倪匡的科幻小说全套我都有，我觉得倪匡的科幻小说是所有科幻小说中最好看的。看起来非常轻松，不会"烧脑"，不过他有一个毛病，就是会把所有没办法解释的问题统统推给外星人。正好我在写外星飞碟的书，就觉得这一点很厉害。倪匡有几年里每年都到台湾，我们也都有见面，我们三个人（吕应钟和倪匡、叶李华）的照片我都还保留着。

叶李华在台湾交通大学也成立过一个科幻研究中心（2001 年成立的科幻学术中心），很用心地推动了好几年，可是到后来无疾而终。台湾的科幻风气就是起不来，非常可惜了。

趣问趣答

01 您能否就科幻小说给出一句话的定义或描述？

科幻小说是各类型小说中唯一无害的幻想。

02 您觉得保持健康最重要的是什么？

愉快的心情。

03 如果现在有一本关于您一生的传记，您希望用一句怎样的话做开头？

"吕应钟不是人，不是地球人。"——就从这句开始。

04 您有亲眼看见飞碟的经历吗？

有过，但都不是在台湾。一次是在日本东京，一次在日本北海道。

05 能否用一句话总结您多年研究生死学的收获？

全然了解"死亡不是生命的结束，只是生命形态的转换而已"，希望人人都能够体会，才不会恐惧死亡，活得愉快。

06 您最喜欢的科幻电影有哪些？

《地球停转之日》《超体》。

07 您多次因为科幻活动到访成都，对成都最深的印象是什么？

成都是文化之都。

08 您最大的骄傲是什么？

其实没有什么觉得好骄傲的。

09 您最大的遗憾是什么？

也没有什么遗憾。

10 请谈谈对中国科幻的期望和祝福。

能够大踏步走向世界，将《西游记》《水浒传》《封神榜》等作品拍成"银河帝国兴亡史"式的科幻电影。

中国科幻口述史

杨 枫————编著

（第2卷）

CHINESE SCIENCE FICTION: AN ORAL HISTORY

VOLUME 2

成都时代出版社
CHENGDU TIMES PRESS

图书在版编目（CIP）数据

中国科幻口述史 . 第 2 卷 / 杨枫编著 . —— 成都 : 成
都时代出版社 , 2023.10

ISBN 978-7-5464-3306-6

Ⅰ . ①中… Ⅱ . ①杨… Ⅲ . ①科学幻想－文化产业－
产业发展－研究－中国 Ⅳ . ① G124

中国国家版本馆 CIP 数据核字 (2023) 第 179357 号

中国科幻口述史（第 2 卷）
ZHONGGUO KEHUAN KOUSHUSHI(DI ER JUAN)

杨枫 / 编著

出 品 人	达 海
责任编辑	李翠华
责任校对	江 黎
责任印制	黄 鑫　陈淑雨
封面设计	鬼 哥
装帧设计	鬼 哥

出版发行	成都时代出版社
电　　话	（028）86742352（编辑部）
	（028）86615250（发行部）
印　　刷	成都市兴雅致印务有限责任公司
规　　格	170mm×240mm
印　　张	45.5
字　　数	718 千
版　　次	2023 年 10 月第 1 版
印　　次	2023 年 10 月第 1 次印刷
书　　号	ISBN 978-7-5464-3306-6
定　　价	278.00 元（共 2 册）

在遗忘之前，我们见证。

KEEPING MEMORIES ALIVE

中国科幻
口述史

目录
CONTENTS

杨 枫
与中国科幻同行，何其幸哉
——序言「004」
Yang Feng: My Odyssey,
My Honor——Journey with
Chinese Science Fiction

韩 松
重新建立一种现实「011」
Han Song: To Establish an Alternative Reality

何 夕
因为热爱，所以坚守「077」
He Xi: I Stand My Ground Because of Passion

申再望
回忆中国科幻走过的坎坷之路「117」
Shen Zaiwang: Remembering the Struggles of Chinese Science Fiction

吴显奎
让科学与文艺之美尽情绽放「167」
Wu Xiankui: Let the Beauties of Science and Arts Blossom

董仁威
用行动为中国科幻助力「219」
Dong Renwei: Empowering Chinese
Science Fiction through Action

孟庆枢
为中国科幻"跨海建桥"「273」
Meng Qingshu: Building Bridges Across the Ocean

魏雅华
以《温柔之乡的梦》而彪炳千秋的作家「325」
Wei Yahua: Marking History with His Novel *Dear Delusion*

PROLOGUE: MY ODYSSEY, MY HONOR — JOURNEY WITH CHINESE SCIENCE FICTION

与中国科幻同行，何其幸哉
——序言

■ 杨 枫

2016 年夏，八光分文化创立伊始，我接到新华网四川分公司时任副总王恒的邀请，共同策划即将于成都国际科幻电影周期间举办的国内首场科幻路演会。8 月 18 日，"创业天府·菁蓉创享会"科幻专场暨科幻邮差 IP 创投会圆满落幕，八光分文化自此走上前台。8 月下旬，我们与新华网四川分公司老总侯大伟坐下来复盘这次合作，大家都感觉非常愉快，意犹未尽。接下来还能在科幻方向继续为我们这座享誉海内外的"科幻之都"一起做点什么呢？我跟同行的姚海军老师不约而同提出了立足成都记录中国科幻史这件事，双方一拍即合，觉得这对推动成都科幻文化发展大有裨益，无论是新华网还是八光分，都义不容辞。

恰好不久之前，晨旭加入了八光分，他带来了跟从导师做香港电影口述史的丰富经验，于是，策划并执行该项目的工作顺理成章地落在他头上。8 月底，我们正式向驻川的杨潇、谭楷、流沙河、刘兴诗、王晓达、周孟璞、吴显奎、董仁威、何夕、姚海军十位中国科幻功勋人物发出口述史访谈征询意见函，很快得到积极回应，这极大地鼓舞了我们。接着，时任四川省科普作家协会副理事长的四川传媒学院老师陈俊明雪中送炭，为我们推荐了一支专业高效的拍摄团队。

9月14日早上9点，杨潇老师准时来到成都西部智谷八光分还未正式入驻的新家，第一场访谈如期进行。架设灯位，调试机器，优化还在完善中的新公司书橱背景……负责拍摄的四个小伙子忙碌了将近一个小时才布置妥当。之所以把杨潇老师定为首场嘉宾，是因为隔天她就要启程前往悉尼。

在随后的两个半月里，八光分和新华网紧密协作、无缝对接，以专注于科幻产业的整合运营机构与垂直媒体"科幻邮差"为名，每周邀约一位嘉宾，有条不紊地完成了十位嘉宾的拍摄采访。第一手的资料收集完毕，接下来就是录音整理。那时公司所有员工加上我才五个人，因为不少嘉宾年事已高，还带有浓郁的地方口音，所以听录工作推进得异常艰辛。经过半年多的努力，2017年8月，《追梦人——四川科幻口述史》由四川人民出版社推出，并在第二年相继获得第九届华语科幻星云奖"最佳非虚构作品金奖"和第29届银河奖"最佳相关图书奖"，令我们无比骄傲和振奋。

看着这个项目在社会上引发的巨大关注，我们很快拟定了第二批采访名单，随时准备推出四川属地以外的中国科幻功勋人士的口述史。而这一等，就是五年。五年间发生了很多事，首先是新华网四川分公司因方向调整，变成了新华网体育频道，之前协助我们推动口述史项目的包晶晶、罗自强等一众主力干将有了新的工作重心，我们双方都等待着一个更合适的时机重启项目；其次是等待一年多后，发现之前的合作伙伴再难抽身回来，我们团队决定自己开始这个项目时，突如其来的新冠肺炎疫情从天而降，跨省拍摄采访成了完全不可控的事，加之我们采访名单中不少嘉宾年事已高，除非能确保对方安全，否则贸然启程无形中会给受访者增加额外的心理负担。于是，我们的采访进度被迫大大减缓……

这几年间，我们无比痛心地送别了周孟璞（1923.5.24—2016.10.31）、流沙河（1931.11.11—2019.11.23）、王晓达（1939.8.8—2021.2.24）、

杜渐（1935.4.2—2022.8.22）四位受访前辈，但与此同时，在三丰老师、中国科普作家协会秘书长陈玲老师、南方科技大学教授吴岩、《南方周末》主任记者刘悠翔、奇异点（北京公司）吴明和仲夏等诸位师友的帮助下，我们突破重重障碍，出色地完成了新一轮计划中的大部分访谈任务。正当我们重拾信心筹划着如何在 2023 年成都第 81 届世界科幻大会上推出这个项目时，成都时代出版社出现了。

细细想来，没有侯雯雯的一次采访，可能就没有中国科幻口述史项目跟时代社的这次合作机缘。

与侯雯雯初识，是 2019 年 11 月第五届成都国际科幻大会举办期间，她以《天府文化》杂志主笔身份来到八光分展位，说想采访参与成都申办 2023 年世界科幻大会的主力机构。那会儿我正好特别忙，于是雯雯在微信里留了几个问题，看着最后那句"我读过您的《追梦人》，感觉你们做的访谈特别扎实用心"，我不禁会心一笑。再一次联络，就到 2020 年 8 月了，雯雯想深化上一次的科幻主题采访，同来的还有杂志采访总监陈凌。半天采访之后，在随后第 10 期《天府文化》上刊出了一篇十四页的大稿——《成都人的科幻脑：荒漠里制造"火星计划"》，为我们刚满四岁的冷湖科幻文学奖做了一次视野宏阔的漂亮画像，雯雯娴熟过硬的文字功底和思想情怀兼具的聪慧睿智，给我留下了深刻印象。

2022 年 3 月的一天，我忽然收到雯雯的一条信息："杨老师，我从杂志调岗到成都时代出版社了……正在筹备新团队'另起一行'，期待未来有机会合作。"7 月初，在成都的新冠肺炎疫情稍稍缓解的空当，雯雯带着她的团队造访交子大道八光分的新家了，来的一群热情开朗、眼中有光的女将中，除了陈凌，还有新朋友、原《三联生活周刊》主笔葛维樱。想到身为资深媒体人的雯雯一直以来对科幻的关注，想到"另起一行"团队对城市文化的热爱，加之雯雯新加入的出版社冠有"成都时代"几个字，在一片欢声笑语中我忽然觉得，科幻口述史这个项目好像跟她们有某种神秘的联系……果然，合作的想法提出一周后，《天府文化》杂志执行总编苑海辰亲自带队登门，转达了尚因疫情隔离在外的时代社老总达海铿锵有力的答复："好好做！"

于是，我们雷厉风行地结成联合工作小组，开始连续不断的头脑风暴。为了使这次的口述史呈现得更系统、完整，同时也为了给首次来到中国的世界科幻大会献上一份厚礼，我们决定做一套三卷本精装版的《中国科幻口述史》。考虑到已经完成采访的高龄嘉宾讲述的内容中有太多东西需要时间去消化，包括里面涉及不少敏感的人和事，整理起来耗时会很长；以及少数几位嘉宾的采访计划受疫情影响一延再延，我们依然需要灵活应变、见缝插针地寻找时机完成视频访谈，所以最终做出了一个艰难的决定：放弃一次性推出整套书的想法，而是每一卷分开出版，给后续工作留出更加充裕的时间。

经过双方团队密切协作，我们在 2022 年 12 月推出了《中国科幻口述史》第 1 卷，收录了杨潇、谭楷、流沙河、王晋康、吴岩、刘慈欣、姚海军七位老师的访谈，全书四百页，超过两百幅图片。此书出版后，好评不断，不仅在很短时间内经中国教育图书进出口有限公司牵线，顺利签署了阿拉伯语版权，还入围了 2023 年成都第 81 届世界科幻大会雨果奖"最佳相关作品"奖项！这对我们的团队来说，真是至高无上的荣誉，也给了我们巨大的动力去快马加鞭完成越往后越艰苦的采访、整理、文字输出工作。读者现在看到的是《中国科幻口述史》第 2 卷，收录了韩松、何夕、申再望、吴显奎、董仁威、孟庆枢、魏雅华七位嘉宾的采访，希望最后一卷（第 3 卷）在第 81 届世界科幻大会前夕能顺利与各位见面。

韩松老师。韩老师的采访非常不易，按我们最初的想法，2021 年无论如何也可以完成计划，无奈苦等了大半年，团队的健康码都是红彤彤一片——无法解除弹窗，就无法如期奔赴北京；而这中间的反复沟通，也耗费了韩老师很多心力。终于等到今年 4 月可以采访了，韩老师又因为长期经受病痛折磨，身体状况极其不佳，甚至就在我们当天的采访现场，他还烧到 38.2℃，以至于摄像师给他贴身佩戴的"小蜜蜂"录音笔都因为一身一身的汗水而不断滑落……

何夕老师。何老师是个声音悦耳的演说家，刚开始采访时，他谦虚地表示自己还很年轻，能说的可能不多，结果一打开话匣就眉飞色舞、滔滔不绝，幻迷的本色就丝毫隐藏不住了；而且从录音转换而成的语言文字，阅读起来极有雅士风范，几乎不需要删改。特别是说起今年即将在成都郫都区举办的第81届世界科幻大会，大概没有谁能比何夕老师更开心了，因为他是当下放眼全国的科幻作家中唯一的郫都籍，相当于这场盛会是在何夕老师的家门口举办。家门荣光，岂能不乐？

吴显奎老师。虽然吴老师的采访已经是六年前做的了，但我依然记得那天我和晨旭在一家小茶馆等着做预采访时，吴老师带来的两件让我们大开眼界的宝贝：一个长四十厘米、宽三十厘米、保护完好的木头边、透明玻璃盖面相框，里面是吴老师1986年5月凭借《勇士号冲向台风》获得的首届中国科幻银河奖甲等奖奖状；一张刊登有首届银河奖颁奖大会消息的《成都晚报》。当时还在四川省政府担任要职的吴老师竟然把这两个物件整整保留了三十年，足见他对科幻的一片赤诚。

申再望老师。申老师是站在杨潇老师身旁的幕后英雄，在某种程度上，他跟杨潇老师有点像流沙河老师跟谭楷老师惺惺相惜、互相依存的关系。申老师和沙河老师看上去都是那种与世无争的谦谦君子，但对于科幻的执着和热爱又因为好友的坚持和笃定而愿意倾尽全力。由于特殊的家世，申老师的故事是我们采访过的最坎坷、传奇的之一，但听他的讲述，我们仿佛看到一位智慧老人站在时间的长河上，泰然自若，云淡风轻。

董仁威老师。董老师是我进入科幻圈以来接触最多的前辈之一。因为我早年刚进入科幻世界杂志社工作不久，董老师当时主导的四川省科普作家协会就把办公室安在了杂志社里，我们在同一个屋檐下进进出出了好几年，所以跟他的交流从那时就开始了；同时，董老师也是我最钦佩的前辈之一，在他身上有一颗永不言败的"精神原子弹"，每每跟他在一起工作、交谈，总会被这种巨大的能量所感染，而这次的口述史采访，更是让我和团队清楚了解了这种精神力量的来源。

孟庆枢老师。孟老师作为1949年后领跑国内俄语科幻翻译的功臣，其大名早有耳闻，但真正接触，还是这次的口述史采访。从电话里，我感觉到的是一个声音洪亮、侃侃而谈的健康"八零后"，实际见面才知道，孟老师因为腿脚不便，已经十年没有踏进北京家里地下一楼漂亮的天井小花园。而为了给我们尽可能多地提供佐证资料，在采访结束不久，孟老师就让老伴儿和女儿回长春老家搬回了十个大纸箱，后来很长一段时间，老人家就天天坐守书桌前的"故纸堆"，为我们翻拣各种宝贝。

魏雅华老师。魏老师的采访计划原定为2022年下半年，当时也是处处受阻，要么成都不宜出行，要么西安不"欢迎"来宾。好不容易等来疫情解封，约定了时间，又赶上2023年"五一"黄金周，细心的魏老师那段时间不辞辛劳，特意去帮我们打探酒店价格，微信留言说："我都替你们心疼……"于是我们的采访又一次延后。而因为准备工作匆忙，直至到了西安我们才知道，魏老师原本宽敞的书房早在一年前因故毁于一旦，幸好宝树老师的巨大书房"星下幻想文学馆"解了我们的燃眉之急。

感谢所有如约接受采访的老师和前辈，你们不仅真实坦诚、毫无保留地在镜头前分享了一段段尘封已久的人生往事，还非常贴心地留给我们宽裕的采访时间，同时在收集、整理图片资料的过程中也给予了我们巨大的帮助。没有你们的慷慨无私，这本书不可能如此精美地呈现出来。

感谢李晨旭、田兴海、姚雪、戴浩然、侯雯雯、周佳欣、西夏、范轶伦、单卉瑶、余曦赟、周博、叶鹏飞、谢子初、小尊——我亲爱的小伙伴们！感谢你们每一个人为这本书贡献的才智与汗水。因为你们的热爱、专业和高效，这本书才能如此迅速地与读者见面。

另外，我还想对新华网四川分公司侯大伟、包晶晶团队道一声真诚的感谢。你们是这个项目的原初和起点。作为一种美好的纪念，在与成都时代出版社共同完成的这套沉甸甸的《中国科幻口述史》中，采访人的身份我依然沿用了诸君七年前精心构思的"科幻邮差"。

采访现场，我们无数次被嘉宾的讲述感动得湿了眼眶，无数次被他们胸中浓得化不开的忧虑深深感染。考虑到拍摄前曾与受访嘉宾有约在先，部分内容暂时无法全部呈现。但假以时日，当我们对1949年之后的中国科幻发展脉络有了更完整的认识，对我们科幻人的自身定位有了更强大的自信，所有的科幻历史都将呈现于世人面前。

相信那一天会很快到来。

重新建立一种现实

TO ESTABLISH AN ALTERNATIVE REALITY

韩 松

让历史告诉未来，
让未来服务今天。

016　童年：我也曾有特异功能

022　中学：很长一段时间都没去学校上课

025　1991 国际科幻大会与《宇宙墓碑》意外获奖

033　工作之后，晨昏颠倒地熬夜是常态

036　科幻迷的故事

043　创作繁盛期：一个月写完一本书

052　科幻作家里走得最远的人

056　如果把科幻看作文学的一部分，它应该有统一的标准

062　科幻界在文学圈总体是最团结的群体

069　科幻的中国化与民族性

073　趣问趣答

导语 INTRODUCTION

　　韩松身上有一种强烈的反差感。数十年如一日，白天他写客观真实的新闻报道，夜晚他写汪洋恣肆的科幻小说；他笔下的故事诡谲黑暗，为人却真诚温暖；他文科出身，却反复强调科幻小说中科学性的重要。就连接受这次采访本身，似乎他也是当成一次创作在完成。或许正如《南方文坛》对他的评价：韩松在重新建立一种现实。

HAN SONG

TO ESTABLISH AN ALTERNATIVE REALITY

■ INTRODUCTION

There is a certain paradoxical nature to Han Song. For decades, he has been writing news reports of objective and fact-based sorts during the day, and wildly imaginative science fiction stories at night, which are all bizarre and dark, yet he himself is sincere and warm-hearted. Though studied humanities in university, he emphasizes the importance of science in science fiction. It seems that he even approaches our interview as a creative project. Perhaps, as *Southern Cultural Forum* describes him, Han is establishing an alternative reality.

■ TABLE OF CONTENTS

016   Childhood: I once had supernatural power

022   Middle school: I had a long period of absence

025   The 1991 WSF Annual Meeting, and *Gravestone of the Universe* winning an award unexpectedly

033   Since my career started, pulling all-nighters has been a norm

036   Stories about science fiction fans

043   My most productive period: writing a book in one month

052   He who journeyed the farthest among science fiction writers

056   If we regard science fiction as a part of highbrow literature, there should be a common standard for it

062   In general, the science fiction community is the most closely connected one among all literary circles

069   The Chinese-ness and ethnic identity of science fiction

073   Fun facts and Q&A

童年：
我也曾有特异功能

科幻邮差：韩松老师好，还记得一年前就想约您做采访，但因为新冠疫情的缘故一拖再拖，终于今天可以了却这桩心愿。听说您这几天都还持续发着低烧，如果采访中间有感觉不舒服，请随时示意我们暂停休息。那下面就先从您的早年经历聊起吧？童年时候您生活在一个怎样的家庭，父母对您的影响大吗？

韩松：我父亲也是做新闻工作的，母亲是中学老师。影响就是，我上小学时就能读到很多的书和杂志，大多都是父母从单位图书室借回来的。

科幻邮差：令人羡慕啊。最早看的是哪一类杂志呢？

韩松：《化石》《科学画报》《航空知识》《少年科学》《人民文学》等等。

科幻邮差：第一次看科幻小说是什么时候？

韩松：差不多小学高年级。

科幻邮差：那是 20 世纪 70 年代初吧，看这些内容的时候，最吸引您的是什么？

韩松：就是一种非常神奇的感觉。

科幻邮差：小学比较喜欢哪些课程？

韩松：比较喜欢语文。喜欢造句。

科幻邮差：那说明您从小就很喜欢文字表达呀！您第一次关注星空是什么时候？

韩松：那时候我家里有一本书叫《星座与希腊神话》。看了那本书之后，就自己去看星星。

科幻邮差：作为西南内陆的孩子，能看到星空很不容易吧？

韩松：那个时候能看见，没有污染。

科幻邮差：2022 年 8 月，NASA（美国国家航空航天局）的韦伯望远镜拍到了一张高清照片，您当时发了一条微博说："人类诞生五百万年了，第一次清楚地看到那么远——一百三十一亿光年之外，这让我想到小时候看过的一本关于希腊星座的书，用布蒙着手电筒跑到旷野里去认星星。"那时候您是住平房吗？

《星座与希腊神话》，力强编著，1980 年 5 月由科学普及出版社出版。

韩松：实际上是重庆的一个筒子楼，在一个大院里面，院子里有个篮球场。我一边拿着书上的星图，一边到那个篮球场上去看星星。

科幻邮差：第一次看星星给您留下了什么印象？

韩松：很迷离，很另类。思考那上面住着什么。

科幻邮差：那样的星空确实容易引人遐想。对了，韩松老师，20 世纪 70 年代非常流行手抄本，您看过吗？

韩松：看过《第二次握手》《一只绣花鞋》等。《一只绣花鞋》故事发生的地点，就在我家对面，隔了一条马路的巷子里。

科幻邮差：哇，那您路过那里的时候会害怕吗？

韩松：心里觉得有点害怕，大家都会用手去指，说故事就发生在那个门里面。

科幻邮差：进入 20 世纪 80 年代后，报纸、杂志上开始出现很多关于特异功能的报道，比如耳朵认字、气功治病、隔空移物等等，您相信这些报道吗？

韩松：相信，因为我小时候也能透视。

科幻邮差：啊？

韩松：我能看到人衣服后面的东西。

科幻邮差：是什么？

韩松：就是……后面的东西。

科幻邮差：那是想象还是真的看到了？

韩松：真的看到了。

科幻邮差：您是自觉发现的还是有人引导？

韩松：自觉发现的。

科幻邮差：家里人知道吗？

韩松：没告诉他们。

科幻邮差：您发现自己有这个超能力的时候是什么感受？

韩松：看到有些东西，心怦怦跳。

科幻邮差：您后来在文字中有记录这件事吗？

韩松：没有。慢慢长大之后这个能力就消失了，也不是每个时候都能看见。

科幻邮差：这个能力消失之后您觉得遗憾吗？

韩松：也没有特别觉得遗憾。

科幻邮差：看到那些奇异的神童报道的时候，会觉得自己也是其中一员吗？

韩松：就觉得这个是正常的、真实的。因为我爸也有点这种能力，他说自己做的梦，经常过几天就会成真。后来我也有这种经历：梦到特别重大的事情就会成真。工作以后，有一次我梦到我奶奶裹在一个白布包里面，特别真实。我马上就醒了，莫名其妙坐在床上号啕大哭。过了几天我和家里人通电话，家里人就说奶奶不行了。

还有一次是汶川地震之前的那个晚上，2008 年 5 月 11 日晚，我梦见自己回到了重庆，站在我们家的阳台上，看到楼下院坝的篮球场上挤满了人，黑压压的一大片看不到边，他们像是在挣扎，想呼救又叫不出来，特别特别恐惧，我就大叫醒来。一般我做这样的梦，它就跟现实有关系。

在纽约世贸大厦也是这种感觉，我爬上去，当时就觉得这个东西要倒掉。然后我就在三篇小说里都描写了世贸大厦被摧毁的情节——《火星照耀美国》（又名《2066年之西行漫记》）、《嗨，不过是电影》，还有一篇是描写未来美国和海湾国家打仗的小说。

科幻邮差：后来当世贸大厦真出事的时候……

韩松：我觉得它好像早就发生过了，当时我都忘记我写过那三篇小说了。

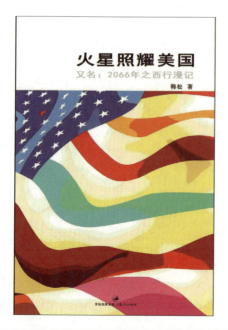

《火星照耀美国》（又名《2066年之西行漫记》），2000年2月由黑龙江人民出版社首次出版，2012年1月由上海人民出版社再次推出。

科幻邮差：实在太神奇了！刚刚提到的例子中最近的是 2008 年，距今已经十五年了，这十五年间您还会有那样的梦境吗？

韩松：有时候有不好的预感，我就会无意间告诉周围的人可能要出啥事儿，一定要做好防范。昨天还有个同事提到，说我 2021 年的时候提醒过她"要注意自己和家人的安全问题"。她家里后来果然出了大事。

科幻邮差：这些都是通过梦境吗？

韩松：有的不是梦境，就是一种闪念。

科幻邮差：那您后来的很多写作都与这些梦境相关？

韩松：可能以前的更多，就是一种直觉。

中学：很长一段时间
都没去学校上课

科幻邮差：1982 年，联合国第二次"探索及和平利用外层空间"大会在维也纳举行，为此，国内举办了"外空探索——中学生作文比赛"。韩松老师当时还在读初三，写了一篇作文叫《熊猫羽羽》，参赛后获了奖。这篇小说写了什么还记得吗？

韩松：写的是一只熊猫被送上太空，坐飞船去月球，月球上有美国的城市、苏联的城市、日本的基地等。这只熊猫作为一个友好大使去访问这些地方。它在飞船上还面临着生病、适应太空的问题，就是写这么一段旅程。小说没有获奖，重庆市取前六名送到北京参加最后的选拔，我是第七名。

科幻邮差：啊，太遗憾了……但那次比赛您好像还是获得了一些奖品？

韩松：对，得到了一些书，阿西莫夫的《我，机器人》、H.G. 威尔斯的《世界之战》，还有一本美国人写的讲特异功能的小说。

科幻邮差：那时您的语文成绩一定是各科里比较突出的吧？

韩松：对，语文比较好。

科幻邮差：那时有写日记的习惯吗？

韩松：偶尔写日记，但没有坚持下来。

科幻邮差：在参加这次比赛之前，您还写过其他科幻作品吗？

韩松：小学的时候写过一篇，现在已经找不到了。那时候我住大院儿，大院儿里有山、有林子、有球场，是重庆人民广播电台的院子。我觉得这些山和林子都会消失，我就描写了未来各种机器会来把这些山林摧毁掉。

科幻邮差：好悲伤的故事……重庆人民广播电台是您父亲工作的地方？

韩松：对。

科幻邮差：您在其他一些场合曾提到小时候看见死人的事情，写进作文还被老师表扬，这些经历是怎么来的？

韩松：我小学时得了哮喘，在儿童医院住了一个月，就看到了好多死人，后来还休学了一年。我接触到最近的是同一个病房的孩子，有一天他突然就死了，死了之后我还去摸他，他鼻子还在流血。之前医生来救了一会儿，没救活，医生就出去了。屋子里也没有别的人，我就去触摸那个小孩儿，我想知道那是什么感觉。当时就是好奇，也没有觉得害怕。作文里写这个是上高一的时候，当时学校后面有条铁路，轧死人了，我就去看，看见了下面的死人。之后我就把这一幕写成了一篇作文，题目叫《死尸》，得到了老师的表扬。

科幻邮差：这些经历对后来的创作有影响吗？

韩松随笔集《我一次次活着是为了什么》，
2018年10月由江苏凤凰文艺出版社出版。

韩松：确实可能有潜移默化的影响，我的作品里描写这方面的内容比较多。

科幻邮差：记得您在2018年出的精选集《我一次次活着是为了什么》里面，还收录了这篇作品。

韩松：我忘了是不是收进去了。比较近的事情我记不住，久远一些的记忆反倒清晰些。

科幻邮差：真是难为您了……在整个中学时期，您身体的病痛对学业有什么影响吗？

韩松：其实我没怎么受到学校正规教育的束缚。印象中，很长一段时间我都没去学校上课，主要在家自学，偶尔去一趟学校。那时候特别害怕去学校，觉得是一个陌生环境了，走到班级门口，觉得和其他同学不是一样的人了。在家自学的好处是可以看很多课外书，最后自己去参加高考，这个状态持续了很长的时间。

科幻邮差：这个阶段，父母会觉得有压力吗？

韩松：没有，那时候大人都不怎么管小孩儿，忙自己的。大人主要就是带我去看病。

科幻邮差：在那样一个状态中，后来的高考成绩达到您的理想了吗？

韩松：我一直处于半自学状态，基本在班里还是前三名。但高考时还是很羞愧的，现场还有医生给我打针。

1991 国际科幻大会与《宇宙墓碑》意外获奖

科幻邮差：那时候应该是在成绩出来前就得提前报志愿，您对自己未来的方向是怎么选择的呢？

韩松：因为我爸是做新闻的，所以当时我也想学新闻；同时我英语比较好，所以也报了外语，最后是被武汉大学英语专业录取了，然后在研究生学了新闻。

韩松的硕士毕业文凭。1984 年—1991 年，韩松在武汉大学完成了本科和硕士研究生阶段的学习。

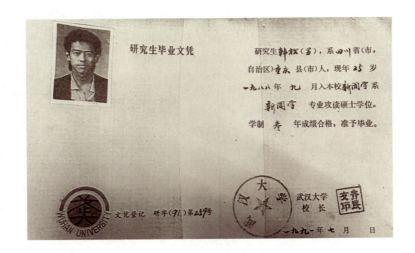

韩松在武汉大学就读时的宿舍楼外景。

科幻邮差：在大学阶段，身体状况好些了吗？

韩松：一直不好。哮喘发作的时候，同寝室室友经常半夜把我背到学校的医院去。

科幻邮差：啊，不知道您还有这样的经历……大学期间您的阅读和写作是什么状态呢？

韩松：记得买了一些书。我1984年上的大学，1983年科幻文学创作就陷入了低谷，出版社的科幻书就成捆地运到学校来低价处理。我就在那时候买了不少科幻书，那是我第一次读到《2001：太空漫游》。

科幻邮差：真是不幸中的万幸。那时开始正式科幻写作了吗？

韩松：第一次在《科幻世界》发表的微小说《第一句话》，就是在大学写的。

科幻邮差：嗯，那应该是在1987年第1期《科学文艺》（《科幻世界》前身）发表的。在大学期间，您最喜欢的有哪些科幻作品？

韩松的微型科幻小说《第一句话》，发表于1987年第1期《科学文艺》。

韩松：我对《2001：太空漫游》印象很深，还有《日本沉没》，还有在大学图书馆里看的《科幻世界》（在1991年正式更名前，应为《科学文艺》）。

科幻邮差：第一次看到自己的名字出现在科幻杂志上，是不是特别高兴？

韩松：很高兴，投稿的第一篇就发表了。在这篇之后，我又继续投稿，第二篇《天道》就获了中国科幻银河奖。

科幻邮差：真是可喜可贺！还记得第一次见到《科幻世界》编辑的情形吗？

韩松：当时是去青城山参加笔会，我见到了杨潇、谭楷等编辑老师。编辑部要求参加笔会的作者每人都写一篇小说，我那篇他们觉得写得不好，就没有发表。

科幻邮差：好遗憾……那次笔会见到了哪些作者，还记得吗？

韩松：有《四川文学》杂志的编辑刘继安，好像还有写报告文学的金平。

韩松小说手稿《为了银河——宇宙罗曼史》（未发表）。

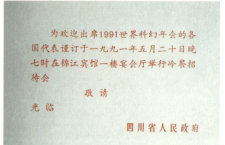

韩松保存下来的 1991 年世界科幻协会成都年会请柬。

科幻邮差：哎呀，好巧，金平也是我在四川文艺出版社工作时候的领导呢。

韩松：我当时遇到创作瓶颈，写的一些小说都被退稿。当时的稿件都是手写稿，如果没有录用，原稿有时也收不回来。《宇宙墓碑》退稿后能收回原稿，是因为当时正好参加 1991 年国际科幻大会（1991 年世界科幻协会成都年会）。

科幻邮差：哎，当年的废品收购站不知道收了多少大家的手稿……对 1991 年那次国际科幻大会有哪些印象？那时候您在做什么？

韩松：当时是研究生最后一年，谭楷老师写信让我去参加这次大会，我就说去不了，那么远，又没钱。他就给我们校长写信，没想到校长批了四百块钱，在当时这是很大一笔钱。谭楷老师是特别好的一个人，他是中国科幻的一个引擎，跟杨潇老师一道，把科幻从危难中救了出来。他身上有一种活力、感召力、生命力，没有他，中国科幻可能是另外一个样子。他对我一直特别好，特别关照。

总之，我就这么去了，和上海来的张劲松住在一个房间，他好像也是学生，我们都得了银河奖。上海人比较讲究，他专门带了一套西装去，说上台领奖一定要穿西服的。第二个印象很深的就是，见到了台湾来的吕应钟，我很崇拜他。他当时四十岁，研究飞碟，这个很吸引我。晚上我和张劲松一块儿去找他，想跟他聊聊，他在接受各个媒体的采访，最后还是把他等到了，在他的宾馆房间和他聊科幻。他是台湾人，属于贵宾，住在酒店，我们住招待所。当时聊天我还坐在他的床上，回去张劲松就告诉我："你坐了他的床，他今晚一定不会睡这个床了。"上海人还是很注意这些细节的。吕应钟跟我们这些后辈聊科幻，一点都没有不耐烦，后来我就向他，还有杨潇、谭楷老师身上学到了这点，对年轻的小孩儿态度比较好。年轻人只要找上来，要我帮忙看稿、改稿、推荐等等，我都能帮一点是一点。

科幻邮差：嗯，的确能从您身上深切地感受到这一点。那吕应钟老师帮到了您什么呢？

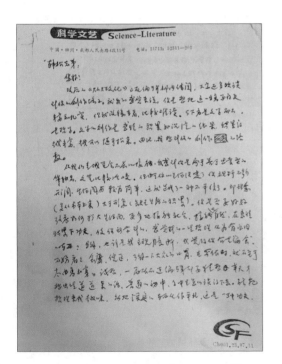
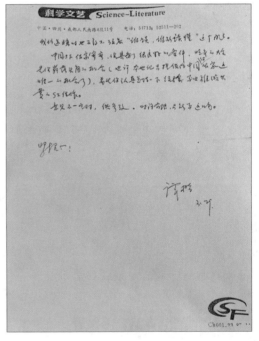

20世纪80年代，科幻世界杂志社当时的总编辑谭楷写给韩松的信，信中就韩松的小说《灿烂文化》的修改稿提出了恳切的编辑意见。

1991 年世界科幻协会年会在成都举办期间，主办方组织作家采风，韩松（左）与科幻作家张劲松（中）、舒明武（右）在四川彭州银厂沟合影。

韩松：他对飞碟的研究我当时喜欢得不得了。他还掏钱在《科幻世界》设了一个奖——吕应钟科幻文艺奖。当时我把《宇宙墓碑》这篇小说的退稿交给他，麻烦他帮我看一看，提下意见，并没有说要去参加台湾的哪个奖。结果他自己把小说带回去送到张系国他们那里，后来在台湾《幻象》杂志发表，得了"世界华人科幻艺术奖"小说类首奖，奖金 10 万台币，折合人民币 25000 元。在 1991 年，那笔钱真的是巨款。

科幻邮差：确实是巨款！奖金怎么花的？

韩松：忘了。奖金是很久之后才拿到的，当时和台湾地区没有金融上沟通的渠道，后来是他们托人把现金从那边带过来的。

科幻邮差：拿到这笔奖金，父母家人一定都为您感到骄傲吧？

韩松：也没有吧，他们说这么多钱是不是应该捐给社会啊？当时我也这么想。

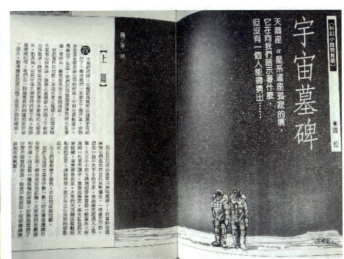

1991 年，韩松的《宇宙墓碑》发表于台湾《幻象》杂志第六期。

科幻邮差：啊，后来捐了吗？

韩松：没有，应该慢慢就花掉了。当时我们家好像经济上有点问题，还欠了别人好多钱，可能都拿去抵债了。

科幻邮差：后来您和吕应钟老师的交往持续到什么时候？

韩松：他后来又到北京来，我们请他吃饭，那已经是上次见面的二十年后了。

科幻邮差：时间飞逝呀。咱们说回 1991 年那次大会吧，在那次会上您见到吴岩老师了吗？

韩松：见到了，我觉得他很活跃，在年轻人里像领头羊一样。他跟郑文光老师关系很好，张劲松跟叶永烈老师关系很好，就感觉他们比我高出一头。还见到了星河。

科幻世界佳作系列

宇宙·墓碑

韩松科幻小说选集

新华出版社

韩松科幻小说选集《宇宙墓碑》1998 年 1 月由新华出版社出版，这是他的短篇小说首次结集出版。

吴岩老师说："你看现在环境多好，来了这么多出版社，我们就是埋头写。"我把他"埋头写"这句话记住了。

科幻邮差：在那次大会上还见到了哪些国外作家？

韩松：应该见到了布赖恩·奥尔迪斯，我好像还跟他说了话。还有日本的柴野拓美，他跟我介绍安部公房的《樱花号方舟》这本书。他说这个是科幻小说，还在一张纸上把书的名字写给我。

科幻邮差：跟奥尔迪斯聊了些什么？

韩松：我问他科幻怎么表现政治，但忘了他怎么回答的了。

工作之后，
晨昏颠倒地熬夜是常态

科幻邮差：您正式开始工作是哪一年？

韩松：1991 年，新华社到我们大学来招人，就去了。我被分到对外部。进去之后工作量很大，晨昏颠倒地熬夜是常态。

科幻邮差：您的身体状况怎么扛得住这样的工作压力？

韩松：到北京后，有一段时间我的身体反而好些了，可能比较适应北京的干燥气候，有很长一段时间没有去过医院，所以对那种比较繁忙的工作状态还算吃得消。

科幻邮差：但值夜班的状态是一直持续下来的？

韩松：对，一直都有。

科幻邮差：工作强度最大的时候是什么样子？

韩松：熬夜，然后白天也不能休息。比如报道党代会、两会这样的大会，连续两个礼拜每天晚上都只能睡很短的时间，工作都是到凌晨，然后白天还要继续。

科幻邮差：真是太辛苦了……1992 年您开始出版一些纪实作品，比如《辉煌的瞬间》《人造人：克隆术改变世界》，这些非虚构作品是在什么样的背景下诞生的？

韩松：当时是和几个同事攒着玩儿，想攒一个东西出来。

科幻邮差：《让我们一起寻找外星人》是一个什么样的作品？

韩松：那是我的第一部长篇小说，几乎就和最近的电影《宇宙探索编辑部》是一模一样的。

科幻邮差：那些年很多国内的科幻活动都会看到新华社的专稿，这和您当时的推动有关系吗？

韩松：我写过一些关于科幻的报道，通过新华社介绍过潘海天、陈楸帆的书，还有 1999 年高考作文题"撞车"事件（1999 年第 7 期《科幻世界》部分内容与同年高考作文题目《假如记忆可以移植》撞题，详见《中国科幻口述史》第 1 卷谭楷篇）新华社的通稿，我请国内部的同事写了一下这个事。

科幻邮差：那真是功莫大焉！2001 年您曾经去云南陆良县调查超自然现象，并写了一本书《鬼的现场调查》，写这个的机缘是什么？和您当时所在的部门有关系吗？

韩松：单纯觉得好奇，和部门没有关

韩松长篇科幻处女作《让我们一起寻找外星人》，1998 年 8 月由四川少年儿童出版社出版。

系，属于个人兴趣，我从小就对超自然现象感兴趣。

科幻邮差：后来您还担任过《中国军队》杂志的编委，那是一份什么杂志？

韩松：是一份外宣的刊物，当时是中国人民解放军总政治部和新华社联合办的，向海外宣传中国军队的战略、政策、装备、士兵训练等等，每期有一百二十多页，一年出六期，双月刊。我主要负责英文版的定稿，一直到现在都还在做。

科幻邮差：韩松老师还有个身份是西南政法大学的客座教授？

韩松：是，他们邀请的，新闻学院的客座教授。2022 年他们还邀请我去做讲座，结果邀请之后他们的活动自己没办起来，因为新冠疫情，老是推迟。

韩松与李自良合著长篇非虚构作品《鬼的现场调查》初版封面，2001 年 9 月由四川人民出版社出版。

科幻邮差：《瞭望东方周刊》2013 年创刊，韩松老师当时的职务是常务副总编，从北京新华社到了这个杂志工作。它和新华社是什么关系？

韩松：是新华社分管的杂志。

科幻邮差：原来如此。您过去以后做什么工作呢？干了多久？

韩松：策划、审稿、定稿。前后干了两年半吧。

科幻迷的故事

科幻邮差：1986 年，姚海军老师开始在东北林场创办科幻迷杂志《星云》，通过《星云》联系全国幻迷……

韩松：我很早就知道有《星云》这份杂志，也看到了，现在还有保留。

科幻邮差：后来国内曾经兴起过创办科幻迷杂志的风潮，《立方光年》《银河》之类的杂志就在这样的背景下诞生了，您知道这些杂志吗？

韩松：知道，一到新华社工作就接触到他们，就知道有《立方光年》，我还在上面发表过小说，是星河、凌晨、严蓬、江渐离他们做的。那时候我会参加他们组织的一些活动。

科幻邮差：您的《逃出忧山》好像就发表在《立方光年》上？

韩松：是的，大概 1991、1992 年，那时候刚刚工作。

科幻邮差：这篇小说是非常阴郁的，有自杀、婚姻危机、人类消失等元素，为什么大学刚毕业的时候会写这样的小说啊？

韩松：不知道，可能风格从小就是这样。

科幻邮差：星河、凌晨他们组织活动频繁吗？

韩松：有一段时间挺密集的，他们经常聚会。有一次是爬到景山顶上聚会，还有一次是在北京图书馆旁边的草坪上。

科幻邮差：聚会一般都是什么主题？

韩松：漫谈科幻，没有明确主题。

科幻邮差：有讨论过您的小说吗？

韩松：没有。吴岩老师有一次请我去他的科幻课堂上做过一个讲座，那是 20 世纪 90 年代的事。那也是我第一次做讲座，讲我对科幻的看法。不过，吴岩老师的课我没有听过。

科幻邮差：天津大学科幻协会成立的时候，您和宋宜昌、星河、凌晨等十几位北京的科幻作家赶到天津大学参加活动，那是您第一次参加大学的科幻活动吗？

韩松：应吴岩老师之邀做讲座那一次可能更早。

科幻邮差：您工作之后大部分时间都在北京，科幻圈有一个"京城四少"的提法，您知道吗？

韩松：后来才知道的，我也不是特别清楚。有星河、严蓬、杨平，还有谁来着？

科幻邮差：我们做刘兴诗老师采访的时候，他说当时自己看重北京的四个年轻人，也是他眼里的"京城四少"：吴岩、韩松、星河、杨鹏。

20 世纪 90 年代，北京科幻迷在紫竹园公园草坪举行科幻讨论会，中间两位是韩松（左）和严蓬（右）。

1997 年 1 月 4 日，杨潇、谭楷赴京向中国科学技术协会提交举办 1997 年国际科幻大会的申请后，谭楷受杨潇委托，在北京师范大学举行了一次科幻作者笔会，图为笔会后合影。前排左起依次为：李翔、韩建国、谭楷、凌晨、李学武、罗洪斌。后排左起依次为：韩松、杨平、星河、严蓬、杨鹏。

韩松：不是，"京城四少"应该很具体地就是指他们北京的几个人，不是我们外地去的。好像都不包括吴岩，吴岩比他们辈分高，是指导他们的。

科幻邮差：那刘兴诗老师的这个说法值得商榷。1997年，科幻世界杂志社第二次举办国际科幻大会，那时您在做什么，有参加这次大会吗？

韩松：参加了。这次大会要交几百块钱才能参加。

科幻邮差：大会收这个钱是包括吃、住吗？

韩松：我都没住那儿，但是要缴费，就是一个参会的资格。对北京的那个会并没有特别深的印象，好像也安排我做了一个演讲，快要演讲的时候，科技会堂停电了，我就躲过了。

科幻邮差：哎呀，这么不巧……看后来的记录，应该是在北京开了一天会，然后第二天大家就奔赴成都了。您那次在成都见到了哪些作家？同飞机的都有谁呀？

韩松：同飞机的就是大会邀请的俄罗斯宇航员，机长要出来跟他合影，我就记得这个。我怕坐飞机，怕它掉下来，但是我觉得跟俄罗斯宇航员一块儿，飞机肯定不会掉下来。去成都也没见到什么作家，就在那个月亮湾，全是小孩儿，当时我帮他们做了一些翻译的工作。他们就说："把韩松今晚的住宿费给他免了。"（笑）

科幻邮差：哈哈哈！您跟俄罗斯宇航员有交流吗？

韩松：我本来是要去问他几个问题的，结果被人给拉开了，说不要去问。

科幻邮差：为什么呢？

韩松：可能宇航员是很高级的吧。

1997 年美国《新闻周刊》报道中国科幻。

科幻邮差：韩松老师那时候可能还是个小字辈，像狂热的粉丝被从偶像身边拉开一样。（笑）

韩松：对，我那时候出书都还很难。

科幻邮差：就是在那时，你们一起资助了姚海军老师从黑龙江过来参会的路费吗？

韩松：好像是。

科幻邮差：当时感觉成都的科幻氛围如何？

韩松：没有什么感受，因为到了成都直接就去月亮湾了，看到无数的小朋友，就是觉得气氛很热烈吧。但小朋友不完全是冲着科幻来的，主要是找那些个外国宇航员签名，排长队都看不到头。

科幻邮差：据说在那次大会期间，有一位女科幻迷还端来了一碗汤给您，有这个细节吗？

韩松：那应该是后来的事，可能是 2007 年。

科幻邮差：另外还看到一个您跟科幻迷的故事。说有一位科幻迷用您的身份证买了部手机，二十一年后再见到您，您说应该给那部手机写传记？

1997 年北京国际科幻大会纪念笔记本，内页收录了日本中国科幻研究会前会长岩上治的著名论断：中国一定能出现震惊世界的科幻巨著。

韩松：是有这个事。那个人用我的身份证买了手机之后，我有些后悔，因为我并不认识那个人。当时一桌子人吃饭，她跟其他认识我的人认识。她说要买一部手机，当时买手机需要身份证登记，最后是用我的身份证登记的，买了之后她就把手机拿走了。后来我觉得，她要是拿那部手机去消费或者乱用什么的，会不会把账记在我的头上？那样我一点办法没有。后来这个人我也没管。她最近才联系上我，说后来她又把那部手机卖给别人了，但另一个人已经把里面的电话卡拿出来扔掉了，那就和我没关系了。

科幻邮差：2011 年，星河老师在北京举行婚礼，新娘是 2006 年在北京高校科幻活动上和星河认识的一个科幻迷。那天吴岩老师担任证婚人，据说科幻圈的朋友都到了，您去了吗？有什么记忆特别深刻的事情？

韩松：去了。记得新郎活力十足，新娘年轻漂亮。我还送了一千块份子钱。同去的还有何夕，我们两个人喝掉了一瓶剑南春，下午还带着酒劲儿去参加一个学校的科幻活动。

科幻邮差：好难忘的回忆！就在同一年，您拿了一万块钱稿费赞助星云奖？

韩松：对，那好像是第二届，董仁威老师说没钱，我就捐了。那个时候捐了好些，《地铁》的稿费也全部捐出去了，捐给了一个重病的科幻迷。后来还资助过一些生病的科幻朋友。

科幻邮差：韩松老师真是令人钦佩！

2012 年 10 月，第三届华语科幻星云奖开幕式上，评委会主席韩松手持"光剑"惊艳亮相。

创作繁盛期：
一个月写完一本书

科幻邮差：1996 年，您的创作进入到一个高峰期，那时候已经工作有四五年时间了，曾经短暂地访美，从美国回来以后就开始写《火星照耀美国》，当时有哪些灵感、观察或经历？

韩松：中美都是大国，当时就写了中国今后会强大起来，美国会陷入各种混乱：金融危机、种族混战、恐怖分子会把世贸双塔炸掉、美国重新进入分裂和内战。有些读者说这个小说是在意淫美国垮了，中国来挽救美国。

科幻邮差：那次访美有多长时间？

韩松：两个多月吧。

科幻邮差：在 2000 年出版的评论文集《想象力宣言》中，您全面论述了中国科幻的过去、现在和未来，尤其强调了想象力与民族、国家振兴之间的关系，能否谈谈这本书的成书经过？

韩松：就是《让我们一起寻找外星人》这本书的编辑，他又来找到我，同时还找了其他好些人，希望出一套"新世纪青年文丛"，我就想写这个。

科幻邮差：书中收录的稿件是过去的存稿还是新作？

韩松：都是新写的。那时候写书很快，一个月就写出来了。

科幻邮差：这么快！当时写出来之后反响如何？

韩松：没听到什么反响。

科幻邮差：2000年后，您在科幻文学方面有了一些新的开拓，涉及的话题范围更广了。这个时期，您的主要作品有《我的祖国不做梦》《地铁惊变》《美女狩猎指南》等，有一部分作品是放到个人网站上供人阅读的。能不能谈谈那个时期的创作？

韩松：2000年左右，我好像感觉到一种变化，于是开始写这些。后来有个算命的人说，2002年是我的一个转折点，时来运转的那个意思。

科幻邮差：哈，应验了吗？

韩松：的确，从那时开始，我在新华社的职务开始不断往上面提。2003年我到《瞭望东方周刊》，回来就不断地各种"进步"。

科幻邮差：2004年，您的《红色

目　录

第十四章
让想像力成为畅销品牌/329

与媒体的和解/329
网络原汤/332
1997年国际科幻大会/347
假如记忆可以移植/350
幻想：一个畅销品牌/354
附：法新社报道《科幻时代》事件/361

第十五章
幻想与中国的未来生存/362

让我们轻松一些/362
科学即是生活/364
美丽的新世界/367
想像力与技术民主/376
鲁迅遗产的继承/381
回到人间/384
重燃炽情/390
科幻能给中国带来什么/393
用想像力拉动经济增长一个百分点/395
附录　科幻小说：星河的生日/400

韩松的科幻评论文集《想象力宣言》，2000年10月由四川人民出版社出版。

海洋》出版了，这部作品从什么时候开始写的？

韩松：1997 年，就是那次国际科幻大会。海洋出版社的编辑孙少伯老师要组织一个系列，包括《火星照耀美国》也是那个系列中的一本，孙少伯就让我写海洋。第一部分给他看过，他觉得很好，不知道为什么后来不出了。但我还在继续写，一直写到 2004 年出版。后来也是一个比较偶然的机会，上海的李重民老师打电话到我家里来，我不认识他，但知道有这个人。他说自己要出几本科幻书，已经找到星河了，找到刘慈欣、王晋康了，最后找到我。这个系列一共出了四本书，其中就有《红色海洋》。

科幻邮差：2007 年，科幻世界杂志社举办第三次成都国际科幻（奇幻）大会，您也参加了，有些什么印象？

韩松：那次我见到了岩上治，还见到了尼尔·盖曼，他是那次会上的明星。印象比较深的还有刘慈欣的小说，那时候已经很火了，但主要是在圈内。四川大学科幻社团的学生们在天府广场搭那个（《三体》中的）人列计算机，我就觉得科幻世界杂志社在那个时候已经达到了一个鼎盛的时期。

科幻邮差：您是在这之后，开始创作《地铁》《轨道》《高铁》三部曲吗？

韩松：《地铁》是一直断断续续在写，也很早就有了，它是由一些短篇组成的。

科幻邮差：到 2007 年的时候，您的工作已经非常繁忙了吧？创作是穿插在日常工作当中的吗？睡眠的时间是不是更少了？

韩松：嗯，很忙，但我打字很快。像那时

韩松代表作之一，长篇科幻小说《红色海洋》2004 年 11 月由上海科学普及出版社出版。

候参加好多科幻活动，我都有详细的记录，但很多放到电脑里面都找不着了，因为电脑不断地在崩溃。董晶老师还找我要过记录，我说找不到了。每一场记录都好宝贵，每一句话都有，事无巨细地记。放电脑里是最不安全的，打印出来是最安全的。

科幻邮差：啊，太遗憾了……2007年您参加成都国际科幻（奇幻）大会之后，转道去日本横滨参加世界科幻大会，那是什么样的机缘呢？

韩松：就是想去，吴岩老师也想去。一起去的还有姚海军和秦莉。纯自费的。我想坐一次日本的航空，就跑到东三环，日本那

韩松"轨道三部曲"《地铁》《轨道》《高铁》，2020年7月由上海文艺出版社出版。

随时随地都在打字记录的韩松。

个 ANA（全日空）航空公司的柜台去买的票。

科幻邮差：学日语是从那个时候开始的吗？

韩松：不是。2020 年下半年开始的。

科幻邮差：在日本那次见到了哪些人？

韩松：印象比较深的是田中芳树，被一大群人簇拥着，像社团大佬一样，我们都没敢上去跟他打招呼。

科幻邮差：那时候对于中日科幻文化的差异有什么感受？

韩松：那时我觉得他们更丰富、更有力量、更国际化。印象最深的是见到小松左京，他对我们很友善，把我们四个人叫过去说了半天。上海的丁丁虫也在场，他还拍

在 2007 年日本横滨第 65 届世界科幻大会上，韩松（右）介绍中国科幻。在场的还有日本知名科幻与奇幻作家立原透耶（左），后排站立者为日本科幻活动家岩上治。

了照片。小松左京喜欢中国人，我都蹲在他面前听他讲话，因为他是坐在轮椅上的。那次还见到了特德·姜。

科幻邮差：小松左京符合您想象中的形象吗？

韩松：他的作品很尖锐、很残酷，但本人是特别和善的一个老头儿，慈眉善目的，说话很温和，很有耐心。

科幻邮差：小松左京的代表作《日本沉没》您说看了不止一遍，这部作品对您的创作有什么影响？

韩松：可能给我小说里笼罩上了一种末日观——人类始终处在灾难和毁灭的边缘，同时又要拯救这个世界。

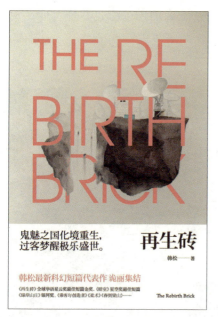

《再生砖》首次发表于《文艺风赏》第一期，后被收录于上海人民出版社2016年1月出版的同名短篇集。

科幻邮差：2008年，四川汶川5·12特大地震发生之后，您写了《再生砖》，这个作品和知名建筑师刘家琨的"再生砖"项目有什么关系？

韩松：就是受刘家琨那个艺术项目的启发写的。

科幻邮差：那篇小说是想表达什么呢？

韩松：不知道要表达什么。当时我也没有去过汶川。汶川地震发生当天，刚好是我值班，做新华社对外部的报道。我一晚上没睡，就盯着这个事情，滚动发稿，四千、六千、一万……前方记者报回的遇

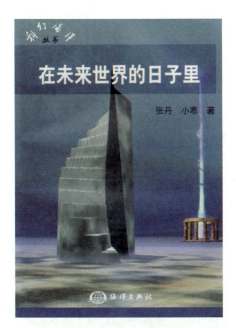

韩松（小寒）与同事合作创作的长篇科幻小说《在未来世界的日子里》，1998年8月由海洋出版社出版。

难人数不断往上涨，难忘的那个晚上。

科幻邮差：那段时间对很多人来说都终生难忘……2008年北京奥运会期间呢，您在忙啥？

韩松：当时我被中宣部抽调去奥运期间一个专门的协调小组，在那里值班，连睡觉都在中宣部。

科幻邮差：关于奥运的题材有进入您的小说吗？

韩松：很早就写过，1997年写的《在未来世界的日子里》是跟同事合著的，写的是未来在巴西举行的奥运会，中国足球队拿了冠军。本来很烂的一支足球队，因为遇到了一个穿越过去的小孩儿，帮他们拿了冠军。

科幻邮差：哈哈，期待有一天好梦成真！韩松老师2015年出了一部作品集，叫《独唱者》。这本书的后记里面说："自己是一台记录仪，感觉一直在忙着记录"。这个记录的习惯是从什么时候开始的？

韩松：跟当记者有关系。开始是拿笔记，1992年我有了自己的便携电脑，而且学会了一种很好的输入法，可以不用看键盘，直接打，我觉得很方便，就开始记了。那是新华社自己发明的一种输入法，比五笔更好学、更好用。

科幻邮差：2016年6月，上海文艺出版社出版了"医院三部曲"的第一部《医院》，随后，《驱魔》和《亡灵》也相继出版。董仁威老师曾经评价说："'医院三部曲'相当具有前瞻性，描写了一艘医疗船在病毒的海洋里进行的一场惊心动魄的世界大战，这是人类与病毒之间的战争。"能谈谈这个三部曲写作的经过吗？

韩松：第一部《医院》，实际上来源于自己长期生病的经历，最开始是一部中篇小说，在上海文艺社的《小说界》杂志发表后，编辑于晨老师说能不能给一个长篇的版本，我就把《医院》扩充成了长篇。然后她说这个能不能继续写，我就写了后面的。写完第二部，我就不想写了。她说没有两部曲的说法，只能是三部曲，于是我又勉强写了《亡灵》。

科幻邮差：三部曲当中，您自己最看重的是哪一部？

韩松：我觉得第二部《驱魔》更好一点，写得更自由。第一部还有点没从现实中跳出来。第三部《亡灵》则写得比较勉强，因为出版社要求必须写。

科幻邮差：前段时间看宋明炜老师晒的微信图片，这个三部曲国外已经翻译出版了，有看到国外读者的评价吗？

韩松：有两种评价，有的人就觉得看不明白，没啥意义；有的人评价很高，说没见过这种写法，很震撼。

科幻邮差：您觉得自己写作的时候，带有的是童年以来对医院的感受，还是近年来新的印象？

韩松：应该说都有。工作以后也住过院，还结合了看到的其他病人的情况，还有家人生病的情况。

"医院三部曲"：《医院》《驱魔》《亡灵》由上海文艺出版社出版，出版时间分别为 2016 年 6 月、2017 年 5 月、2018 年 5 月。

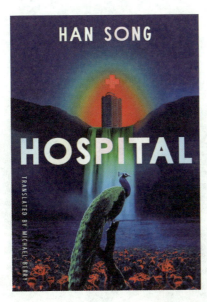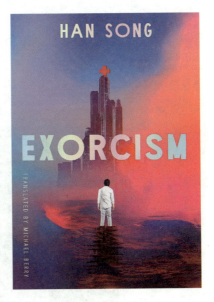

"医院三部曲"英文版由美国亚马孙出版社推出，其中，前两部《医院》《驱魔》已于 2023 年 1 月和 8 月正式出版，第三部计划 2024 年出版。

科幻作家里走得最远的人

科幻邮差：2018 年，江苏凤凰文艺出版社出版了六卷本的《韩松作品精选集》，其中一本叫《我一次次活着是为了什么》，书中有一部分是游记。您说自己是写科幻的人里走得最远、走的地方最多的人之一，可能是记者身份提供了这样一些便利。能否聊聊您游历过程中最好、最差、最奇怪的经历？

韩松：印象最深的是西藏，知道了一些藏族朋友心里想什么。全部加起来，西藏我去了七八次。我写了一部西藏题材的长篇小说，但没有出版。这个小说在青藏铁路修成之前

2008 年，韩松在桂林游历。

我就写完了，从想象中的青藏铁路写起，残酷而浪漫，节选了一部分在《科幻世界》增刊发表过，叫《雪域灵光》，姚海军编辑的。

科幻邮差：那得找来看看。（笑）第一次进西藏是什么时候？

韩松：1995 年。

科幻邮差：最近的一次呢？

韩松：好像是 2019 年。

科幻邮差：除了西藏的游历，还有什么地方印象比较深刻？

韩松：新疆，南疆、北疆都去过。还有南极、北极都去过，那里就像外星球一样，有生之年很值得去一下。攒一下钱，如果在当地买票，相对便宜一些。比如你要去南极，在阿根廷买票就要便宜很多。去北极，可以看到北极熊妈妈带着孩子在前面一路翻跟头。

2017 年 6 月，韩松参加北极科考活动拍下的在冰面上跟人群对视的北极熊。

科幻邮差：想想这样的画面就很神往……2013 年，您曾经和同事到河北涞源的一所希望小学给孩子们讲科幻，您后来说"觉得很挫败"，这是为什么？

韩松：因为那些小孩儿都没听说过科幻。我问那些小孩儿觉得学校未来是什么样子，给的答案都很不科幻：学校会有更多树啊，小朋友不打架啊，就这些东西。后来我又去北京的一个重点小学，问了同样的问题，回答完全不一样，差别太大了——他们说学校会用机器人上课，课堂会一下移动到埃及金字塔的虚拟环境中去。

科幻邮差：您觉得背后深层的原因是什么？

韩松：农村的孩子，他们太现实，太想走出来。他们的英语都很好，后来问他们为什么，就是因为要考试，要考出来。北京那个重点小学比较注重全面发展、素质教育、提升想象力。他们家境也都不一样。

科幻邮差：还去其他的地方讲过科幻吗？

韩松：有，2020 年去海南一个贫困地区讲过科幻，高年级的学生还是有点木讷，低年级的学生想象力之丰富，抢答问题之活跃，和那年去涞源完全不同。他们对科幻话题很感兴趣，东风日产公司给他们捐赠的图书室里已经有科幻书了。还去过贵州的贫困山区，当地的中学生们在图书馆已经看过《三体》了，而且能讲出很多东西来。那些从贫困山区移民出来的居民，政府给他们建有小区，小区里有图书室，图书室里都有科幻书。

科幻邮差：为什么高年级的学生和低年级的差异那么大？

韩松：估计高年级比较忙吧，应试的压力比较大，低年级要好些，低年级的也更接近未来一些。

科幻邮差：2018 年，韩松老师曾经去过日内瓦，参观了玛丽·雪莱写《弗兰肯斯坦》的地方，去了之后是什么感受？

韩松：在出差间隙里，同事带我去的，他们知道我写科幻。那次真是朝圣，今后科幻作家有条件了都应该去看一看，看看欧洲的现代科幻是在一个什么环境里诞生的。那是在瑞士日内瓦湖边，那周围不光有玛丽·雪莱，还有很多名人、那个时期的思想家。到了那个地方，你会了解到现代科幻是个什么情况，看到科幻的本质。能看到她写作的房子，但进不去，还有那个很大的怪物雕塑，都立在那里。当地人已经把那个雕塑当成城市的标志了。

科幻邮差：您刚提到在那儿能感受到科幻的本质，科幻的本质是什么？

韩松：破坏旧的、建立新的思想体系。西方工业革命以后，科学、文化、制度混杂在一起形成了科幻，科幻才能开枝散叶，接连走过黄金时代、新浪潮等不同发展阶段。从玛丽·雪莱的《弗兰肯斯坦》开始，科幻是一种非常开放的类型，是非常自由的文类。我们现在好多人对科幻的理解仍然比较狭隘，没有把它放到更大的文化环境里面去考察这个东西的本源。就像我们现在了解世界，其实还是隔了一层。现在很多的对立都跟这个有关系。科幻还是一个舶来品。包括刘慈欣的成功，包括郭帆，他们最起源的这一点，我觉得还是向世界科幻致敬的东西。不管它有多少中国元素，最初的想法就是向克拉克致敬，才有这后面的东西。首先是模仿和学习，再来创新。

2011 年，韩松访问挪威并出席文学节。

2011 年，韩松在挪威奥斯陆蒙克美术馆参观。

IF WE REGARD SCIENCE
FICTION AS A PART OF
HIGHBROW LITERATURE,
THERE SHOULD BE A
COMMON STANDARD
FOR IT

如果把科幻看作文学的一部分，它应该有统一的标准

科幻邮差：姚海军老师曾经提出"科幻文学只有核心强大，才能突破边界"，韩松老师认为自己的创作属于核心还是属于突破边界？为什么？

韩松：（突破）边界吧。但是，核心科幻是主要的，没有核心，就没有边界。就跟画画一样，素描都画不好，就去搞抽象先锋，那不行。

科幻邮差：从雨果奖近年的获奖情况来看，科幻文学和其他文学的边界越来越模糊，中国可能出现这样的情况吗？

韩松：郝景芳的《北京折叠》就是一个边界性的东西，还有很多写得好的都是这样，包括奇幻和科幻交织的东西，越来越丰富了。

科幻邮差：有些科幻注重科学的惊奇感，有些注重对技术背后伦理的探讨，韩松老师的创作似乎突破了这两者的范畴。台湾《幻象》杂志曾经评说您"写的是预知历史的小说，铺陈整个人类的内在实质"。大家津津乐道的，比如《火星照耀美国》预言了世贸大楼恐怖袭击，《地铁》预言了温州的动车事故，《红色海洋》书写未来世界新秩序，甚至"医

院三部曲"被称作"新时代反乌托邦的里程碑",预言了新冠疫情暴发后的世界景象。您怎么看自己作品中的预言性?

韩松:科幻作品是写未来的,它不能乱想。刘慈欣、王晋康、何夕都是学理工科的,我是学文科的,但写科幻还是要遵循科学的基本规律、基本精神,对科学要有认识。自然科学、社会科学它们本身都是有规律性的,科学就是对世界的有规律性的把握。用规律去推演一个未来的世界,就会有一定的现实感。就像刘慈欣说的,要把科幻写得像新闻报道一样真实。因为有一定的规律性,可能正好在某种程度上"预言"了。我觉得科幻小说至少不能违反大多数已有的科学原理,不能让人家挑出毛病、硬伤。

科幻邮差:飞氘在评论您的小说《我的祖国不做梦》时留意到您的创作和鲁迅作品之间的关系,这是一种有意识的继承吗?

韩松:鲁迅当然是我很喜欢的作家。其实鲁迅描写的那些主题,中国每一个有所追求的作家都应该去继承,有意识也好,无意识也罢。我越来越觉得,鲁迅关心的那些,对文学也好、对国家也好,仍然是最核心的命题。

科幻邮差:您是在什么阶段集中读鲁迅先生的作品的?

韩松:陆陆续续都读过,上小学就读过《孔乙己》《故乡》《阿 Q 正传》。

科幻邮差:谈谈您的失眠吧。2012 年 7 月,在"小崔说事"节目中,崔永元问世界末日是什么样,您说失眠就是世界末日。飞氘也评论说您是"绝望的失眠人,急切地想为郁结在心中的幽暗寻找载体"。您的失眠是从什么时候开始的?

韩松:记不得了。其实还好,大部分时间是睡眠没有规律。

科幻邮差:您习惯在上班或者下班后的空隙,甚至在凌晨四五点钟写作,不像很多作家需要闭关,与此同时您作品的数量却极为可观,目前仍有上百万字的作品没有发表过，能谈谈那些没有发表的作品吗？

韩松：比如关于西藏的那个长篇，就有二十多万字。还写过一个九州的长篇小说，也有二三十万字。还有好几个长篇，好些中短篇，加起来肯定超百万字了。

科幻邮差：想过有一天这些东西以某种方式跟大家见面吗？

韩松：没太想过这个事情，写得太多了人家看着都烦，以后有机会整理一下再说。

科幻邮差：希望有一天我们能够看到它们。《医院》这本书处处都像是在描写后疫情社会未来的走向，《地铁》腰封上面的宣传语是"机械时代的《聊斋志异》"，电子

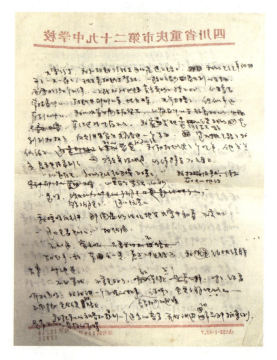

手写在信笺纸背面的一篇未发表作品，这只是韩松海量存稿的只鳞片爪。

囚笼中的卡夫卡"，能否谈谈您的文学养料来源，以及您文学追求的最高目标？

韩松：我觉得目前大部分科幻小说确实离文学还有很大距离。如果说把科幻看作文学的一部分，它应该有统一的标准，并不是说科幻只要有点子和很奇妙的想象就行了，在这个之外，能否创造出一种新的文学形态？我就特别希望整个中国科幻，能像当年拉丁美洲的魔幻现实主义文学那样，形成一个真正在文学上能够立住的流派，通过科幻来勾勒这个时代的脉络。中国发生那么大的变化，能不能通过科幻反映出来？而不是浅尝辄止，就停在那儿了。就像哈佛大学教授王德威所说，"过去十年二十年中国文学很有生气、很好的一部分就是科幻。"科幻突破了以前文学的一些东西，反映了中国这个时代的变化。但现在能不能继续这么走下去，我觉得科幻应该有一种自觉。

科幻邮差：对那样一天，我也很期待。韩松老师，在许多作品中都能感受到您对佛学的参悟，您如何看待佛学和科学、科幻之间的关系？

韩松：我觉得佛教和科幻、科学有些关系，比如它认为世界是空无的，整个宇宙来源于"一念"，就像量子力学，观察者让世界坍缩。很小的能量波动能一下子长出整个世界来，就像是虚空的涨落。世界的本质到底是什么？修行高僧的大脑发生了怎样的变化？我觉得是很有意思的。有的科幻小说，比如江波、萧星寒的一些小说，都写到了佛教，写到了人工智能跟佛教的关系。

科幻邮差：您之前说过自己的写作就是修行？

韩松：一天天这么坚持下去就是修行，而不是心血来潮的时候写一点。

科幻邮差：您会关注读者的评价吗？会因为读者的评价而改变创作方向吗？

韩松：会看一些评价，但是不受他们影响。读者评价两极化比较严重，有的说看了《红色海洋》就把它扔到垃圾桶里了，但也有很喜欢的。

科幻邮差：刘慈欣曾说："科幻是把最空灵的想象写得像新闻报道一样真实。"虽然韩松老师的创作和大刘从风格到主题都差异比较大，但是就"新闻报道式真实"这一点好像比较一致，怎么理解这种一致性？

韩松：我觉得科幻小说是现实主义文学的一种分支，它对未来进行写实，像油画一样把未来描绘出来，让它像是真实发生的。越是虚构的，越不能像是画鬼。科幻小说常常是大量调查研究基础上形成的作品。这和新闻报道很像，要求具有科学精神和素养。

科幻邮差：大刘说他写的是二维科幻，而韩松老师写的是三维科幻，如果说中国科幻是一座金字塔，二维科幻是下面的塔基，三维科幻则是上面的塔尖。您怎么看待大刘的评价？怎么看待他的作品？

韩松：他这是谦虚的说法，二维科幻才是高级的科幻，三维是常规的世界。现在人家讲的都是"降维打击"，那是他发明的，是很难达到的高水平。要达到大刘那种水平确实很难。我觉得大刘对科幻有真正的热爱，对科幻的审美，他有深刻的了悟，他对宇宙、社会、人生有深入和成熟的理解。我觉得这是他的科幻的力量所在。而且他能直接用科学的手段把这些东西表达出来，这跟时代的脉搏更加贴近，这就是一个科学的时代，这是我们赶不上他的。这需要很强的理工科的训练，文科生很难写出来。

科幻邮差：大刘还说韩松老师的作品"读完了就像皮肤被轻轻划了道伤口，但很久都不会愈合，直到下一次再读到他某一部作品的时候，发现伤口又被撒了盐"。您怎么理解他的评价？

韩松：我是第一次听见这个评价，不是很明白，就是受点伤呗，比他那个好多了，他那个经常在讨论是不是把人给吃掉——失去人性，失去很多；失去兽性，失去一切。他的认识和表述更加深刻。

科幻邮差：有媒体评论，包括《南方周末》《人民日报》，甚至BBC（英国广播公司）都评论韩松老师：一边讲述"崛起"，一边写着"末日"。您怎么理解自己作品当中的这种矛盾性？

韩松：两者有可能是一致的，其实很多人都这样讲，国家的发展一方面让人充满信心，但另一方面要求有底线思维，有危机意识，因为前路有惊涛骇浪。这二者是不矛盾的。

科幻邮差：这些年的创作中，韩松老师最喜欢的作品是什么？最不喜欢、最失败、恨不得让人忘掉的作品有没有？

韩松：《宇宙墓碑》《再生砖》都是一气呵成的，我比较喜欢那样的。有的作品，包括"医院三部曲"，都是约稿，是在一种比较勉强的状态下写的，其实我不太喜欢。

科幻邮差：有想过等时间、精力充裕的时候去做修订吗？

韩松：修订没有意义。

科幻邮差：韩松老师是一个怀疑论者，对一种观点的批评，并不表示对它相反观点的赞同，为什么会这样？您认为还有理想社会的存在吗？

韩松：科幻作品是在追求一种理想社会。我见过的一些科幻作家，不管他写了多少世界末日，在我看来都因为他心中有一种理想和追求，他可能才会去写末日。像王晋康老师写了那么多人类的毁灭，恰恰因为在他心中有一个非常美好的未来，他希望的理想社会在那儿，我们其实都是这样的。

科幻邮差：很多人都说您的作品"只能感觉、不能解读"。您认可这样的评论吗？

韩松：是的。有些我自己也无法解读，当时写的时候想清楚了，过一阵我就不明白当时究竟想写什么了。世界本身就是没办法解读的吧。

科幻界在文学圈
总体是最团结的群体

科幻邮差：下面想请韩松老师说说和科幻之路上众多的
作家、编辑、学者之间的故事。您想到哪儿就说到哪儿吧。

韩松：首先总体上讲，我觉得自己非常有幸选择了写科
幻。能够跟这个星球上最有想象力的一群人坐到一起吃饭、
聊天，听他们讲各种匪夷所思的事情，真是非常幸运。

科幻邮差：您曾在一篇纪念郑文光老师的文章中回忆过
跟他的几次见面，可以稍微展开说说吗？

韩松：我现在记不清了。（你们）可以去查那篇文章，
里面有讲他和夫人请我们吃饭，他们夫妻之间的那种情谊，
都历历在目。我觉得他们有一种人格的力量，郑文光、童恩
正、叶永烈，还有绿杨等等，都有这样的力量。杨潇老师也
拥有一种人格的力量和精神的力量，她挽救了《科幻世界》，
也挽救了很多人，改变了很多人——包括我的命运。我觉得
她很大气，想的事情是很开阔的，不局限于一个杂志，她在
为这个国家思考。她在这方面对我影响非常大，她让我知道
更应该去关注什么，不仅是那种细枝末节的东西。跟她聊天，
她并不是都在跟你讨论科幻小说，她聊的是比科幻更重要的
东西。她为这个世界的出路焦虑。

何夕是很细腻的一个人，他很有情感，而且能够把情感融入他的小说里。你看他经常参加科幻活动，都要把儿子带上，让他儿子去感受各位作家的风采。他们这种亲密的父子关系是很让人感动的。他很豪爽，又很细腻；他写科幻小说，又是学理工科的——很多东西在他身上综合到一起，让你觉得神奇又和谐。我喜欢跟他在一起喝酒。

刘慈欣，我觉得他是个思想者和实践家。他想的东西比我们很多人要深。我第一次见到他是在2003年的一次大学科幻活动上，我和他同台。那个活动在清华大学，夏笳主持的。刘慈欣是理想和现实结合得非常紧的一个人。

关于王晋康老师的回忆有很多，我跟王老师无话不说。王老师对我特别好，他还曾给我带过酒，我们家里人都说"你看王老师对你多好"。他年纪比我大很多，还抱着两大桶黄酒跑那么远的路来北京送给我。他怎么带过来呀，当时从河南坐车来很麻烦的。从这个事情就能看出，他很实诚。我家里人生重病了，他马上说："我借你钱。"他是很有格局和思想的一个人，对很多社会问题有自己的看法，我们很有共同语言。

阿来，很有四川人性格。四川人那种灵活性、原则性、创造力在他身上兼具。他对我的启发和帮助也很大。他在《科幻世界》杂志上为作家开辟专辑。2002年，我有了一个专辑，几篇特别有代表性的作品在上面发表。一些新的创作方式，包括文学理念，都是在那个时候引入的。他头脑中的想法是汪洋恣肆、畅游世界的。他还帮我"站台"，《医院》在上海的新书发布会，他坐在边上"吹捧"。出版社一找他，他就答应了来。后来我还跟他一块儿喝酒，他酒量好大。他的才华、灵感，我永远都比不了，只要看了《尘埃落定》之后就知道，那就是文学的理想境界。你说科幻要追求什么，达不到，那是天才做的事。《尘埃落定》对我的冲击，可能比阿西莫夫的作品还要大。

还有好多啊，各种人都能说出来，各种人都有特点、个性，有丰富的经历，男的女的，特别是那些年轻的科幻作家，"八零后"的……这次说不完了。我跟他们很熟悉。有次做冷湖奖的评委，看很多作品，都匿名了。有一篇作品，我一看，就知道是万象峰年写的。后来果然是，得了一等奖。

科幻邮差：董仁威老师呢？

韩松：董仁威老师是我特别崇敬的人。他也是典型的四川人，改革、做事，特别务实，又有理想精神，又会精打细算。换了别人是搞不出华语科幻星云奖的。这个奖如今影响太大了，也就他能带着大家搞成。他这种"活着干，死了算"的精神，对人的影响也非常大，让你不虚度时光，而且他藐视死神，多少次从死亡边缘被救回来。你看他写的那本书——《白猫黑猫》，他才是真正见死亡见得最多的，各个时代他都过来了，他写了好多死亡，都是他亲眼看见的。我从他身上感觉到了历史感和未来感，这些在他身上的交集特别明显。可能也正是有这种特点，他才在科幻发展中起到中流砥柱、一呼百应的作用。我经常想，他不在了怎么办呢……没有这样的人了，找不出。换了别人都做不到。他能够调解大家互相之间的分歧，有时他也生气，但能按捺下来。他这个人，是中国特色的科幻活动家，同时他也是很好的作家。他才真的值得写一部《董仁威传》。好多科幻人才是从华语科幻星云奖出来的。应该给每个（科幻）人写一个传。这是中国追寻现代化过程中涌现的非常特殊的一批人。

科幻邮差：是的，董老身上那股敢拼敢闯的劲儿真是令很多后辈都望尘莫及。对了，您跟姚海军老师是什么时候认识的呢？

2017 年 11 月 17—18 日，第 8 届华语科幻星云奖在北京举办期间，韩松与董仁威（左）合影。

韩松：1997年第一次见到他。他是非常朴实、认真、与人为善、为人着想的一个人，也有很宏大的胸怀、很执着的追求。他对科幻真是热爱。用"中国的坎贝尔"来形容还不完全，他是真的在中国这片土地上土生土长的能够撑起科幻天空的一个人。他早期有很曲折的人生经历，但他是朝着目标一直走下去的理想主义者，很了不起的一个人。他是大刘《三体》的编辑，也是我很多作品的编辑。能够跟他认识太好了。做科幻的这些人都有自己的个性、特点、目标、想法，有的人有矛盾，但所有这些人有个共同的特点，想的都是宇宙的尽头。所以为什么科幻界在文学圈总体是最团结的群体，我觉得根本是在这个地方。

说到海军，我觉得当下他最重要的就是要把身体弄好。他已经推动了很多，现在中国科幻是一个潮流性的东西，它已经不是靠单独一个人去推动的，是一个整体性地朝前面运动的潮流。我觉得他一定要把身体保重好。他是中国科幻无法替代的财富。

科幻邮差：2010年7月，您和飞氘参加了在复旦大学召开的"新世纪十年文学：现状与未来国际研讨会"，引起了主流作家的兴趣。当时是什么情况？

韩松：那个会议很重要，是主流文学的组织者邀请了科幻作家。当时，所有中国最有名的作家都去了，莫言、余华、苏童等，还有华语文学圈权威的评论家王德威、陈思和等。我和飞氘做了两个报告，每个人十分钟，半夜都在准备，就想短短十分钟把科幻的魅力和我们正在做的事情讲出来。报告引发了较大反响，可能是参会者觉得里面有新意。这次会议同时还请了上海的悬疑作家蔡骏，也是我们这种搞边缘文学的。我觉得我们就是把科幻的意义讲出来了。主流文学圈很快开始讨论科幻，南京一个主流文学评论杂志出了一期科幻专辑，然后好些杂志陆续开始约科幻的稿件。那次会上，见到了宋明炜老师，他是很早就研究科幻的，他对中国科幻、对我的帮助都很大。宋明炜老师对研究、推动、介绍中国科幻，起到了无可替代的作用。他在那次会议上还做了个科幻讲座。他提出了中国科幻新浪潮的命题。王德威老师也开始关注科幻，并把科幻纳入了他主编的文学史著作《哈佛新编中国现代文学史》。还有南京师范大学的教授何平，都成了科幻的推手。主流评论对科幻越来越友好，包括中国作家协会后来专门成立科幻文学专委会，我觉得跟那个会议也有关系。

2010 年 7 月 12 日，"新世纪十年文学：现状与未来国际研讨会"大合影。

科幻邮差：嗯，2012 年央视那期"小崔说事"也对科幻的"破圈"产生了很大的影响。

韩松：是的，那次我和刘慈欣一起上的节目，我忘了为什么把我们两个找到一块儿。除了崔永元，当时中央电视台的主持人王雪纯也在，那天我还是坐她开的车回去的，她也读科幻小说。她跟我说，她读一般的文学就好像看到一个人把腿插在泥地，读科幻就是拔出来了、在外面飞，这很形象。

科幻邮差：哈哈，现在经常看到韩松老师说自己很多事情记不住，但好像您对很多细节又记得很清楚呢！

韩松：以前的记得很清楚，大概十年前，比较近的就忘了，包括我现在说话，你能感觉到我很多时候是努力在想，嘴里是结结巴巴的，脑子里面是很累的。以前不是这样，以前是自然流淌出来的，像那次"小崔说事"一样，马上就可以反应过来，现在反应不过来。

当时人家评论：小崔多么伶牙俐齿一个人，都不一定说得过你们两个……

科幻邮差：您别担心，一定会慢慢好起来的。韩松老师的作品里面有很多尖锐、讽刺、残酷的东西，对人性的黑暗、欲望都看得很透。但是您在生活当中又对人特别友好，所有跟韩松老师接触的人都能感受到真诚和温暖。这两者之间是怎么协调的呢？您会不会把真实存在的人写进小说里，然后又做很多变化，让人看不出来您写的是谁？

韩松：很少，都还是想象的人。但今后写最后一部小说，就会把真实的人写进去，我见了那么多人，那么多事，没写出来很可惜。

科幻邮差：您刚刚提到的很多师友身上都有特别与人为善的一面。那您的这一面是受家庭的影响，还是受科幻圈师友的影响？

韩松：家庭有影响，我爸就是与人为善的人。我早年在儿童医院住院的时候，他看到有农民的小孩，就说水果我们先别吃了，先送给人家吃。在工作中我有时候太苛刻了，都不给人家留情面的，后来这些慢慢在改变，也有受科幻圈这些人的影响。想到杨潇、谭楷怎么帮助我，不计较我的缺点，还有台湾文学圈那些人，素不相识的，比如吕应钟、张系国、张大春，他们都很公正，评奖的时候认认真真、一篇一篇地看。"哎，这个写得好！"他不因为你是大陆的就不给你奖，我是一等奖，姜云生是二等奖，两个都是大陆的。应该向他们学习，很多时候都会想到他们，努力学习他们。好多人都是这样与人为善，比如金涛老师……

科幻邮差：那正好就说说金涛老师吧，我们还正想找机会采访他呢。

韩松：金涛老师嫉恶如仇，是批判性的作家。《月光岛》是一个批判性的小说，文学意义也非常强，主题非常深刻。他帮助很多科幻作家出版作品，包括杜渐的书也是他出的。他给我最大的感觉就是他的使命感和正义感。他八十多岁了，还在天天操心国家怎么办、老百姓怎么办。新冠肺炎疫情防控期间，他总在为别人担心，比如他说："王逢振那个小区被封了，怎么办哪？"他也对科幻有莫大的热爱。后来我组织了一套科幻小说，要把他的作品收进去，《月光岛》不能收了，就收了另外一篇写南极的。他隔三岔五在微信上问我："怎么书还没出啊，我都没有几天了。"这是去年（2022年）或前年（2021年）的事情。

科幻邮差：老人家还是很期待看到自己的作品被一代又一代人阅读呀！

1997年北京国际科幻大会期间，韩松与金涛（左）交流。

科幻的中国化与民族性

科幻邮差：照片里，我们经常看到韩松老师的办公室很凌乱，"书山"里散落着成都到北京的机票、过期的《纽约客》杂志、各种论坛的嘉宾证、俄罗斯套娃、新西兰蜂蜜，墙上是全彩中国地图和世界地图，这种环境是怎么形成的？

韩松：我好多东西舍不得扔，有些是我觉得有用，回头它的价值就显现出来。还有一些过期的杂志，比如我收藏的十年前的《新世纪周刊》，那时候写华为、写蚂蚁金服，回头看真是魔幻。还有我剪的《参考消息》，其中我剪得最多的是科技新闻。

科幻邮差：有时候自己是不是也会找不着东西？

韩松在办公室。

韩松：是，我也想清理，但家里找不到那么大的地方，办公室也不可能变大。也在扔一些，但最近就是没有力气。

科幻邮差：那就别动了，现在已经成了一景了。（笑）还有一点比较好奇，看您的微博经常会晒自己在学日语。您为什么要学日语？

韩松：现在对人说是为了减缓痴呆。

科幻邮差：现在能够达到什么水平？

韩松：如果去日本，上街买东西、坐公交、跟人进行一般的交流都是可以的。

科幻邮差：真不错呀！韩松老师的财新博客，有大量日常写作的文章，它停留的时间是 2018 年 2 月 28 日，为什么那天之后就没有再写了？

韩松：那是个约稿，我写累了，编辑也出国了，就不写了。

科幻邮差：原来如此。2015 年 10 月 8 日，韩松老师的微博从二百五十五天开始倒计时，这个倒计时是怎么开始的呢？

韩松：我写过一篇文章讲这个，跟算命有关系。到了去年，就是我倒计时结束的时候，命程就到了一个转折点，我就到了一个不太好的时候。

科幻邮差：居然还有这样的玄机……新冠肺炎疫情三年，您每天都是在观察、记录，在疫情期间也有新的作品在酝酿或者写作中？

韩松：有个叫《乐园》的小说，写了好久都没写完，上海文艺出版社的约稿，本来应该去年交稿，但也没有力气，写得很慢。里面有写老人社会、生物工程、疫情，交织在一起。

科幻邮差：好期待！在刘慈欣获得雨果奖之后，时任国家副主席李源潮接见了大刘等科幻界人士，2016年中国科幻季的开幕式上，他又到会发表讲话。您怎么看待国家对科幻的支持？

韩松：我国不少领导干部都关注科幻，可能认为科幻是中国文化软实力的一个部分吧，也是现代化的一个部分。习近平总书记也曾公开提到科幻，他在中法建交五十周年纪念大会上就曾说到了凡尔纳的科幻小说对他的影响。包括《流浪地球》，也受到了高层的关注，这进一步推动了科幻产业的发展。科幻是科普的一部分，科普要与科技创新比翼齐飞。科幻可以促进想象力，既是文化产业，又对中国强大起来有帮助。我觉得很多人可能是这么想的。科幻有超越性的一面，也有现实性的一面。

科幻邮差：韩松老师怎么看科幻的中国化，或者中国科幻的民族性？

韩松：中国科幻很自然地就会带有中国民族性，不用刻意去追求也会这样。中国科幻引起世界关注，第一个因为你是在模仿人家的东西，写了人家写过的东西；第二个你写的是现在世界上面临的普遍问题、焦点难点问题，是普世性的东西；第三个就是你有民族性，你对那些普世性的东西给出了一些不一样的中国式的思考。比如郝景芳的《北京折叠》，用折叠的方式来处理某种社会问题，而这是全世界的普遍问题，但她的解决方式就很奇特。这就是中国式民族化的东西。

科幻邮差：在很多场合都能看到韩松老师宣讲科幻与中国梦的关系，科幻在点燃青少年的科学梦想、激发想象力和创造力方面起着不可或缺的作用。但您的作品，适合青少年阅读的并不多，有没有专门考虑为这个人群写东西？

韩松：我认为科幻不分青少年和成人，我当时作为青少年，读的也是成人科幻，科幻本身也是一个具有青少年特征的文学类型。它的特征是想象力，谁的想象力最丰富？小孩儿的。科幻天生跟他们契合。你可以以青少年为角色，用他们的语言来表现，像杨鹏老师常常就是写的这种；也可以用成人的语言。吴岩老师对青少年科幻有一个定义，其中说它需要是正能量的、积极的，不能给青少年看血腥、杀戮的东西。如果从这个角度来讲，我那些小说大部分虽然是以青少年为主人公的，但不能归类为青少年科幻。

科幻邮差：在国外，电影已经成为科幻产业的支柱；在国内，科幻 IP 正在引领影视开发的潮流，各类资本都看好科幻。您观察到有什么特点、优势？

韩松：优势还是很明显，技术、资金都有，但转化成片子这个过程太难。很多不是优势，劣势更多，真正的科幻大片风险比较大。可能像一些带有科幻元素的片子，今后会更多地涌现出来，投资要小一些，比如《宇宙探索编辑部》。像《流浪地球》这样的大片，没有一定的魄力、实力、精力，还有像郭帆这样对科幻的理解，是拍不出来的。郭帆这样的导演现在很难再找出来。西方能真正拍出一流科幻大片的导演也是屈指可数，就那几个人。欧洲也没几个吧，中国就更少。这个领域跟研制航空发动机、芯片一样。所以《流浪地球》第一部出来的时候，我就觉得那是一个标杆，要超越这个标杆就很难。

科幻邮差：韩松老师自己的作品中，有哪些进入到影视开发阶段了？

韩松：有版权在影视公司，但都没有开发，摆在那儿，剧本都没有。我想都不去想它。

科幻邮差：2023 年 10 月，世界科幻大会将会首次在中国举办，这也是亚洲第二次举办世界科幻大会，您对大会有什么期待？

韩松：我觉得世界科幻大会是世界性的，就真的要办得面向世界。就像奥运会是世界性的，它有一套奥组委的规则，也要让各国来的运动员满意嘛，真的享受到在中国举办这个会的乐趣。要突出科幻的主题，就像奥运会突出的是体育主题。在日本横滨举办的那次世界科幻大会，开幕式很简单，横滨市长只有很短的发言，很幽默地讲了几句话，他就坐着一辆黄包车，出来在台上逛了一圈。着重是把科幻作家小松左京和柴野拓美给推出来站在舞台中央，以欢迎大家的到来。我建议组委会筹办时适当考虑一下创新的表现形式。

趣问趣答

01 微博上的粉丝都会发现韩松老师睡得晚起得早，您每天的作息安排是怎样的？

有时候睡一会儿又醒、醒一会儿又睡，总体时间不够。中午偶尔会补觉，也很少，五分钟到十五分钟就足够了。

02 平时喜欢看什么影视剧？

我现在都在 B 站（哔哩哔哩视频网站）上看电影、电视剧，比如最近那个《重启人生》。

03 韩松老师很多时候都在晒酒晒面，写作的时候需要喝酒吗？

写作的时候有时候会喝，放在边上。喝得少，喝了胃疼。

04 看到您平常在网上晒很多"随手拍"，配文说在大量地吃外卖，咖啡里面加威士忌甚至头痛粉，您对食物是什么态度？

我自己觉得好吃就可以。没有力气去做饭，生病之后有了认知障碍，很多想法就没有力气去完成。如果要走很远的路去食堂、去买东西、去寄快递，就不想动。

05 **韩松老师的作品当中常常带有很强的灾难预言危机感，仿佛随时都会有灾难从天而降。您也说自己是悲观主义者，传说您每天都会背着逃生应急包，时刻准备迎接灾难，这是真的吗？**

以前我包里装了很多药物，所有的药装齐。还有我会把我写的东西，随时用一个硬盘拷出来，始终背在包里。我觉得说不定我凑巧走出去就地震了，华北多少年没发生大地震了。万一我刚走出大楼，楼就塌了，电脑被埋在里面，那我背着这个硬盘就有用了。

06 **您眼里的科幻迷是一群什么样的人？**

以前的是比较天真、很理想主义的一群人，不太会处理和现实的关系。我对现在的科幻迷越来越不熟悉了。

07 **您说科幻是一个国家现代化的晴雨表，也是大国崛起雄心的表达，您觉得将来科幻在中国的进程会一帆风顺吗？**

现在大家还是很喜欢、热爱科幻，但也有被打断发展的风险，比如上纲上线，就很危险；还有一种被打断的可能是平庸化，自己就停滞不前了。我觉得在个别年轻作者身上能看见，满足现状，满足于混圈子。

08 **如果可以穿越，韩松老师愿意去哪里，什么时代？**

想去古代，去看一下到底是怎么回事，比如春秋战国的时代。

09 这个问题是代飞氘问的，他说想把韩松老师对这个问题的回答，在自己的科幻课上说给同学们听。他的问题是：您想对今天有志于科幻创作的年轻人说点什么？

突破前人写的，写得跟他们不一样。

10 有没有想过回溯自己这一路走来的科幻人生之路，为什么会开始写科幻？

人就是由偶然决定的，偶然生在这么一个家庭，投胎的时间错了半秒钟，就可能生在涞源那个农村里、长到高中毕业都没听说过科幻。我觉得偶然性是很能决定一个人命运的东西。

11 您有一句名言：全世界的科幻迷应该经常聚在一起，围着篝火唱歌、喝酒。这句话是怎么来的？

那是 1991 年的科幻大会，各个国家的作者、科幻迷在卧龙围着篝火跳锅庄舞，我觉得那个时候好好。

12 请说说对中国科幻的祝福。

祝中国科幻勇往直前，永不言败。

因为热爱，所以坚守

I STAND MY GROUND BECAUSE OF PASSION

何 夕

科学幻想乃进步之始、创造之源！

何夕

创作生涯

082　阅读起点并不高

084　科幻创作，出手不凡

086　第一次获得银河奖时还是大三的学生

088　文友的意见很重要

092　对科幻的爱深入骨髓

094　《伤心者》的母亲形象是我的一种期望

一路有你

098　编辑真是为他人做嫁衣裳

099　作家们聚在一起就像家人一样

101　读者因《伤心者》走上科研之路

102　创作中的遗憾

科幻之思

103　创作之路最初的足迹

104　故事是为点子和思想服务的

104　创作偏向：现在更遵从内心所想

106　对世界永葆好奇心

106　"言情科幻第一人"难以承受

近况探讨

109　越来越多的人通过接触科幻而改变固有的看法

111　科幻电影：令普通人思考终极问题

113　科幻和电影是天作之合

114　工业化电影的模式，中国现在还需要探索

趣问趣答

115

导语 INTRODUCTION

　　经过 20 世纪 80 年代的低潮后，中国科幻在随后的二十年间迎来了缓慢复苏，何夕作为"新生代"代表作家之一，正好经历了这段迷茫徘徊又充满激情的时期。自 1992 年至今，何夕已获得十七次中国科幻银河奖。如何平衡科幻小说中的点子和情感，甚至做到点子和情感的统一，这是很多科幻作家面临的困难，也是他们奋力追求的目标。但对于何夕来说，他似乎天生就能做到。何夕的创作证明了，冰冷的科技幻想和人间的烟火冷暖并不是矛盾的。他从一开始就意识到了，科技不仅能改变世界，还能改变人的内心。

HE XI

I STAND MY GROUND BECAUSE OF PASSION

■ INTRODUCTION

After having gone through a trough in the 1980s, Chinese science fiction has welcomed a gradual revival over the decades. He Xi, one of the representatives of the "New Generation" writers, has experienced this complicated period of loss as well as unwavering faith. Since 1992, he has won the Galaxy Awards seventeen times. For many science fiction writers, maintaining a balance between creating science-fictional ideas and expressing human emotions—or rather striving to merge them— is an ultimate goal and hard to achieve. However, for He Xi, it all comes naturally. His writing proves that the cold faces of technology and the warm blood of humanity are not against each other by nature. He has full awareness early on that technology can not only change the world but also change the human soul.

■ TABLE OF CONTENTS

Creative career

082　A low starting point in terms of reading

084　Remarkable debut in science fiction

086　Winning the Galaxy Awards as a college junior

088　The importance of fellow writers' feedback

092　A profound love for science fiction

094　The mother figure in "Sad People" represents a certain expectation of mine

The journey together

098　Editors are making wedding clothes for others

099　Writers together are like family

101　My reader strived to become a scientist after reading "Sad People"

102　My regrets about writing

Thoughts on science fiction

103　My first footsteps in creative writing

104　Stories are made to serve ideas and thematic expressions

104　My creative approach: to follow my heart now more than ever

106　A perpetual curiosity about the world

106　The unbearable label of "No. 1 romance writer in science fiction"

On recent developments

109　More people are changing their unchallenged world views after reading science fiction

111　Science fiction films: let common people ponder upon big questions

113　Film and science fiction: a match made in heaven

114　China on the Way: exploring success models for mass production of genre films

115　**Fun facts and Q&A**

创作生涯

阅读起点并不高

科幻邮差：对于科幻文学来说，20 世纪 90 年代初是一个新老交替的时期，何夕老师就是那个时期很受瞩目的一颗新星。今天我们的第一个话题，就请何夕老师跟我们聊一聊是因为什么机缘走上科幻创作这条路的，好吗？

何夕：好的。我知道很多人看科幻是从凡尔纳开始的，但我的起点没那么高。总体来说，它是一种从小的爱好。因为小的时候不像现在，可以读的东西还不多。偶然的情况下，我看到了一本儿童科幻读物，后来我发现，其实那应该是一套丛书中的一本。

何夕的科幻启蒙读物：《海底恐龙》《奇异的机器狗》。

那套丛书有很多本，我只看了其中一两本。后来我去查了一下，它叫"儿童科学文艺丛书"，我看的那一本叫《海底恐龙》。《海底恐龙》的封面就是一幅海里的景象，一个蓝色的封面，这本书现在好像找不到了。它其实是父女两个人合写的，父亲是嵇鸿，很老的一个中国作家，跟他的女儿嵇伟（笔名缪士）一块儿署的名。当时我并没注意作者，后来才查到他们的名字。我还看过那套丛书中的另一本，叫《奇异的机器狗》，至今有印象。

所以我觉得这是一种缘分——当时虽然书不多，但总归还是有一些，可别的书就没有这本科幻这么让我喜爱。书是1979年出版的，我看到的时候应该更晚一点，因为1979年的时候我才几岁，认字不是很多。看到书的时候，应该还是小学低年级吧。

《科幻世界》是在初中后才读到的，因为初中的图书馆里有，但当时的名字叫《科学文艺》。我记得最初看到的那期封面，虽然我不知道具体哪一期，封面上是一个很大的像希腊神话里的人物的全身像，可能是宙斯或者其他什么，上身披着希腊人穿的那种纱……后来就有意识地找这种类型，看一些科幻书，看一些西方的和国内出版的选集，因为那个时候国内选集还是能看到一些的。

再长大一些后，那个时候流行的一些作品我都看，言情呀，包括琼瑶写的那些，都会看的。科幻只是其中一种，但就是对科幻这种类型发自天性地喜爱。有些人也看科幻作品，但他可能对其他作品的关注多一些。如果您让我谈哪一位作家或者哪一部作品对我影响特别大，一时还说不上来，都有些吧。

科幻邮差：其实是一种兼收并蓄？

何夕：对。拿现在来说，有的时候文学作品对我的影响还不如科普作品。一些历史著作，一些科普著作，对我的影响更大，因为跟科幻小说本身有关系，这样的作品在我心里激起的感悟更大一些。

有一些优秀的科普作品，比如写数学家黎曼的《素数的音乐》，那个作品我看了之后很有感触。它记录了"黎曼猜想"产生和求证的过程，虽然记叙的是科学历程，但它能激起我心中类似于阅读文学作品时的那种感受，非常奇妙，具体不太好描述，因为它本身不是小说。所以有的时候，对我的科幻创作和我本人影响比较大的是这类作品，而不是小说。

何夕认为科普读物对自己的科幻创作影响深刻，比如马科斯·杜·索托伊所著《素数的音乐》。

科幻创作，出手不凡

科幻邮差：何夕老师最早是从什么时候开始科幻小说创作的呢？

何夕：嗯，如果说写着玩儿练笔的话，可能中学就开始了，但那个时候因为学习任务很重，所以写的东西都不知道丢到什么地方去了。

科幻邮差：估计都藏在抽屉里了。（笑）

何夕：应该都不在了。大学第一次发表的时候，作品是非常青涩的。因此很感谢《科幻世界》对我们年轻人的引导，让我们能够在这条路上继续摸索前进。

科幻邮差：何夕老师太谦虚了，在科幻小说创作方面，您可谓出手不凡呢。最初的作品就令人印象深刻，尤其是其中那些新奇的想象，比如《平行》《光恋》，还有《漏洞里的枪声》。之后的作品，就慢慢加入了一些浪漫细腻的情感，还有人性的冲突。再后来的作品，比如《十亿年后的来客》，又展开了一些倪匡式的、通俗化的探索。

何夕：因为我刚发表科幻的时候年龄比较小，算是《科幻世界》的杨潇老师、谭楷老师提携后进吧。其实那些作品真是很青涩的，无论文笔，还是科幻内核，都比较生涩。多亏编辑老师给我帮助，才让我渐渐进入这个领域。

至于风格上的变化，我觉得是自然而然的事情。因为我在创作的时候，并不是一开始就知道作品要采取什么样的风格，它有时是在慢慢推进的过程中自然形成的。比如说它的基调是偏悲一点的，或者是更平实一点的，都是自然形成的。包括后来《十亿年后的来客》这样的作品就用了一些推理的元素，因为当时也想尝试一下不同风格的写作。

科幻邮差：那么在文学修养方面，您是怎么一步步完成积淀的呢？

何夕：中国的文学和中国的科幻不一样，它是源远流长的，早就储备了很多优秀的作品。在科幻写作中，文学方面吸取营养的途径可能比科学方面更多一些。因为在中国的古典作品里和现代作品里，优秀之作都是很多的，在此基础上加入自己的生活积累，就可视为自己的文学积淀了吧。

如果我们把科幻的要素分成两类，一类是科学的内核，还有一类就是故事情节和人物。那么小说里的人物，他做一些选择的时候，他的内心波动怎么表现呢？我理解的文学主要是在这方面，把自己的一些所感所想穿插进去，然后用一种朴实的语言表现出来。我自己的语言风格是比较平实的，不太愿意使用那种夸张的语言风格。

1995 年 4 月 8 日，何夕凭借科幻小说《平行》获得 1994 年度科幻文艺奖一等奖（即第 6 届银河奖）。

第一次获得银河奖时还是大三的学生

科幻邮差：何夕老师在科幻创作方面确实比较有天分，为什么这么说呢？因为您还在大学期间创作的第二篇作品，1992 年发表的《光恋》就获得了第 4 届中国科幻银河奖。还记得第一次获奖时的感受吗？这次获奖对您后来的创作产生了什么样的影响？

何夕：可能是因为我后来中断了几年创作，所以对早期活动的记忆产生了混淆。我知道我参加了活动，但我在脑子里对不上它是哪一年的。我就记得曾经跟一桌人坐在一个什么地方开会。因为当时科幻的环境和现在不一样，当时圈子比较小，搞笔会活动的话，基本上就是在科幻世界杂志社的一间办公室里。也有在外面的时候。我记得有一次，谭楷老师、邓吉刚老师带我们，包括杨鹏、柳文扬、星河吧，到都江堰哪里去过。但如果让我回忆是哪一年，有点儿困难。《光恋》得了奖之后，我肯定是参加了颁奖仪式的，但具体情景对不上号了。

科幻邮差：第一次获奖时，您还在读大三吧？对一个大学生来说，这应该是一次非常大的激励。

何夕：是，那个时候念大三。确实是很大的鼓励，因为那个时候自己虽然写科幻，但也并不知道谁在看。不像现在网络上能看到很多反响，能看到读者的意见和建议。那么通过银河奖，就觉得有一种被认可的感觉。对于一个刚进入科幻领域不久的新人作家来说，是一件非常开心的事情。

而且当时已经有一个说法 —— 实际上到现在都有这种情况 —— 就是《科幻世界》比较喜欢用"新星"来比喻作者。"新星"也分两种，有的叫"流星"，有的叫"恒星"。有很多作者，也写出了很多好作品，但是没有坚持，或者是因为各种原因，没有在这个领域深耕下去，就变成了"流星"。所以我觉得当时自己获得银河奖，跟我没有变成"流星"还是有关系的。（笑）

科幻邮差：不过，在《光恋》获奖之后没几年，您就淡出了读者的视野，有过一段短暂的停笔期，是吗？

何夕〝归隐〞不久，又被时任《科幻世界》杂志总编辑的谭楷和主编阿来重新请出山。

何夕：是这样的，当时我正好工作变动，到了新的地方，出差特别多。那段时间经常在全国到处跑，后来还得了一种病，叫甲亢，病因可能就是压力大或者焦虑，一直吃药吃到了 1999 年。

但是这种半停歇状态的时候，心里对科幻还是有牵挂的。比如新的《科幻世界》出来之后，还是会找来看。因为感觉心里有些故事，还是想把它讲出来。后来，阿来和谭楷老师到自贡来约见我的时候……

科幻邮差：谭楷和阿来两位老师专程到自贡，请您重新出山？

何夕：对，对。我从这件事中发现一个情况：科幻创作要出现好作品，现在看来还是小概率的事情，因为科幻创作有它的困难之处。我也认识一些写文学作品很厉害的作者，他们觉得写科幻还是很难。所以几年之后，谭楷老师、阿来老师找我，他们跟我说："现在你也写了一些作品了，读者也比较喜欢，希望你还是能够回到阵营里来。"当时他们跟我约稿写一篇"千年虫"，因为那会儿关于"千年虫"有各种各样的说法。

科幻邮差：全人类都要面临 2000 年这样一个时间节点啊。

何夕：对，千禧年那个。实际上我当时交了两篇，《异域》还更早发表，然后才是《祸害万年在》。所以我写的命题作文还要加一篇"千年虫"，刚才我说的命题作文有三篇（《故乡的云》《蛇发族》《天空塔》），加上这篇就是四篇了。就这样，我又回到了科幻领域，直到现在。

科幻邮差：原来背后还有这样一段故事啊。真要感谢《科幻世界》的努力，不然我们很有可能与何夕老师擦肩而过了。重新回到科幻创作领域以后，一个比较大的变化就是在作品的署名上，何宏伟这个名字被"何夕"代替了。何夕老师用这样一个名字再次出山，有什么寓意吗？

何夕：当时用笔名，我是想把生活和写作稍微区分一下。笔名的来历，我姓何嘛，"何夕"最早的出处是在《诗经》里，"今夕何夕？见此良人。"但大家传颂比较广的是，杜甫的诗《赠卫八处士》中的"人生不相见，动如参与商。今夕复何夕，共此灯烛光"。后面这句诗影响很大，而且又正好问的是时间，我觉得比较符合科幻的内容，所以就用作笔名，直到现在。

文友的意见很重要

科幻邮差：有人称呼包括何夕老师在内的 20 世纪 90 年代的科幻创作者为"新生代"科幻作家，这一时期，一代年轻作家迅速接过了老一辈科幻作家的接力棒。

何夕：中国科幻历史几十年起起伏伏，好像比较容易断代，而其他有些领域似乎就没有中断过。我们"新生代"，主要是指在一九八几年科幻低潮之后起来的那一批吧。据我所知，人数还是比较多的，但坚持到现在的，可能就是我们大家都比较熟悉的一些，有些人其实在这个过程中也作出了很多自己的努力。

科幻邮差：在那个阶段，给您印象比较深的作家有哪些？

何夕：当时我因为经常出差，到北京的时间比较多，所以对北京的一批作者是比较熟悉的，像星河、凌晨、严蓬、苏学军，还有杨鹏，等等。当时我每次到北京，大家都会聚一聚，在一起探讨一些东西，还是很开心的。而且因为北京的文化氛围更浓，获得信息的渠道也多，所以我跟他们交流的时候还能学到好多东西。

1993 年 7 月，《科幻世界》在都江堰龙池举办创作笔会，部分参会嘉宾合影留念。左起依次为：杨鹏、星河、何夕、邓吉刚、叶姓司机。

1995 年 4 月 8 日，第 6 届科幻文艺奖（银河奖前身）颁奖会后，部分获奖者欢聚一堂。前排坐者右起依次为：裴晓庆、何夕、星河、柳文扬；后排站立者右起依次为：金麟辉、孔斌。

然后是王晋康老师。我和王老师接触得更晚一点儿，主要是因为我后来中断了一段时间。王老师发表作品的时间是1993年，后来他参加笔会的时候我可能在归隐期又没去，所以跟王老师认识得要晚一些。后来是在科幻世界杂志社郫县犀浦（今成都市郫都区犀浦街道）的那个创作基地，才第一次见到了王老师。

科幻邮差：是2002年前后吗？

何夕：好像没那么迟，反正是要晚几年。这批作者的作品风格和以前相比有一个区别，像最早的《小灵通漫游未来》这样的作品，更多描写的是对未来的一种展望，有一种科学乐观的基调。这种作品幻想未来科学会改变我们的生活，让我们更富裕。而新生代的作品里，渐渐有了一些对科学的反思，比如说，科学对传统道德的冲击。因为那个时候，一些新的科技，比如生物学、医学、物理学方面的发展都引发了很多伦理上的思考。这些作者就跟踪这些科技的最新发展，加进自己的思考，写出了一批佳作。

科幻邮差：这个阶段令您印象比较深的作品都有哪些？您个人呢？

何夕：那个阶段印象比较深的是星河、王晋康、刘慈欣、赵海虹、凌晨、苏学军、杨平等人的作品，像《潮啸如枪》《远古的星辰》《带上她的眼睛》《伊俄卡斯达》等。那时我个人发表了《异域》《盘古》《伤心者》等，逐渐形成了自己的风格。

科幻邮差：何夕老师写完作品后，会先发给文友看看吗？

何夕：嗯，会有这样的情况。像中短篇一般就直接发给《科幻世界》了，长篇比如说像《天年》出来的时候，我是发给了很多朋友，比如王晋康、刘慈欣、韩松、吴岩，还有董仁威老师等人，杂志社也是发了的。因为长篇的写作时间很长，篇幅也长，希望得到一些中肯的意见。他们都给我提了一些很有意义的建议。如果可能的话，我会用到作品里。

也有作者把作品寄给我，我看完之后如果觉得需要修改，也会提出来，作者间的

深受读者喜爱的两部何夕科幻短篇小说集《人生不相见》《达尔文陷阱》，2011 年 9 月，由四川科学技术出版社出版。

关系都比较融洽。印象比较深的像王晋康老师的《与吾同在》，我记得里面有个人物叫姜元善，当时他有一个线索，我看到揭示谜底的时候对王老师说，这个线索能不能改一下，把它改得更尖锐一点、更残酷一点，这样更符合前面的铺垫？后来王老师采纳了意见，把它做了很大的修订。我觉得这是很正常的。

科幻邮差：在这样的交流中，新老作家之间的传承不知不觉就完成了，真好。何夕老师，20 世纪 90 年代国内的资讯还不是特别发达，当时您进行创作的时候，科技方面的信息主要从哪里来呢？

何夕：那个时候的确更难一些，因为现在大家获取资讯非常方便，而我们那个时候，可能只能在图书馆里找到一些东西，仅此一途就占了所有途径的 80%。只能通过阅读，那个时候的确没有更好的途径。而且说实话，有时候真的还会丢弃一些东西，没办法。比如有时想起一个点子，但是资料查不出来，没办法，就用不上，只能放弃掉。这是很可惜的。所以现在资讯发达，的确给创作者带来了很大的便利。

科幻邮差：整个 20 世纪 90 年代是中国科幻经历低谷之后的一个恢复期，就四川而言，《科幻世界》杂志在杨潇老师和谭楷老师的带领下，努力让科幻这位"灰姑娘"重新登上了历史舞台。何夕老师对那段时期有没有什么记忆？

何夕：因为1991年的时候刚刚发表作品，还不知道我是"流星"还是"恒星"，所以科幻世界杂志社举办活动（1991年世界科幻协会年会）就没有通知我。1997年的时候我又归隐了，所以你看阴差阳错，北京国际科幻大会我也错过了。我后来才知道，20世纪90年代通过这两次国际性的活动，的确让科幻重登历史舞台了。

我也听说当时为了举办活动，杨潇老师坐了几天几夜的火车去欧洲申办，付出了极大的努力，后来的效果也挺好。

对科幻的爱深入骨髓

科幻邮差：何夕老师，当年科幻创作并没有像今天这样给创作者本人带来丰厚的收益，究竟是什么使您和同时代的科幻写作者一路坚持下来？

何夕：现在的情况和原来相比确实有很大的不同，主要是影视方面。可能是因为技术发展吧，电影技术本身发展阶段的变化，让它和科幻有了交集。而在我们那个时候，诚如你刚才所说，科幻对我们而言更多的是一种爱好，而不是要从中获取什么。这样说吧，哪怕现在还是以前那种情况，我想一定还是有很多人继续坚持科幻创作。因为这种爱已经深入骨髓，对科幻的爱已经成为自己的一部分。当然有些人会因为环境等原因而离开这个领域，但我觉得始终会有人留下来，这是一定的，一定会有坚持者、坚守者。

科幻邮差：就像刘慈欣说的，科幻是一种生活方式，它已经成为很多科幻作家生命中的一部分。

何夕：对。大刘可能当时也不是很清楚未来的发展，所以有很多悲观的言论。我记得一句话，"当科幻弥留之际，病榻前空无一人"，这是大刘的名言，是吧？但现在

2000 年 7 月 11 日，在科幻世界杂志社举办的第 11 届银河奖颁奖会上，何夕（后排左一）凭借《异域》与刘慈欣的《带上她的眼睛》并列获得一等奖。前排左起依次为：阿来、马识途、曾祥炜、杨潇、秦莉。

2006 年 7 月 31 日，何夕凭借《天生我材》再次与刘慈欣的《赡养人类》并列获得第 17 届银河奖。

看来，情况跟他预估的不太一样。你说一个文学门类如果总是靠一小撮人在这里坚守，毕竟范围太窄了，是吧？你还是要吸引一些圈子外面的人。商业化本身是获取更大范围受众的一个手段。如果仅停留在小圈子里，科幻对大家的影响始终会小一些。现在科幻应该说整体是在往好的方向发展。

　　而在这种时候，我就会想起一些没有机会看到当前盛况的老朋友。比如《科幻世界》的邓吉刚老师，我是在他去世一个月后的华语科幻星云奖颁奖会上才得知消息的。还有像大家都比较熟悉的柳文扬柳公子因病早逝……想到这些，我觉得我们应该珍惜现在的时代，珍惜自己的创作生命，创作出更好的作品。

《伤心者》的母亲形象是我的一种期望

科幻邮差：进入新世纪以后，何夕老师完成了一次又一次自我超越，创作的作品更加受到读者的喜爱和认可，比如 2002 年和 2003 年相继诞生的《六道众生》和《伤心者》，如今都已成为一个时代的名篇。何夕老师怎么看待那个时期的创作？

何夕：渐渐地写了几年之后，可能更熟悉这方面的情况了，并且随着年龄的增长，阅历也在增加，科幻创作还是需要积累和历练的，因为你在作品里要有思想。可能早期的中国科幻小说只需要一个科学普及的功能，但这样的作品如果让现在的读者看就不会特别满意了，你要加入作者自己的思考才行。因为现在资讯也很发达，如果只是根据一个科学发现简单写成一个故事的话，读者就会觉得厌倦。

刚才说到像《六道众生》这样的作品，它也加入了我本人的一些思考。而且因为影视化的关系，最近我还专门给《六道众生》写了一个新版本，就为了电影里展现的时候更方便，同时也让它更严谨一些。

科幻邮差：是为了让影视化更好地呈现吗？

何夕：不仅是影视化，实际上它的骨架没有变，但它的科学解释发生了变化，是为了让作品更严谨，原来的作品其实还是有一些问题的。像《伤心者》这样的作品，它没有很炫的科技方面的元素，它主要是在向探索者致敬。

科幻邮差：《伤心者》开篇的"母亲"，给很多读者都留下了特别深刻的印象，塑造这个人物有生活原型吗？

何夕：是这样的，《伤心者》里母亲夏群芳的形象，其实是我本人的一种期望。因为她其实不太懂科学，有点儿像半文盲，她对儿子探索的东西其实不是很了解。我希望什么呢？我希望社会能像这位母亲一样，她也许对某样东西不是很懂，但是她会无私地支持它。

因为母亲对孩子是一种比较奇怪的态度。你看一般的社会，包括我们的商业机构，包括银行，都是你越优秀它越帮助你，对吧？它会扶持强壮的。而母亲非常奇怪的一点就是，她如果有几个小孩，她反而会对那个有点儿弱的、有点儿病的倾注更多的爱。

而我们现在，像我们社会中，有些学科、有些东西，它其实就是有点儿弱，比如我们的一些基础科学，在《伤心者》里体现为数学，包括一些其他弱势学科，它现在得不到社会资本的关注，得不到支持，因为它不能很快地带来财富。但是这样的东西，我觉得我们是不是应该像母亲一样对待它？它现在确实很弱，但是你不能不爱它，它说不定在未来会有很大的用处。

就像我曾经在腾讯科学 WE 大会的一次演讲中提到的，有些东西它很基础，确实不能在眼前创造出什么价值，但它有可能是决定国家民族未来的东西。我觉得社会应该像母亲一样对待这样的领域。

科幻邮差：没想到这篇作品背后隐含着这样一层深切的关怀。刚才何夕老师说到之前有看过关于黎曼这样的大数学家的科普作品，创作《伤心者》跟之前的这些阅读有关系吗？

何夕：写《伤心者》的时候，那本书（《素数的音乐》）应该还没出来。为什么用数学——其实所有基础科学都可以——因为当时正好是那个所谓的新经济嘛，大家都被互联网这些东西吸引了。实际上，《伤心者》和另外一篇《田园》内容上有点儿交织。我们关注新经济这样的东西，总是看到叶子和花，而对根的关注少。现在发展这么久了之后，新经济确实带来了一些效益，但我在一次讲演的时候也提到过，2016 年联合国发布的全球经济增长率只有 2.4%。你想，2.4% 什么概念？现在一个普通的科技公司到外面去融资，说保证今年增长 2.4%，肯定一分钱融不到。

当时我就想，我们现在搞了这么多年之后，世界的发展就只有 2.4%。这就类似于零和博弈了，某方面 20%、30%、50% 的增长，其实是另一方面的低增长甚至是衰退造成的。就像"双十一"，交易量很大，的确为电商带来了很多财富，但是对实体商家造成了冲击，有点像零和博弈，但又有点不一样。因为我们毕竟有增长，还有存量。

但是，增长率这方面也确实存在一些问题。因为我们总的盘子只有 2.4%，那么

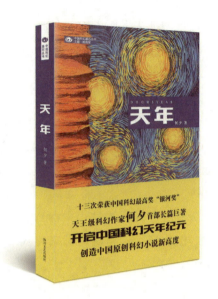

何夕首部科幻长篇小说《天年》，2015年10月由四川文艺出版社
出版后，2016年荣获第27届银河奖最佳长篇小说奖。

对像中国这样的人口大国来说，这种方式不见得能走得远，因为你不像其他小国家能赚另外几十亿人的钱。中国人口差不多就占了世界人口总量的20%了，比例太庞大了。而像《伤心者》和《田园》这样的作品中，我就是关注这样的问题——什么样的科学才能真正地改变我们的世界？

科幻邮差：嗯，听了何夕老师介绍创作背后的故事，我只想马上去重温一遍您的作品了。（笑）从上世纪90年代开始科幻创作以来，您的个人创作环境发生了哪些变化？家庭、生活、工作对于您的创作影响大吗？

何夕：家里还是比较支持的，从来都是。孩子受我影响，也喜欢科幻。工作主要是时间上的冲突。因为我算业余写作，时间上的冲突就要大一些。有人总结就发现，像刘慈欣、王晋康都是在小城市创作——当然王老师如今是在大城市了，但那时是在一个叫南阳的地方，这就说明时间很重要。我们在小地方可能别的事情少一点，可以挤一些时间来创作吧。因为是业余写作，所以现在时间安排还是一个最大的困扰。

科幻邮差：现在创作时间跟过去相比，是多了还是少了？

何夕：现在要多一些。短篇和中篇的情况相对简单一些，它可以很快地完成。但长篇的话，我发觉如果你不多拿一点时间来连续写的话，会忘，会接不上。所以我还是希望多一点时间吧。

2015年10月17日，何夕（左二）处女长篇《天年》首发式上，刘慈欣（左一）、姚海军（左三）和王晋康（右一）三位好友都来助阵。

一路有你

编辑真是为他人做嫁衣裳

科幻邮差：何夕老师的创作经历应该也是一代科幻人的缩影，因为热爱，所以坚守。除了作家，科幻圈还有一群因为热爱而充满使命感的负责任的编辑，对科幻的热爱和信仰是他们身上共有的标签。在整个创作时期，何夕老师一定也跟众多科幻编辑结下了深厚友谊吧？

何夕：对。因为我开始创作的时候年纪也不大，无论科学的素养还是文学的素养，都还很欠缺。所以当时，一些稿件还是被编辑老师修改得非常多的。像谭楷老师，我记得发表第一篇作品的时候，有很大一段谭老师直接就给我修改了。当时他们从既有的经验出发，真是给了我非常大的帮助。记忆中，杨潇老师对我作品的修改不是很多，她更多的是对我这样的年轻作者进行一些引导，包括在平时的交流中，对我们理念的提高有非常大的帮助和促进。

刚才我还说到邓吉刚老师，他对作品也是亲自修改。后来，姚海军当我的责编时，还有像杨枫对我的作品……应该说都很用心。但和前期有点不一样的是，像谭老师这样拿来直接就改的情况不是很多，可能自己的作品跟原来比还是有一些进步。这时候改主要是从……比如说海军从自己编辑的经验出发，因为编辑对读者的把握肯定比我们更强，了解读者的反馈比我们畅通，会提很多中肯的意见，让我们能够把作品打磨雕琢得更好。

2016年9月12日，在银河奖三十周年颁奖会后，何夕（中）与科幻世界杂志社前社长杨潇（左）、前总编辑谭楷（右）合影留念。

　　在这个过程中，我们也体会到了编辑老师的辛苦和辛勤，真的是替他人做嫁衣裳。上台领奖的是我们，编辑老师默默在后面做了很多工作。刚才说的老一辈的编辑老师离开我们，心里想起来（对他们）真的非常怀念。

作家们聚在一起就像家人一样

　　科幻邮差：同辈呢，跟您的同行如何呢？

　　何夕：科幻圈是一个非常有爱的集体。我前面说到过新生代的一些作者，那个时候大家都是因为热爱，没有什么别的想法，就是希望能够写出好的作品，如果能发表，就很开心。大家聚在一起的时候，真的就像家人一样，非常高兴。因为科幻圈还有一个问题——在圈子外知音很少，所以平时都不怎么提到科幻。那么在科幻圈里聚集之后，大家就会畅所欲言，平时没机会说的、没机会探讨的东西，大家可以讨论。

有时候一个人提出一个点子，然后大家还反驳他，说你有漏洞，回想起来都是很温馨的事情。

记得有一次我在北京出差，一个普通的标间，晚上住了五六个人。大家都没走，还有睡地上的、地毯上的，就那么过了一晚上。想起来，真的是因为热爱嘛。特别在我（自贡）那种小地方，周围没有什么交流渠道，所以遇到这种情况还是非常开心的。

我跟大刘第一次见面，是在《科幻世界》的一次笔会上，那个时候他刚刚发表了《带上她的眼睛》，我觉得作品非常非常好。《鲸歌》那个作品我印象就不是很深，那是第一篇。而到了《带上她的眼睛》，大刘的风采一下子就出来了。当时，《流浪地球》可能还没发表吧。然后，我们两个第一次见面，就打了一晚上乒乓球，他们别的人好像干其他什么事儿去了，有的打游戏去了吧。就在那个月亮湾，成都月亮湾那里有一个体育中心，是吧？大刘小说写得比我好，但乒乓球我还是收拾了他一下。（笑）

韩松呢，我觉得他话不是很多，以前我都不知道他喝酒那么厉害。去参加星河的婚礼，我们两个人喝了不少酒，然后下午去了一个朋友的新书发布会。韩松喝了酒之后，说的话就比平时要多一些了。韩松老师的思维、看问题的角度，相对来说比较独特，可能跟他的经历有关系，他作品的风格是独树一帜的，可以有很多不同的解读。有的说他风格比较诡异，有的说风格比较奇妙，反正我觉得他的风格很有意思，读起来很有味道。

王晋康老师的作品则很厚重，他自己说他的作品是一种带"红薯味儿的科幻"。我倒是觉得王老师的话有点自谦，因为他的作品里实际上也有很多技法是非常新潮的，比如描写一些推理、侦破，以及大量的科技伦理思考等等。

科幻邮差：身边有这样一群文友真是太幸运了！何夕老师从出道到现在，交往最多的朋友中还有吴岩老师，对吧？

何夕：对。因为吴岩老师主要从事科幻的教学、普及和评论，所以我们跟他交往一般是在一些会上。我认识他是通过星河，当时星河去听他的课。虽然吴岩老师年龄比我们大不了多少，但他在我心中是亦师亦友，他毕竟从事科幻研究，站的角度和我们不一样。他对一些科幻作品的评论很精辟，因为我们的阅读量肯定不能跟他比，吴岩老师的阅读量非常大。他能够一针见血地指出你的问题，所以我很愿意向他请教。

2010 年 8 月，何夕（左）和刘慈欣（中）、王晋康（右）参加《科幻世界》笔会，在四川洪雅县柳江古镇采风间隙。

读者因《伤心者》走上科研之路

科幻邮差：王晋康老师曾经说，他最欣慰、最骄傲的就是听到读者说"我是看着您的小说长大的"。经过多年的努力和积累，何夕老师这些年的科幻创作也取得了令人瞩目的成绩，请问在您的创作历程中，最让您骄傲的事情是什么？

何夕：王老师说的这种情况我也遇到过。记得有一个专家叫刘博洋（天体物理学博士，是国内利用自主开发的光学跟踪技术成功拍摄到高清中国空间站第一人），我看到他发表的文章，他说自己现在从事科研，跟他当初看《伤心者》有很大的关系。

作为科幻作家，如果有些人通过看你的作品能够走上一条从事科研的道路，这就是让我们感到非常欣慰的事情。即使不一定到这一步，比如能够培养他这种科学探索的精神，包括他在生活中有一种科学的、讲逻辑的态度，我觉得也挺好。毕竟现在这么多出版物，说老实话，有些作品看了之后，它带给人的就是一些感官刺激。比如说一些普通的穿越之类的作品，我觉得这种看多了之后，对人的大脑是一种伤害。而我真的建议年轻人看一些优秀的科幻作品，这对培养科学的人生观是有帮助的。而且人本来就是一种求知求智的生物，对科学精神的吸收应该是一种本能吧。

创作中的遗憾

科幻邮差：在您的创作生涯中，有没有什么遗憾呢？

何夕：遗憾的话，像科幻作品里以前有个说法叫"有硬伤"，这就是遗憾的地方。所以后来我在一些作品再版的时候，或者出选集的时候，都做了修改。比如像我的一些作品，当时发表的时候由于资讯有限，引用的一些素材不太正确，就算是一种遗憾吧。那么后来再版的时候，我把它改掉，至少不会留下很明显的硬伤。

科幻邮差：何夕老师的作品有着广泛的读者基础，这是毋庸置疑的。不过据说《伤心者》也被一些"民科"奉为精神图腾，您怎么看待这种现象？

何夕：确实有这种说法。"民科"，现在多数人提到这个词的时候都带有一种比较轻视的态度，因为总觉得好像和正统科学不一样，这可能和当下科技发展阶段有关系。我在腾讯科学 WE 大会上做演讲的时候，有提到一个叫"大科学"的名词，大科学时代就是我们现在的时代。

而"民科"在以前是很正常的现象。严格来说，爱因斯坦最初就是个"民科"，因为他当时的身份是一个专利局的小职员，直到重要论文被人看见，才正式进入学术圈，获得博士学位，成为科研院所的专业人士。在他那个时代，这种情况其实是很常见的，因为那个时候靠一支铅笔、一个本子，就能做出非常了不起的发现。而现在，这种情况就不容易实现了。像基本粒子的深层结构，你需要对撞机，那个成本都是几十亿美元以上的。这就是所谓的大科学时代。

"民科"其实也算探索者，但是长时间得不到肯定和回报，他们在《伤心者》里找到了自己的一些共鸣，触发了他们的一些感受，我觉得也可以理解。但是，我创作《伤心者》的本意，主要还是希望大家多关注基础科学。

科幻之思

创作之路最初的足迹

科幻邮差：在您创作的中短篇中，自己感觉比较满意的、比较喜欢的是哪些？

何夕：像刚才提到的《六道众生》《伤心者》这些，我个人是比较喜欢的，然后还有像《盘古》我也比较喜欢，因为《盘古》里写了对神话精神的一种追求和向往。《盘古》开头的句子我比较喜欢："长着金属翅膀的人在现实中飞翔，长着羽毛翅膀的人在神话中飞翔。"我觉得这代表了我对神话的一种向往，因为长着金属翅膀的人其实很多，比如我们坐的飞机就是一种。但是在神话里，有些人他不是很现实，他追求一些更高的形而上的东西，我把它表现在作品里，所以这个作品我也比较喜欢。还有一些早期的作品，现在回过头去看，自己都要脸红，觉得写得……这写的啥呀！没办法，成长的烦恼。

科幻邮差：那是创作道路上最初的足迹，难免有稚嫩的地方呀。

何夕：我记得大刘说过，《鲸歌》那个作品就不该存在，应该抹去。

故事是为点子和思想服务的

科幻邮差：在创作方面，何夕老师一般是先有点子，还是先有故事，或者先有想要表达的思想？

何夕：我个人觉得还是先有点子和思想吧，故事是为点子和思想服务的。你想表达一个东西，但是你不能直接写出来，必须以故事为载体，对我个人来说，顺序还是很明确的。

科幻邮差：其实这种态度在您2001年前后写的几篇科学散文中是有所体现的，对吧？

何夕：对。我有两篇科学散文，一篇是《平衡·道》，一篇叫《水·星球》。这种方式只是一种尝试，像《平衡·道》那样的构思，它里面的内容太多了一点儿，如果写成中短篇的话装不下，长篇的话，当时又没有计划，所以就把它梳理梳理，写成一篇科学散文。事实上，作品发表的时候做了很多删改，主要是删除了里面举的一些例子，看以后能不能把它们重现吧……

不过那两篇东西主要还是科普，是科学散文、科普散文，里面没有太多幻想的东西。《平衡·道》主要是写人类的选择，《水·星球》是推演人的智能发展有没有别的途径。

创作偏向：现在更遵从内心所想

科幻邮差：何夕老师曾经在一个讲座中说，科幻小说应该具有现实性，讲求"文以载道"。能跟我们分享一下您对"道"的具体理解吗？

何夕：科幻小说虽然"科幻"，但其实和现实是有千丝万缕的关系的，包括和历史都是分不开的。大家都知道"不识庐山真面目，只缘身在此山中"这两句诗吧，科幻其实是提供了一种视角，你可以把这种视角推远一点，然后跳出来，看到在现实笼罩下、包围下看不到的东西。科幻可以把人物放在一种设定出来的科幻场景里，让你看到平时看不到的人性里隐秘的东西。这是很有意思的一种情况。所以我觉得有的科幻小说像是一种思想实验。

比如说大家比较喜欢《三体》这样的作品，其中的"黑暗森林"，大家觉得如果没有故事讲述，你说人（性）会那么黑暗不是扯淡吗？我们人性是美好的，但是他用这样的方式让人信服：在这样的环境下，人就会做出那么残忍、那么冷酷，而且偏偏是正确的事情。

我现在正在写的《天年》的第二部《人类妖娆》，也会出现这样的东西，就是通过科幻来观察人。科幻像一把手术刀一样，它由未来之手握着来解剖人性，让我们看到在别的文学题材里看不到的东西。

科幻邮差：那么在这样的背景下，作品中的思想性和故事性怎么达到一个平衡？

何夕：可能作者在不同的阶段考虑的东西不太一样。有的作者喜欢考虑各种各样的平衡，我现在的话，最主要的还是遵从自己内心所想。比如哪怕是一个写出来可能很沉闷的文本，但是只要想表达，那还是先表达吧，然后再做一些调整。可能还是以自己的感悟为先，然后再对故事做一些润色。我觉得还是以思想和点子为主，故事靠后。

科幻邮差：何夕老师曾经说过自己的创作可以划分为两个阶段，是哪两个阶段？

何夕：开始的时候是摸索阶段。之后随着年纪、经验、阅历的增长，对事情的看法发生了一些变化，很自然就反映到作品里。第一个阶段大约是以中短篇为主的时期，第二个阶段会以长篇为主。以前我没有长篇，《天年》是第一部。我感觉人不到四十岁的时候写长篇还是有点儿难度，因为你的积累不够。长篇不像短篇，能靠一个点子支撑起来。长篇的话，你真的需要一系列的内核来支撑，而且故事要连贯，还是有一定难度，希望写作第二部的时候能顺畅一些吧。

对世界永葆好奇心

科幻邮差：刘慈欣老师有一个观点，认为科技的高度发展反而让人们失去了对科技的惊奇感，您认同这种说法吗？

何夕：这句话我不是很认同。你觉得失去惊奇感，可能是因为你一直就在旁边。如果把人抓起来、放到监狱里去，那他两年之后出来一定会很惊奇。其实就是因为你沉浸在那个环境里，可能就感觉不到。以前有个段子，说有一个哥们儿被判了刑，出来之后找朋友说去把以前埋的宝贝挖出来就发财了，结果挖了一堆传呼机出来。（笑）因为他脱离了环境，不知道外面的变化。

现在的科技发展还是很快的。我记得 1993 年用的电脑叫"好利获得"，是意大利的一个牌子，现在不知道还有没有？记得它开机的画面是很大的"25M"。就是说它的主频是二十五兆，那就了不得了，开机的时候打在上面，而且还闪烁给你看。你看现在二十五兆主频的电脑还有吗？如果那个时候的人看到现在的电脑，他一定会惊奇。但是如果身处这个过程之中的话，今天加一点，明天加一点，他可能就觉得改变不大了。你把大刘关两年再放出来，他还是会惊奇的。

像商用 VR（虚拟现实）眼镜，几年前是没有的。如果几年前一个人穿越到现在看到 VR，他还是会惊奇的，是吧？

"言情科幻第一人"难以承受

科幻邮差：董仁威老师曾经在一本评传中，把您称为"言情科幻第一人"。您怎么看待这种提法？

何夕：董老师这个提法让我有点儿难以承受啊。董老师跟我说，他看我一篇作品时看哭了，是那个《盘古》，看着看着他就看哭了。其实《盘古》不是专门写感情的。《光恋》里有一点儿情感。我描写感情比较多的有几篇，专门写这种言情的话，我觉得《爱别离》算一个吧。因为当时好像在《科幻世界》有一些争议，就是读者说不要看言情的，言情科幻出来一篇就被骂。后来我就带着一种尝试的心态，我说我写一篇言情的试试，然后《爱别离》就出来了。

小说整个就在写主人公和妻子的纠葛。作品出来之后有很多人喜欢，因为爱情是文学母题之一，科幻不可能不写它，科幻各种领域都会涉及。实际上，我们现在很多作品里都会有情感色彩。像王晋康老师写的、韩松写的许多作品里都有情感色彩，这就是母题，绕不过的，写到人就一定会写到人的情感。我写这种作品也不是故意加进去的，是一种自然表达。反正主人公到那个时候就该这样发展了吧。但董老师最终给我冠了这样的名号，算是他自己的一种观点吧。

科幻邮差：在您的作品中，似乎有一个共同的情感模式，就是科学家不被世俗所认可。您觉得这种模式存在吗？

何夕：一般来说，如果一个作者陷入某种模式的话，那不太好。所以我如果有这种模式的话，我是希望克服的。在科幻的领域里，出现科学狂人是一种情况，他是不被理解的，他代表恶的一方面；还有另一种情况，就是探索者不被人理解，这种事在科学史上也发生过很多。科幻小说是一种表现、折射嘛。但是说到模式，我还是希望把它克服掉，因为作品应该有更多元化的呈现。

2015 年 10 月 18 日，第 6 届华语科幻星云奖颁奖典礼开始前，何夕（右）与科幻世界杂志社副总编姚海军（左）并肩走红毯。

科幻邮差：在《天年》出版之前，何夕老师大多创作的都是中短篇小说。那么，从您的经验来看，中短篇创作和长篇创作有什么不同呢？

何夕：区别很大。长篇小说可能需要作者准备更多的素材，也需要更长时间的积累。如今我们读者的眼界非常宽广，眼光也很高，而且现在引进的工作也做得很好，中国的科幻作家是和国外发展了很多年、很成熟的这种科幻作者在同一个平面上竞争。所以有时候作品出来，受到读者的一些批评，是很正常的现象。现在的读者，似乎并没有给你足够的时间让你成长。我们也知道，中国的科幻发展经历过起起落落，所以它有些方面的积累还显得不太充分。现在作品质量比以前有了很大的提高，但精品还是很少，这是我们努力的方向。

近况探讨

越来越多的人通过接触科幻而改变固有的看法

科幻邮差：当下，国内正兴起一股举办科幻奖评选的风潮。但是好像通过这些奖项走出来的新人，从数量上看，与大家的期望还有距离。何夕老师怎么看待这种现象？

何夕：按理说，增加了很多科幻奖项，是一件好事情，说明社会各界都在关注这块儿。我知道这些奖项的设立背景都各不相同，有的是文化部门设立的，有的是资本方设立的，我觉得奖项的增多肯定对科幻的繁荣是有帮助和促进的。至于说从中走出来的作者还不够多，在我看来，那是由于和别的文学门类相比，科幻小说到现在为止，的确出精品和出优秀作者的概率偏小，主要是在于科幻小说本身的一些要求。

比如说我认识一些大师级的写手，他们其实也写过科幻。后来为什么转到别的领域去了呢？对他们来说，写个几十万字、几百万字都不是很大的问题，讲故事是没有任何问题的。但根据他们自己的描述：科幻受到的约束很大。除了铺陈故事、塑造人物之外，他还要考虑"科"，相当于一个紧箍咒，无论你摊子铺多大，最终还得绕回来，您还得回到您的那个"科"上来给予解释。

而像奇幻和玄幻，这方面要求明显要低很多。你可以尽情写，比如说一些小说可以写在地底有一个一千米高的神像。但在科幻里你要是这样写，就会面临很大的问题，你的神像怎么造？它要怎么支撑？这些总是很麻烦。而奇幻、玄幻没有这方面解释的要求，所以它就放得更开。科幻小说本身的这些特点，可能也是导致现在优秀作者和作品还不太多的原因。

科幻邮差：您在挖掘和培养作者方面有什么建议吗？

何夕：现在杂志还是比较少，就是专业发表平台不够。我看到有些迹象，比如像《收获》等都已经在发起科幻征文，我觉得这些传统的文化媒体，他们如果多发科幻，其实发表阵地就会扩大。还是只能等待吧，我们也乐观其成。

科幻邮差：在您看来，当下我们这个时代需要什么样的科幻小说？应该通过一些什么样的方式或者手段吸引更多的圈外人关注科幻文学？

何夕：其实随着科幻的复苏，现在有越来越多的人通过接触科幻而改变固有的看法。在很多传统的看法里，认为科幻有点偏少儿向，或者说你这个东西好像没啥意思、过于空洞、脱离现实。而实际上，如果真正对中国科幻做一些了解的话，就会发现，这种说法其实和当下中国科幻的现状不太吻合。因为我们现在的中国科幻，很多作品关注和思考的一些重大问题读起来还是很有意思的。

现在的科幻不仅有娱乐性的故事，而且有很深入的人生哲理的思考，还带有人类独有的一种对未来的关切。比如说《三体》，它成为现象级的科幻小说，就改变了很多人对科幻的印象。包括一些互联网大佬，也通过这样一些科幻作品对他们的企业管理观念产生了影响。

科幻邮差：近年来有一个现象，就是一些老一辈的科幻作家开始重新回到科幻创作领域中来，比如魏雅华老师。何夕老师怎么看？

何夕：很高兴。因为小时候看过魏雅华老师的科幻作品，印象非常深刻。这些老一辈的作家，他们离开科幻这么长时间，其实他们当时是非常不愿意的，也是因为各种各样的外界原因和环境，离开了擅长、喜爱的领域。而现在他们回来了，从内容上给我们带来了更多的作品，从精神上给我们带来了极大鼓励，都是非常好的一件事情。

2016 年 9 月 12 日，何夕（中）在银河奖三十周年颁奖典礼上，凭借《天年》荣获银河奖最佳长篇奖。中国科协副主席徐延豪（右）和 2017 世界科幻大会主席克莉斯托·M.赫夫（左）共同为何夕颁奖。

科幻电影：令普通人思考终极问题

科幻邮差：从目前整个科幻的发展态势来看，有一个比较明显的趋势，就是资本开始越来越多地关注科幻领域。这一方面说明科幻的热度在不断提高，但是另外一方面也说明，资本运作的风险也在不断增大。何夕老师怎么看待这个现象？

何夕：资本……可能现在最主要的就是科幻的影视化。科幻的影视化需要大量的资金支持。以前有人采访的时候，经常说到科幻是小众。我一般都会纠正一下，我说你应该加一个词，就是科幻阅读是小众，因为科幻电影一直都是大众。即使在科幻出版低潮的时候，一些科幻电影的引入还是会掀起很大的反响。像 20 世纪 80 年代的《终结者》系列，包括后来的《阿凡达》，这些从来都是大众消费，只要国外优秀科幻电影进来，它一定会在票房榜上。所以说，科幻的小众在中国是特指科幻阅读。

那么现在影视资本进入这个领域，对于科幻来说，相当于从一条小路走到了大路上。因为电影艺术是大众的，所以容易被接受，而且也是涉及面最广的一个文化传播领域。通过这样的形式，我们中国的科幻才能够真正进入千家万户。

王晋康老师曾经被误传说过"科幻过热"。其实我在场，我听到的原话不是那样的，因为不存在过热的问题。实际上，对影视资本进入科幻领域，我们是很欢迎的。但是也有一种担心。担心什么？我们希望前期出来的作品就能够叫好又叫座：既忠实地呈现原著的精神内核，同时又能够为资本方带来应有的、必要的效益。这样的话，才能形成良性循环，对后来者也是一个榜样，才能为后来进入该领域的人树立信心。这是我们最愿意看到的。而不愿意看到的是很仓促地去拍一部电影，效果不好，那么对后来者会产生一种阻挡效应。

　　所以从这个角度上讲，对资本我是持一种谨慎又乐观的态度。

　　科幻邮差：您觉得一部优秀的科幻电影应该具备哪些方面的要素？

　　何夕：科幻电影我看得还是不够多。我个人喜欢那种爆米花电影。但是有的作品，印象确实更深，比如同样是超级英雄，《蝙蝠侠》我特别喜欢，因为它除了带来声、光和场面的刺激，它的故事还包含对人性的剖析，是非常有意思的。

　　我也喜欢看一些能够让你对自己的现实生活产生一些想法的电影。比如，像很多人喜欢看《蝴蝶效应》，但是我更喜欢跟它同时推出的另外一部片子，叫《黑洞频率》。看完之后，当时心里真的很感慨。主人公从小失去父亲，后来他用无线电和他过去的父亲通上信了，改变了历史。其实这样的片子，包括《源代码》，我觉得它表面上是一个很紧张、很刺激的时空穿越故事，但它真会让你更爱现在的生活，更珍惜现在拥有的东西。那些电影看完之后，有可能会对人产生很大的影响，让你的思想发生一些改变。

　　还有一些作品，像《黑客帝国》，有的人看完这部电影后就会想："世界到底是真的假的呀？"你看，挺有意思的。像这样的问题，普通人可能一辈子都不会去想，这应该是庄周这样的哲学家想的。但《黑客帝国》能够让普通人也去思考这样的问题，所以这样的作品我也是非常喜欢的。

科幻和电影是天作之合

科幻邮差：在国外，电影已经成为科幻产业的一个重要支柱。何夕老师怎么看待科幻与电影的结合？

何夕：简单地说，科幻和电影我觉得是天作之合。因为人到电影院去干什么？他不是去受教育的，不是抱着一种我要去看现实新闻的心态，他是想暂时和现实脱开一段距离。

以前我和一个电影人聊天的时候，他就说，现在我们电影界有个现象，一些都市片靠小镇青年来支撑票房。拍大城市白领的生活，小镇青年就会很喜欢。但是这种模式现在也难以为继，因为大家慢慢地对电影的要求发生了变化。观众觉得我到电影院去就是在那短暂的一个多小时、两个小时里和现实隔开一下，我去体验和日常生活不一样的世界，去体验视觉奇观。我觉得科幻电影做到这一点更容易、更自然。

我曾经开过一个玩笑，比如像《归来》这样的片子，当时它好像必须要放IMAX（巨幕），我说巩俐是漂亮，但把她的脸放那么大，真的很有必要吗？其实这样的片子，形式跟它的内容没有很大的结合点，因为它在小屏幕上也能完整地表达故事。而科幻不行，科幻电影，特别是大片，如果你不在电影院看的话，它就完全是两样东西了，对吧？

科幻邮差：在银幕上能获得一种无可替代的新奇视觉体验。

何夕：对。因为电影人慢慢意识到，既然称为电影，那一定要和网剧、电视剧有所区别，对吧？你如果只是把加长的单集电视剧拿到电影院去放，这种模式能吸引多少人，真的很难说。要在电影院里吸引观众，科幻是不得不争的战场。

工业化电影的模式，中国现在还需要探索

科幻邮差：这一两年，何夕老师的几部作品也加入了影视化的行列。您觉得国内的影视制作方面还存在哪些问题？要想拍出一部完美的科幻电影，我们还得做哪些方面的努力？

何夕：对于电影制作，我是外行，但是我接触过一些影视界的人士。我听他们说，科幻电影和我们以前的传统电影有很大的区别。因为对于传统电影而言，中间拍摄过程是大头，再加上前期准备和后期制作，像个枣核。而科幻电影是一个哑铃形的，前期准备特别多。卡梅隆为了拍《阿凡达》准备了十年，后期制作同样要花很长的时间，所以像个哑铃一样。

这种工业化电影的模式，中国现在才起步，还需要探索。一位电影界人士就跟我说，2014年，国家电影局派了宁浩、陈思诚、郭帆等几个比较年轻的导演一起去美国好莱坞参观学习，希望取点儿经。结果别人什么都让你看，就是科幻电影的片场不让进，不让你看。所以现在咱们的导演面临一些问题：科幻电影里面有很多商业的、工业的核心机密，人家不让你看。那你只能看他们的电影，然后在脑子里去反推，难度是很大的。当然现在随着科技进步，也有很多改善的方法，比如从那边直接挖团队过来做，可能也能够弥补一些吧。

科幻邮差：何夕老师在创作小说之余，有参与到一些您的作品影视化改编工作中去吗？

何夕：影视方倒是有这个意思，但是我明确地跟他们说，自己不太合适，因为我觉得专业的事应该由专业的人来做。我是写小说的，它的出发点是情节和故事，像编剧这些，实际上是一种很专业的靠视觉来推动的工作，我觉得自己其实还是外行。如果真的要我去做，我还需要去补很多课。另外，就图书和影视而言，我个人观点是图书出版对中国科幻繁荣的标志意义可能更大一些。

趣问趣答

01

请您就科幻小说给出一句话的描述或者定义。

我觉得从正面不好给定义，我从反面讲讲吧，比如排除一些违背基本定律的或通篇没有科学气息的小说。

02

您喜欢科技吗？在生活当中是不是一个重度科技依赖者？

对一些新出的科技设备比较感兴趣。多年前索尼最早的影视头盔，我买来之后，发现瞳距不对，还调不了，就想退货了。结果我夫人、小孩不要我退，他们说我看不了，他们看得了。（笑）

03

您住在自贡这个"恐龙之乡"，有没有想过未来以恐龙为题材写一些作品？

以恐龙为题材写作的话，可能我出生晚了吧，因为这个题材已经有写得很好的作品了。以后作品的一些情节可能会涉及恐龙。至于专门来写，目前没有计划。

04

假如有一部时光机器，您是想回到过去还是前往未来，为什么？

前往未来。我就看一眼，还回来。人生地不熟的，没啥意思。

05 科幻给您的人生带来了什么样的改变？

影响很大。有个说法叫"如果你的爱好变成你的职业，是一种非常美好的事情"。因为你能够从事自己喜爱的事情，能够构思自己喜欢的故事，还能给喜欢它的读者阅读。希望今后能把更多的时间用在科幻创作上。

06 都说何夕老师是科幻小说界的"情歌王子"，您觉得爱情当中最珍贵的品质是什么？

人类这样一夫一妻制，在灵长目里是比较少见的。所以人类能够拥有忠贞不渝的爱情其实还是很幸福的事情。爱情是一种非常复杂的情感，它既能创造美好，也会导致丑陋。因此在科幻里面，可以用很多东西表达爱情。

07 何夕老师有一个特别可爱、帅气、聪明的儿子。作为父亲，在培养儿子的科幻阅读爱好和兴趣方面，有些什么样的经验可以跟我们分享一下吗？

因为小孩子好奇心很重啊，他几乎什么都喜欢，我都让他去看。现在有的科幻小说我觉得他看还是早了一点儿，但他也拿来就看。他在 2022 年 11 期《科幻世界》上发表了科幻处女作《两仪》，笔名何尊。发表的时候他十九岁，和我当年发表第一篇科幻作品同龄，也算是巧合了。

08 最后请何夕老师谈谈对中国科幻的期待和祝福。

科幻走到今天很不容易。虽然没有像大刘预言的那样"病榻前空无一人"，但是仍然称不上全面繁荣。不过路是越来越宽，关注度也在提高。对中国科幻来说这是一个正在变得更好的时代。

回忆中国科幻走过的坎坷之路

REMEMBERING THE STRUGGLES OF CHINESE SCIENCE FICTION

申 再 望

科幻是人类对宇宙的
遐想与沉思

申再望

家庭与
个人经历

122　我有两位妈妈
126　大学时，我们悄悄找外国诗歌来翻译

与科幻的缘分

130　我和杨潇大年三十去学雷锋做好事
133　给韩素音讲了一个修复圆明园的科幻故事

赴会海牙

137　沿途我们需要尽量节约每一分钱
140　"中国角"打动了世界各国科幻作家

世界性科幻
大会与成都

147　在香港工作时，为《科幻世界》买了很多画册
149　真正热爱大刘作品的人，是不离不弃的
152　塌方险情发生时，外国科幻作家都签了"生死状"

友人回忆

158

趣问趣答

164

导语 INTRODUCTION

2023 年 10 月，第 81 届世界科幻大会落地成都让世人瞩目，而成都举办世界性科幻盛会的缘起，可以追溯到 1990 年一支由三人组成的中国科幻代表团。彼时，代表团受命前往荷兰城市海牙参加世界科幻协会年会，全力为成都争取第二年大会的举办权。这支三人团的团长就是申再望。申再望是翻译家，他热爱并关注中国科幻，与科幻世界杂志社首任社长杨潇一起，在中国科幻最艰难的年代，为"科幻灰姑娘"重登历史舞台助力良多，立下了汗马功劳——陪杨潇"征战沙场"，陪中国科幻走过坎坷之路，让这株火苗得以存续并盛放在今时成都。

SHEN ZAIWANG

REMEMBERING THE STRUGGLES OF CHINESE SCIENCE FICTION

■ INTRODUCTION

The 81st World Science Fiction Convention will be held in Chengdu in October 2023. What's unknown is that the origin of Chengdu hosting an international science fiction event could be traced back to the year 1990, when a Chinese science fiction delegation of three traveled to The Hague to attend the annual conference of the World Science Fiction Society. Among the delegation was Yang Xiao, the first president of *Science Fiction World* magazine, who campaigned with great enthusiasm for Chengdu to host the conference of the following year. The leader of the delegation was Shen Zaiwang, a translator with a passion for Chinese science fiction. Together with Yang Xiao, he painstakingly helped Chinese science fiction—dubbed "the Cinderella of literature" at the time—through its most difficult years and finally witnessed it reclaiming its place in contemporary culture. Accompanying his friend Yang Xiao, Shen Zaiwang fought for Chinese science fiction, ensuring that the weak flame of imagination blazed on until this day in Chengdu.

■ TABLE OF CONTENTS

Family and personal experiences

122   I have two mothers

126   In college, we translated foreign poetry in secret

My rapport with science fiction

130   Yang Xiao and I spent New Year's Eve doing good deeds in the spirit of Lei Feng

133   I told Elizabeth Comber a science fiction story about restoring the Old Summer Palace

Journey to The Hague

137   We needed to save every penny along the way

140   "The Chinese Corner" impressed science fiction writers from all over the world

Chengdu and world-class science fiction convention

147   While I was working in Hong Kong, I bought many art books for *Science Fiction World*

149   True fans of Liu Cixin's works

152   Encountering a landslide during visiting, foreign science fiction writers signed a "liability disclaimer"

158   **Memories of friends**

164   **Fun facts and Q&A**

家庭与个人经历

我有两位妈妈

科幻邮差：申老师好。上次见您，还是在 2019 年成都东郊记忆举办的国际科幻大会那场回忆布赖恩·奥尔迪斯的活动上。您在科幻世界杂志社最困难时期，陪同杨潇老师奔赴海牙，舌战群雄，广结善缘，让中国科幻如愿以偿，顺利走上世界舞台。在准备这次访谈的时候，我们从资料中发现了一个奇特的背景：申老师出生在革命家庭，父亲是老一辈革命家李井泉。请问您为什么不姓"李"，而姓"申"呢？

申再望：我是 1948 年底在山西兴县蔡家崖出生的。那里当时是解放区，再之前是抗战根据地，叫晋绥革命根据地。我出生的时候，父亲是晋绥军区政委，也是晋绥党委书记。当时我们家孩子比较多，父亲在我出生之前，就把我的哥哥送给了他在晋绥军区的战友孙志远，取名孙巨。我出生以后，又决定把我送给另外一个战友——这个战友以前在大青山抗日根据地跟他一起作战，叫张达志。

张达志结婚以后，他的爱人申国藩，也就是我的申妈妈，打仗的时候受了伤，怀的孩子流产了，结婚十年都没有再怀过孩子。我爸爸李井泉和我妈妈肖里就决定把我送给他们。但是，那时候已经临近解放了，张达志在西北作战，后来和我申妈妈分手了。申妈妈带着我和育才小学的师生南下到了四川，我一直和申妈妈在一起，所以就跟着她姓申。后来，我弟弟华川也送了人，送给中央人民政府驻西藏代表、开国中将张经武。我们家一共八个孩子，送了三个儿子出去，我是第五个孩子。大概情况就是这样。

我的申妈妈也是一个老红军，陕北红军。她很早就参加了革命，是刘志丹、习仲勋领导下的女红军，后来一直在成都工作。

20世纪60年代中期，河北省北戴河中直机关招待所，李井泉、肖里夫妇和全部子女的唯一一次合影。右二为少年申再望。

科幻邮差：那您后来又是怎么从申妈妈那儿回到自己亲生父母这边的呢？

申再望：我到成都以后，身体不好，很瘦，加上申妈妈又到重庆去念西南党校，于是我亲生父母就把我接回家住，说让我改善伙食。从那之后，我就是在两边生活：申妈妈回到成都以后，周末我回她家，平常就跟我父母住在省委那边。

科幻邮差：两边家庭不同的生活和处事方式，对您后来的人生产生了什么影响呢？

申再望：相比之下，申妈妈对我的关心更多一些，毕竟她身边只有我一个儿子。我父母那边呢，他们因为工作特别繁多，没时间顾家庭。那时不像现在，父母亲要带孩子，辅导功课、检查作业，还要去学校开家长会。我们那个时候完全没有这些，都是靠自己学习。

父亲曾经跟我们讲过一句话，实际上也是毛主席对干部子女的要求，就是："不要靠父母，不要靠先烈，要完全靠自己。"这个话给我们留下了很深的印象。当时只有我和我的两个妹妹在成都，其他的兄弟都在北京，有的住在贺龙家，有的住在别的战友家，只有我们三个孩子在成都。

父亲对我们的要求很严，虽然他平时很少跟我们说话，但态度是比较严厉的。学习方面的事情，他不怎么管，但有一点是明确的，就是要求我们今后不要去从政、不要去学文科，要去学理工科。我们当时并不理解，但我四个哥哥确实全部是学理工科的，三个读清华大学，一个读北京航空航天大学。当时我也想毕业以后去上哈军工（中国人民解放军军事工程学院，又名哈尔滨军事工程学院）。那个时候，我觉得读哈军工、学理工科、学数理化可以报效祖国。后来才知道，其实父亲他们是有考虑的。不光是我们一家这样要求子女，别的很多老同志家对子女也都是这么说的，让去学理工科。那时候他们意识到我们国家更需要的是科学方面的人才，国家需要科学地发展经济。我想，他们的想法主要是这样。

1949 年春，申再望与养母申国藩在山西省兴县蔡家崖合影。

科幻邮差：原来如此。请申老师继续介绍一下您后来的经历吧？

申再望：我在"文化大革命"后期就下乡了，回到我父亲的老家——江西。当时我高中还没有毕业，因为国家要求所有的知识青年都要下乡，不论是初中生还是高中生都要走，于是我就回到江西抚州市临川县（现抚州市辖临川区）的老家，我和我两个妹妹都在那儿当农民。在那里劳动了几年，也在生产队办的小学当过代课老师，后来又进了县里的化肥厂当工人，操作空气压缩机。

再后来，我回到成都，在成都工具研究所（属第一机械工业部）当磨床工人。作为工农兵学员，我报考了西南师范学院，现在叫西南大学，读的英语专业。毕业以后，我又回到成都工具研究所，做科技情报翻译。

1980年，我从工具研究所调到四川省政府外事办公室，一直到1992年，中央组织部又把我调去新华社香港分社的外事部工作。一直到1997年香港回归，我从香港再回到成都，到四川省人民对外友好协会，然后就在友协一直工作到退休。

退休后，我又被延聘了近十年。之所以受到延聘，主要是觉得我的英文好，在国外的朋友也多，可以发挥这方面的优势继续开展工作；另外，中文方面我也能够写东西。总之就是从各个方面考虑，就被延聘了这么久的时间。

申再望曾任职于四川省政府外事办公室，工作期间接待了许多国家政要，右图为20世纪80年代陪同瑞典国王与王后游览青城山。

大学时，我们悄悄找外国诗歌来翻译

科幻邮差：申老师在那些年工作繁忙之余还写作、翻译了很多书，其中有散文、随笔，也有诗集和论著。想请问申老师，您的文学启蒙是从什么时候开始的？

申再望：从小时候就喜欢文学。我虽然数理化成绩挺好的，但是并不偏科，对于语文、对于文学还是比较喜爱。我自己经常买书看，两个母亲也都经常给我买书，所以我那时看了很多名著。我觉得这个基础是小时候打下的，还有就是自己比较用心，比较爱好这个方面。

科幻邮差：您的第一次创作是从大学时代开始的吗？

申再望：实际上，在成都实验小学的时候我就写过诗，刊登在《成都日报》上。在小学和中学的时候，我的作文写得比较好，经常在课堂上被老师当成范文来读。读大学的时候，我和同学萧岱文悄悄地找英文诗歌来翻译，就是翻译王尔德的诗《囚徒之歌》。萧岱文是张大千的外孙女。我们各自翻译，然后拿出来比较切磋。我发表译作还是后来的事情。

大学毕业之后，我翻译的第一篇美国小说是约翰·契弗的作品。约翰·契弗专门写美国中产阶级家庭生活故事。当时，北京外国语学院的施咸荣老师——很有名的翻译家（曾经翻译《在路上》《战争风云》）——找了一篇小说让我翻译，我翻好之后，他亲笔修改并推荐到学术期刊《美国文学研究》杂志发表。那篇小说写到了俄狄浦斯情结，施老师还写信给我，讨论这个词的双重含义。这是我翻译发表的第一篇小说。

科幻邮差：之前您的父亲曾经说，不同意子女从事文科方面的工作？

申再望：他说不要去学文科，但后来我们就不跟他说这些了。我发表那篇翻译小说的时候父亲还健在，只是我在成都，他在北京，他不过问这些事情，我也没给他提过。

科幻邮差：您的英语学习是从西南师范学院（现西南大学）开始的吗？

申再望：原来在成都九中的时候就学英文，学得比较好，当然不是最好的，应该说底子比较好。到了西师，就正儿八经地学这个专业，在当时的环境条件下，学得比较艰苦。后来，我们的老师到四川大学见到我，跟我说："可惜了，你们简直没有学到什么东西！"（笑）他就是那种"爱之切"，又好像觉得亏欠我们，因为学校当时没有给我们教英美文学的经典著作。

我们当时是听不到外国人说话，也看不到英语电影电视的。过了两年，国内放松一点了，在一些外文书店可以买到《灵格风》的塑料唱片。《灵格风》是英国编的教材，还有就是《英语300句》，是美国编的。通过这些塑料唱片，我们第一次听到外国人讲英文。当时的英语专业学生都是这样，没有外国人来教，也没有外国的唱片给我们听。不过老师的口音还是比较标准的，我们的主课老师孙法理毕业于武汉大学外语系，师从吴宓，后来翻译了数十部西方文学名著。

我在西师学到的东西毕竟有限，后来参加工作，一点一点地学习积累，期间我到四川大学外语系办的西南高校英语教师班脱产学习，主课老师卡林福德是剑桥大学文学硕士。她把英国历史和文学史讲了个遍，还让我们用英文写诗歌。每周我都去听来自哈佛大学的教授戴维的文学讲座，他讲的《瓦尔登湖》的超验主义让我终生难忘。提高英语的过程不是一般人想象中那么简单，我到四川省外办报到之后，很快就要接团，给外宾做口语翻译，讲解杜甫草堂、武侯祠。于是，我赶紧去杜甫草堂、武侯祠，请导游用中文讲解一遍，记下来，回去把所有的解说词用英文翻译好，背下来。外宾来的时候，就靠自己记忆的东西去讲解。就这样一点一点地积累磨炼，很不容易。后来，我曾在杜甫草堂为美国前总统卡特的国家安全顾问布热津斯基即兴口译杜甫的《兵车行》，得到陪同的外交部长官冀朝铸（中国著名外交家）的称赞。

科幻邮差：申老师从1980年进入四川省外办到退休，大概有四十年的时间，这期间一共走访过多少个国家？

申再望：加上退休之后去的，一共有六十五个国家。印象最深的一个是以色列。这个国家的历史非常悠久，有很深的宗教背景，可以说是人类文明思想的起源地之一吧，因为圣经文化影响了后来整个西方国家。以色列这个国家，加上犹太民族，我觉得是很值得我们学习的。我们国家的领导人曾经说过，世界上最聪明的两个民族，一个是中华民族，一个是犹太民族。一直到现在，我都特别注意学习他们一些好的东西，他们有很多创新。我有很多以色列和犹太人朋友，他们都支持以中友好。

另外一个是新西兰，我去过三次，最后一次是跟我女儿自驾游去的。我工作时没有自驾游这种机会，退休后跟着女儿一起旅行了几次。我觉得新西兰的生态特别好，环境保护得特别好，像世外桃源一样。

还有就是冰岛这个国家，那时候我还没退休，很不容易去。好不容易有一个机会去了四五天，我觉得那个地方的自然地貌独一无二，很奇特。我对这几个地方印象比较深。

我曾跟欧洲国家的朋友说到冰岛，他们都非常惊讶地说："你去过冰岛啊？我们在欧洲生活了几十年，从来都没有想过有一天可以去冰岛。"因为很贵，去那个地方交通也不是很方便，比较遥远。

科幻邮差：在这方面，您确实是"精神上的富翁"呀。所以您也是因为去过以色列，喜欢他们的文化，后来才翻译了一系列以色列的诗集？

申再望：翻译以色列诗集，是受以色列女诗人芭 - 谢娃·谢里夫的影响。我最早并不是在以色列认识她的，而是 1987 年在斯洛文尼亚参加国际笔会的时候认识的。那一年，PEN（国际诗人、散文家和小说家协会）召开第 21 届国际笔会，在斯洛文尼亚的布莱德湖举办。

那时，中以两个国家还没有建交，但因为四川省跟斯洛文尼亚共和国（当时还是南斯拉夫的一个加盟共和国，1991 年独立）建立了友好关系，我随同时任四川省省长的蒋民宽访问这个国家，在那儿认识了斯洛文尼亚的著名诗人波格丹。这位老诗人单独把我拽出来，说让我跟着他去参加一个国际笔会，在那儿待一天。结果到那儿以后，我认识了以色列的这位女诗人和她的丈夫。临别时，他们送给我一块盒装的小金属体，上面刻着希伯来文，他们用英文告诉我意思是"truth（真理）"。我很感动。

我们双方留下了联系方式，每年互寄贺年卡片。直到我结束香港的工作回到内地后，第一次接到任务要去以色列访问，我就联系这位女诗人，请她帮忙。之后我们的交往就变多了，她陆续给了我很多资料，包括她的书信集、诗集、照片，还有录像带。然后我就决定要为她翻译出书，后来陆陆续续出了三本书：《古老的人民》《雕鸽的荒野》《时光的瞬间》。

我以前不知道，芭‐谢娃·谢里夫在以色列是很有影响力的，她是国际笔会以色列代表，也是以色列国家邮票博物馆的馆长，跟以色列的政界人物关系好，以色列前总统还曾给她写过诗体信。1998 年我前往以色列，到处都要受检查盘问，但只要一报出她的名字，对方就很放心，直接给我们"开绿灯"，因此我才知道这位女士是一个很不简单的人。她对中国十分友好，曾三次访问四川，创作纪念巴金的诗歌，并用希伯来文翻译和朗诵陈毅诗词。

申再望翻译的以色列诗人芭‐谢娃·谢里夫的三部诗集：《古老的人民》《雕鸽的荒野》《时光的瞬间》。

与科幻的缘分

我和杨潇大年三十去学雷锋做好事

科幻邮差：很高兴听申老师聊了这么多丰富的经历。下面我们来聊聊您跟科幻的结缘吧！您最早接触科幻作品是什么时候？

申再望：最早就是上小学的时候看课外书，有老师的推荐，也有我自己的发现，比如凡尔纳的小说《海底两万里》《神秘岛》，还有《八十天环游地球》。

科幻邮差：您读小学是哪一年？

申再望：我是 1956 年读的小学。再后来就是看童恩正老师的《古峡迷雾》。他是 1960 年写成的这个小说。

另外像叶永烈老师的《十万个为什么》，虽然不是科幻，是科学方面的读物，但对我的影响还是蛮大的，我都是买齐了的。还有《我们爱科学》杂志，就是这一类的。

当然，这些不是我阅读最主要的方面，但我或多或少受到了一些影响。

科幻邮差：那会儿您主要是住在申妈妈那边？

申再望：有时也住在四川省委这边。父母的家是 1962 年从成都市东二巷搬到省委大院的。我就是从那个时候开始认识杨潇的。

科幻邮差：因为搬到省委，就跟杨潇老师住同一个大院……（笑）

申再望：是的，从那时候开始，我们来往就多一些了，不过那时候还没有表现出对科学幻想特别的兴趣。

科幻邮差：那个时候杨潇老师可能也还没找准自己未来想做的事业呢。（笑）1962 年，那个时候的杨潇老师也刚上初中，对吧？

申再望：是的，她读成都四中，我读成都九中。她其实跟我同一年入学，但是因为她读的是五年制中学，二届教改班，六六级高中毕业；1965 年我从九中转学跳级到四中，读的是三届教改班，六七级高中毕业，所以我比她低一个年级。我没跳级的话，本来应该是六八级毕业的。上小学时，我爸非要让我跟我妹妹一块儿读书，让我帮助妹妹提高成绩，因此我就晚上了一年学。

科幻邮差：哈哈，这也行！2016 年 9 月我们刚开始做中国科幻口述史采访，第一个采访对象就是杨潇老师。她当时跟我们分享了一张特别珍贵的照片，就是 1990 年在荷兰海牙世界科幻协会年会上，您协助杨潇老师发表演讲的照片。刚才您也说到，跟杨潇老师相识得特别早，后来随着杨潇老师正式成为《科幻世界》的当家人之后，在《科幻世界》早年发展的很多关键节点上，您都发挥了举足轻重的作用。下面，我们就来聊一聊你们俩是如何成为好朋友的吧？

申再望：我跟杨潇是在省委大院熟悉起来的。在商业街的省委大院里，我们两家相距不远，时有来往。

在初中的时候，我们上的是不同的学校。自从上了高中，我和她同在一所学校，我们的接触就多起来了。

1966年春节，她发起学雷锋的活动，就是去成都的人民商场当志愿者，当时不叫志愿者，叫"做好事"，就是帮着人家卖糖果、卖糕点。大年三十除夕夜，我们一块儿骑自行车到盐市口，在那儿学着包糖果，把那些糖果包到纸里边，然后用绳子扎起来卖。我父亲听说我们在做这个事，大晚上的还专门到人民商场来看我。撕断纸绳子或者麻绳有一种诀窍，一般人觉得很难把它扯断，但是在那儿，我就学会了怎么样能够很轻易地把绳子撕断。当天晚上做完之后，第二天大年初一，我们又接着去做好事了。

我觉得那个时候杨潇给我的感觉就是，她这个人吧，挺有组织能力的，而且心也特别好，我觉得她有一种领先于大家的思想品格。

1966年4月，我们一起去西昌和攀枝花，当时叫渡口，去看三线建设。那次是贺龙伯伯去视察，我父亲就让我和我妹妹还有杨潇她家两姐妹，一块儿跟着去参观学习。我记得我跟杨潇合了影，有一张照片是去爬螺髻山，跟着彝族老乡去爬的。当时我父亲说，当年他们红军经过了这个山脉，这回想让我们去看看雪山是什么样子，体会一下"高山缺氧"。我们后来确实是没能爬上去，才登上比较空旷的那个山坡，气就接不上来了，不得不退了下来。

1966年春，申再望（右三）与杨潇（右四）在四川攀枝花市合影。

1966 年春，杨潇（前排左一）在四川攀枝花市与女劳模"六朵金花"（后排）合影。

另外就是杨潇和我妹妹她们一块儿在渡口的房子前，与女劳动模范们见面座谈，记得其中一个劳模叫张莲花，是很能干的卡车司机，当时张莲花们被称为渡口的"六朵金花"。大家分了两排坐在那个台阶前面照相，那张照片现在还在攀枝花的三线建设博物馆里展出。

值得一提的是，这些照片都是侯波阿姨抽空为我们拍的。侯波是北京来的著名摄影师，当时是毛主席派她来拍三线建设的。

那是我比较难忘的一次经历，虽然待的时间不长，但是能深切感受到工人师傅们在那么艰苦的条件下修建了一座城市，搞三线建设，实在不容易。

给韩素音讲了一个修复圆明园的科幻故事

申再望：到上世纪 80 年代，我和杨潇有了更多的联系。

这里我想说说 1983 年英籍华裔女作家韩素音到成都来的事。这事儿杨潇是从她爸那里知道的，当时她爸杨超是四川省委书记，也是省对外友好协会的会长，以友协会长的名义会见了韩素音。我当时在省外办负责礼宾工作，安排接待韩素音的活动，参加了杨超书记的会见。杨潇知道以后，说想要采访韩素音，于是我就帮她安排时间。韩素音很爽快地就答应了，在锦江宾馆会见了杨潇、谭楷、周孟璞和王晓达，大家谈得挺融洽。

我记得，当时韩素音让每个人讲一讲自己对科幻的想法或是即兴说一个科幻故事梗概。杨潇就讲了一个"圆明园涅槃"的故事，幻想外星人来到了圆明园、恢复了圆明园的故址。韩素音听了以后非常高兴，赞叹现在还有年轻人想着要把圆明园恢复起来，而且是用这种科幻的方式来实现。谭楷讲的是一个微型计算机接入人体，相当于现在芯片的概念。

周孟璞老师比较多地讲到他的父亲周太玄。周太玄以前是留法的，后来当过四川大学的校长，是生物学家，也是诗人，最早在北京还跟李大钊共过事，是一个很传奇的人物。韩素音听了以后很感兴趣，让他多讲讲以前的那些事，同时也鼓励他写一篇故事，把他的父亲好好地介绍一下。

我最近了解到，周太玄还是桃花水母最早的发现人和命名人。他1946年就在重庆版的《大公报》上发表了一篇文章，提出了一个科学的预想，说在经历了"物理学的时代"之后，人类将要转向"生物学的时代"。我觉得他那么早就预见到这一点，

1983 年 2 月 15 日，大年初三，在申再望的牵头安排下，韩素音在锦江宾馆会见了成都科幻界代表。图中左起依次为：谭楷、王晓达、韩素音、周孟璞、杨潇。

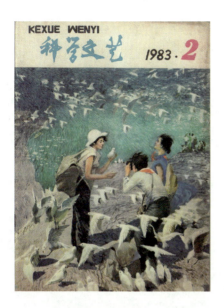

1983 年第 2 期《科学文艺》杂志刊登了韩素音本次访谈的记录。

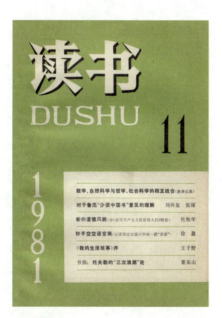

在韩素音的介绍下，1981 年第 11 期《读书》杂志刊登了《第三次浪潮》摘译与推荐文章。

简直是太了不起了。而且中国现代音乐学先驱赵元任还为他的诗歌《过印度洋》谱写过歌曲，我觉得这个人真的值得我们好好地去学习和发现。

最后，王晓达老师送了一本书给韩素音。这本书叫《方寸乾坤》，是多位科幻作家的短篇合集，地质出版社原本在 1982 年已经印刷完成，但因种种原因未能发行，目前仅有少量孤本存世。当时去的这四个人里，只有王晓达老师是正儿八经的作家，他因为科幻处女作《波》（1980 年出版时改名为《神秘的波》）而著名。别的人或者是编辑，或者是科普协会的理事长，所以韩素音很看重王晓达老师的介绍和他的见解。

因为大家聊得很高兴，杨潇便提出来约稿，韩素音就答应写一篇。韩素音那天重点分享了《第三次浪潮》和美国的未来学家阿尔文·托夫勒。《第三次浪潮》出版于 1980 年，1984 年它的中文版公开发行。韩素音在见大家之前，已经向《读书》杂志介绍了这本书，杂志刊登了董乐山写的推介文章，所以她也希望《科学文艺》杂志注意这本书。后来，她答应给《科学文艺》写一篇，因为她用英文写作，所以写好以后是先交给我翻译成中文，再给《科学文艺》刊发。我有一次问谭楷，他说现在记不太清楚那篇文章收到了没有，让我去问别的编辑，查一下看看有没有登。

我再多说几句吧。韩素音当时不仅见了《科学文艺》的人，还见了《分忧》杂志的人。当时不叫《分忧》，叫《妇女生活》，是四川省妇联办的杂志。韩素音给《妇女生活》杂志写了文章，还给团省委的《四川青年报》写了文章，都是针对青年方面的一些问题。当时韩素音讲了几句话给我印象最深，我在自己的散文集《生命之树常青》里作了引述："她一直提倡中国的文学家要学习科学知识，不要当'科盲'。她为科幻作品疾呼，为中国出现科幻热叫好。她认为中国的青少年应该有更多的幻想，面向二十一世纪。"

赴会海牙

沿途我们需要尽量节约每一分钱

科幻邮差：1989 年，成都争取到了 1991 年世界科幻协会年会的举办权，但是后来，有一些国家提出了不同的意见，让这件原本已经决定的事情忽然之间变得悬而未决。1990 年，申老师和杨潇老师，还有当时《科幻世界》的美编向际纯老师三个人一起赶赴荷兰，在海牙举办的世界科幻协会年会上据理力争，最后为成都拿回年会主办权立下了汗马功劳。如果没有这个开端，那世界级的国际科幻会议落户成都可能会等得更久……下面就请申老师讲讲 1990 年赴会前后的故事吧。

申再望：好的。我那个时候是四川省外办新闻文化处的处长，杨潇找到我，来谈有没有可能一起组团去参加 1990 年海牙的这个会议，去争取我们的主办权。当时，我给外办的领导，特别是当时的分管领导陈麟章汇报后，他们都很支持。当时我们的对外交往工作面临着很大的困难，大家都觉得这是一个很好的契机，所以决定要做这么一件事情。

科幻邮差：杨潇老师当时是怎么说的，您还记得吗？

申再望：当时她跟我说，办这个会的目的，主要就是想扩大中国科幻作家群体在世界科幻协会中的影响力、提高中国科幻的知名度，我们应该去争取办这么一个会。

当时我们国家面临的更重要的任务就是，要在外交上有所突破，一方面是我们要"请进来"，还有一个就是我们要"走出去"。赴会和办会虽然在当时是非常困难的事情，但这实际上跟我们国家的整个外交政策是相吻合的。

科幻邮差：当时也是《科幻世界》杂志发行最艰难的时候，最低的发行量才六百册，随时都有可能倒闭关门。如果没有1991年世界科幻协会年会在成都的成功举办，把全民对科幻的热情重新点燃，那么中国科幻今天可能是另外一种面貌了。

申再望：杨潇自己回忆说，1991年开会的那一天，在锦江大礼堂的那个台子上，大家欢天喜地一番庆祝完了走下台子，就听说《科幻世界》杂志的订阅数已经降到了最低点，哎呀，这个心情可是太"那个"了……杨潇一直是守口如瓶，在海牙的时候她也没有跟我说得那么详细，我当然也不知道她面临着那么大的困难，我只是感觉到我们沿路需要非常地节约，尽量地节约每一分钱。

为了省路费，我们一路从北京坐火车去莫斯科，再到海牙。坐火车是我提议的，因为之前我在1988年随四川体育代表坐火车去过莫斯科，知道路费很便宜，人均只要几百元。我和杨潇这次坐火车八天八夜，全程没有到餐车吃过一口热饭，全部吃国内带的方便面，还有面包、饼干和苹果。我们从四川驻京办事处坐平板三轮车去北京火车站，连出租车都不舍得坐。

科幻邮差：真是太不容易了……杨潇老师找到您的时候，您还做了哪些准备工作？

申再望：当时我们外办在筹备一个"四川人看世界"的摄影展，也是在1990年，要到北京去办展览，展出四川人在各个国家拍的各种各样的照片，还要评奖。所以一前一后的工作还比较衔接得上。为什么后来我们能够拿出那么多宣传品到海牙去派发，包括彩色的小画册、各种各样的纪念品和明信片，这些都是跟我们办那个摄影展相联系的。省委宣传部之前也给我们拍了一个宣传片，叫《四川走向世界》，我们把录像带带到海牙会议放映，也挺有用的。所以我们在行前准备时，就做了很多以前要花钱才能做的事。

科幻邮差：出访海牙参加活动的报告是您打的？

申再望：当时是这样的，省外办领导说可以联合组团去争取，于是那个出访报告就由我来起草。之后，四川省外办下达出访批文，办因公护照，批文上面写的是"因公出国"。当时规定由政府派出的代表团团长要注明政治面貌是共产党员，因此批文上就写了我是团长，团员是杨潇和向际纯。回来之后，我们还要写出访的总结报告，整个流程是这样子。

那个批文，后来有一次我搬家整理文件的时候还看到过，但不知道现在放在哪里了。还有一些信件，一包东西……不止这些，几十年工作，你想想有多少东西，所以就很难再把它分类查找出来了。

1990 年，成都科幻代表团前往海牙，途经第一站莫斯科，申再望（右）与来自格鲁吉亚的科幻译者亚历山大（左）合影。

1990 年，成都科幻代表团前往海牙途中，申再望（左一）、向继纯（左三）和波兰华沙的两位科幻作家合影。

"中国角"打动了世界各国科幻作家

科幻邮差：我曾在很多资料上看到，在海牙的申诉现场我们设了一个"中国角"，放了很多很可爱的周边，包括熊猫、折扇等各种小礼物。这些小礼物在1990年深深吸引了那些从没到过中国的世界各地的科幻作家。会不会就是我们用心布置的这么一个角落打动了很多作家，最后促使他们投出了宝贵的一票？

申再望：对，是这样子的。很多人很惊讶，没有想到中国的代表团会带去这么丰富的展示内容，有书，有画片，有照片，有旅游纪念品，还有电视录像带之类的，有很多人是被这些所打动。

另外，我觉得杨潇的演说也讲得挺好的，我给她翻译的，讲完之后大家都抱有很多期待。之后他们也提了一些问题，我们都做了比较详尽的答复。

我们在海牙，还得到了中国使馆的高度重视。我们去了以后，中国驻荷兰使馆的负责人请我们吃了饭，给我们讲了很多注意事项，给予了我们很大的帮助和鼓励，因为我们在那里人生地不熟，当时的国际形势又比较复杂，使馆的帮助对我们来讲是一个鼓舞，让我们有了信心。

科幻邮差：当时的会议现场是一个什么样的状况？

申再望：那个会议现场其实人不是很多，也就是几十个人在一间屋子里。每一个国家有一两个代表，但都是有名的作家，有相当一部分人是杨潇在圣马力诺参会（1989年世界科幻协会年会）的时候就认识的，所以大家就没有太多的隔阂或是拘束，比较容易谈起来。那次会议的时间也不是很长，几个国家申诉完了以后，就表决投票。我们对结果十分惊喜，因为毕竟之前心里也不是太有把握。

科幻邮差：当时那个状况是不是就跟后来成都申办世界科幻大会一样，有好几个城市都想争夺1991年世界科幻协会年会的主办权？

申再望：情况跟现在差不多，不过我觉得当时的那个难度比现在更大，因国际形

1990 年荷兰海牙，世界科幻协会年会举办地投票会议现场，杨潇（右）演讲完毕，跟申再望（左）一起答疑。

1990 年荷兰海牙，世界科幻协会年会期间，申再望（右）与外国科幻友人合影，左一为世界科幻协会苏联分会理事鲍诺夫。

势更复杂，在那种情况下还能够申办成功，实属来之不易。

科幻邮差：那次与世界科幻协会年会同期举办的世界科幻大会有哪些令您印象深刻的活动？

申再望：我感觉那次世界科幻大会就像赶场一样，第一次看见一个那么大的像是体育馆的场地，应该叫会展中心吧，里面全是人，起码有七八千人。来来往往的人们像潮水一般，很多科幻迷穿的都是那种看着比较奇怪的、有点科幻未来感的服装。另外有很多的展台，类似推广推销什么的，还有很多分论坛、各种各样的 workshop（工作坊）。杨潇和我分别应邀去参加了一个分论坛。另外呢，就是像布赖恩·奥尔迪斯这样的科幻作家请我们吃了饭。

参加分论坛那一次，我是真的很惊讶，因为事先没有这个思想准备，然后人家就说是中国来的代表，一定要来给大家讲一下。杨潇去讲什么我不是很清楚，因为跟我不在一个场地。我去的那个场地完全是用英文，一个人讲十分钟左右吧，就是好几个人上去讲。然后我呢，当时也没有做什么准备，他们要让我介绍中国有没有出现什么比较新奇的事情、比较 fantasy（奇幻）的东西。于是我就讲了气功，当时有很多传说，有很多像神话一样的故事，其实我也不知道是真的还是假的，只是跟大家讲一讲，结果就有很多人对这个有兴趣，因为他们对中国的功夫着迷。

　　当时我讲了几个例子：一个就是说有人可以在一堵墙前，从这一面进入到另外一面，叫"穿墙"；还有一个人，他可以在一夜之间从西宁还是什么地方一下子就到了中国东边的一个城市，叫"夜行"；我也说了能用"耳朵认字"这种奇人，等等。那些外国人听了以后很惊讶，反正我只是客观地介绍，也没说我相信不相信，我说世界上有很多事情是以前我们不知道的，但是要慢慢地才知道是不是有过特异功能这样的事情。

　　科幻邮差：这也反映了那个时候的一些社会热点。

　　申再望：我觉得可能很多年轻人，包括外国的年轻人听到这些内容以后会去思考，因为有可能在他们的社会、在生活当中也遇见过一些不可思议的事情。就这样，我借这么一个机会讲了一下气功。

　　科幻邮差：您在参加海牙的活动时，有遇到过什么阻力吗？

　　申再望：我事先其实并不知道有阻力，我当时对这个方面不太了解，因为我那个时候并没有接触得太深，只隐隐感觉到有压力，但这个压力究竟是来自哪个方面、是些什么样的原因，我都不是很清楚。

　　一直到前几年参加科幻展会的时候，谭楷在会上拿了一份《人民日报》出来，就是邓小平在 1979 年会见布赖恩·奥尔迪斯的一篇报道。他说他们曾拿着这篇报道到北京去找中国科学技术协会的有关领导，跟他们申述说，像奥尔迪斯这样的科幻作家对中国是比较友好的，并不是像有些人写文章说的那样那么不堪。

记得当时（1990 年）我们见到奥尔迪斯的时候，他跟我们在一起聊天，请我们在海边的一家高级餐厅吃饭时，开玩笑地说："我请你们来见识一下什么是资本主义"。我听了微微一笑，实际上在这之前，我去过美国、法国、德国、英国两次，还去过瑞士、奥地利等国家，而且去这些国家多数是"高访"，就是跟着四川省的省长、副省长等去访，受到的接待都是高规格的：在美国是密歇根州州长和国会参议员宴请，在英国是海外事务大臣宴请，在德国是时任州长约翰内斯·劳（后来当选第八任德国总统）宴请——不是像他以为的我们什么都没有见到过，好像资本主义就好到什么程度似的。

不过话说回来，我曾看到一篇报道，是奥尔迪斯访问中国后，接受《牛津时报》的采访并发表的一篇很长的文章。当时是 1979 年，他对中国的评价就已经是相当不错的了，因为他举了一些例子，比方他说以前听闻中国是"barefoot（赤脚）"：赤脚医生、赤脚农民，但他看到现在中国的农村是大家都有鞋穿，衣服也都挺保暖，而且也得体。他认为中国的农民充满了智慧，中国的人民很有浪漫色彩。说实在的，这些话足以说明他已经看到了中国的变化。

他讲这些话，在当时，我觉得是很不容易的，所以我觉得像奥尔迪斯这样的作家，应该说是我们的朋友。当时他加入了英中了解协会（Society for Anglo-Chinese Understanding），并担任了协会里一个机构的副会长，他愿意参加这些与中国的交流活动是难能可贵的。

科幻邮差：申老师，在海牙那次陈述会上，您有听到什么反面的声音吗？

申再望：也不是说反面，就是他们的担忧吧，主要集中在几个方面，其中最突出的问题是安全性，因为他们对中国缺乏了解。我们就跟他们讲，现在中国是很安全、很稳定的，没有必要担心，我们给他们做了一些这方面的介绍。

另外就是生活方面的一些担忧，包括酒店、交通，还有吃的东西、饮用水等等，他们比较关心这些具体问题。至于我们科幻年会这个活动主体本身，他们不是很担心，他们相信我们中国在这个方面会做得很不错。

科幻邮差：申老师，当时杨潇老师的整篇讲稿都是您负责翻译的，她对愿意到会

1979 年，英国科幻作家布赖恩·奥尔迪斯访问中国后，接受《牛津时报》的采访并发表了一篇访华观感。

的外国科幻作家都做了一些什么样的承诺？

申再望：做的承诺是挺多的，要尽我们最大的努力，保证把这个会办好，让他们都感到满意——住在哪里、开会在哪里；会后要参观，我们安排去什么地方；还有交通方面、费用方面，我们都做了承诺。他们来了之后，我们是全程招待的。

科幻邮差：申老师怎么评价那次海牙之行？您觉得科幻世界杂志社能够拿下1991 年世界科幻协会年会的主办权，最主要的原因是什么？

申再望：这个会，我们当时是志在必得，抱着最大的决心去的。最后取得这样一个成果，可以说是值得载入史册的一次突破性的胜利。最主要的原因，我觉得有这么几个方面：第一，是我们国家，尤其四川省的政府部门，对这件事是完全支持的，我们在国内也好、在国外也好，都得到了很多的指导和支持。

第二呢，我觉得是靠我们中国科幻作家群的影响力。因为在当时，虽然叶永烈、郑文光这些作家没有去参加那个会，但是他们已经和世界科幻协会的那些名家都有了很多的往来，他们写了推荐成都的信，他们寄出的书信都表达了同一个愿望。那个时候，我们国家的科幻作家团结一心，这个特点是很突出的，没有一个人出来说不好、说你们不要来，大家都是一个观点。在那样的情况下，这种凝聚力产生了巨大的影响力。

第三呢，我觉得是离不开科幻世界杂志社这个群体的努力，以及杨潇的个人魅力。杨潇起了很大的作用，朋友是靠交友交出来的，而不是靠你一张嘴就能够把人家说动的，对不对？杨潇与各国作家的交往是很多的、持续不断的，在很多细节的方面想得都很周到，主动踏出联系的第一步，后来跟布赖恩·奥尔迪斯、弗雷德里克·波尔、伊丽莎白·赫尔等作家保持多年的朋友关系，不是那种很功利的、开完会就算了、就不理了，而是一直都保持不舍不离的态度。这也是非常重要的一个方面。

科幻邮差：1991 年世界科幻协会年会最终在成都举办的时候，是不是还在卧龙举行了一场篝火晚会？记得在篝火晚会结束以后，奥尔迪斯还给杨潇老师写了一首特别漂亮的诗。

申再望：是的。那次大会确实是打动了他，当然被打动的作家不止他一个人。杨潇可能没有把所有的材料都保留下来，包括收到的信件啊、邮件啊，可能散失了一些。我相信，当时她跟很多人都结下了很深的友情。

杨潇因科幻与众多中外友人结下深厚友谊，左部分图为杨潇珍藏的各国友人寄来的贺卡；右部分图为英国科幻作家布赖恩·奥尔迪斯为杨潇作的诗。

《献给杨潇的诗》（译文摘自《科幻世界》30周年特别纪念增刊）：

"我们站在疾驰的银灰皮条河畔／那个女孩抬头望过来／展开手掌将石子和贝壳给我们看／只是为了增添乐趣——／她展开手掌又合上／在那一刻生命与非生命和谐相伴。

卧龙谷静谧非凡／杜鹃花和马铃薯生长繁衍／玫瑰萌芽于一次久远的大碰撞／这种力量经久不断／即使世界科幻大会闭幕／曾在这里相聚的人们友谊永流传。"

世界性科幻大会与成都

在香港工作时，为《科幻世界》买了很多画册

科幻邮差：20 世纪 90 年代初，申老师调任到新华社香港分社工作，其实那个时期也是《科幻世界》发展历史上的一个低谷。听说在那个阶段，您为杨潇老师和《科幻世界》提供了特别大的帮助，能不能和我们分享一下当时的情况？

申再望：我去香港之前就同杨潇见了面，当时杨潇跟我说，去了以后一定要帮杂志社搜集一下国外最新的科幻小说，还有科幻画册。

我就带着这么一个任务去了。去了以后，正好是《侏罗纪公园》小说的中文版出来了，在香港由博益出版集团公司发行，当时很是热销，我就赶快买了一本托人给杨潇带回去。

之后，我又在香港铜锣湾一个很有名的外文书店 Page One（佩吉）买了很多科幻画册。这个书店基本上是以外国画册为主——前几年在成都 IFS（国际金融中心）也开了一家，据说资本是来自新加坡的，现在关门没有不知道。我在香港这家书店买了画册给杨潇寄回去，让她看看里边的画用不用得上。

小说通常既是用于连载又是用于出书，当时因为没人联系得上版权方，一般就赶快先"突击"把这个事情做了，后面才去补版权方面的手续。那些画，也是刊登完了以后再去

1993 年第 11 期《科幻世界》刊登了图书《侏罗纪公园》（1993 年繁体中文版）的介绍。这一时期的杂志的封面和封底大多使用海外的科幻艺术插画。

联系那些作者。但是无论如何，确实是对《科幻世界》杂志起到了作用。

科幻邮差：之前我问过杨潇老师这个问题，她说："再望在港工作的时候给《科幻世界》帮了不少忙，帮我们买了不少科幻画，那时的栏目'名家名著名画'，基本上都是靠再望提供的支撑。"

申再望：太客气了，其实可能也不是我一个人，肯定也有别的人提供帮助。

科幻邮差：申老师好像也是世界科幻协会（全称"世界科幻专业协会"）的会员之一呢，您还记得当时是怎么入会的吗？

申再望：我入会是在海牙开会的时候。当时，世界科幻协会的好几个领导给杨潇提出来，问我们三个来开会的人能不能加入这个协会。杨潇当时很爽快，就说只要你们同意，我们当然愿意加入。加入还是要给一点钱（会费）的，只是给得不多。这个协会之前已经有叶永烈老师参加，他负责联系中国区的会员，原来已有几个人，加上我们三人，就有十个人还是十一人了。之后叶永烈老师有一篇回忆文章，把杨潇、我和向际纯的名字都写进去了，说我们也加入了这个协会。

科幻邮差：在 1991 年之后，申老师还有关注科幻吗？

申再望：科幻方面我一直都有关注。我每次回成都来，《科幻世界》杂志团年、开会、搞活动，都要请我去参加，把我当成他们里面的一员。吴显奎老师每次见到我都说，当年就是在科幻世界杂志社认识我的。我和刘兴诗老师也是那时候结识的。不过有些人我熟，有些人就不太熟。我这个人有时候记性不是太好，记不得所有人的名字。

还有一个原因，我女儿在成都七中时喜欢读科幻书，我爱人就经常去科幻世界杂志社，一方面把我从香港托人带回的书交给杂志社，另一方面也把杂志社出的书带回来给女儿看。

我看科幻书也好，看科幻电影也好，参加科幻世界杂志社举行的活动也好，几乎没有断过。包括后来阿来当总编的时候，在四川科技馆办过一次比较大型的活动——2007 中国（成都）国际科幻·奇幻大会，也请了我去参加。谭楷和四川省休闲文化研究会一同举办了"未来与休闲"论坛活动，也请我去参加，这个论坛跟《科幻世界》有关。

一直到 2017 年，他们请我去参加在东郊记忆举办的第四届中国（成都）国际科幻大会，我第一次见到了大刘（刘慈欣），我帮忙给大刘和一位美国朋友的会见做翻译，这是通过科幻世界杂志社安排的，双方谈了一个多小时。这场对话我也是受益匪浅，我才知道除了奥巴马，还有很多美国人，包括一些在美国有身份的人，都喜欢看《三体》。

真正热爱大刘作品的人，是不离不弃的

科幻邮差：申老师，您看过《三体》吗？

申再望：我看过《三体》。大刘送给我的，还签了名。之后我要看，我女儿还坚决反对，说你们这样子的老年人是肯定看不懂的。但是我看了，因为我有好奇心。记得我那个美国朋友还特别向大刘问起《三体》的时代背景。

当时大刘推荐了王晋康的《蚁生》，说这本书的时代背景相同。这个美国朋友懂一些中文，他想要看，特意把书名记了下来。之后我在会上见到王晋康老师，他说这本书已经买不到了，要问问福建出版社还有没有。后来他弄到两本，签了名，一本给这个美国朋友，另一本给了我。书寄到科幻世界杂志社，杨潇收到书以后说自己也没看过，可不可以留给她，我说好，所以到现在，我还没有看到王老师的这本书。

2019年第五届中国（成都）国际科幻大会，我应邀在两个分论坛发言，其中一个是谈布赖恩·奥尔迪斯。会后，有德国《明镜》周刊的罗马尼亚女记者用英文采访我，我们在浣花溪公园谈了近两个小时。她问我对郝景芳《北京折叠》获雨果奖的看法，还问我中国政府为什么支持科幻，我跟她解释了很多。2020年，我作为成都"申幻"的助力大使，在世纪城会展中心参加了启动大会，杨潇在那个会上做了一个视频讲话，当时她在澳大利亚探亲。我在会上还再次见到了王晋康老师。

所以虽然是断断续续地关注着科幻，但我并没有完全地置身于科幻之外。

科幻邮差：能"敲敲边鼓"也是做了非常大的贡献了。现在中国科幻的主力队伍已经形成了，尤其是《三体》获得雨果奖以后，中国科幻走向世界的脚步已经越来越快，申老师可以具体说说《三体》给您最深的印象是什么吗？

2020年，申再望受聘担任成都申办2023年第81届世界科幻大会助力大使。左起依次为：王晋康、何夕、申再望、张凡、孙悦、付胜。

申再望：《三体》给我的印象，不同于以前我对科幻的认知。我觉得大刘的思路非常开阔，他给我们展现的内容不是某一个方面，而是一个整体性的、全局性的、宇宙性的内容。其实就是我想要回答你的、你今天会问的最后一个问题，说我要是用一句话来概括科幻是什么，我会怎么说。我会说：科幻是人类对宇宙的遐想和沉思。

我觉得大刘的《三体》给我们展现的就是一个宇宙的空间：他的这个世界很广阔，但是里边又不排除人性在内的很多内容。我们不能够只是纯粹地去写一些科技硬件方面的东西，还是要把很多人类感情的内容写在里面，他刚好把这两者结合得比较好。

科幻邮差：您怎么看中国科幻未来的发展呢？

申再望：我觉得中国科幻的未来前景是光明的，会比以前更好。从目前来讲，这个发展的势头是理想的、比较乐观的一种情况。

外国人自己都说，他们的科幻现在被一种情绪化的、悲观的情绪笼罩着，所以他们的科幻里边很多内容让人感到比较压抑、不安，甚至是看不到出路的。而我们中国科幻现在的创作完全是另外一种心态，另外一种情境。我觉得在目前这个情况下，随着我们国家向前发展，我们的经济、科技不断地发展，我们的科幻，包括我们的电影创作、文学创作这些都会随之发展的。

科幻邮差：以《三体》为代表的一些中国科幻作品现在在国际上产生了巨大的影响力，您觉得这对中国科幻未来的发展会产生什么样的影响？

申再望：影响肯定是会越来越深远。不过，我觉得我们国家对这个方面的重视和推广还可以进一步加强。

2018 年，大刘在美国被授予了"克拉克想象力贡献社会奖"，我用英文把这个消息发给前面讲到的那个美国朋友，他非常地兴奋，马上就要去买大刘的新书。可想而知，真正热爱大刘作品的人，是不舍不离的，不管他写了什么东西，得了什么奖，他们都会关注。

塌方险情发生时，外国科幻作家都签了"生死状"

科幻邮差：申老师之前不仅为几次世界性科幻大会出力非常多，同时也在四川省外办、友协工作过多年，在办会方面有特别丰富的经验，下面想请您跟我们分享一些这方面的内容。前面申老师也有谈到过，1991年世界科幻协会年会在成都顺利举办得到了省外办和省政府的大力支持。您能具体介绍一下得到了哪些支持吗？

申再望：记得大会开幕式那一天，我们四川省委和省政府的领导都来了，以前我们办类似的活动能有这么高的规格是很少见的。而且时任副省长韩邦彦还在省政府的会客厅专门接见了作家代表，给予了很高的接待规格，他说："四川是天府之国，文化底蕴深厚，欢迎各国朋友来川交流。"我觉得这场会见相当不错、相当圆满。

比方说到卧龙自然保护区看熊猫、采风，要是按以往的情况，安排这么多外国人去，如果没有省里的领导开绿灯拍板，其他人是不敢作这个主的，让那么多的人到四川藏区海拔很高的大山里，是有风险的。后来确实遇到了很大的问题，就是遇到暴雨塌方，塌方后，外国人出不来，有的人当天就要赶飞机走，有的人已经出现高原反应，心脏不适，要用担架抬。在那种情况之下，我们先把大巴车开到塌方的路段前面，又动用了部队和森林武警，在塌方另一面全力以赴地接应，外宾在我们中国人的带路之下，艰难步行通过这一段。

科幻邮差：当时有多少位科幻作家出行？

申再望：加上中国人，有上百位。原计划是白天看完大熊猫以后，开个篝火晚会，住一夜就离开，结果半夜下起了大雨，大雨之后，路面就开始塌方。

很快有消息传过来，说交通已经中断，我们第二天不能按时离开。情况紧急，我们

1991年5月，成都，世界科幻协会年会现场，申再望在会标立牌前留影。

1991年5月，世界科幻协会年会在成都举办，时任四川省副省长韩邦彦（前排左一）同与会代表进入会场，前排右一着深蓝西装者为申再望。

1991年5月，参加世界科幻协会年会的中外嘉宾在成都锦江宾馆大合影。嘉宾依次为：①吕应钟②杨潇③郑文光④韩邦彦⑤玛格丽特⑥马尔科姆·爱德华兹⑦伊丽莎白·赫尔⑧查理斯·布朗⑨杰克·威廉森⑩陈淑芬⑪邵华⑫刘兴诗⑬杨家声⑭梅尔克⑮梅尔克夫人⑯柴野幸子⑰柴野拓美⑱弗雷德里克·波尔⑲刘小燕⑳王逢振㉑叶永烈㉒陈麟章㉓萧建亨㉔王晓达㉕奥尔沙㉖文有仁㉗申再望㉘刘国宣。

动用了卧龙自然保护区的森林火警电台，通过电台的方式报警。然后，四川省委、省政府马上就通知部队和公安局派人去救援。一种方法是尽快清除路障，不过，那个路障是不可能短期内清除的，因为整个山塌下来，把路全部覆盖了。所以接应的车辆就停在对面，大概中间有百米长的一段路，他们建议我们步行走过塌方的路段，然后到对面去乘车。

我当时就做了一个决定，起草一份保证书，我用英文写，让每个外宾都在上面签个字，保证是自愿步行通过这一段危险区域，如果发生了意外，皆由自己负责。我写了这么一份保证书，所有的外国人当场都签了字，他们还是很信任我们的。

科幻邮差：后来听说那时团队里已经有人出现了身体不舒服的情况？

申再望：对，因为海拔比较高。大家心情很急迫，都想尽快离开，而离开的最好方式就是步行。当时已经有外宾出现高原反应，是躺在担架上抬过去的。

科幻邮差：如果外宾不能按时回到成都，有可能赶不上飞机？

申再望：是啊，会出现一系列的问题。但最终危机化解，那位外宾当天下午赶上了离川的飞机。

1991 年 5 月，世界科幻协会年会举办期间，中外嘉宾在卧龙游览返程途中遭遇塌方，在签下"生死状"后，集体徒步转移通过了塌方区。

1991年5月20日，世界科幻协会年会在成都锦江大礼堂隆重举行。会议间隙，申再望跟与会部分代表合影留念。前排左起依次为：董仁威、里群、陈淑芬、郑文光、韩邦彦、陈麟章；后排左起依次为：申再望、文有仁、刘国宣。

1991年5月22日，世界科幻协会年会举办期间，申再望同中外嘉宾在四川卧龙自然保护区与大熊猫互动。

1991年世界科幻协会年会举办期间，申再望（左）与世界科幻协会主席马尔科姆·爱德华兹（中）友好交流。

科幻邮差：《科幻世界》副总编姚海军老师说，这次大会是中国科幻界想要改变国内科幻文学困境的一次努力，申老师是否认可这种说法？

申再望：刚才我说，我和杨潇一起去申办这个会的时候，只是深感过程艰难，最后取得胜利，意义重大，至于是不是在中国科幻事业上起到了一个扭转困境的作用，我当时还没有想到这方面。从后来的情况看，确实是起到了一个我自己都没有想到的作用。这次大会的成功举办，让大家认识到中国科幻又一个春天来到了。因为毕竟让那些反对科幻的人都闭上了嘴，他们也看到了我们国家是很支持这么一件事情的。

科幻邮差：2021 年 12 月，成都终于赢得了第 81 届世界科幻大会举办权。申老师作为"申幻"大使当中的一员，觉得成都要想办好大会，需要做哪些方面的努力？

2019 年 11 月，申再望受邀参加第五届中国（成都）国际科幻大会分论坛，共同纪念中国科幻的老朋友布赖恩·奥尔迪斯。左起依次为：杨枫、申再望、谭楷、吴岩、姚雪、杨华龙。

申再望：要做的努力挺多的。作为"科幻之都"，成都应该建一个科幻公园，同时配套科幻的博物馆、美术馆，还有少儿科幻活动中心之类的。通过这些，让成都的科幻之城色彩更浓厚一些。

另外，每个月至少举办一次跟科幻有关的文化活动，比方说美术展、小剧场的话剧演出、动漫作品展、电影作品展映、青少年科幻征文比赛等等。总之，世界科幻大会是一个多元的文化汇集和展示的场合，并不仅仅只有科幻小说评奖这么一个类别。

从大的方面来讲，我们还要培养一支更得力的队伍，以年轻人为主的多语种队伍，可以吸收海外留学生和海归青年参与，通过他们联系世界各国科幻界的年轻人，包括年轻的作家和更多的科幻迷参会。通过成都或者说全国各地的年轻人来组成这么一个队伍，来做这个事情，很有必要。这是一个民间色彩很重的大会，得靠我们年轻人、志愿者，大家齐心协力来做。

还有我们城市的外语水平的普及，体现在城市的路标和城市配套设施的宣传上，包括我们的会议手册、宣传手册等等。不光是中文和英文，还应该有联合国的其他工作语言文字，法文、西班牙文、俄文甚至阿拉伯文，这些语种都应该有，这样才能够展示出我们城市有国际办会的水准。

我们 1991 年举办的那次会虽然反响还不错，外国人也挺满意的，但确实还有很多细节我们是做得不够的。

友人回忆

科幻邮差：接下来，想请申老师跟我们分享一些您和科幻圈其他朋友的故事。

申再望：我先说说叶永烈吧。有这么两件事，一个是我第一次认识他，是他到成都来参加1991年世界科幻协会年会。他在这儿待的时间很短，只住了一个晚上，第二天下午就回去了，所以我跟他见面的时间很短，简单交谈，跟他交换了名片。

我觉得他比较看重我，为什么这么说呢？一方面，因为我当时是主办方的成员之一，还是世界科幻协会的会员，能讲流利的英语；另一方面，他知道了我的家庭背景。在那之后，他到新华社香港分社来找过我一次。见面之后他跟我讲，他正在写《毛泽东的秘书们》（后于2005年出版）这本书。他知道我父亲李井泉曾经是毛泽东的第一任秘书。确实如此，1930年在江西，我父亲曾在毛泽东身边工作了十个月，任红一方面军政委办公室秘书长。但我当时只是听说过这件事，具体情况并不了解。我就把我大哥李黎风在北京的联系方式给了他，请他到北京去找我哥再进一步了解。后来他那本书出来的时候，里面有一页写到了这个内容，至于是他问到的还是查资料看到的，我不太清楚，现在想来有点遗憾。

科幻邮差：您跟谭楷老师也很熟悉吧？

申再望：对，我跟谭楷是从《科学文艺》杂志开始认识的，后来打交道很多。除了前面提到的那些，他还参加过我们省外办新闻文化处举办的英语培训班，当时那个培训班的负责人是我们处里的一个同事。这个培训班是在成都气象学院（现成都信息工程大学）办的，他在那个地方学了一段时间，我们专门请了川大的资深英语老师讲课。那时候因为我们办公室离气象学院挺近的，有时候学完，他就要跑过来跟我说说话、聊聊天。

后来，我参加了成都"加拿大老照片项目组"的工作，作为志愿者，收集整理加拿大友人百年前在华西坝（现四川大学华西医学中心）办学行医的老照片。因为谭楷是华西子弟，所以我们交往就更多了。虽然他没有参加我们的小组，但我们几次到加拿大办摄影展，他都闻讯到多伦多和温哥华与我们会合，参加有关活动。在多伦多我们同住一个屋，我住的双人间，多一张床让他用，这样他可以节省一些费用。他写作《枫落华西坝》一书时，我应他的请求，向他提供了我采访和翻译文忠志教授（1925年来华在华西协合大学及华西协中任教的加拿大联合会传教士文幼章之子）长达四小时的谈话记录。后来我和谭楷自费去加拿大班夫国家公园旅游，也住一间房。他在获奖图书《我用一生爱中国》里的作者照，就是我在班夫雪山为他拍摄的。

他是一个很热心的人，又很勤奋，他的这种勤奋是比较少见的，这么一把岁数了，不停地写书，一直到2020年的时候，都还在写一本华西医护人员到武汉"出征"的故事。华西坝那个系列他写了头一本，第二本2023年也已出版了。

科幻邮差：谭楷老师还有一个身份，就是"熊猫专家"。

申再望：对，"熊猫专家"跟我也有一些关系。他办的一些有关熊猫的活动，曾让我帮他请外宾。2018年成都大熊猫繁育基地办了一个国际论坛，刚好我们有加拿大的客人来了，他好说歹说，让我把这些外籍友人都请到熊猫基地去，后来还要让八十多岁的老太太黄玛丽（华西协合大学主要创始人之一启尔德的外孙女）上台去讲话，让我做翻译。黄玛丽小时候在华西坝抱着大熊猫合过影，我们加拿大老照片项目组编的画册《成都，我的家》中就有这张照片。我发现谭楷的精力特别旺盛，脑子也转得快。四川租借了一对熊猫在多伦多动物园，他去配合动物园给熊猫庆生、搞活动，正好我们在多伦多，他让我帮助联系黄玛丽，黄玛丽有事去不了，我们就请了另外一位老太太，也是加拿大友人的第二代，小时候在华西坝生活学习过，结果活动圆满，皆大欢喜。我还帮过谭楷其他忙，他前往台湾《联合报》领文学奖（获奖作品《倒爷远征莫斯科》），路过香港找住处，我帮他联系了新华社的内部招待所住宿。他的儿子小鸥应新加坡乐团委约写了一部古蜀题材的室内乐作品，乐团到成都金沙遗址演奏，谭楷爱子心切，让我请外宾观看，我请了多位外国驻成都总领事去聆听。

科幻邮差：能说说您跟布赖恩·奥尔迪斯的故事吗？

申再望：我第一次见奥尔迪斯，是 1990 年在海牙的时候。我知道他是在此十多年前（1979 年）邓小平会见的英中了解协会代表团的成员之一。中国友协跟英中了解协会关系很好，交流很多，来访的协会副主席班以安是一个英国名人，娶了一个中国妻子。奥尔迪斯我是后来才认识的，但是我们一见如故。

1991 年 5 月 22 日，世界科幻协会年会举办期间，布赖恩·奥尔迪斯与大熊猫亲密互动。

他就像我认识的其他英国朋友一样，彬彬有礼，有绅士风度。他对中国很了解，并不是一味说中国好，他觉得不对的方面还是要提出批评的意见，只不过这种意见一看就是善意的，不像有些人说的那样，把他说得很不堪。我觉得，我们现在要改变过去的一些做法，好比一个外国人，只要说了一句中国的不是，就好像这个人整个都不行。其实不是这样子的，还是要允许人说错话对不对？他只要认识到自己说错了话，今后不这么说了，就可以谅解，可以继续做朋友。毛主席说过一个观点，就是允许人家犯错误，允许改正错误。何况奥尔迪斯完全不是那种犯了错误的朋友。

为了搜集奥尔迪斯首次访华的资料，我通过老朋友——已故旅英女作家凌叔华的女儿陈小滢（曾任苏格兰中国友协秘书长，现定居北京），找到英中了解协会的成员、大英图书馆中文部汉学家吴芳思，给我寄来了奥尔迪斯回国后发表的一篇访华观感，内容客观真实，我在前面已引述。英中了解协会对中国的友好是一代一代传承的，2013年他们组团来四川访问、重走李约瑟（《中国科学技术史》作者）之路，我接待陪同这个团，吴芳思参加了这个团。代表团主动为雅安芦山地震捐款，我们通过雅安市外办，把捐款转交给了荥经县胡长保小学（胡长保，革命烈士，长征时在雅安为掩护毛主席避开敌机轰炸而牺牲）。

科幻邮差：能简单聊一下韩素音吗？

申再望：我跟韩素音认识比较早，我到四川省外办工作之后，她每次到成都，都是我出面接待，关于接待她的工作，北京全国友协是有专门要求的。她比较认可熟悉她脾性和习惯的接待人员，自从认识了我以后，她每一回来川就要问："那个小申怎么没来啊？小申现在怎么样了？"我接待了她很多次，她都不知道我的家庭背景是怎么样的，直到几年后见到我，她很惊讶地说："你怎么没告诉我，你有这么一个家庭背景？你是一个大人物呢。"她用了"big shot"这个词，我说我不是大人物，我只是一个老百姓。

我觉得我们算是忘年交吧，很说得来，她给过我很多指导。她曾经主动提出给四川省外办捐款，要资助我到美国去留学，她也给美国的教授、专家写信推荐过我，让她的朋友哈里森·索尔兹伯里（美国《纽约时报》专栏作家，《长征：前所未闻的故事》的作者）写推

20世纪80年代，申再望（右一）陪同韩素音（左二）参观游览四川眉山三苏祠。

1983年，杨超（右一）会见韩素音夫妇，申再望（右二）担任翻译。

荐信。之后，加州大学洛杉矶分校给我寄来了同意函，我却未能成行。那个时候（20世纪80年代初期）我们国家有内部规定，就是像我们这样背景的高干子女不能到国外去留学，所以我没能用她资助的钱留学，由单位领导作主给了另外一个同事去学习。

作为世界著名作家，韩素音思维敏捷，才华横溢，经历丰富，著作等身。她送过我很多书，其中一本叫《奇幻的国度》（*The Enchantress*，1985年出版），这部小说以泰国为背景，里边有魔幻、奇幻的内容。

在我的散文集《生命之树常青》中，有我写的多篇与她相关的故事，其中一篇《韩素音印象》，在《人民日报》海外版的征文比赛中获二等奖（一等奖空缺，二等奖只有三名），评委会专家有萧乾、雷洁琼等，在人民大会堂颁奖。韩素音很喜欢这篇文章，在香港一见到我就说，这篇文章写出了她的骨气。她的女儿唐蓉梅跟我有多年的联系和交往，我曾介绍蓉梅去西华大学教英语。韩素音的很多好友也是我的朋友，比如以色列作家芭‐谢娃、美国的哈里森·索尔兹伯里。另外，她和叶永烈老师也是很好的朋友。我还陪同她见了流沙河，她悉心翻译了流沙河的诗《故园别》，发表在英文版的《中国文学》双月刊上。

趣问趣答

01 **申老师平常除了阅读之外，有没有什么其他的兴趣爱好？**

除了阅读，写作是一个比较重要的方面，包括翻译，喜欢文字性的工作。旅游也是一个方面，我比较喜欢看国外的博物馆、美术馆，喜欢游览古迹。我也喜欢集邮，还收集了一些硬币。因为长期做文化交流工作，所以我看演出、电影比较多，加上我爱人又是搞电影的，我女儿也喜欢看电影，我家就收藏了很多电影 DVD。这些都算我的爱好。

02 **说说您最喜欢的科幻电影？**

我看过很多科幻电影，最近看的一部是《信条》。《信条》是我女儿买的票，我们一起到电影院去看的。刚开始呢，我心里边忐忑不安的，以为看不懂。为此我提前做了一点功课，结果看起来并不费力。我还是挺喜欢诺兰这个导演的。这部电影是 2020 年我在电影院看过的唯一一部科幻电影。

03 **如果时光可以倒流，您最想回到什么时候？**

我希望回到少年时代，因为现在想起来，戴红领巾的时代我留下的记忆不是很多。每次看人家的回忆录，我都很羡慕他们的少年时代。我和父母之间的交流，不像现在的父母亲跟孩子的交流。如果能够回到少年时代，我希望更多地体验父母亲对孩子的那种爱。

04

如果现在有一本关于您的传记，最希望用一句什么样的话作为开头？

开头的这句话，我想说：我是一个命运的幸存者。

我为什么要说这句话？怎么说呢，总之，有很多事情真的是一言难尽。

05

您最常梦见的一个场景是什么？

我现在做梦，梦到最多的是我的两个母亲。我经常会梦见她们。

06

您最大的遗憾是什么？

目前觉得有一个遗憾是：我应该写一本我的回忆录，还没写。（笑）

07

您在四川省外办和友协工作多年，接待了很多高规格外宾，能不能跟我们分享其中的一件趣事？

就说一件瑞典国王来成都的趣事吧。1981年我陪他上青城山，事先我打过前站，和他的宫廷大臣秘书一块儿走上山路线。当时我曾建议用滑竿来抬国王，他们说那怎么行，这在他们的观念当中是根本不可能的事情。那就走路吧，要从山下一直走到上清宫，这段路还是比较长的，一路要爬坡，那个时候又没有缆车，就是全靠走路。

为什么说有趣呢？这位国王的身体好，听说他原来开过赛车，是特别年轻力壮的那种。他个子高，腿又长，所以走路走得很快，我们的省长跟在后边都接不上气。结果不知不觉，他把我们省长甩了好长一段路，自己一个人先上了山，然后就坐到观里，等我们后边这些省领导和陪同人员。

国王之所以要去青城山，是他的中国文化顾问、诺贝尔文学奖评委马悦然教授建议的。马教授在观里给国王讲了很多中国道教的故事传说。离开成都前，国王送给我的礼物是一盒组合的瑞典火柴，火柴的贴画全部是瑞典皇宫里收藏的中国文物照片。按照外事工作的规定，我把国王的礼物上交了。

08 请说说您对中国科幻事业的期望和祝福。

祝福中国科幻前程似锦！

让科学与文艺之美尽情绽放

LET THE BEAUTIES OF SCIENCE AND ARTS BLOSSOM

吴 显 奎

四川 是中国地理上的洼地
中国科幻创作的高地

吴显奎

科学文艺
创作之路

172　《科学发现纵横谈》与《科学文艺》是我的引路人
175　王梓坤：一代顶级知识分子对年轻人的关爱
179　《汉语成语小词典》全部背完
181　在激情燃烧的岁月获得首届中国科幻银河奖
184　鲍昌是一位令人尊敬的好作家、好领导
186　温济泽说："显奎这人哪，是讲究审美的！"
187　这次获奖对我来讲很重要
191　您们对稼先的理解是很深刻的
193　科学、文艺、想象力的结合就是我的追求

那些不平凡
的岁月

196　科幻创作的两个流派
198　"科""文"之争
200　我们四川是很宽松的
203　缺失想象力的民族必然缺失发展动力

人物回忆

206　周孟璞先生是我的忘年交
208　要以优秀科普作家名字设奖
209　我的骄傲与遗憾
211　三十五年金戈铁马，三十五年野鹤闲云

科幻近况

213　中国地理的洼地与中国科幻的高地
214　风险投资投科幻的少之又少
215　中国科幻大片的制作需要动用社会各方力量

趣问趣答

216

导语 INTRODUCTION

吴显奎是首届中国科幻银河奖得主，他不仅有着深厚的科学文艺创作功力，更是改革开放以来中国科幻事业发展的亲历者和推动者。在繁重的社会管理工作之余，他一直保持着对科幻、科普的热忱。吴显奎以自己的亲身经历掷地有声地提出：四川是中国地理上的洼地，但却是中国科幻创作的高地。在 2017 年的中国科幻大会上，他代表成都市发布《成都科幻宣言》，提出成都申办第 81 届世界科幻大会。随着这一梦想成真，大会的召开必将把成都的科幻事业推向全新高潮，正如同吴显奎一生的信仰：把追求崇高作为人生的永恒主题。

WU XIANKUI

LET THE BEAUTIES OF SCIENCE AND ARTS BLOSSOM

■ INTRODUCTION

Wu Xiankui is a winner of the inaugural Chinese Science Fiction Galaxy Awards. Not only is he a master of creative science writing, but also a first-hand witness as well as an active propellant of Chinese science fiction's development since the era of China's Reform and Opening-up. Apart from his busy official duties, he maintains a great passion for science fiction and science education. Speaking from personal experience, he states that Sichuan province is a geographical lowland of China, yet a highland of Chinese science fiction. Representing the city of Chengdu, he announced the "Chengdu Science Fiction Manifesto" at the 2017 China Science Fiction Convention, proposing that Chengdu would bid to host the 81st World Science Fiction Convention. Now, with the dream coming true, the Chengdu WorldCon would for sure take Chengdu's science fiction industry to new heights, which parallels Wu's motto to pursue sublimity as the eternal theme of life.

■ TABLE OF CONTENTS

The journey in creative writing on science literature and arts

172   *Discussions of Scientific Discoveries* and *Kexue Wenyi* are my guides

175   Wang Zikun: a distinguished intellectual who cares for the younger generation

179   I memorized the entire *Concise Dictionary of Chinese Idioms*

181   Winning the inaugural Chinese Science Fiction Galaxy Awards at the age of passion

184   Bao Chang: a venerable writer and leader

186   Wen Jize: "Xiankui is an aesthete!"

187   The significance of winning the award

191   Your understanding of Jiaxian is profound

193   I strive to integrate science, literature and arts with imagination

Those extraordinary years

196   Two schools of science fiction writing

198   Science versus Literature

200   Sichuan is a very liberal place

203   A nation without imagination inevitably lacks momentum in development

Memories

206   Mr. Zhou Mengpu is my friend despite of age gap

208   Establishing awards in the names of outstanding writers in popular science

209   My proud and regrets

211   Thirty-five years of challenge and peace

Recent developments in science fiction

213   Sichuan province is a geographical lowland of China, yet a highland of Chinese science fiction

214   Lacking of venture capital investment in science fiction

215   Producing Chinese science fiction blockbusters requires the involvement of all

216   **Fun facts and Q&A**

科学文艺创作之路

《科学发现纵横谈》与《科学文艺》是我的引路人

科幻邮差：我们知道，吴老师的科学文艺创作始于20世纪70年代末，全国科学大会胜利召开，"科学的春天"宣告到来。今天的第一个话题，就从您的科学文艺创作萌芽聊起吧？

吴显奎：好的。1979年5月，我正在成都气象学院（今成都信息工程大学）无线电系气象通信专业读书。5月中旬的一个傍晚，夕阳把锦江河面映得波光粼粼。就在成都锦江大桥的桥面人行道上，有一个临时书摊在地上铺了几张报纸，放了几十本杂志，最上面的一本就是《科学文艺》第一期。我记得是深蓝色的封面，像黛色的海洋，也像我的故乡大兴安岭夏天常见的湛蓝色天空，上面印着四个红色的大字：科学文艺。这四个字写得遒劲有力，非常漂亮，至于是谁写的，到现在我都没有问到。

这本杂志让我眼前一亮，兴奋点就是"科学文艺"。这件事起因于两年前，也就是1977年年底我读到的《南开大学学报》。

当时，这期学报发表了该校数学系讲师王梓坤的科学随笔《科学发现纵横谈》。那时候书很少，特别是科普类的读物更少，所以我读了这期学报，印象非常深。

记得1977年恢复高考，那年的10月21日，我是从公

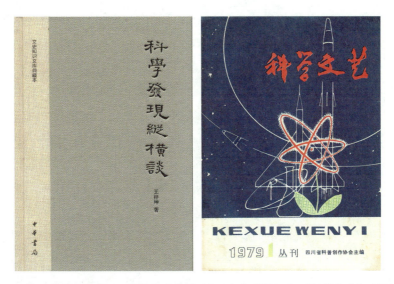

吴显奎的科学文艺启蒙：《科学发现纵横谈》（中华书局）和《科学文艺》创刊号。

社广播站播放的中央人民广播电台新闻和报纸摘要上得知消息的。那时，我正在黑龙江省莫力达瓦达斡尔族自治旗兴隆公社前兴隆大队一队带领社员秋收，我是生产队长兼小队党支部书记。得知恢复高考的消息后，当晚我就主持召开队委会，委托副队长薛显志代理我的工作，我告诉大家："我要去复习参加高考了！"

后来我在成都气象学院担任副院长时，查阅当年的有关文件才知道，中央 1977 年 9 月决定恢复高考，京、津、沪的一些下乡知识青年 9 月下旬就已经知道，并悄悄地准备复习了。但后来，当时的教育部不同意 1977 年开考，准备推到 1978 年。结果小平同志知道后坚决反对，最后才决定在 1977 年年底考试，第二年 3 月入学。当年 12 月考试，全国有五百七十万考生参加，录取了二十七点三万人，录取比例不足 5%，是 1949 年后录取率最低的一年。从解密文件中我还了解到，当时实际上要求报考的青年学生有一千万人，有的省（市）还做了预选考试。

就在这紧张的复习阶段，我还是放不下那期《南开大学学报》，因为它刊载了王梓坤老师的《科学发现纵横谈》，这篇文章像随笔，更像散文诗，漫谈科学发现，但写得文采飞扬，字字珠玑。作者纵览古今，横观中外，从自然科学发展的历史长河中，挑选出具有典型意义的发现和事实，努力用辩证唯物主义和历史唯物主义的观点加以分析和总结，阐明有关科学发现的一些基本规律，同时还专门探讨了作为一名优秀的自然科学工作者应该具备的品质。

可以说，正是由于这篇文章，我当年高考时选择了理工科院校；也是因为这篇文章，让我关注到了科学文艺。那时候我就想，把科学和文艺结合在一起是一番很值得追求的事业。加之王梓坤老师在他的文章中讲到：在科学的无人区是可以大有作为的。我认为科学文艺少有人做，应该算是无人区，所以从此以后，我就很关注科学和文艺相结合的作品。因此 1979 年 5 月看到《科学文艺》这本杂志，我真是喜出望外，格外兴奋。

我记得当时这本杂志的发刊词，是在中华人民共和国成立之前做过四川地下党主要负责人的作家马识途先生写的，老作家艾芜还写了一篇《漫谈科学和文艺》。我记得那一期还刊发了童恩正老师和沈寂老师合写的《珊瑚岛上的死光》的电影剧本，还

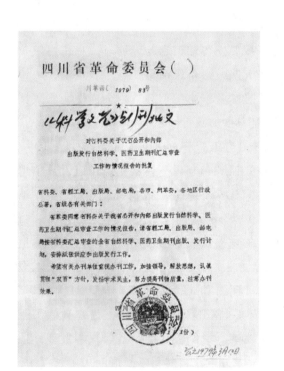

1979 年 3 月 10 日，川革 函 [1979] 83 号《对省科委关于我省公开和内部出版发行自然科学、医药卫生期刊汇总审查工作的情况报告的批复》中，《科学文艺》正式创刊了。

1984 年夏，吴显奎（右）向《科学文艺》编辑部谭楷老师（左）讨教。

有后来成为辞赋大家的张昌余老师的一篇杂文叫《科学与鬼话》，以及谭楷老师的一首科学诗《显微镜下的城市》。我后来听说这本杂志当时的执行主编是刘佳寿，开印十万册，定价五毛钱，上市就被抢购一空。

这期杂志对我个人来讲是立志科学文艺创作的真正启蒙，是让我喜欢科幻并尝试科幻创作的"引路人"。从此，我就和《科幻世界》结下了不解之缘。

王梓坤：一代顶级知识分子对年轻人的关爱

科幻邮差：啊，吴老师记性太好了，四十多年前的记忆还那么鲜活！真想不到一期刊载在学报上的文章，会对吴老师的一生产生这么大的影响。听说 1979 年您还找机会专程去拜访《科学发现纵横谈》的作者王梓坤先生，跟我们说说这是怎么回事吧。

吴显奎：我刚才讲到，当时读了《科学文艺》创刊号以后，确实很心动，就产生了写作的想法。1979 年《科学文艺》第 2 期刊发了我的一篇随笔《给科学插上翅膀》。接着我又写了一首很长的科学诗《天高可问，星云可攀》，写完以后，我就步行找到了《科学文艺》编辑部，那时，编辑部设在成都市五世同堂街四川省国防工委办公楼。

当时，刘佳寿是《科学文艺》的主要负责人，还有一个编辑是很知名的、工人出身的青年作家贾万超，贾万超后来写了一部影响力挺大的小说《玫瑰梦》，在《成都日报》连载。我现在还保留着刘佳寿和贾万超在我那首科学诗的原稿上批的字，今天没带来。这首诗的原稿和刘、贾二人的批字，后来被董仁威先生设立的时光幻象科幻博物馆收藏了。

那天刘佳寿见到我之后，给了我一些鼓励，说这首诗写得很好，有科学内容，又有激情，可以发表。他说："老贾看了，也说不错！"这让我非常激动！因为这首诗对我来讲非常重要。后来这篇稿子传到谭楷老师手里，谭楷也很重视。那时候的编辑非常敬业，我还是学生，谭楷就专门到成都气象学院把我从宿舍找出来，说要修改。这篇稿子修改以后，我又专门送去。但由于杂志的稿子越来越多，后来就没有及时刊登出来。这么多年过去了，在科学文艺创作中，我感到最遗憾的就是这首诗没有在1979 年发表，后来收录在其他书中刊发了。

到了 1980 年年初，我回老家莫力达瓦达斡尔族自治旗过春节，正月初五我就出来了，想去天津拜访王梓坤老师，那时候王梓坤老师还不是教授。

正月初八，我乘火车到了天津站，又乘公交车到了南开大学，找到数学系，在概率论学科的教研室找到了王梓坤老师。当时，王老师是教《概率论》的教师，他瘦高的个子，脸很白净，穿一件中山服，见到我以后挺热情的，那时候学生也少。1978年 12 月 18 日党的第十一届三中全会召开后，一场关于"实践是检验真理的唯一标准"的大讨论正在酝酿，科学大会已经召开，所以那时候确实是科学的春天，整个科学、教育、卫生都开始走向正轨，每个人心里都涌动着激情，特别是一大批中年知识分子，一腔报国情怀被唤起。

王梓坤老师的办公室给我印象最深的是，门口有一张很旧的沙发椅，椅上坐着一个年纪比较大、头发花白、人挺瘦的老师。王老师跟我谈了一会儿，有十多分钟吧，我讲了自己的科学文艺创作，特别提到儒勒·凡尔纳和 H.G. 威尔斯，我说我正在写一篇科幻小说《美丽的哀牢山》。因为他当时提出要重视科学方法论研究，我就说今后想研究科学方法论。可是王老师当即打断了我的话，他说："你现在不能搞这个。"我问为啥不能搞呢？他说："研究科学方法论必须建立在你已经有相当的科研成果上。居里夫人讲科学方法别人会信；新西兰核物理学家卢瑟福讲怎么发现原子核，别人会信；但是你没有做过研究，你去说研究方法那是肯定有问题的，是误入歧途。"从此，我彻底打消了研究科学方法论这个念头。

当我离开的时候，门口坐着的那位老师也站起来了。王老师跟我介绍说，这位先生是周培源教授。我当时非常吃惊，心知眼前这位大科学家是中国物理学界的泰斗、中国科学院副院长，但他却这样平和，没有一丝架子，实在让我震惊！这次会见对我影响很大，让我看见了大科学家的风度，后来，我不论干什么工作，不论在哪一个岗位，都以谦逊平易的态度对待所有人，特别是年轻人。

王梓坤老师后来还专门给我寄了一本书，是剑桥教授贝弗里奇写的《科学研究的艺术》，这本书我一直保留着。你看，素昧平生，见了一面，他却记得成都气象学院，记得吴显奎，然后又寄来一本书，所以我对他真是很感激。王老师后来成为我国顶尖数学家，曾经做过北京师范大学校长（1984—1989），很了不起！

科幻邮差：这就是一个长者对年轻人的关爱。

吴显奎：对，不过当时他的年纪也不算大，主要是他那一代知识分子对年轻人的培养可以说倾尽心力，不仅是传道授业解惑，同时还有一种科学精神、科学思想的传承，一种家国情怀的传承。或许是因为他们肩负着为国家培养人才的使命，所以养成了一种自觉的行为，非常难得！你看我们现在说的这些老科学家、老教师，确实令人肃然起敬。

科幻邮差：一位如此有成就的知识分子对年轻人的提携和爱护，最后真的影响了吴老师一生的志向和对职业的选择，确实难得。吴老师，请问您当时选择气象专业是出于什么考虑，是想从内蒙古大草原走进四川盆地吗？（笑）

吴显奎：我当时选气象专业实际上并没有想太多，因为那时候我已经高中毕业回乡劳动了。由于我在读高中时就加入了中国共产党，是学生党员，受到党组织重视，所以回乡半年，我就当上了小队党支部书记。干农活干了两年，当时我就想读书深造。

说起来就很复杂，当时我所在的莫力达瓦达斡尔族自治旗还归黑龙江省管辖，1979年7月行政区划调整，重新划给内蒙古自治区。我就是想能够考出去，能够出

1983 年第 1 期《科学文艺》发表了吴显奎的传记文学《晨星，在最黑暗的时候升起》。

1991 年 5 月，参加世界科幻协会年会的嘉宾前往四川卧龙采风，吴显奎（右一）同与会嘉宾在篝火前跳起了锅庄。

去读书就是我的追求。在院校选择上，我只想读理工科。我记得我们中学当时有一张全国地图，我看成都和我们所在的大兴安岭之间的直线距离是最远的，我就说我要到那儿去，于是就报了成都气象学院。

我到了这个学校以后，主要受王梓坤的影响，再加上接触《科学文艺》，所以后来写科学文艺作品，一直没有停过。

我的第一篇科幻小说《美丽的哀牢山》，在公开发表之前，就先在《成都气象学院报》上刊出了，反响很好。接着，1983年1月，我在《科学文艺》上发表了写科学家的中篇传记文学《晨星，在最黑暗的时候升起》。这篇作品是基于英国医生威廉·哈维发现血液循环的真实事件改编的一个故事，历史上确实有哈维这个大医学家。作品的主题是科学战胜迷信，也侧重写人，写人的命运和情感，写内心的复杂活动和广阔的历史空间，对科学家的发现给予了很高的评价。1983年《科学文艺》的发行量还挺大，我记得当时是二十二万册。这篇传记小说得到读者追捧，我收到许多来信，后来这篇作品还被云南《奥秘》改编成了连环画。

从那以后，我就陆续开始写科学家传记文学、报告文学和科幻小说。

《汉语成语小词典》全部背完

科幻邮差：从吴老师的讲述中，能深切感受到您对科学的崇敬。可能您体内一直潜藏着这样的基因，所以在碰到王梓坤先生之后，这方面的激情迅速被点燃，科学的种子开始迅速成长。科学文艺由科学和文艺组成，现在我们知道了吴老师的科学启蒙，那您的文学素养又是如何培养起来的？早年那个阶段您喜欢什么样的文学作品？

吴显奎：这主要得益于我在大兴安岭的那段生活经历。很少有人去过大兴安岭，那儿非常寒冷，冬天很漫长，无霜期只有一百天，其他时候全是有霜的。在我小时候，全球气温低，天气特别冷，经常零下40℃，整个冬天很漫长，很多时间只能待在屋里。那个时候很难找到书，但为什么我能看到书呢？

因为在我们那个偏僻的小山村里竟然有两个有学问的人，一个来自北京大学，一个来自内蒙古大学，我没啥事就去他们那儿，他们的老婆、孩子都没跟在身边，而我当时很小，他们就把我当成自己的小孩了。

其中一个人，我叫他王大伯，他有很多书，当时主要是苏联作家写的一些书，比如我们过去没听说过的《静静的顿河》《钢铁是怎样炼成的》，还有高尔基的人生三部曲（《童年》《在人间》《我的大学》）等，在他那儿都能看到。另一个是我们当地的清代秀才，这个老先生很有学问，他有很多古书，我现在能认识繁体字，就是在他家中边猜边读认识的，他那会儿有《大八义》《小八义》《三侠五义》《十把穿金扇》这些小说，是水印的毛边纸。当时看小说就是因为好看，因为有精神需求，所以读了很多，积累了些文学素养。

后来，山区里又来了一批北京和浙江的知识青年，这些知识青年带来了《苦菜花》《野火春风斗古城》这些现代小说，以及《青春之歌》等一大批"文化大革命"前出版的文学书籍，还有一箱子小人书（连环画）。那时我们不学数理化，所以读了这些书很高兴，也很好玩儿。等我上初中的时候没书读了，特别上高中后，书更少了，只有课本，其他都没有。但高中有两本字典对我很重要，一本是辽宁人民出版社出的《学生字典》，当时我就把字典里的三千多个汉字都学会了；另一本是商务印书馆出的《汉语成语小词典》，当时有两千三百个词条，我就把这本小词典全背完了。当时没有书读，就只能那样。

我在读初中和高中时很拔尖，我是我们那个旗唯一一名在中学入党的学生，那是1976年。我们那个地方是很尊重知识的。那时候有一点汉语言文学的底子，完全得益于初高中时候读的大量文学作品。

到了1982年5月，我觉得自己既然选择了走科学文艺这条路，但学的是理科，欠缺的是文科，所以我就报考了中央电大（中央广播电视大学，2012年更名为国家开放大学）语文专业。既然想把科学和文艺结合起来，根底必须扎实一些。现在看来我当时报考中央电大语文专业非常正确：我1982年以前的作品和1985年中央电大毕业之后写的作品完全是两回事，科幻创作确实要有文学功底。

中央电大八二级学员非常幸运。1982年中央电大首次开设汉语言文学专业，这个专业汇聚了当代中国汉语言文学的高手，汇集了中国汉语言文学顶级专家教授。比如，古汉语由王力先生授课；古代文学由赵齐平老师主讲；袁行霈主讲元曲——2016年，袁先生担任中央文史研究馆的馆长，当时我是四川省文史研究馆的党组书记、副馆长，我见到袁先生，毕恭毕敬地向袁先生敬礼，我告诉他，我真是他的学生。此外，还有季羡林老师等给我们开专题讲座。

科幻邮差：啊，真是让人羡慕的教师组合！你们是集中授课吗？

吴显奎：中央电大很快要求各省（市）成立广播电视大学。四川电大（现四川开放大学）成立后，在成都气象学院设立了语文班，全班有来自省直机关的30名学生。我们是通过全国统考被录取到中央电大的，每天都是集中授课，当时我还"半脱产"，所以我主要的汉语言文学功底都是那时候积累的。那时每次考试都是全国考试，我读了三年，六次全国统考，再加一次入学考试，等于是参加了七次全国大考。后来，我读研究生就不怕考试了。当然我分数也很高，至少在成都，一直排在前十名。这么说吧，当时让我们背几百篇中国古典诗词和范文，我全部背完，学得非常认真，下了大功夫。

我们班的同学都有"学习饥渴症"，每人都如饥似渴地读书。我请谭楷老师辅导我们班同学写作，谭楷老师有感于我们的努力，写了篇报告文学《希望之旗》，后来在《四川电大》杂志上发表了。

读中央电大汉语言文学专业使我有了极大的提高，练就了一身硬功夫。毕业前后，我写了两篇作品，一篇是《勇士号冲向台风》，另外一篇就是报告文学《两弹元勋的秘密历程》。

在激情燃烧的岁月获得首届中国科幻银河奖

科幻邮差：终于知道文采飞扬、口若悬河的吴老师是怎样练就这一身真功夫的了！进入20世纪80年代，吴老师陆续创作了一批优秀的科幻小说，最为大家所称道的就是您刚刚提到的《勇士号冲向台风》，这也是首届中国科幻银河奖的甲等奖作品，非常令人惊喜。请您跟我们分享一下其中的故事吧。

吴显奎：好的。我是1983年以后开始写科幻小说的，第一篇比较有影响力的是《美丽的哀牢山》，这篇小说契合了我的专业。

我那时已经从成都气象学院毕业，而且留校工作，有时间创作。我留校做辅导员，和学生在一起，那是一段激情燃烧的岁月！《美丽的哀牢山》主要还是写人工影响天气，写一对青年男女在哀牢山山顶气象站一同研究西风带大气环流，写科研和爱情的故事。我那时也处于恋爱阶段，于是把自己的那种感受也写了进去，所以很受欢迎。

等到1984年的时候，《科学文艺》有一次在天津开笔会，之后又在都江堰开过一

科幻小说"银河奖"发奖大会在蓉举行

我省六名作者获奖，其中我市占了五名，他们是刘兴诗、王晓达、吴显奎、曹建、席文举

本报讯 记者林树仁报道：中国科幻小说"银河奖"发奖大会，今日在成都举行。中国科普创作协会理事长温济泽、中国作家协会书记处常务书记鲍昌等出席大会。

这次科学文艺征文活动，共收到应征稿件一千多篇，由英籍著名女作家韩素音女士担任名誉顾问的评委会经过认真评选，共评出获奖作品二十三篇，在我省获奖的六位作者中，刘兴诗、王晓达、吴显奎、曹建、席文举五人为我市作者。

省有关领导同志到会向获奖作者祝贺，并和其他同志一起，向获奖作者颁发了奖金和获奖证书。征文主办单位《科学文艺》和《智慧树》杂志编辑部负责同志在会上介绍了这次征文活动的情况。

又讯 中国科普创作协会科学文艺委员会年会，今日同时在成都召开，鲍昌等同志将在会上作专题讲座。

鲍昌拜望老作家艾芜

本报讯 记者吴红报道：中国作家书记处常务书记鲍昌于昨日上午，专程前往本市红星街省文联宿舍新楼，看望著名老作家艾芜。

鲍昌是来成都参加中国科幻小说征文发奖大会的。他十一日晚抵蓉，十四日上午就去看艾芜。他握着老作家艾芜的手亲切地说："艾老，我代表中国作协专程前来看望您！"陪同前往的四川作协分会副主席陈之光介绍艾老近年仍在辛勤创作。

鲍昌说："在我国，八十以上高龄还在继续创作的作家不多。四川是出作家的大省，希望一批一批地出作家。"

报道了首届中国科幻银河奖消息的这张《成都晚报》，吴显奎珍藏了三十余年。

次。这两次笔会之间，我都在构思设计写有关人工影响天气的科幻小说《勇士号冲向台风》。

那时中国还没有气象卫星，我国租用美国的泰罗斯卫星来跟踪台风。那时四川对台风不那么敏感，对台风的关注也不多，以此为题材创作的作品少之又少。我想通过这篇小说把台风的来龙去脉讲明白，同时传递出人类认识自然、探索自然、尊重自然的一些信息；特别是想发出警告，人类活动、石化能源的过度使用会对大气环流产生破坏从而导致灾害性天气的发生。

写这篇小说前，我做了较长时间准备，真正动笔时则一气呵成，完成后又放了一个多月，改了又改，称得上字斟句酌。再加上我读了中央电大语文班，也知道在什么地方发力，不像在20世纪80年代初时那么急于发表，急于出名。那时出名的愿望很迫切——想给自己找点儿成名的感觉，想着作品发表后，送给周围同学显摆一下，其实很幼稚！到了1985年，我二十八岁，那时就真的冷静下来了，一是看到高手在旁，二是想拿出一个重头戏，就是要写出精品，所以这篇小说发表以后反响很好。

1986 年 5 月 15 日，出席首届中国科幻银河奖颁奖典礼的部分嘉宾，前排右起依次为：原中国科普作家协会理事长温济泽、科幻作家童恩正、原中国作家协会书记处书记鲍昌、原四川省科协主席周玉振。

　　首届中国科幻银河奖颁奖典礼安排在 1986 年 5 月 15 号。因为那时《科学文艺》缺人手，所以我也去帮忙。5 月 14 日，我被会务组安排去接《人民文学》杂志社副主编王扶，得没得奖我都不知道，从机场回来，评委们还在四川省科协的会议中心进行紧张地评比。我把王扶老师送到省科协招待所住下，返回省科协机关大院时，看到好几位重量级的大咖从科协办公楼走出来，童恩正和王晓达走在一侧。晓达神秘地告诉我："你得奖了。你写的《勇士号冲向台风》排在甲等奖第一名。是温（温济泽）老和鲍昌提名，最后评委会确定的……"

　　2019 年 3 月，我和北京未来新影集团签订了筹拍科幻大片《勇士号冲向台风》的版权合约。2019 年 6 月 15 日，在第 22 届上海国际电影节新闻发布会上，未来新影集团正式发布拍摄科幻大片《勇士号冲向台风》的消息。同年 10 月，这家公司获得了国家电影局批准同意筹拍。后来由于新冠疫情的原因，电影刚拍到一半就停了……当然这都是后话了，咱们说回从前吧。（笑）

　　得知获奖消息当天还听说，温老对《勇士号冲向台风》十分欣赏，他表示要推荐给文学评论家冯牧，请冯牧写一篇评论。温老说，这篇作品确实是体现了科学和文艺的完美结合。鲍昌书记也说，这篇小说实现了科学和幻想的有机结合，真正插上了幻想的翅膀。当时听到这些，我很激动，也很感动！

　　当晚八点半，《科学文艺》一位年纪很大的名叫李理的老师通知我，说鲍昌书记要见我。

吴显奎科学文艺作品精选集《勇士号冲向台风》（四川文艺出版社 2014 年
5 月第一版）书封及目录。

鲍昌是一位令人尊敬的好作家、好领导

吴显奎：鲍昌当时是中国作家协会书记处常务书记，我在中央电大读书时就知道
他。鲍昌当时有几部作品非常有影响力，其中一部长篇小说叫《庚子风云》，还有写
义和团的中短篇小说集《动人的沉思》。鲍昌是东北人，辽宁省凤城县（现凤城市）人，
日本侵占东北后他随父亲到天津、北京，对天津、北京比较熟悉，所以他专门写义和
团。

那天晚上，我在四川省科协招待所二楼见到鲍昌书记。我记得他住的房间里有两
个帆布沙发，他和我聊了半个小时，问了我过去的生活，我也讲了对他写的《盲流》
的认识，他也很激动，因为我对他的作品很了解。

临走的时候，我请鲍昌书记帮我题词，当时我带了一个很小的硬壳笔记本，他就拿了一支蓝色软笔写了一句话："插上幻想的翅膀，扬起科学的风帆，在理想的天空奋力翱翔！"

鲍昌书记把我送到楼梯口，对我说："你的作品达到了相当的水准，你可以加入中国作家协会，你回去就写申请，我做介绍人。"我当时非常兴奋，紧紧地同他握手。随后，我就同我的同学，也是《中国青年报》记者孟勇深入核工业部九院采访邓稼先院长，没再接着去找鲍昌老师。那时候是有点傻，应该接着找他。鲍昌实在是一位非常好的作家，还同时是一位好领导。

记得他当时的脸色很不好，青青的。他工作和创作都特别卖力辛苦，因为他是搞鲁迅研究的。他研究鲁迅，做了上万张文献资料卡，手抄资料一百万字。一万张卡片是什么概念？那是非常惊人的。听温济泽理事长说，鲍昌住房不大，墙上定了很多格子，摆的全是卡片，甚至连座椅下也全是卡片，并且分好类，所以他非常了不起。可他 1989 年就去世了，才五十九岁，是累死的。太可惜了！

1986 年 5 月 15 日晚，原中国作家协会书记处书记鲍昌（右）约见吴显奎。

温济泽说："显奎这人哪，是讲究审美的！"

吴显奎：我再说说温老——温济泽先生。后来我跟温老建立了很长期的联系，直到温老 1999 年去世。首届中国科幻银河奖颁奖典礼期间，我俩合影后，温老对我说："显奎，我看中你的理想主义精神，看中你的激情，看中你用小说反映的人性美、人情美、自然美。"

当时我写台风，确实把台风写得非常美。台风登陆的破坏性很大，但功劳也不小，它能给人类送来淡水资源，缓解水荒。一场直径不大的台风，登陆时能携带三十亿吨水，所以台风确实能造福人类，如果没有台风，整个太平洋上空的水进不来。温老说我写台风、写大自然，写自然的美，写人世间的人情美、人性的美，一句话，就是美！他说："显奎这人哪，是讲究审美的！"这是温老对我的评价。

后来我就在生活中观察，人确实可以分为两种：一种人在主体以上是审美，他首先看到人的优点；另一种人审丑，他首先抓到人的毛病，审丑的人一般语言也犀利，表扬人少，批评人多。所以审美和审丑不一样。后来我发现，审美的人一般长寿，审丑的人短寿。我们要尽量多做审美的人。

1986 年 5 月 15 日，时任中国科普作家协会理事长温济泽（右）与吴显奎在首届银河奖颁奖会场外合影。

温济泽先生了不起，他1930年在复旦大学读书，是复旦大学共青团的组织者、领导人。1932年时因反对国民党反动派被抓起来，在国民党监狱关了5年。他于1937年出狱，是在国共合作时被救出来的，到延安担任延安新华广播电台编辑部主任，是新中国新闻事业的奠基人之一。后来，他还曾出任中央人民广播电台首位副总编辑。他也是新中国最早写科普作品、出版科普图书的作家之一，他还编了一套《自然课本》，是当时陕北延安地区小学生的读本。温老很了不起！后来，他担任中国科学院研究生院院长、中国科普作家协会的理事长，去世前是中国科普作家协会的荣誉理事长，一生与科普结缘。

自从首届中国科幻银河奖颁奖典礼之后，我跟温老有多次接触。他为人非常严谨，而且讲原则，同时又充满了大爱之心，对国家、对党的事业、对党的新闻事业充满了感情，特别是对年轻人抱有厚爱，见到我的时候，他开口就说"冲向台风"，若干年后还记得这句"冲向台风"。温老于1999年4月16日去世，葬在八宝山。我当时在国外，没能出席他的葬礼，至今仍觉非常遗憾。

这次获奖对我来讲很重要

科幻邮差：这么多年，吴老师用自己的行动一次又一次告慰这些老人，他们的眼光没错。（笑）吴老师还记得首届中国科幻银河奖颁奖是在一个什么场景下，跟您同台领奖的都有哪些人吗？

吴显奎：我记得颁奖典礼是在四川省科协二楼第二会议室举行的。会议室有四百多平方米，还是很大的。那时候不像现在有很多高档酒店，当时省科协建得不错，餐厅可以容纳一千二百人吃饭。

科幻邮差：真是大啊！那时候四川省科协的位置是在哪儿？

吴显奎：就是现在成都的人民南路四段十一号。省科协办公楼规划得非常好，这栋大楼在人民南路是标志性建筑，有大礼堂、小礼堂、多功能会议厅、停车场，非常漂亮、气派。当时四川省科协机关和省科委部分事业单位都在这栋大楼里办公,《科学文艺》编辑部设在十楼。可惜后来省科协把广场全部盖了房子,把礼堂也卖了。那时候科幻世界杂志社有个老师叫向际纯,他设计了中国科幻银河奖的徽章,寓意非常好,但后来好像没怎么用这个徽章了。2023 年 3 月 25 日,在雅安荥经举行的第 33届银河奖(2007 年,"中国科幻银河奖"正式更名为"银河奖")颁奖典礼上,有位记者问银河奖的寓意,当时许多人答不出来,我向记者介绍说:"礼赞银河,荟萃群

吴显奎获得首届中国科幻银河奖甲等奖的奖状。

首届中国科幻银河奖颁奖典礼,吴显奎代表获奖作者发言。台上前排嘉宾右起依次为:吴显奎、鲍昌、周玉振、李力众。后排左一为周孟璞。

星。"第 33 届银河奖颁奖典礼期间，科幻世界杂志社社长刘成树和副总编辑拉兹等主办方决策者确定了一个新的创意，就是把银河科幻标志碑放置在四川雅安牛背山上。这是能够传之久远而有相当新闻性的标志性创意。

在第 33 届银河奖颁奖典礼上，插播了一条同步视频连线：在海拔高度 3666 米的牛背山山顶，一座名为"银河之星"的永久标志碑在巍峨的群山注目下，缓缓揭幕。"银河之星"基座上镶刻着历届银河奖各类奖项获得者代表的名字，基座顶端是等比放大的银河奖奖杯，以"科幻小说"英文 Since Ficion 简写"SF"为创意底色，抽象出燃烧的火炬，寓意着人类探索的力量，中国科幻的力量。在牛背山之巅，银河之下，科幻世界，群星闪耀，更让人产生无限遐思，生出"天高可问，星云可攀"的坚定自信。我作为首届（1986）中国科幻银河奖得主，在第 33 届（2023）银河奖颁奖典礼上，媒体记者就银河奖标志碑采访我，当时我说："礼赞中国科幻最高奖——'银河之星'标志碑，簇拥着科幻与探索的美感，它矗立在海拔三千六百六十六米高的牛背山上。在这里，抬头可在三百六十度视野内看见七十座山峰，包括蜀山之王贡嘎山、中国四大名山之一的峨眉山、红军长征时翻越的夹金山。每当夜晚，天宇高洁，微云欲散，银河系星光璀璨，猎户座星云、三叶星云、飞鹰星云扑面而来……这儿离银河系较近，科幻迷可在这里与星空对话，银河奖获得者可用'问天'的目光，去书写新的光荣和梦想。'银河之星'标志碑——这是中国科幻发展的里程碑！创意极妙！"

又说远了……还记得首届颁奖礼上，主要领导李力众、周玉振，还有周孟璞、童恩正、松鹰、流沙河等，当时有影响的人物都在主席台上就座，我、刘兴诗、吴岩、魏雅华、王晓达、席文举、曹建等一批获奖者坐在下边第一排。因为我是甲等奖第一名，当时杨潇老师就让我做代表发言。我非常激动，后来我看照片，发现自己连衣服的第二颗扣子都没扣。记得那次，吴岩作为天津《智慧树》方面甲等奖代表也做了发言。

我的获奖感言主要是三重感谢：第一感谢这个时代，科学和文艺的结合，科学的春天，艺术的春天；第二感谢前辈们的扶持，温老、鲍昌、童恩正；第三就是感谢《科学文艺》杂志社扶持作者，通过两次笔会，我们年轻作者的水平都得到很大提高。

科幻邮差：这次获奖对您产生了什么影响？

吴显奎：这次获奖对我来讲很重要，实际上确定了我后来整个生活的走向，就是我这辈子和科学文艺肯定是分不开了，最大的影响就是我后来成了四川省科普创作的主要组织者之一。

因为获得中国科幻银河奖甲等第一名，我也受到童恩正老师的重视，他向周孟璞（四川省科普作家协会）理事长推荐我担任秘书长，周老很快同意并过会批准。因为在这之前，我就已经是四川省科普作家协会的兼职秘书了。那是1983年冬天的一个雨夜，当时，四川省科普作家协会专职秘书钱玉趾到我家中，告诉我，周孟璞理事长提名我做协会兼职秘书。钱玉趾告诉我说："我要离开《科学文艺》编辑部了。《科学文艺》是四川省科普创作协会（后更名四川省科普作家协会）主办的刊物，是主办单位。我把协会的公章、钢印和四川省革命委员会批准创办《科学文艺》的批文都交给你。今后，涉及《科学文艺》上报材料盖章的工作，就由你来办。"于是，我就稀里糊涂地成了四川省科普创作协会的秘书了。当时，我在成都气象学院无线电系做大学生辅导员，工作时间很宽松，所以我也乐于做协会的工作。

随便多说一句，成都气象学院是部委主管的院校，主管部委是国家气象局。国家气象局长期重视科普工作，首任局长叫涂长望，是九三学社创始人之一，担任过九三学社总干事，他也是中国科协的创会人之一。1984年我曾经写过他的传记小说《涂长望之死》，发表在《科学文艺》上。由于国家气象局重视科普工作，所以我在成都气象学院搞科普，一直比较顺利。我在兼任协会秘书长期间，还兼任了《课堂内外》杂志小学版和高中版的主编。由于编刊需要，我在1993年和1998年，通过四川省科协向四川省高评委（高级职称评审委员会）上报了我的副编审和编审职称的申报材料，四川省高评委分别批准了我的申报，我先后取得了副高和正高职称。成都气象学院两次都在院内聘任了我。院外评职称，院内聘任，在四川省我是首位，目前也是唯一的一位，说明成都气象学院学术环境的宽松，这和国家气象局有重视科普的优良传统相关。

我从1986年开始做四川省科普作家协会秘书长。我这个秘书长不是挂名的那种，是真干活儿的，我一口气干了二十年，从1986年干到2006年。这期间我先后牵头策划、组织了四次四川省优秀科普作品评奖和上百场包括创作座谈会在内的各类活动。四川省科普作家协会作为四川省科协所属的社会组织，是最有影响力的一个团体。四川省科普作家团队成为全国最优秀的团队，产生了一大批优秀的科普作家，直到今天这支队伍仍然全国领先。所以首届中国科幻银河奖获奖让我这辈子和科普创作结了缘。

获得首届中国科幻银河奖，对我还有一个很大的影响，就是 1994 年我获得第 3 届四川省青年科技奖。这个奖项含金量很高，是四川省科技界奖励年轻科技工作者的最高奖，由中共四川省委组织部、四川省科委、四川省科协三家联合主办，一批四川优秀青年科学家受到此奖鼓励，迄今已成功举办十五届。其中以科技传播作为业绩而获奖的人，我是唯一一位。这与我获得首届中国科幻银河奖关系密切。

您们对稼先的理解是很深刻的

科幻邮差：20 世纪 80 年代中期吴老师有两篇比较重要的作品，一篇是《勇士号冲向台风》，另外一篇是报告文学《两弹元勋的秘密历程》，能给我们讲讲这篇作品背后的故事吗？

吴显奎：应该说邓稼先这篇报告文学在我的创作中是非常重要的，重要在哪儿呢？这篇报告文学率先披露了中国原子弹和氢弹的研制过程，这是国家机密，它最开始是一篇长篇通讯，发表于 1986 年 7 月 28 日的《中国青年报》，是我和一位叫孟勇的同学合写的。在这之前，我俩深入核九院，住在梓潼县大山里，深度采访多位与邓稼先院长共事的核物理学家，然后又到北京采访了好几位核物理学家。

那时候，我的电大同学孟勇是《中国青年报》的记者，当时他的任务是写科学家的故事。而我那时作为中国科幻银河奖获得者，受到了关注，再加上我之前写过很多科学家的报告文学都比较有影响，特别是关于海王星发现者法国科学家勒威耶的《黑海风暴》、英国科学家菲茨罗伊的《一个伤心的童话》。因此我有幸参加了这个采访任务，由孟勇带队，跟孟勇一同去采写。由于涉及国家机密，这次采访是由国防部特批的。

1986 年 8 月 2 日，孟勇和我在《中国青年报》上发表长篇通讯《点燃神奇之火的先驱者》。之后，我就在那个基础上，牵头同孟勇一起着手写报告文学。这篇报告文学《两弹元勋的秘密历程》是在 1986 年 12 月的《萌芽》杂志上发表的，发表后引起了轰动。当时《萌芽》杂志出版前，在《光明日报》上打了个要目广告，所以杂志一出来就被抢购一空，影响非常大。大到什么程度呢？中央军委专门给《萌芽》杂

吴显奎代表作品之一报告文学《两弹元勋的秘密历程》。（左图）

1987年5月3日，邓稼先夫人许鹿希写给吴显奎的感谢信。（右图）

志打电话表示感谢，然后徐向前、聂荣臻两位元帅的办公室给《红旗》杂志打电话，让《红旗》杂志发表评论。《红旗》杂志于1987年第7期刊发书评《他的丰碑耸立太空——评报告文学〈两弹元勋的秘密历程〉》。

这之后，当时国内有一个很重要的刊物叫《作品与争鸣》，该杂志把这篇作品作为头版头条推荐发表，还刊登了一篇分量很重的评论。后来这篇报告文学获得了第三届上海《萌芽》文学奖、第二届四川省文学奖、成都市首届金芙蓉文学奖，所以这也是我获奖最多的一篇报告文学。

那时正在评选第二届全国优秀报告文学奖，全国获得提名的有二十九篇，《两弹元勋的秘密历程》也获得了提名，但最后没有正式得奖。后来《萌芽》杂志有一位叫稽伟的女编辑打抱不平，她说完全不公平，不能因为作者不在北京，没有"关系"，你们就不评，关键要看作品。此外，还有一个因素，那时，对于发展核武器，社会上还有一种不正确的认识，认为和平发展了，还发展核武器干什么？现在看来，这种认知是多么可怕！

2006年7月，邓稼先逝世三十周年前夕，我在网络媒体上公布了邓稼先夫人许鹿希教授在三十年前写给我的一封信。她在信中深切地写道："您们对稼先和同他一起干核武器工作的同志们的理解是很深刻的。他们之所以奉献自身的一切，只是为了一个强大的中国和安宁的世界啊！"这番话情深意切，十分深刻，至今读来仍然令人动容。许教授是一位病理学家，是原全国人大常委会副委员长、九三学社创始人之一许德珩的女儿。

后来有人以《两弹元勋的秘密历程》为脚本改编了一部电视剧，叫《西部痕迹》，反响也不错。虽然后来宣传"两弹一星"的作品不少，但这篇报告文学在当时及后来都是国内最有影响的。当然，这也和科学与文艺的结合不无关系。为什么许鹿希教授对这篇报告文学这么满意呢？就是因为这篇作品既有国家战略和国际政治视野，又有人文精神、人文情怀，还有相当的科技知识、军事知识，以及非常美的文学语言描述，不是干巴巴的数字，所以这篇报告文学应该是科学和文艺结合的一个范本。

我再说一下传记小说《涂长望之死》。涂长望是中央军委气象局（现中国气象局）第一任局长，也是中华人民共和国的首任气象局局长。中国气象事业走到今天，他有首功。他是一位杰出的领导者，是中国近代长期天气预报的开拓者。但是到现在为止，很多气象专业的大学生都不太知道涂长望其人。我认为人是一种面向未来的动物，应该面向未来，但确实也不要忘记过去，传承很重要。

涂长望1930年留学英国，在伦敦大学攻读气象学，是英国皇家学会会员。1952年他就提出全球气候变暖的判断，非常有先见之明。可惜他因患脑瘤，英年早逝，只活到五十六岁。涂长望是中国近代气象科学的奠基人啊，也是他把一大批在国外的气象学家，包括担任过中国科学院院长的叶笃正，一一请回来的。他奠定了中国气象事业的基础。

我写的《涂长望之死》于1985年发表，也是科学和文艺结合的传记文学，发表以后在气象界引起很大反响。

科学、文艺、想象力的结合就是我的追求

科幻邮差：感觉您是通过创作科学家传记来提升自己对科学的认知，践行着在王梓坤先生那里得到的点拨，同时又将早年在中央电大培养起来的文学素养融入其中。

那么在创作中将科学和文艺有机结合的时候，您如何处理科学与文艺的关系呢？

吴显奎：我觉得科学知识、科学思想和科学精神需要借助文学的力量来传播。言而无文，行之不远。优美的文字和超凡的想象力十分重要，要把中国的语言之美展示得淋漓尽致，要有追求，追求语言的形象美、形式美、修辞美、音律美。

对我来说，有一个作家对我影响很大，就是原吉林省作家协会主席鄂华。鄂华写了多篇报告文学和传记文学，其中比较有影响的作品是《在黛色的波涛下》，还有在20世纪60年代写的七篇传记小说，例如写伽利略的《阿尔切特里的林中小屋》，写培根的《虹》等。在这些作品中，鄂华是把科学知识全部掰碎，把科学思想、科学理念全部融在故事里，写出了境界，写出了科学家追求真理的精神。他的叙事角度非常独特，语言非常美。他写西方科学家的时候都采用欧式的句子，修饰语特别多，非常准确，而且非常美丽。

所以文学语言要给人以美感，我觉得在这个过程中作者也会受到熏陶，这种美感就是作者个人的追求。所以汉语言文学的功底很重要，鄂华的功底就非常深厚，他对汉语言的使用可以说是运用自如，炉火纯青。

从《诗经》到当代文学作品，不管是口头文学还是文字作品，中国汉语言有几千年的发展历程，这个传承是能够实现厚积薄发的。但这里面需要有大量的背功，现在有些年轻人不背东西，这确实是一大失误，一说背诵好像就是死记硬背，其实不是这样，先有背功才有基础。你看我背了《汉语成语小词典》，并非需要时才调出成语，而是在此情此景下成语就会自然涌出。我在很多地方演讲时，诗歌、词曲不自觉地就蹦出来了，只有这样才能最准确地表达。现在看小说的读者越来越不读大部头的著作，文学碎片化、快餐化了，只能说很遗憾。我个人的体验是，汉语言真是博大精深、细致入微。可以说，在汉语里，就没有表达不准确的词语。换句话说，人类最细腻的情感、最需要量化的事物都会有对应的汉语表达。

话又说回来，《科学文艺》也好，更名后的《科幻世界》也好，它所发表的科幻小说，最需要的是想象力。未来确实给我们展现了广阔的想象空间。"人类正在加速文明化"，这是我自己概括的。

考古发现人类在距今九千年以前才会养猪，才会驯狗，九千年的历史相对于地球四十六亿年的历史来说确实不过眨眼间。西方文艺复兴距今五百年，文明在加速。自从哥白尼的《天体运行论》发表，蒸汽机出现以后，人类进入了蒸汽动力时代，然后又经过一百年左右的时间，进入电力时代。而现在，只用了三十年就进入了信息时代。

　　社会确实在加速发展，这就是所谓的加速文明化。现在人类的挑战恐怕是怎么样面向未来，面向什么样的未来，所以会涌现出一大批像刘慈欣、王晋康、韩松、何夕这样的科幻作家。科幻小说就是面向未来的文学类型，而且对我们来说，严峻的挑战是未来有相当多的不确定性，这种不确定性还表现在我们对已知世界的认知、新技术对社会进步的重大影响、人类文明加速发展有可能带来严重的不利于人类繁衍的后果，以及我们人类用已有的宏观视角和知识能力无法正确地把握未来的可能性。

那些不平凡的岁月

科幻创作的两个流派

科幻邮差：吴老师，咱们回到科幻创作上面来。20 世纪 80 年代初，科幻创作渐渐出现了两个流派，一个叫"重科学派"，一个叫"重文学派"，吴老师怎么看待这样一种划分？

吴显奎：因为受王梓坤这些科学家的影响，我还是主张科幻小说一定要在已知科学认知基础上展开想象力，提倡在对自然规律的认识基础上写科幻。南方科技大学人类想象力研究中心主任吴岩教授早在几年前就提出"研究人类想象力"，我在他的认识基础上概括出："科幻是想象力的具体呈现。想象力就是生产力，发展培育想象力，就是发展培育生

1989 年，吴显奎（中）参加第二届中国科幻银河奖创作采风。

产力。"许多媒体人都很认同。因为我们中华文明是从农业生产中生发出来的，不像西方文明是通过海上贸易发展自己的文明，我们是农耕文明，农耕文明讲的是春种秋收，讲的是一分耕耘一分收获，所以就特别平实，讲究学以致用。古老中国更推崇务实的精神，然而在社会加速发展的当下，我们要强调想象力，面向未来，学习先进知识，补充我们治学短板，追求"学而致知"，追求"无用之美"。在已知的科学认知基础上，建构想象力；在传播科学原理中，探索未知——这就是我的追求。

我非常欣赏刘慈欣的写法，在深厚的已知的自然科学知识基础上，构建广阔的想象空间，实现科学和文艺的结合。当年（20世纪80年代）也有一些科幻作家，把理念揉在作品里面，不注重和依靠已知科技知识，就是所谓"软科幻"，注重文艺范儿，偏离了科幻创作本身，受到了批评。

记得1983年某期的《光明日报》发过一篇时评，对当时科幻小说中一些创作倾向提出批评，但官方并没有扣一顶帽子给科幻小说。我当时感觉压力不大。

那一年，我写了两篇科幻小说：《美丽的哀牢山》和《诺科星人撤离地球》。随着全国思想解放运动的深入，社会主义商品经济时代的到来，社会职业呈现选择多样性，人们明显感觉到文学创作开始衰落了。所以一批写科幻的人也逐渐放弃了创作，主要还是因为社会发展潮流改变了。

20世纪70年代末，在科学的春天到来时，全国有科普类杂志一百一十多种，到了1985年只剩下二十几种，将近九十种关掉了，一是因为管理体制变化，二是全社会出版业繁荣发展，期刊开始接受市场挑战了。

科幻邮差：是主动关的，还是被动关的？

吴显奎：多数杂志都是主动关的，订阅量很少，没有办法。随着出版业全面恢复，质量高的图书和与时代审美观同步的时尚杂志蜂拥而出，挤压了科普、科幻类杂志的市场，所以被市场淘汰。停刊的科普期刊没有几个是因为发表科幻小说，而是因为自己不行了，这也是一个明证。

其实，当时整个文学界都在转向，伤痕文学没落了，朦胧诗人出现了。在整个国家转型时期，文学样式也随着经济社会的转型而转变了。有一些科幻作家也转向了，比如有科幻作家写了大部头的传记文学，影响更大了。

"科""文"之争

科幻邮差：实际上我们前面聊到"重科学"还是"重文艺"流派的时候，后面延伸出来的一个问题就是，在科幻界引起比较大争议的姓"科"姓"文"之争。"科""文"之争对科普作家和科幻作家有什么影响？

吴显奎：当时咱们四川有一位科普作家叫汪志，他就一直主张写"科学小说"，他反复强调，他说的科学小说不同于科幻小说，这和鲁迅当年引进定义的科学小说相左。他经常提到钱学森先生支持他。他认为，科学小说就是用小说的形式来普及科学知识。我当时在四川省科普作家协会给周老（周孟璞）当助手，我主张"百花齐放，百家争鸣"，核心问题是要有好作品，要被读者、受众喜欢才行。关键是赢得读者，要有好作品，要用作品来说话。《流浪地球》也好，《三体》也好，都是作品说话，而不是你的主张来说话。把科学知识写进小说里，就定义为科学小说，没有作品支撑，只能是一家之言，四川省科普作家协会从未对此发声。我认为这个姓"科"姓"文"的问题没有必要争论，非要争论就有点儿无病呻吟。当然，一定要我讲姓"科"还是姓"文"，我还是主张姓"科"。科幻小说要有科学想象力，还得是建构在科学认知基础上的想象力，用文学的笔法写科学，展示想象力的魅力，才是科幻魅力。这方面的榜样有五个人：儒勒·凡尔纳、H.G.威尔斯、阿瑟·克拉克、罗伯特·海因莱因和艾萨克·阿西莫夫，都值得我们认真学习。

关于这件事情（"科""文"之争），我问过温济泽老先生，他对此事极不满意。他主张关键是要写出优秀的科学文艺作品，你没有作品引起观众的注意、吸引读者的眼球，再怎么争论也没有必要，如果太多精力都用在这上面，是误入歧途。

科幻邮差：我们知道吴老师1980年就加入了四川省科普作家协会。有一种观点认为，成就中国科幻20世纪80年代那次高潮的正是科幻向主流文学的靠拢，就是向主流作家学习。这种观点似乎并不被科普界的人士所认可，他们认为当时的科幻作品偏离了既定的方向。吴老师怎么看待这个说法？

吴显奎：20世纪80年代的科幻创作，是有标杆的，那就是童恩正发表的《珊瑚岛上的死光》。后来我遇到童恩正的弟弟童恩文，他告诉我这篇作品实际上是在（20世纪）60年代就写好的，后来1978年在《人民文学》上发表，获得了首届全国优秀短篇小说奖。这篇作品是作为文学作品发表的，写的是科学家的故事，是科学与文艺的有机结合，也是里程碑式的科幻小说。我知道当时中国科普作家协会作为全国搞科普创作的最高社团组织，它也没有明确要偏"科"远离"文"，而仍然主张科学和文艺的有机结合。

1986年，温老曾经发表搞科普创作的六项主张，完整的内容记不清楚了，但其中谈到，作为科普作家、科幻作家，应该以宣传科学思想和科学精神为自己的使命；科普作品不仅要传播科学知识，还应该宣传科学思想、科学方法、科学道德和科学精神等等；作者要有一定的文学修养，像鲁迅主张的那样，把科学与文艺结合起来。

这是温老的态度，他是中国科普作家协会几届理事长，是中国科普创作的领军人物。所以我后来常常会想，应该如何对后来人给予正确引导。20世纪80年代，那时候全国开展真理标准大讨论，正是思想大解放的时候。

事实上，"科""文"之争作为一种文化现象，很快就过去了。

科幻邮差：也可能那个时候吴老师的创作重心是在科学家传记文学上，所以感觉不太明显？

吴显奎：我的创作重心的确是在科学家传记文学上，但是也多次尝试写科幻小说。那时我的很多作品都在《科学文艺》上发表。北京的几次科幻创作座谈会、研讨会我都参加了，北京的会、天津的会，我都有参加。实际上，北京有几位作家看法不一样，在一些研讨会上提出一些批评其实也是正常的，包括到今天，对成名的科幻作品也有一些人提出不一样的看法。

科幻邮差：当时针对这些批评的声音，以童恩正老师为首的十二位作家联名写了一封公开信表达疑惑和不满？

吴显奎：北京也就那么几个人提出不同的主张和批评，没有必要反应过激。但四川科幻作家写联名信，公开四川科普、科幻界的主张，展示了四川团队的团结和实力，是件好事。当时四川方面，还是在致力发现第二个、第三个、第四个童恩正。中国科幻创作蜚声海内外是在科学的春天到来之后，越来越多的期刊报纸刊登了大量的科幻小说。

进入20世纪80年代，国内期刊都在探索新的改革路子。1979年前后，出版物少，人们对知识的渴望使纸质媒体出现爆发式的增长，但人们很快开始转向新的审美，转向外国大片，特别是科幻片和动画片等等。这是由于整个社会审美发生变化所致，《科学文艺》在1980年的时候每期发二十余万册，到了1985年的时候就三万册不到，这种大起大落是什么原因？就是人们的审美发生了变化，人们对精神产品的需求发生了变化。科幻，不是有人在《光明日报》上发表了批评文章就给打压下去的。

科幻邮差：但是争议之后有一个比较明显的表现，就是刊登科幻小说的杂志少了，许多出版社都不再出版科幻小说了，是这样吗？

吴显奎：科幻小说的发表的确受到了一些影响。主要原因是一大批发表科幻小说的科普期刊办不下去，关门了，所以不能说这些杂志是因为科幻小说死的。当时的确有几个有影响力的科幻作家承受了一些压力，表示不再写科幻了，但后来还是又重新提起了笔写科幻。

我们四川是很宽松的

科幻邮差：2016年，周孟璞老先生在接受我们采访时表示说，他作为当时的四川省科普创作协会理事长，是坚决支持科幻小说的，这是当时整个四川科普界的态度吗？

吴显奎：当时周老是理事长，童恩正是副理事长，四川科普界有一个优良传统，那就是非常包容，听得进不同的声音，允许"百花齐放"。我觉得那时四川是很宽松的，如果四川不宽松，《科幻世界》能有今天吗？甚至它的前身《科学文艺》有一段时间把名字改为《奇谈》还获批，所以应该还是比较宽松的。

科幻邮差：在当时那个情况下，您觉得《科学文艺》得以生存下来有什么"独门绝技"？

吴显奎：我觉得还是《科学文艺》杂志主编，也就是领军者有追求，并且有一支有理想、有志向的编辑队伍。当时编辑部有杨潇、谭楷。杨潇是主编，后来成立杂志社，出任社长，她的坚守使《科学文艺》独树一帜。当时杨潇特有主意，她认为中国就是科学精神普及不够，科学思想普及不够，科学知识传递不够，尤其是想象力不足，所以她要坚守这个阵地。因此不管是什么管理体制，她这方面是没动摇过的，这一点和她父亲有关。

她父亲是杨超，在延安的时候研究哲学，被国民党关进监狱长达6年。杨超担任过四川省委书记，给周恩来总理当过政治秘书，是中共早期优秀的马克思主义理论家，在哲学上有建树。杨超书记支持《科学文艺》，他出席《科学文艺》座谈会并讲话，我在场。因此他影响了杨潇，使她有一种秉持，这种秉持使她能够坚守信仰，她不是为了赚钱，那时候《科学文艺》根本赚不到钱，所以杨潇是一代有理想的中国知识分子的杰出代表。

当然还有谭楷和阿来。谭楷有志气、有理想、有激情、有科学功底、有文学才华，他本可以成为优秀作家，能写出很多非常好的作品。但是他坚守科幻，应该说他培养了一大批作者，吴岩、韩松、王晋康、何夕、刘慈欣等名家能被发现，谭楷都功不可没。阿来是大作家，茅盾文学奖最年轻得主，他担任过《科幻世界》总编辑、科幻世界杂志社社长，前后干了十年，做出过重要贡献。阿来在每期《科幻世界》卷首上写文章，写得极漂亮。应该说，杨潇、谭楷、阿来、向际纯、莫树清包括李理这批人是有追求的，就是传播科学思想、科学精神、科学知识，启迪智慧，培育、呵护人类想象力，是有追求的。

正因为这个团队对信念的追求，使得更名后的《科幻世界》传了几代，一直坚守到今天。后来还承办了包括世界科幻协会年会在内的几次国际科幻大会，应该说中国科幻逐渐迎来了以刘慈欣、王晋康、韩松、何夕为代表的辉煌的新时期，《科幻世界》这种坚守是值得的。据不完全统计，《科幻世界》从创刊到现在，培养了三千多名科幻作家，对中国科幻居功甚伟。最后，必须提到的是姚海军，近十几年，中国科幻新一轮强劲崛起，姚海军献出了扛鼎之力。他牵头推出"中国科幻基石丛书"，开创了中国科幻新天地。当然，也包括杨枫老师，为中国科幻发展倾尽心力，贡献非常大！

科幻邮差：吴老师，您从《科学文艺》创刊那年开始，一直和《科幻世界》保持着密切联系。据说在《科幻世界》发展最困难的1985年，您还曾经帮助发行部到幼儿园卖过书，能讲讲这段故事吗？

吴显奎：1985年5月，《科学文艺》编辑部为了摆脱困境，成立了发行部，尝试自己编书卖书。这年"六一"前，他们正式出版了《幼儿识字卡片》。为了抓住儿童节机会，编辑部动员部分作者帮助卖书。当年我一口气卖了几百套！

这年12月初，《科学文艺》编辑部主编杨潇老师对我说："你之前卖《幼儿识图卡片》卖得很好，现在我们新编了一套幼儿图书，是家长读给幼儿听的《晚安故事365》（《春》《夏》《秋》《冬》一套四册）。《春》刚印出来，你到幼儿园卖一下吧？折扣率是30%，如果愿意，你跟小徐（《科学文艺》发行部负责人）对接一下就行。"杨潇老师还嘱咐我说："现在编辑部很困难，需要'以书养刊'。"于是我就领了这个任务。12月4日，我用自行车带了六十本《晚安故事365》系列第一本《春》，到四川省邮局机关幼儿园卖书。我在地下铺了一张报纸，摆满书就开卖了。那本书封面画得特别吸引小孩，家长不买，幼儿不走。当天我就卖了五十六本，收款72.8元。按照杨潇老师给我定的折扣率，我当天就赚了21.8元，相当于我半个月的工资。由此，我干劲冲天，当月卖了三千册。1986年上半年，我把四川省直机关幼儿园和成都市直机关幼儿园全部卖了个遍，接着，又跑企业幼儿园。1987年，我把《晚安故事365》一套《春》《夏》《秋》《冬》卖遍了全省。北起江油，南到峨眉山，全省我跑了一百二十多个幼儿园，先后卖了五年，售出二万七千多套（由于出版一本卖一本，基本没有成套卖，相当于我卖出去了10.8万千本）。每套书定价5.98元，码洋超过十六万。我净赚了五万多。那时候可真不容易挣到钱。那时候的钱可真是值钱。1990年中国的M2（全国可成为现实购买力的货币总额）是1.53万亿，到2023年2月，中国的M2是275万亿。换算一下，那时候手里有1元钱，相当于现在手里有179元。我卖书挣了5万元，就购买力来讲，那是一笔相当大的数字。

由于卖书，和一百多个幼儿园园长建立了联系，在这个基础上，我牵头成立了四川幼儿园科普研究会。这个研究会开展了两年活动。由于研究会活动多，影响大，后来被四川省教委发文叫停了，虽然研究会叫停了，但我卖书没有止步。

那真是每天都让人激动的年代！杨潇老师让我挣到了第一桶金。由此改变了我的家庭生活，在成都气象学院职工中，我是第一个家里安装有直拨电话（1986 年）、第一个买空调（1988 年）、第一个开私家小轿车（1994 年）的。我还把我两个弟弟从大兴安岭山区接到成都读书，把我小弟弟送到美国工作。所以我特别感谢杨潇老师，感谢《科幻世界》。虽然我协助《科幻世界》赚了点钱，但真的是双赢！三十余年过去了，我对杨潇老师让我卖书的感恩的心，仍然在跳动！

缺失想象力的民族必然缺失发展动力

科幻邮差：这样一回顾，感觉中国科幻真是经历了一段不平凡的历史。那么请问吴老师，您觉得在中国发展科幻文化需要什么样的土壤？

吴显奎：我之前说过，中华文化始于农耕，在骨子里就有农耕文化基因。这种基因和西方国家走的海洋文化发展路径不一样，因为我们特别重视过去，特别重视经验。我们的历史负担比较重，老想着过去怎么样，人的精力有限，老想过去你就不想未来了。所以，现在我们确实要面向未来，去思考未来，最后从哲学角度来回答"我从哪儿来，我到哪儿去"。中国人搞清楚了"我从哪儿来"，剩下的主要是关心、关注"我到哪儿去"，就是要关心人类的命运，这一点很重要，所以要展开想象力。像刘慈欣，从某种意义上来说，他也成了"宇宙规则的制定者"。

我们从大处看中国人，并不缺乏想象力。先贤主张，思接千载，视通万里，博采百家，自成一体，那么这个自成一体，更多是面向未来的一体。过去我们太强调务实，所以一说面向未来总觉得不着边际，其实不是这样的。人无远虑，必有近忧，这是荀子的一句话。对人类的未来，对地球的未来，我总觉得会充满阳光，人类真会越来越好，因为这是人类理性使然。

1983 年我写的科幻小说《诺科星人撤离地球》，设想地球是外太空的一个遥远星系发射出的实验小行星，地球本身及各种生物活动都是诺科星人预先设计好的，甚至包括我俩今天坐在这儿讲故事。整个实验结束后，这颗行星会爆炸。后来诺科星人在

2005年秋，吴显奎（前排右三）《诺科星人撤离地球》作品讨论会在成都举行。著名科幻作家王晓达（前排右八）、刘兴诗（前排右七）、董仁威（前排右六）、赵健（前排右一）等众多好友到场祝贺。

监测这个实验小行星地球的时候发现，地球的人类文明已经偏离他们预设的轨道，变得更高贵、更文明、更理性、更先进，所以母星就终止了他们的实验，让人类自己去发展了。

科幻邮差：非常棒的故事！如果将来有更多的时间，吴老师脑子里一定还有无数的想象可以用科幻小说的形式呈现出来，我们期待着。我们知道，吴老师不仅是一位优秀的科幻作家，写了很多优秀的科幻作品，同时也是一位非常出色的科普作家。在您看来，科幻、科普之间是一种怎样的关系？

吴显奎：传播科学知识、科学思想、科学精神、科学方法是每一个科普作家、科幻作家应该坚守的使命，这一点大家都是一样的，只是实现形式不一样。像叶永烈老师，他既写了很多科幻小说，是个优秀的科幻作家，也写了很多优秀的科普文章，是个非常优秀的科普作家。但是，写科普和写科幻还是不一样，因为科幻是想象力的艺术，要面向未来；科普是针对已有的科学知识进行传播。当然能立足于已有知识的普及并面向未来，那是最好的。

想象力非常重要，缺失想象力，这个民族就没有发展动力，所以想象力是非常宝贵的品质。过去我们把幻想和胡思乱想等同起来，这也是错误的。胡思乱想者多数是被利益驱动，渴望一夜成功、一夜发财，是妄想，这些人考虑的东西更多是个人或者小团体的利益；而幻想者更多是考虑包括自身在内的整个人类未来该怎么走，人类怎样才能生活得更加理性，社会怎样更加和谐，世界如何更加美好，这二者是不一样的。所以说很难把科普创作和科幻创作截然分开，因为它们肩负的是同一个使命。当然具体来讲，表现方式是不一样的，而且重点也不同：科普创作以传播科技知识为导向，更多的立足于过去；科幻创作主要是展示人类想象力，立足于未来。

科幻邮差：吴老师早期的创作应该是在进入成都气象学院工作之后开始的，后来随着行政工作越来越重，慢慢就减少了科幻小说的创作，这样的转型当时对您来说难吗？

吴显奎：还是有些难，我还是有些不舍。我的弱点是讲不好故事，有的人天生就会讲故事，像我前段时间碰到的麦家，他就会讲故事。所以我转向了，这是原因之一吧。更主要的原因是职业选择：干社会管理是我读高中时就确立的志向。

人物回忆

周孟璞先生是我的忘年交

科幻邮差：吴老师在过去几十年中，无论是科幻创作还是科普创作都给我们留下了十分宝贵的财富。刚才听了吴老师的讲述，我们也能感受到您从很多科幻、科普前辈身上获得的精神支持。下面就请吴老师跟我们分享一些和这些前辈交往的故事吧。

吴显奎：我的忘年交就是周孟璞先生，他是科普学的奠基人之一。他过去多次跟我讲，他父亲周太玄留下的四字遗嘱作为家训，叫"薪尽火传"——柴烧完了，火种传下去。他一直把这四个字作为座右铭，他的一生追求就是传播科学知识、科学思想与科学精神。

2015 年 7 月，在第二届世界华人科普奖颁奖大会上，吴显奎问候 92 岁高龄的周孟璞先生。

周太玄先生是中国"五四"后期一个非常优秀的青年知识分子，曾留学法国。周太玄曾经写过一首跟闻一多的诗齐名的诗作，叫《过印度洋》，那时候影响非常大。周太玄老先生还翻译了多部西方生物学著作，是中国科普出版社创始人。他还参与创办四川大学生物系，是著名生物学家。他们家就是知识分子家庭，而且国学底蕴十分深厚。周孟璞出生在法国，受凡尔纳影响很深。我在周老八十岁时写过一篇文章《周孟璞先生给我们的人生启迪》，讲了三重启迪，对青年人、中年人、老年人都有深刻启迪。周孟璞是一个非常令人尊敬、非常了不起的科普理论家和科普作家，也是对四川科幻事业发展起了重要作用的一个人。

　　1982年，《科学文艺》在到底该定位为事业单位管理还是企业化管理的问题上出现过分歧，是周老出面把《科学文艺》的管理纳入四川科技出版社。周孟璞是四川科技出版社的首任社长，又是《科学文艺》主办单位四川省科普创作协会理事长，所以有一段时间《科学文艺》是由四川科技出版社代管的，但当时体制在改革，四川省科协刚建立不久，后来省编委批事业单位编制的时候给了《科学文艺》编制，这个事业机构编制归口到四川省科协，所以后来划归省科协。四川省科协专门给《科学文艺》两间大办公室，有这样一段历史。所以周老在《科学文艺》最困难的时候，在究竟落脚科协还是落脚到出版社的时候，他暂时收留了《科学文艺》一段时间。说到这段历史，我要补充一件事。担任四川省科普作家协会秘书长后第二年（1987年）5月，我在征得协会理事长周孟璞同意后，正式建议杨潇老师把《科学文艺》主办单位由四川省科普作家协会变更为四川省科学技术协会。之所以这样考虑主要有两个原因，一是协会有影响力的会员要求协会主办的刊物多发会员作品；另一方面，刊物直面市场必须有质量高的科学文艺作品，不能是会员发表习作的地方。为了《科学文艺》在市场上自立自强，我提出变更主办单位建议，经协会常务理事会过会，杨潇老师采纳了。

　　科幻邮差：哈哈，没想到还有这样一段尘封的历史。早先听说，您还在大学读书时就被周孟璞先生慧眼相中，是吗？

　　吴显奎：哈哈，没有那么早。我从成都气象学院刚毕业不久，四川省科普作家协会筹备第一届四川省优秀科普作品评奖需要人手，于是四川省科学技术协会有一个干部钱玉趾把我拉上，一起参与筹备，由钱玉趾介绍，我就给周老当助手。1985年12

1999 年 1 月 8 日，（从左至右）王晓达、董仁威、周孟璞、刘兴诗、吴显奎在四川省科普作家协会团拜会上。

月，我陪周老到山东省泰山市参加中国科普作家协会二届（二次）理事会，回来之后他就宣布由我担任四川省科普作家协会办公室主任（兼职）。但真正让我主持四川省科普作家协会办公室日常工作是在 1986 年上半年，由童恩正提名，让我牵头筹备四川省科普作家协会"二大"。从那以后，我担任四川省科普作家协会秘书长，一直干到 2006 年。

要以优秀科普作家名字设奖

吴显奎：当初加入四川省科普作家协会的时候，还是董仁威老师给我写的推荐信，另一位推荐人是王晓达老师。董仁威加入四川省科普作家协会比较早。2000 年我到资阳市政府做副市长以后，四川省科普作家协会的工作主要是董仁威在做，先当主席，后更名为会长。他前后做了十年，做得风生水起，做得非常好。

董仁威是"拼命三郎"，写了很多好作品，他牵头编大部头的科普图书，组织科普作家来编书，活动开展得有声有色，在全国都很有影响。因为年龄到了，2011 年换届的时候，他把四川省科普作家协会这面旗帜交给了我，等于我是 2006 年从四川省科普作家协会秘书长位置上转到常务副会长，后来 2011 年 4 月换届的时候又被选为四川省科普作家协会理事长。我做理事长以后，科普创作活动做得不少，但是编书方面没有董仁威做得多。老董是一个非常可爱的人，一个有理想、有情怀、有才能、有崇高追求，并且和时代同步的人，他也是《科幻世界》的主要支持者。

另外，在四川省科普作家协会里面有一批荣誉理事，像刘兴诗、松鹰、张昌余、赵健、王晓达等，经我提议，我们以四川省优秀科普作家名义设立奖项，目前有三个奖项："周孟璞科普理论研究成果奖""刘兴诗少儿科普作品奖"和"张文敬科学探险原创科普图书奖"。以我们优秀科普作家的名字命名这些奖，这样能把他们的业绩肯定了，把他们的事迹和贡献长久地传下去。

我接手担任四川省科普作家协会理事长后，专门为董仁威、谭楷、张昌余、赵健、刘兴诗、松鹰、张文敬、洪时中和姚海军举办了专场科普创作成果研讨会，影响很大。特别是董仁威科普创作成果研讨会，会后还由《科普作家》杂志出了专刊，对他创作的经验、理论、成果做了总结。以后，我们还将会以董仁威、松鹰、杨潇、谭楷个人名字设奖。

我的骄傲与遗憾

科幻邮差：听吴老师说了这么多科学文艺创作的经验，也了解了四川科普创作发展历程中一些不为人知的故事，吴老师在创作方面取得了瞩目的成绩，而您在活动组织方面也为科幻、科普事业做出了重要贡献。吴老师，在推动科幻、科普发展的历程中最让您骄傲的是什么？

吴显奎：就四川科幻事业发展，我做了三件有标志性意义的事儿：第一件是 2017 年 11 月 11 日，中国科协主办的 2017 中国科幻大会在成都召开，我在大会上代表四川科幻界和成都市发布《成都科幻宣言》，明确提出成都申办第 81 届世界科幻大会。

吴显奎在2017
中国科幻大会和
第4届中国（成
都）国际科幻大
会上，代表四川
科幻界和成都市
发布《成都科幻
宣言》。

第二件事是 2019 年 1 月 15 日，在时任四川省委书记彭清华听取四川省政协联组会上，我做主旨发言：《大力发展成都科幻产业，建设中国科幻之都》，支持成都申办世界科幻大会。每年全省召开"两会"，省政协联组会是政治协商重要会议，只有重要议题才能上"联组会"。由省委书记听取发展科幻事业和科幻产业汇报，支持申办世界科幻大会，这在全国是唯一。由于省委书记首肯，成都相关方面开始重视"申幻"了。

第三，最令我骄傲的是四川拥有一批成果丰硕的科普、科幻作家。我记得 2015 年 12 月，中国科普作家协会在成都召开理事会，我们整个四川科普作家团队集体亮相。因为中国科普作家协会从来没有在地方召开过理事会，协会理事长刘嘉麒院士对四川科普作家群体评价甚高。来自全国的科普作家代表非常肯定四川科普的创作成果。所以，我在长达三十年的时间里，作为四川科普创作主要组织者之一，感到十分骄傲！由周孟璞、董仁威和我带出了一支素质高、成果多、后劲足的科普创作团队，而且这个团队在全国被承认、被肯定、被表扬，我觉得很骄傲。

2015 年 12 月 28 日，中国科普作家协会六届五次理事会在成都举行，吴显奎率四川
科普作家团队集体亮相。第二排坐者左起依次为：王晓达、xx、董仁威、吴显奎、
刘兴诗、刘嘉麒、周孟璞。

科幻邮差：那么您还有什么遗憾吗？

吴显奎：嗯，有两点遗憾。第一，我的得奖作品《勇士号冲向台风》由北京未来新影集团投资 3 亿元拍摄科幻大片，2018 年与我签订了改编拍摄合约，并在 2019 年 6 月 15 日第 22 届上海国际电影节新闻发布会上发布新片立项信息，当年 11 月获得国家电影局批准筹拍，紧接着，新冠疫情的到来，使得这部科幻大片搁浅。第二，2000 年之后，我被中央组织部选派，到扬州市政府挂职担任市长助理，其后，担任资阳市副市长，从此去搞社会管理了，自己再没有写出有影响的作品了。

三十五年金戈铁马，三十五年野鹤闲云

科幻邮差：吴老师这些年一直致力于社会管理，做行政工作，先后担任过市长、厅（局）长、省政府副秘书长，省政协文化文史和学习委员会主任。行政事务太多了，即使这样，您从事科学传播工作还是取得了丰硕成果，这是四川的骄傲，也会载入中

国科普创作史册，所以从这一点来说，您不应该有遗憾了。吴老师，如果用三个词形容您的人生，您觉得用哪三个词比较好？

吴显奎：我觉得用"理想、超越、激情"来概括比较准确。我所追求的，是有利于社会的人生理想，不断实现对自我的超越，而激情一直贯穿始终。我把我的人生分为两个阶段，第一个阶段是大学毕业以后的三十五年，这三十五年就是呼啸前行，践行儒家主张，入世很深，"金戈铁马，气吞万里如虎"，这时候是上升状态。这三十五年我已走过。后三十五年不能这样干，要学习道家。中华文化了不起之处，就是儒家和道家互相补充，被称为"儒道相济"。年轻的时候你学习儒家，不舍昼夜，拼命干活儿，乐在其中。年纪大了就要学习道家，随遇而安，雅室香茗，野鹤闲云。所以，后三十五年要学习老子，物我两忘，回归自然。当下，我正在有意识地转变，能退的都退，过去经常接受电视采访，现在除了你们这次，尽量不接受电视采访。我要从聚光灯下退出来，退成一个普通人、一个普通百姓，这个时候就要进入淡泊人生的状态。我写的三本书《呼啸人生》《审读人生》《情悦人生》已收入《吴显奎文集》中。《淡泊人生》正在写作中。

科幻近况

中国地理的洼地与中国科幻的高地

科幻邮差：近年来，国内的科幻产业有了长足的发展。关于四川科幻，吴老师在很多场合都谈到过"四川是中国地理上的洼地，同时又是中国科幻创作的高地"。吴老师做四川省科普作家协会理事长期间也一直致力于科幻文化的推动，您如何看待四川科幻的过去、现在和未来？

吴显奎：四川的科幻一直处于全国领先地位，而且在全世界也排上了名，诞生了一批功臣。但是，中国科幻整体还比较稚嫩，科幻事业、科幻产业、科幻文化都有短板。

美国科幻的成功是科幻影视带动整个产业，比如科幻大片描述了一个宇宙城、一个加速器，它可能就会生成一座科幻酒店，一处旅游胜地。美国就是用科幻文化来影响产业链，进而形成科幻产业。回顾我国，由于受限于整个社会的公民科学素质、影视制作水平，再加上我们影视界习惯于小投入，吃快餐，所以就导致了不敢有大作为，大片在中国就做不出来。相反，美国的意识形态里把制作科幻大片看成了宣传他们国家战略的方式。这就不得了，它就炫耀自己的高科技，炫耀自己的武力，炫耀自己的领先技术，在文化层面威慑其他国家。

所以我们这方面要有共识，应该动用更多有实力的文化企业来做科幻大片，形成科幻产业，我认为关键是缺人才。所以我们应该有导向，积极支持发展科幻产业。

2015 年 7 月，吴显奎
在第二届世界华人科
普奖颁奖大会上致辞。

风险投资投科幻的少之又少

科幻邮差：从某种程度上来说，科幻领域的资本时代已经到来了，一方面说明科幻的关注度正在提升，另一方面，资本运作的风险也很大。吴老师怎么看待大量资本涌入科幻领域这个现象？

吴显奎：风险投资，投向科幻的还是少之又少。有这种眼光的企业家非常少，而且科幻需要大制作，再加上我们自己的好本子也少，大家要明白，这几方面都是受制约的。但不是说现在我们社会没钱，是有钱，可文化产业敢不敢往科幻投？这需要大手笔，需要一些有远见的大企业家。你看美国大片像《星际迷航》一直做到现在，这是美国派拉蒙公司和天空之舞公司有底气。但你说我们国内的大片，咱不说科幻片，就是其他大片也很难称之为"大"，是不是？这绝对要建构在我们影视产业非常发达的基础上，制作水平很高的基础上。科幻大片的制作要有高技术支撑，还要有名演员、名导演加盟。

中国科幻大片的制作需要动用社会各方力量

科幻邮差：从吴老师常年从事政府的行政工作、科普作家协会的活动组织方面来说，您觉得科幻文化发展与政府的扶持之间保持一种什么关系比较好？

吴显奎：我觉得科幻产业应该和政府的一些基金联合起来。政府不可能直接投，但是政府有一些基金可以投，像成都市高新区所属基金公司就有一些合适的基金项目，应该争取这些基金支持。当然政府分管领导有超前意识很重要，我说过美国的一些科幻大片更多的是输出他们的价值观，输出意识形态，所以说这一点上还是要有超前的表达，用科幻大片输出我们的国家意志，比如人类命运共同体意识。所以我想，一些大片可寻求和政府基金合作，这样的话能获得更多的支持。甚至我说，中国科幻大片的制作要动用社会各方力量。

科幻邮差：非常高兴有机会与您探讨这么多科普、科幻发展进程中的人和事。通过吴老师的讲述，我们清晰地看到了中国科普、科幻数十年发展的足印，也被您与众多前辈之间薪火相传的真挚情谊深深打动。谢谢吴老师接受我们的采访，也期待未来能够看到您更多更优秀的作品！

吴显奎：谢谢！你们做了一件很了不起的事，承载着中国科幻的现实和未来，这是你们了不起的贡献。感谢你们！

趣问趣答

01　　　在吴老师心目中什么是科幻小说？

立足于人类已有的科学发现去面向未来，拓展人的想象力，并通过优美感人的故事，向当代人展现未来美好的愿景与挑战的小说，就叫科幻小说。

02　　　您信赖科技吗？在生活中您是一个重度科技依赖者吗？

我对科学技术的进步始终怀着无限热情。在移动互联网时代，我能够和新发现、新技术保持同步。

03　　　您为很多科学家写过报告文学或传记文学，您最敬佩的科学家是谁？

"两弹一星"的科学家群体都是我最敬佩的。不管是人格魅力、理想追求、科学精神、人文情怀、综合文化修养，还是他们对国家的重大贡献，都是我最敬佩的。

04　　　吴老师的专业是气象，作为这方面的专家，请问在您心目中最恐怖的气象灾难是什么？

现在气象灾难很多，最可怕的恐怕还是全球变暖。

05　　　如果时光可以倒流，您最想回到什么时候，为什么？

我当然还是希望回到 1979 年那个春天，不仅是中国的春天，还是我人生的春天。

06
如果现在有一本关于您的传记，您希望用一句什么样的话作为开头？

其实像我这样只是小有影响的人，可能较难成为传主。基于此，我自己编了《吴显奎文集》，全书八十三万字，算是我的人生小结。这本文集扉页上写着"把追求崇高作为人生的永恒主题！"这句话，可以为我一生定调。我就是这样走过来的。我所追求的，用苏东坡的一句话，"吾上可陪玉皇大帝，下可陪卑田院乞儿，眼前见天下无一个不好人。"心里充满阳光，做到里外透明。

07
作为许多大型活动组织方面的权威，您有什么经验可以跟年轻人分享一下吗？

我受四川省政府指派，从 2009 年起开始筹备第十届中国西部国际博览会（2009 年温家宝总理出席），连续三届，由我牵头策划总体方案，执行操作重大活动。西博会目前已经办成了国家机制性展会和西部最大的投资平台、贸易平台和对外合作平台。大型活动要想办出效果，第一，主题一定要清楚，要结合政经迫切需要；第二，要有国际化视野，站在全球视点上做策划方案；第三，要同媒体密切合作好，超前推广。

08
最后请吴老师谈谈对中国科幻的期望和祝福。

中国科幻事业的发展进入一个新天地，会面临诸多挑战，这些挑战有的来自我们的文化背景，也有我们国民教育方面的不足。伴随科技进步和人类想象力提升，中国科幻事业、科幻产业、科幻文化发展潮流不可阻挡。前不久，我作了一个报告：《呵护想象力，褒奖追梦人》，这个标题就可视作我对中国科幻的祝福。

用行动为中国科幻助力

EMPOWERING CHINESE SCIENCE FICTION THROUGH ACTION

董 仁 威

中国科幻要赶超美国。

我相信在我们有生之年能看到这一天。

董仁威

个人经历

224	科学启蒙从"红领巾饲养组"开始
226	我有一颗"精神原子弹"
227	想研究生命科学的愿望破灭了

与科幻结缘

231	创作从味精厂开始
233	当时我算不上科幻创作主力
236	好几届银河奖都是我拿泡司来当礼品
237	杨潇就这样被童恩正感动了
239	"科""文"之争
241	科幻创作百花齐放才有生命力
243	科幻的"正名"与"扬名"

与科幻再续前缘

245	整合五股科普和科幻力量
247	华语科幻星云奖诞生始末
250	四川省科普作家协会对中国科幻的贡献，不应被遗忘
253	日益壮大中的华语科幻星云奖
255	与港台的科幻文化交流日益密切

人物回忆

256	郑文光说："你写的稿子不比任何人差……"
258	童恩正是我永远的老大哥
260	刘兴诗喜欢戴着耳机写作
261	我这一辈子就是好交朋友
264	我的骄傲与遗憾

科幻产业

267	四川的科幻文化非常发达

趣问趣答

271	

导语 INTRODUCTION

董仁威是世界华人科幻协会与华语科幻星云奖联合创始人，科幻贯穿了他的人生。从在味精厂从事科研工作开始创作科幻小说，到用自己生产的零食产品——泡司赞助银河奖，再到参与创办华语科幻星云奖，不论是科幻创作，还是科幻文化的推广，董仁威均以异于常人的饱满热情贡献良多。如果要简明扼要地来形容董仁威的科幻之路，那就是他的传记书名——"开挂人生"。

DONG RENWEI

EMPOWERING CHINESE SCIENCE FICTION THROUGH ACTION

■ INTRODUCTION

Dong Renwei is one of the co-founders of the World Chinese Science Fiction Association as well as the Chinese Nebula Awards. For him, science fiction is a lifelong passion. While working as a research scientist at an MSG factory, he began to write science fiction. He then sponsored the Galaxy Awards with his very own snack product, "Paosi", a kind of fried starch used to enhance flavor in dishes. Later, he worked towards establishing the Chinese Nebula Awards. With extraordinary passion, he has made significant contributions to writing and promoting science fiction. If we are to describe his voyage of science fiction with a single phrase, it must be the title of his auto-biography, *My Astounding Life*.

■ TABLE OF CONTENTS

Personal experiences

224 My science introduction starts with the "Red Scarf Pig Farming Group"

226 I have a "spiritual atomic bomb"

227 My dreams to study life sciences have shattered

Encountering science fiction

231 I began to write while I was at the MSG factory

233 I wasn't part of the main force in writing science fiction back then

236 I donated "Paosi" snacks as gift for multiple Galaxy Awards

237 How Yang Xiao was moved by Tong Enzheng

239 Science versus Humanity

241 The genre of science fiction can only flourish when there's diversity

243 The "legitimization" and "celebration" of science fiction

Reunion with science fiction

245 Connecting five groups in popular science and science fiction

247 The history of the Chinese Nebula Awards

250 The contribution of the Sichuan Science Writers Association to Chinese science fiction should not be forgotten

253 Increasing development of the Chinese Nebula Awards

255 Intensive exchanges with science fiction writers of Hongkong and Taiwan

Memories

256 Zheng Wenguang: "Your writing is not lesser than anyone else's"

258 Tong Enzheng is always a big brother to me

260 Liu Xingshi likes to write with earphones on

261 I've loved making friends all my life

264 My pride and regrets

The science fiction industry

267 Sichuan is rich in science fiction culture

271 **Fun facts and Q&A**

个人经历

科学启蒙从"红领巾饲养组"开始

科幻邮差：熟悉董老师的人都知道，您是一个兴趣广泛的杂家，在每一个领域都取得了骄人的成绩。而在这一切的背后，有一个共同的灵魂，那就是——科学。所以我们今天的访谈就从这里开始吧。请您先跟我们简单介绍一下，您对科学的爱好是从什么时候启蒙的吧？

董仁威：好的。我对科学的爱好起源于在重庆三中（前身为重庆私立南开中学）读书的时候，当时参加了一个课外活动小组，是少先队总部办的，叫"红领巾饲养组"。我们在那里养兔、养鸡、养羊，养各种各样的优良品种，同时进行科学的启蒙。我们的辅导员是南开中学后来的教导主任、总辅导员张继樑老师，还有两个是高年级的同学，一个叫谢敏，一个叫陈尚贤，他们对科学的浓厚兴趣感染了我们。特别是每周六晚上，我们要举行一场篝火晚会，我们"红领巾饲养组"的组员们就要在那里听高年级的同学和总辅导员讲生命科学的各种知识，同时围观他们关于生命科学的辩论。

那是我们向苏联学习的年代，苏联把摩尔根学派[①]当成是反动的唯心学派，而崇尚的则是米丘林 - 李森科学派，这

---

① 现代遗传学之父、美国遗传学家摩尔根在孟德尔遗传学的基础上创立了"基因学说"，他领导的学派就叫摩尔根学派，也叫孟德尔-摩尔根学派。

1957 年 7 月，董仁威（二排左一）在重庆三中参加〝红领巾饲养组〞时，立下了研究生命科学的志向。

两个派别之争在当时已经上升到政治层面，苏联有很多信仰和研究摩尔根学派的学者被打入监牢甚至处死。所以在这种政治氛围下，我们学习"老大哥"的路子基本是学习米丘林、李森科，而反对孟德尔 - 摩尔根学派，把现代生物学、现代遗传学当成一个资产阶级的东西来批判。

但是，我们那些高年级同学的思想非常解放，有独立思想，他们会争论到底哪一派正确。我在这个争论里听到了"基因"，听到了"遗传信息"，听到了摩尔根学派，包括它的一些非常先进的思想和很多的实验。我当时就想，生命太神秘了，我长大以后一定要成为生命科学家，把生命的秘密搞得清清楚楚。我初中在"红领巾饲养组"当了三年组员，是三个大组长之一；升高中后，带组员的任务则完全由我一人负责，这使得我的业余时间全部用在了"红领巾饲养组"上，工作内容一方面是饲养，一方面是研究生命科学的秘密。从那时候起，我就对科学，特别是生命科学产生了强烈的兴趣。

我有一颗"精神原子弹"

科幻邮差：看来董老师的科学启蒙真是非常早呢。在这方面，您的父母对您有什么影响吗？

董仁威：应该说，我的父母都是为生活奔波的很善良的人，他们做的都是一些很平常的事情。对于我的学习，他们鼓励我要努力，但是从来不干预，也从来没有给我任何的科学启蒙。我的启蒙全是在学校里得到的。

科幻邮差：我在董老师家里曾看到过一张您父亲董至荣的照片，照片背面有他题写的几句话："不幸的我，也不要消极，家、国、民族、人类还需要你为他们谋幸福。""亡国灭种你不怕么？起来！奋斗！流血！牺牲！与强权挣扎！"这几句话在20世纪20年代是非常鼓舞人心的。我想，在您身上体现出来的这种对生活、对生命的热情，应该来自于父辈的一脉相传，对吗？

父与子。董仁威从父亲身上继承了一颗"精神原子弹"。

董仁威：当然，这是非常重要的。我的父亲本是一个读书人，很有学问，后来因生活所迫，当了小职员，一生就为我们十个人（父亲、母亲、祖母加我们兄弟姊妹）的生计忙碌，但是他在年轻时同样有理想、有热血。我们处在抗日战争的年代，被人欺凌，所以在我的成长过程中，除了科学，还有一个更重要的东西，就是在我身上练就的一种精神，一种"精神原子弹"。出版社的编辑约我写自传，认为我的人生是"开挂人生"，我说愧不敢当，我是个很普通的人。但是，我确实在成长的过程中，吸取了精神的力量，炼就了一颗"精神原子弹"，这颗"精神原子弹"支持了我的一生。从大处来说，是为中华民族的复兴；从小处来说，是我立志当"赛先生"（Science，意为"科学"）的战士，为科学在中国的兴旺发达而奋斗。

在那个时代，我们接受的教育和看到的现实是：中国积贫积弱、受人欺凌。特别是历史课上讲，在上海滩，有"华人与狗不得入内"的侮辱性标语，对我的刺激很深，如芒刺背，使我产生了一种很强烈的信念并贯穿我的一生。这不是说大话，不是吹牛，我们就是这样想的，一切事情的出发点就是这样的。作为一个中国人，国家兴亡，匹夫有责。不管我们在哪里，我们都要尽一个中国人的责任，复兴中华，使我们中华民族能够自立于民族之林，不再遭受欺凌。这就是支撑我奋斗终生的"精神原子弹"。

想研究生命科学的愿望破灭了

科幻邮差：凭着这种精神力量，董老师在高中阶段选定了生命科学作为大学要学习的专业，这个选择对您后来的人生道路产生了怎样的影响？

董仁威：我从中学立志到高中毕业填报高考志愿，选择的都是和生命科学有关的志愿。当时，教导处的老师把我单独找去说，现在国家有一批非常重要的专业，只能在内部填写志愿。有个专业我看了一下，就是四川大学生物系生物物理专业，是搞放射生物学、原子弹防护学的专业。于是，我就填了这个专业。

为什么没填其他的像北大、清华这些学校呢？说老实话，我的考试成绩是非常优秀的，每科成绩都在 90 分以上，考任何大学都是能被录取的。那时我听人说，四川是中国最好的地方，讨口也要留在四川，不要出川去。而四川最好的大学就是四川大

四川大学生物系 60 级植物班同学集体合影，最后排右一为董仁威。

学，我喜欢的又是生物系，于是就填了生物系。

　　进了川大生物系生物物理专业以后，我又转过两次专业，第一次是 1962 年，全国院系调整，生物物理专业撤销，我就转到了植物专业。为什么转到植物专业呢？因为我们四川大学有一位著名的教授，是四川大学三位有塑像纪念的一级教授之一，叫方文培。方先生是世界著名植物学家，能成为他的学生，我觉得很荣幸。后来我给方文培写了传，他的三千弟子中，只有我为他写了传记。

　　植物专业毕业后，我又考上了四川大学生物系动物专业细胞学研究生。为什么搞细胞学研究呢？因为细胞学是探索生命秘密的前沿学科，同我的志向离得最近。我的导师是当时中国两位世界知名的细胞学家之一——川大生物系主任雍克昌教授，他招了两个研究生，一个是北京大学考来的我的师兄王喜忠，一个就是我。我们研究的题目是非常尖端的关于大脑细胞的分裂。按照传统的观念，人的大脑细胞在一生中是有定数的，到了一定的时候就不能分裂了，只能越来越少，没有再生能力。我们的老师不信邪，认为也许并非如此，于是，我们就研究起大脑细胞有没有再生能力这个很高端的课题。

从此，我一心一意地想当科学家，想研究生命科学，想破解这个难题，想破解大脑神经的秘密。但是，1965 年，我刚读了三个月研究生，搞了三个月猴脑细胞切片，就接到一个命令：全校老师去参加农村的社会主义教育运动，研究生当时可以拿助学金、奖学金，和老师拿的钱差不多，算是享受了准教师待遇，于是我也去了。

就这样，我在新津县兴义公社十一大队金马河中央的江心洲上一个生产队当"四清"工作队队员，到了 1968 年，稀里糊涂地"研究生毕业"了，然后统一分配工作岗位。

当时，全国三个年级的研究生加起来只有三千多名，以前一直是国家直接分配，这次我被"处理"到成都市九眼桥头一个很小很小的工厂去工作。

这个工厂叫成都味精厂，只有百来号人，用的全部是 20 世纪初期日本非常老的工艺生产技术，污染非常严重，整个工厂乌烟瘴气，我的蚊帐不到三天就被弥漫在空气中有毒的盐酸烟雾弄坏了，整个工厂寸草不生。以前在实验室里看到化学实验由红的变绿的觉得非常有趣，但是一看到乌烟瘴气的化工厂，我感觉非常厌恶这种环境污染严重的企业。所以填写高考志愿时，我很小心地避开了跟工厂有关的专业。但是个人命运由不得自己，偏偏让我走进了最不愿意进的工厂。

我虽然很厌恶化工企业，但是，作为一个国家培养的大学生，职业责任感是很强的。在那个工厂，我同全厂职工一起奋斗，用现代生物工程进行改造，用发酵工程的方法、现代生物技术的方法来生产味精，环境很快发生了变化。当我们那个工厂里长出第一棵小草的时候，我不准任何人扯。看到这棵小草，哎呀，简直太高兴了，能长草了，环境改变了，生物可以生存了！我为此专门写了一篇文章《一棵小草》，后来在《成都晚报》发表，宣传环保。

科幻邮差：确实太不容易了。

董仁威：生态环境改变后，我又和厂里的一些领导、职工一起搞制药工业。我们当时生产了一种新型的抗生素。

科幻邮差：是在生产味精的同时开发药物？

董仁威：对，一个工厂里既生产味精，又生产药物，风马牛不相及的两种产品。它们中间的联系是技术，用同一种现代生物技术——发酵工程来生产。后来，我们把成都味精厂改造成一家著名的药厂，成了国家的卡那霉素和阿米卡星原料药生产基地，产值达到上亿元人民币。

科幻邮差：当时您在厂里的身份是什么？

董仁威：最先我是烧锅炉的，当工人，然后很快被调到实验室去当技术员，当实验室主任，当味精车间副主任，当制药车间的副主任、主任，当厂研究所的所长，最后当成都制药四厂的技术副厂长。后来，我又把这个工厂再往另外一个方向转，转向儿童保健事业，争取到了来自意大利政府的274万美元的赠款，建立了成都儿童营养中心，我也兼任了成都儿童营养中心的主任。一个企业怎么可以随意地转向呢？现在想来是不可思议的。不过，在那个特殊的时期，你可以什么都不搞，但是你真想搞什么也搞得成。所以，中央人民广播电台报道了我们这个单位，说"鸡窝窝里面飞出了金凤凰"，我们厂还因此选了一个"九大"代表，当然不是我，是个老工人，这个老工人按照上面规定的条件"比着篾篾买鸭蛋"，当上了"九大"代表。而我在工厂领导到处做的报告里面，也还是个重要人物，是一个接受工人阶级再教育接受得好的典型，呵呵，就是这样的一个过程。

董仁威与夫人刘斯曼青年时期合影。

与科幻结缘

创作从味精厂开始

科幻邮差：您的科普创作之路是从什么时候开始的呢？

董仁威：我在工作的时候，一直关注着生命科学的发展，收集资料从没间断过。在1978年"四人帮"被粉碎以后，科学的春天到了，全国各地开始建立科普创作协会，北京建立了中国科普创作协会，四川建立了四川省科普创作协会，成都建立了成都科普创作协会。我想，虽然不能直接从事我热爱的生物科学研究，但是，我可以把自己的科学知识献给社会，同大家分享，间接地为发展我国的科学技术出一点儿力吧。所以，我就开始写科普、写科幻。这些科普、科幻作品很快在报刊上发表了。四川省科学技术协会和成都市科学技术协会的组织者很快都把我看中了，让我加入了四川省和成都市的科普创作协会，后来又加入了中国科普创作协会，予以重点培养，让我参加了无数的笔会、座谈会、培训会，给了我很多的机会，约稿不断。我就这样开始了毕生坚持的科普、科幻创作。

科幻邮差：也就是说，您最早的创作是从味精厂开始的吗？

董仁威：对，1979年我开始从事科普、科幻创作时，工作的单位还叫成都味精厂，1983年改成了药厂。其实，大学时代我就发表过科普作品和其他作品，但是，正式开始

1979 年 第 3 期《科学文艺》杂志刊登了董仁威的科幻处女作《分子手术刀》。

科普、科幻创作是在 1979 年。我的第一篇科幻小说《分子手术刀》，就是在 1979 年《科学文艺》第 3 期上发表的。

科幻邮差：那是科普、科幻创作双管齐下呀！

董仁威：那时没有科普、科幻的界限，写科幻的人都写科普，写科普也不妨碍写科幻。我们觉得，作为一名科普作家，写科幻是写科普的最高形式，如果一个科普作家不能写科幻，那他的水平就要低一些。你看，我们老一辈的科普作家，郑文光、叶永烈、童恩正、刘兴诗这些人，他们都是以科普作家的身份立名的，他们写科普作品的同时，科幻作品也写得很好，所以他们在科普界的地位就很高。而那些只能写科普而不能写科幻的人，名气、影响力和地位就要差一点儿。

科幻邮差：董老师，请给我们介绍一下您的科幻处女作《分子手术刀》吧。

董仁威：这篇小说其实和我的细胞学专业有非常大的关系，其中的科幻核心设定就是以细胞遗传学为基础，四十多年过去了，现在我也觉得还没完全落后。我写的是一对恋人，女孩子得了遗传性疾病，为了不影响恋人的前程，主动同恋人分手。这位男主角就开始研究这个疾病，最后用分子生物学，用基因工程的办法把女孩子的疾病治好了。大概就是这么一个故事。这篇小说被很多科幻精品集收录出版。我不只写了《分子手术刀》，还写了多篇以生命科学和现代生物技术为背景的科幻小说，辑成《分子手术刀》（北京少年儿童出版社）和《移民梦幻星》（四川教育出版社）出版。近年来，我开始创作长篇科幻小说，2022年，北京出版集团出版了我的长篇科幻小说《三星堆迷雾》。我还创作了长篇科幻小说《最后的安尼索瓦人》（与马传思合著），目前则正在创作长篇科幻小说《古蜀迷雾》。

当时我算不上科幻创作主力

　　科幻邮差：20世纪70年代末80年代初，中国科幻迎来了第二个高潮。据不完全统计，这个阶段创作发表的小说数量是过去总和的三倍。董老师，在这个阶段里，您也是一位积极的参与者，能不能结合您的亲身经历跟我们介绍一下，当时四川科幻创作的整体风貌？

　　董仁威：四川当时科普、科幻的核心人物是童恩正。童恩正把我们团结在一起，一起搞科幻，一起搞活动，一起交流。在这个过程中，我们四川科幻作家的积极性是很高的，对科幻的兴趣也非常浓厚。除了童恩正，还有刘兴诗、王晓达，还有一批像我这样水平不算高的科幻作家。在《科幻世界》三十周年纪念的时候有一篇长文章，罗列了在《科幻世界》及其前身《科学文艺》上发表过作品的科幻作家，很多都是四川的作家，包括我在内。我写得比较杂，在《科学文艺》上发表了很多作品，有科幻小说、科学小说，还有科学家和发明家的报告文学。

　　当时的形势是很好的，那会儿就有科幻"四大天王"（老"四大天王"之说。）这个老"四大天王"有很多种说法，其中有一种说法，叶永烈、童恩正、王晓达、刘兴诗，后面三个都是成都的。那时，中国科幻的领军人物是郑文光，他是公认的"中国

《科学文艺》初创时期，部分编辑与作者在某次创作座谈会后合影。前排左起依次为：曹建、章邦鼎、董仁威、王晓达、晏开祥、陈林、徐清德；后排左起依次为：段星槎、贾万超、童恩正、周孟璞、刘兴诗、张大放、刘佳寿、张昌余。

科幻之父"。关于"四大天王"的人选有一点儿混乱，但是总体来说，有一种说法还是被很多人认可的，就是童恩正、叶永烈、萧建亨，最后一个在刘兴诗、王晓达之间选择。童恩正应该是比较靠前的，因为他的作品文学性强，在主流文学界得到更多承认，他的《珊瑚岛上的死光》获得了"全国优秀短篇小说奖"，是中国科幻小说在主流文学界首先获得全国性大奖的作品。在20世纪80年代，成都已经成为中国科幻的重镇之一。

科幻邮差：那个时期的创作特别繁荣，创作力量也非常强大。2016年10月采访王晓达老师的时候，他说在20世纪80年代初，也是以童恩正老师为首，还包括一批成都本地的科幻作家，成立过一个成都科幻小说研究会？

董仁威：这件事情我回忆了很久，1982年左右，我那段时间写科普比较多，科幻好像只发表了那么一篇，所以我不大有印象了。我不能说我没有参加过，但是我想不起了。而且，那个时候我是科普阵营的主力队员，不是科幻阵营的主力队员，在科幻创作队伍里只是个"小豆芽"。

科幻邮差：20 世纪 80 年代初期，整个科幻创作群体中出现了两个比较大的流派，一个叫"重科学派"，一个叫"重文学派"。

董仁威：两个流派的代表人物都在我们（四川）这儿。

科幻邮差：对这两个流派，您怎么看？

董仁威：我认为，科幻姓"文"还是姓"科"根本就是一个伪命题，是不值得争论的东西。科幻可以有很多的流派，应该兼收并蓄，而且像童恩正写的以文学为主的流派，本身并不排斥科学。他有自己的科幻核心，他强调文学性这个没错，现在我们也强调文学性；而刘兴诗呢，他强调科学性，但他有一个部分走到了极端，这是我反对的，他说科幻小说最好是以科学论文为基础来写。

科幻邮差：就是要在小说的后面附上论文，考证一下？

董仁威：不是考证一下，他要根据这个论文来写科幻小说，他强调科幻小说必须要有根据，这是

1982 年 2 月，成都市科幻小说研究会成立，协会理事、秘书王晓达记录了协会成员名单。

一种非常极端的做法。他写了一篇科幻小说《柳江人之谜》，后面附了正儿八经的科研论文。（笑）不过，写成后过了几十年了，至今也没有发表。不过，他虽然是重科学派，文学性他也非常重视，他的文笔还是非常优美的，像《美洲来的哥伦布》这些作品多美啊，你分不清楚他到底是哪个流派。所以我认为，我们应该容纳更多的流派。我主张科幻的多元化发展，只要有读者，怎么写都应该允许。

好几届银河奖都是我拿泡司来当礼品

科幻邮差：在 20 世纪 70 年代末至 80 年代初的第二次科幻高潮中，出版行业也迎来了自己的春天，一个具体表现就是在全国各地大兴科学期刊创办之风，很多出版社也开始出版科幻图书。这个时候，《科学文艺》横空出世了。在《科学文艺》的创办过程中，董老师有没有什么故事可以跟我们分享呢？

董仁威：《科学文艺》创办时，我只是一个初出茅庐的作者，没有参与创办工作。但是，我得到过杂志的培养，参加过杂志举行的多次笔会。杂志初期的负责人刘佳寿，编辑贾万超、谭楷，给过我很多帮助，我同他们成了终生的好朋友。我感谢杂志对我的培养，也力所能及地支持杂志社。因为那时我还掌握着一点小小的权力，担任着成都儿童营养中心的主任，我常拿儿童营养中心的产品——泡司，去给《科学文艺》及后来的《科幻世界》当礼品，发给参会的作家。

科幻邮差：是给银河奖发奖吗？

董仁威：对，好几届银河奖都是我拿泡司来当礼品发，谭楷常常说："好你个董仁威，你给我们吃了点儿泡司，就让我们《科幻世界》记你一辈子。"哈哈哈哈……

科幻邮差：这个泡司是你们厂的专利吗？

董仁威：它是成都儿童营养中心生产的一种膨化营养食品，泡司的技术是意大利

1990 年 6 月，成都儿童营养中心落成，中心主任董仁威向意大利驻华大使介绍生产泡司的原料。

的，也是用意大利捐赠给我们的设备生产的，外观很漂亮，有螃蟹等多种样式，炸起来非常好吃。

科幻邮差：那就是我们后来说的虾片呀！在那个年代，应该特别稀奇吧？

董仁威：对，很稀奇。很少一点儿，一炸就是一簸箕，成百上千只"螃蟹"，大家吃得很高兴。

杨潇就这样被童恩正感动了

科幻邮差：1984 年前后，《科学文艺》的主管单位给它"断了奶"，不再给它提供经济支持。这个时候，以童恩正为首的老前辈们专门去请杨潇老师出山挑重担，这个故事您听说过吗？

董仁威：我不但听说过，而且我采访过他们两个人。这里有些细节你们可能不是很清楚，我可以讲两句。当时杨潇刚生了小孩，爱她那个小孩爱得不得了，其他任何事情都不想（做），也没想过要去当《科学文艺》的领头人，社里面进行各种各样的布局时，她都没关心。有一天童恩正去找她，建议她去领头，她当时并没有答应。童恩正走后，她突然想开了，觉得应该去干这件事情，因为她被童恩正感动了。童恩正在很多时刻都起了作用，而且是关键作用。

科幻邮差：童恩正老师那时的身份是什么？

董仁威：他是四川省科普作家协会的副理事长、成都市科普作家协会的理事长。我和王晓达是成都市科普作家协会的，我们首先在成都市搞科普作家协会，我是副理事长。童恩正在很多问题上都起了决定性的作用。他提拔年轻人，比如说吴显奎，就是童恩正提议把他弄来当秘书长的，他那时才二十多岁，这么年轻。很多决策，比如《科学文艺》是自己经营、由自己选主编，这件事上面并不是很同意，而且当时正在物色各种各样的人，从没想过从编辑部内部选人当领导。由于童恩正坚定地支持，而且亲自张罗，这才把《科学文艺》的改制工作搞起来。所以后来有一次，吴显奎建议用人名来命名一个科普奖，我说我只赞成童恩正，搞个"恩正奖"。他对四川省科普、科幻创作起的作用是无人能比的，可惜他去世太早。当时（1997年），我们听到童恩正在美国突然去世的消息后，整个成都、四川科普界彻夜难眠。我在成都儿童营养中心组织了一个追思会，大家哭成一团，没有真挚的感情是不可能的，我们真的喜欢他，觉得他是我们的老大哥。后来，我当四川省科普作家协会主席、会长时，是以他为榜样的，他去世以后，我仿佛觉得他随时都在我的身边，注视着我。

科幻邮差：童老的人格魅力和做事的果断、眼光……

董仁威：魄力、果断、眼光、凝聚力，这些在他身上都有鲜明的体现。我们成都、四川科普界得益于他，这是很难得的。成都和北京、上海并列为中国的三大科普重镇之一，他功劳卓著。特别是《科学文艺》的改制和后来《科幻世界》的发展，都应该给他记首功。可惜他走得太早了，这对科幻、科普界是一个巨大的损失……我想他如果还在，我们四川科普界会搞得更好、更团结。

20 世纪 90 年代，童恩正（左二）移居美国后返蓉，董仁威（右二）约四川省科学技术委员会主任张廷翰（右一）一起接待他。

"科""文"之争

科幻邮差：董老师，在 1982 年底到 1983 年初，全国范围内兴起了一场科幻姓"科"姓"文"的大讨论，您还记得这件事情吗？

董仁威：我知道。

科幻邮差：这个事情是怎么开始的？

董仁威：我觉得关于姓"科"和姓"文"的讨论是很正常的，非常正常的学术讨论，这个没什么问题，现在也可以争论；不过，中国的科幻界现在接受了国际先进理念，远远超过了当时的水平，回过头看这个争论就显得很幼稚、很可笑了。

在我看来，姓"科"和姓"文"的争论是完全正常的，我同吴岩、姚海军是好朋友，也常发生不同理念的争论，这是正常的讨论、学术讨论，一点儿不影响大家的友谊。

科幻邮差：在这场大讨论中，科幻作家们都是什么态度呢？

董仁威：作为中国科幻的重镇，成都的科幻作家非常团结，以童恩正为首，义愤填膺、拍案而起。然后由童恩正牵头，王晓达起草了一篇关于在学术范围内正确看待和评论科幻小说的文章《关于科幻小说评论的一封信》，在《文谭》杂志（现《当代文坛》杂志）上发表。

科幻邮差：是写了一封联名信吗？

董仁威：对，联名信。这是中国科幻界的正义呼声，尽管这个声音非常微弱，但是我们表态了，我们奋争了。这封联名信上，我们十二位四川科普、科幻作家签了字，但是，并不是所有的四川科普、科幻作家都在上面签了字。联名信反对的主要是那一批对科学特别钟情但并不写科幻小说的科普作家，他们对科幻小说挑刺，一定要虚构的科幻小说符合已知的科学规律。

联名信声音微弱，科幻文学一度沉寂，我们这些科幻作家——想写科幻小说的人没有了用武之地，没有阵地了，都转去搞其他事情了，我也转去重点搞科普了。

科幻邮差：也就是说，有一批科幻作家因此退出了科幻园地。像您后来是因为参与科幻的一些宣传组织活动，回归了这个圈子，但也有一些作家离开以后就再也没回来。

董仁威：基本上都离开了。比如我后来喊叶永烈来成都参加一个会，他说他已经离开了，就不来了。他不愿意参加。

1982 年 8 月，《文谭》杂志刊登了科幻作家联名发表的《关于科幻小说评论的一封信》。

科幻邮差：那就是说，整个科普界对科幻的态度在那个时候出现了一个分水岭。刚才我们提到的那封以童恩正为首的十二位作家支持叶永烈的联名信里，董老师也在其中？

董仁威：我在其中，签个名而已，没起什么作用，但我坚决支持。

科幻邮差：但是那个举动对作家来说，是最大的精神支持。

科幻创作百花齐放才有生命力

科幻邮差：在 20 世纪 80 年代初，越来越多的科幻作家逐步意识到，科幻作品除了介绍科幻知识、提出科学展望以外，还有更加广泛的现实意义，还有更深远的内涵，而不应该只是处在儿童文学和科学普及的从属地位。对此，董老师怎么看？

董仁威：嗯，我觉得这个争论是很重要的，因为我们当时处在学习苏联的时代，接触的主要是苏联的科幻文学，当然还有法国的凡尔纳、英国的 H.G. 威尔斯这一部分作品，这些作品大多把普及科技知识放在很重要的地位。我们没有接触到更多流派的小说，比如美国阿西莫夫的小说，当时很多人还没看过，所以对科幻小说有更广泛的功能这一点，不是很了解；对世界水平是个什么样子，也不太了解。在争论过程中，特别是以童恩正为首的重文学流派的科幻作家给了我们不少启迪，让我们认识到不要把科幻文学局限在儿童文学这个范畴，还有写给成人看的科幻小说，我们需要向世界水平进军。童恩正、叶永烈，后来都用更广阔的视野去写科幻小说，不只是普及科学知识给儿童看了。

现在，我们强调成人科幻这种类型，它不只是写科学知识，还要传递一些社会的理念，一些世界观，一些科学精神、科学思想、科学方法，重点在于提倡培养探索精神和想象力。早在 1983 年，中国的科幻就开始往这方面努力，包括叶永烈的《黑影》，都在向文学方面靠近，开拓更广阔的边界。这些在广阔视野中写下的科幻作品是中国科幻的一个进步。

但是，我们不应该在肯定后来的发展时，完全否定前面的东西，特别是以普及科学知识为目的之一的儿童科幻。

我一贯的认识是，成人科幻和儿童科幻是有很大区别的，它的目的、读者对象、写作方法、评价标准都有所不同，这两种科幻文学应该是并存的。

科幻邮差：您的少年时代或者青年时代能够看到的科幻小说有哪些？

董仁威：我们能看到的就是两个部分，一个是凡尔纳，凡尔纳的作品在 20 世纪初就传入中国，20 世纪 50 年代在中国广泛流行。凡尔纳这种科幻小说其实就是科普式的科幻小说，各方面的知识都有涉猎，当然它的文学性也很强，所以吸引了这么多人，作为世界名著流传至今。还有一个就是苏联的科幻小说，比如别利亚耶夫的作品。除此之外，H.G. 威尔斯的作品我也看过。

科幻邮差：之所以早先有人讨论科幻小说的地位问题，可能也跟他们是在哪些平台上读到这些作品有一定关系。比如，我们在查阅一些著名科幻作家的处女作时就发现，相当一部分是在《儿童时代》《少年科学》，包括《少年百科知识报》这样一些平台上发表的。但是也有像童恩正老师这样的，小说直接就上了《人民文学》。所以有时候作家或者是评论家对作品的这种评判，可能带有自己的局限性。

董仁威：还有一个原因是中国科幻小说的发端，是起源于"为儿童写作"。我研究过这段历史，郑文光就是为儿童写作而开始创作的。后来他们逐步发展，提高境界以后，接触了世界，写了更多背景更为广阔的小说。但是，儿童科幻也有广大的读者群。这一群喜欢看儿童科幻的读者，主要集中在小学高年级和初中一年级这个特定阶段，到了初二就看成人科幻去了。但是这一阶段的人数其实是很庞大的，为这一部分读者写的科幻作品，我们称之为"儿童科幻"，我还把它定义为"科普式科幻"。叶永烈的《小灵通漫游未来》就是科普式科幻的一个经典之作，不能说《小灵通漫游未来》就比《三体》低多少，这两者不能类比，它是儿童科幻的一个高峰。后来的杨鹏啊、超侠啊，还有我们四川的陆杨，都是专门写儿童科幻的。还有四川的姜永育，最近出的作品也很多。这些儿童科幻作家发展得非常快，他们写的就是科普式科幻，读者群很大。所以我说，成人科幻和儿童科幻并行不悖，不要把它们对立起来，不能因为我们发展了一个新的类型，就把原来的类型否定了。

科幻邮差：是的，对待科幻创作应该有一种开放包容的心态。一种文学样式只有百花齐放，才有旺盛的生命力。

董仁威：而且不要互相贬损、诋毁，都要为彼此取得的成就高兴。现在我发现，我们新生代的代表作家及更新代代表作家，都愿意写点儿儿童科幻。现在，已经出了许多套，吴岩、宝树、江波、凌晨、索何夫这些中国主流科幻作家都加入了儿童科幻文学的创作队伍，作品屡屡获奖。

科幻的"正名"与"扬名"

科幻邮差：那个时候，剩下的就只有《科学文艺》，独此一家。您觉得是什么原因让《科学文艺》能够幸存下来？

董仁威：《科学文艺》能够幸存下来有几个因素：第一，在四川，它仍然是四川省科学技术协会的一个刊物，并没有被谁批判；第二，四川省是科幻创作的基地，有一部分骨干作家仍然热爱、喜欢科幻创作，他们的影响力在四川省，包括在四川省政府里还是很大的，不至于在四川出现批判科幻小说的现象。虽然出版社不敢出了，但这个杂志仍存在，当时也没绝对地说，哪个杂志就不准发科幻小说，谁能坚持，谁就能持续下去。幸运的是，以童恩正为首的四川省科普作家协会的核心人物，支持杨潇改组编辑部领导班子，改变经营方式；又幸而杨潇热爱科幻，她打造了一个热爱科幻的编辑团队，谭楷、贾万超他们本就有一个做科幻小说的愿望。可以这么说，那个时候不做什么都可以，要做什么也可以，反正也没人说你一定不能做，你小心一点儿就是了。所以就这样慢慢地复苏了。

科幻邮差：在杨潇老师接班改组之前，是谁负责《科学文艺》？是刘佳寿吗？

董仁威：不是。整体来说，《科学文艺》的创办主要是刘佳寿的功劳，刘佳寿是为首的。后来刘佳寿调走了，就换了一个人来接任《科学文艺》的主编，他是个很好的人，很忠厚老实，可完全不懂怎么办这个杂志，这个杂志的发行量迅速从原来的几十万册滑落到几千册，根本无法经营。四川省科协不愿意赔本，就让《科学文艺》的编辑们选择，要么自负盈亏，要么解散。在这样的情况下才发生了自选主编的历史性转折，才有后面的《科幻世界》。

科幻邮差：为了生存，那时真是被逼到绝境了。

董仁威：是被逼到绝境了。最初，杨潇还没有把《科学文艺》发展成专业的科幻小说期刊，靠做书卖书养活团队，然后决定改成《奇谈》，结果发现《奇谈》也不行，这才下决心发展成专业的科幻小说杂志，才有了科幻小说的复苏。

科幻邮差：请问董老师，您觉得中国科幻文学的发展需要怎样的土壤？

董仁威：百花齐放的土壤嘛，对各种流派都要宽容，要让大家都讲话。只要不危害政府、不危害国家的安全，都让它自由发展。当然最好是鼓励和支持，你看现在（2016 年）国家出台政策扶持，时任国家副主席李源潮还接见了科幻界代表。有了这些当然更好，但是只要不反对就行，不反对就能自然地发展起来，只要政府给一个宽松的环境就行了。当然我们也要提出底线——不能危害国家安全。

科幻邮差：进入 20 世纪 90 年代，科幻世界杂志社先后举办了两次比较大型的活动，一次是 1991 年的世界科幻协会年会，一次是 1997 北京国际科幻大会。杨潇老师说，第一次活动是为中国科幻正名，第二次是为中国科幻扬名。董老师认可这种说法吗？这两次活动您都参加了吗？

董仁威：赞成，两次我都参加了。第一次活动，国家允许搞这么大的活动，搞科幻大会，就证明搞科幻没有问题嘛。第二次活动，提高了中国科幻的影响力。

与科幻再续前缘

整合五股科普和科幻力量

科幻邮差：从 20 世纪 80 年代中期开始，董老师的创作重心转向了科普，慢慢与科幻拉开了距离。但是您在退休七八年之后，2010 年左右，又开始重新关注科幻，这一切是怎么发生的？

董仁威：首先，我从来没有离开过科幻，虽然是关注度不够，但是我一直在写，也一直在发表；虽然水平很低，但是我在写，没有停止过。当然，因为科普有大量的约稿，我会先去写那些，但我抽空也写科幻。21 世纪初期，我还在《世界科幻博览》发表过科幻小说《基因武器大战智能疫苗》，在《少年百科知识报》发表过科幻小说《移民梦幻星》。

第二，我一直在关注中国科幻的发展。因为我本来就是一个资深的科幻迷，非常老资格的科幻迷，喜欢科幻，关注科幻，所以我也参加了《科幻世界》组织的各种各样的活动，只要喊我，我都会去，而且也支持了《科幻世界》的各种工作，包括和科幻世界杂志社的合作。虽然没有直接跟《科幻世界》杂志本身合作，但是跟科幻世界杂志社所属的《四川科技报》合作，搞了三年，我的很多科幻小说都在这上面发表。所以，我一直都在，从没离开，只是没有大动作。

我常跟（姚）海军讲，跟你（杨枫）讲，就是科普、科幻千万不要分家。这两支"赛先生"队伍，可以分别自成一军，但也应是两支友军，要联合起来，把单靠科普作品影响力不大的格局打破。所以，在我担任四川省科普作家协会的主席后，我立即做了一个工作，把四川、重庆的五股科普、科幻力量联合到四川省科普作家协会中来。

科幻邮差：哪五股力量？

董仁威：这五股力量，第一股是我们成都市科普作家协会，这批作家基本上都是同时搞科普、科幻的作家；第二股是科幻世界杂志社，我邀请了社长杨潇、秦莉等参加我们四川省科普作家协会的核心班子；第三股力量是一直在四川省科普作家协会活动的那一批老科普、科幻作家，包括周孟璞、吴显奎；第四股力量是以张元树为首的四川省科普作家协会国防科普专委会的力量，他们搞的"少年军校丛书"和"国防科普丛书"影响很大；第五股力量是各地市州科普作家协会的力量，包括资阳的吴宗文，达州的彭万洲，绵阳的汪志、刘文传，重庆的黄继先等等。把他们全部动员起来，大家团结在四川省科普作家协会这个社团里，各自发挥长处或者合作一起搞。

聚集起来以后我们想，还是要干点儿大事。当时我们就讨论干点儿什么大事呢？大家说搞一个世界华人科普作家协会，让"孙子"生一个"爷爷"出来。

科幻邮差：哈哈，确实敢为人先。

董仁威：2000年底，我接手四川省科普作家协会，当了理事长，直至2011年。我的第一步是把大家的力量整合起来，共同办四川省科普作家协会，科普人、科幻人都来。我认为，科普、科幻是在特定历史条件下分开的，而我要把科普和科幻重新聚合起来，整合力量。这两支"赛先生"的方面军，两个亲兄弟，并肩战斗，一加一何止等于二！第二步，以我为首，联合一批骨干，找了点儿钱，于2006年去澳门特别行政区注册成立世界华人科普作家协会。这个科普作家协会包括了科普作家和科幻作家，第一届是叶永烈当主席，我是理事长。2010年2月12日，春节前夕，作为四川省科普作家协会和世界华人科普作家协会理事长，我召开了四川老科普作家春节团拜会，前来参会的姚海军向我建言，世界华人科普作家协会应该在科幻上做一些工作，办一个科幻类的奖项来团聚全国的科幻人。

会后，我与协会的秘书长松鹰商量，首先办一个科幻作家分会，然后由分会办

2010 年 2 月 28 日，世界华人科普作家协会科幻作家分会发起人会议现场。

奖。2010 年 2 月 28 日下午，我主持召开了世界华人科普作家协会科幻作家分会发起人会议。会上，王晓达提议由吴岩来担任会长。不久，我专程去北京，同吴岩及北京的科幻人见面，邀请吴岩接下会长一职。吴岩答应了，并支持由科幻作家分会办一个科幻奖。

此后，世界华人科幻协会在香港特别行政区注册，独立活动。

于是，在世界华人科幻协会的旗帜下，组建了以我和姚海军为首，程婧波、董晶、杨枫为成员的筹备班子。

华语科幻星云奖诞生始末

董仁威：我们为此奖取名为华语科幻星云奖，以后逐渐将其发展成为与美国的英语星云奖、日本的日语星云赏同类型的国际科幻奖。

同时，在姚海军、吴岩的努力下，刘慈欣、韩松、王晋康、何夕、北星、陈楸帆、江波等当代科幻的代表作家加入了华语科幻星云奖发起者的行列，华语科幻星云奖嘉年华活动得到程婧波、董晶、杨枫、付胜、杨波、李庆雯等志愿者的无私奉献。

全球华语科幻星云奖发起人有一个长长的名单，其主要人物是：联合创始人董仁威、姚海军、吴岩，主要发起人刘慈欣、韩松、王晋康、何夕、北星、陈楸帆、江波、程婧波、董晶、杨枫、付胜、杨波、李庆雯等。

2011年，为了华语科幻星云奖在国内合法运营，我联合发起人中的主要人士，包括程婧波、董晶、杨枫、石以、高辉等，创办了专门运营华语科幻星云奖公益活动的公司——成都时光幻象文化传播有限责任公司。

华语科幻星云奖授权由成都时光幻象文化传播有限责任公司主办，先后与四川省科技馆、果壳网、新华网股份有限公司和海南壹天视界科幻文化传媒有限公司等机构合作，以嘉年华形式，包括科幻高峰论坛、科幻星云之礼、科幻颁奖盛典、科幻星云之夜、科幻作家签售等年会活动，团结了全球华人科幻作家、评论家、编辑、翻译及其他形式的科幻创作者、从业者、参与者等。

至2022年，作为华语世界科幻文学的荣誉奖项、国际性的华语科幻文学专业奖项、中国华语科幻界公认的权威奖项，华语科幻星云奖颁奖盛典分别在成都、太原、北京、重庆和海南等地的文化地标建筑如四川科技馆、山西国际展览中心、中国国家图书馆、中国宋庆龄基金会未来剧院、重庆大剧院等处连续举办了十三届，其中，第一、二、三、六、十三届均在成都举办。历年获得小说金奖的有王晋康、刘慈欣、陈楸帆、宝树、江波、韩松、程婧波、何夕、阿缺、张冉、顾适、灰狐、梁清散、七

2010年8月8日，世界华人科幻协会第一次会员大会暨首届星云奖颁奖典礼上，众嘉宾合影。前排左起依次为：张昌余、松鹰、刘兴诗、周孟璞、董仁威、何定铺、韩松；后排左起依次为：王晓达、姚海军、吴岩、王晋康、刘慈欣、星河。

月、谢云宁、万象峰年、靓灵等，其获奖作品均对华语科幻在中国乃至世界的发展地位产生了重大影响。

此外，曾获雨果奖的刘慈欣与郝景芳，其作品《三体Ⅲ·死神永生》《北京折叠》在获得雨果奖之前均首先获得过华语科幻星云奖；为表彰刘慈欣、郝景芳的国际交流贡献，我们还对他们授予了华语科幻星云特等功勋章，颁发了华语科幻最高成就奖。而享誉世界的科幻小说《流浪地球》，2012年即成为华语科幻星云奖奠基作品集（由人民邮电出版社出版）的封面书名。

科幻邮差：您介绍世界华人科幻协会成立的前后经过时，提到了一个比较重要的人物——姚海军。众所周知，姚海军老师所在的科幻世界杂志社多年来一直坚持举办银河奖，姚老师当时是出于什么样的考虑，提议要创办一个崭新的科幻奖——华语科幻星云奖？

董仁威：这个问题可能由姚海军自己来回答会更加准确。（笑）不过，我可以从跟他的接触中，理解他为什么在有了银河奖以后，还要主张办一个华语科幻星云奖。他说，《科幻世界》毕竟只是从一本杂志的视角来看整个科幻界，他觉得科幻世界杂

世界华人科幻协会三位发起人。从左至右依次为：姚海军、吴岩、董仁威。

志社和科幻界都应该从一个更高的高度来看整个华语科幻的状况和思考如何促进它的发展，仅仅从一本杂志的高度来看是不够的。为什么呢？

第一，《科幻世界》占了中国科幻的半壁河山，绝不是全部。还有很多的出版社，特别是在千禧年后，很多的出版社开始出版科幻小说，还有些杂志也开始刊登科幻小说，再加上以前还有《新科幻》杂志，网络上也有一些科幻杂志，那么这里面也集聚了相当的科幻力量。因此如果只站在一本杂志的高度还是不够，无法把整个华语科幻至少中国科幻的所有力量凝聚起来，我们需要一个行业的奖项，共同来发展我们的科幻事业。

第二，我俩有一个共同的理念，就像一个产品只有一家单独的店，跟它有一条街、一个口岸、一个市场相比，情况是完全不一样的。整条街都繁荣，虽说有竞争对手，你这家店也会更加繁荣，而不是门庭冷落、生意凋敝。现在任何产品在中国都是有一个很集中的市场，有一个很集中的口岸让它繁荣起来。如果只站在《科幻世界》的高度，这一点是办不到的。

第三，科幻世界杂志社领导者的胸怀，我不敢妄自评论，但他们还是不可能抛开《科幻世界》的利益，转去更多考虑其他科幻作家的利益。比如到现在为止，在银河奖颁奖礼上，奖金最高的长篇小说金奖还没有颁给过跟《科幻世界》无关的作家和作品，当然今后可能会做到，会有更大的胸怀。但整体来说，从现状来看，要把中国科幻的热潮推动起来，光靠一个银河奖是不够的。银河奖当然非常重要，也非常有成绩，如果再有一个另外的奖，从不同的角度来增强科幻实力，也是非常必要的。所以姚海军坚定不移地要我们几个联合起来把这个科幻星云奖办好，虽然这中间经历了很多的挫折、打击、限制，甚至有人告状，但是他坚定不移。

其实，银河奖是一个企业的奖项，华语科幻星云奖是一个行业的奖项——科幻行业的奖项，二者各有千秋，应该互相支持，共同发展。

四川省科普作家协会对中国科幻的贡献，不应被遗忘

科幻邮差：作为两届四川省科普作家协会的理事长，您认为在中国科幻发展史上，四川省科普作家协会起了什么独特的作用？

董仁威：在中国科幻的历史中，除了科幻世界杂志社的贡献突出外，四川省科普作家协会的贡献也功不可没。

1978年，在以四川省科协副主席李力众和四川科技出版社社长周孟璞为首的四川省有关部门的努力下，成立了四川省科普创作协会。四川省科普创作协会办了两个刊物，一个是《科学文艺》，一个是《科学爱好者》。

在《科学文艺》主编刘佳寿的主持下，1979年在成都举办了科幻小说笔会，请了郑文光、萧建亨、童恩正来成都为新作者讲课，并在《科学文艺》创刊号上发表了萧建亨的科幻小说《"金星人"之谜》。我就是这次笔会的新作者，习作科幻小说《分子手术刀》发表在1979年《科学文艺》第3期上。《科学文艺》很快成为每期发行量达到数十万册的、有全国影响力的刊物，它发表的科幻小说也走出了国门。《科学文艺》创刊号上发表的萧建亨那篇《"金星人"之谜》，在一家日本科幻杂志上翻译发表后，反响强烈。

日本科幻评论家渡边直人曾对《"金星人"之谜》做过这样的评论："《'金星人'之谜》译自四川《科学文艺》创刊号。在当时，描写宇宙航行的中国作品十分罕见。在粉碎'四人帮'之后出版的作品中，这篇科幻小说堪称出类拔萃之作……"

《科学文艺》创刊号发表了《"金星人"之谜》。

以后不久，《"金星人"之谜》又被东京大学著名的汉学家伊藤敬一教授翻译出版。日本太平出版社出版了一套八卷本的《中国儿童文学》。这套丛书收集了鲁迅、周作人（兄弟俩共一卷）、老舍、茅盾、巴金、张天翼、任大星、茹志鹃、萧建亨的儿童文学作品，其中第一卷就是萧建亨的科幻小说集，而且以《"金星人"之谜》作为此卷的书名。

这段我考证的科幻史，已写入即将在成都时代出版社出版的《中国少儿科幻史话（1949-2021）》中。

《中国少儿科幻史话（1949-2021）》和《第二届少儿科幻星云奖获奖作品集》，也是海南壹天文化公司与成都时代出版社合作给第81届世界科幻大会的献礼书。

在中国科幻发展遭受挫折的日子里，四川省科普作家协会旗帜鲜明地支持中国科幻。1982年，四川省科普作家协会副理事长童恩正牵头，我与王晓达、谭楷等十二位科普、科幻作家联名在《文谭》杂志发表文章，旗帜鲜明地支持叶永烈。

我从2000年接任四川省科普作家协会法定代表人、理事长以后，也把发展科幻事业放在重要的位置上。在回顾中国科幻史时，一个在世界华人科幻协会与全球华语科幻星云奖背后，"孙儿生了爷爷"的四川省科普作家协会对中国科幻的贡献，不应被遗忘。

2015年10月17日，华语科幻星云奖核心成员亮相颁奖盛典。左起依次为：吴岩、韩松、刘慈欣、董仁威、王晋康、何夕、姚海军。

日益壮大中的华语科幻星云奖

科幻邮差：在您看来，华语科幻星云奖对整个科幻产业生态产生了什么样的影响？

董仁威：我觉得自己给自己评价不是很合适。不过，我个人觉得，至少是正能量多一些吧。首先就是，我们把全球华语科幻界的大部分作家和从业人员，不说全部，至少有百分之七八十，团结在了一起，共谋发展科幻的大计。而且每年一次的聚会，使这些人互相联系，互相交流，互相促进，产生了很多的叠加效应。科幻作家们相互认识，互相促进；跟出版商、电影界的人认识，提供了这么一个科幻产业链上下游交流的平台，产生了很多成果。

此外，我们评出来的这些奖项，对于我们这些科幻作家的声誉也有很大的帮助。科幻作家们的出版物上除了"银河奖得主"之外，星云奖金奖／银奖也都要写上，包括得了一个科幻创意奖也要写上去，这说明此奖在市场上有一定的号召力，是一个荣誉和骄傲，拥有的社会影响力越来越大。这是我们坚持奖项的公信力、逐渐改善评奖机制获得的，说明这个奖得到了社会的承认。

最初我们办这个奖的时候，有人说得到这个奖是个耻辱，但是现在再也没有人这么说了，而且说这话的人后来也得了奖，自己非常高兴，反以为荣。这种转变是很不容易的，是我们通过许多届艰苦努力获得公信力的结果。我们为了取得公信力，把每一届的评委会组建得更加合理，组委会和评委会的机制建立得更加完善，避免了刷票。而我们的评奖机制做到了公开、透明、公正、专业。最开始几届评奖受到不少人的吐槽，随着评奖机制的不断完善，吐槽的人越来越少了。这样，奖项有了公信力，这个奖项就给科幻作家、给科幻产业带来了好处，推动了产业链的下游公司积极寻找获奖作品，进行深度开发。

科幻邮差：在主奖之外，还有一个比较大的变化就是推出了第一届星云奖的电影奖，那么办这个电影奖的初衷是什么？

董仁威：其实这只是一个结果。实际上，我们从第六届华语科幻星云奖开始就设立了科幻电影创意奖，第七届也有，目的是推动科幻文学作品转化成科幻影视等下游产品。因为科幻的上游和下游之间需要一个平台把它们衔接起来，我们的科幻作家不知道把作品推给谁好，而想做科幻影视、科幻游戏的机构又不知道找什么作品。事实证明，简单加点儿科幻元素做出来的科幻片都会被吐槽，包括那些高票房的所谓的科幻电影也都被吐槽，很难出现真正的、像美国科幻大片那样为大家所接受和欢迎的科幻片。所以这个过程中，就需要我们做工作来搭建一个上下游之间相互衔接的平台，同时，通过评奖引导科幻产业的发展方向，推动国产科幻电影产业的健康发展，这就是我们办科幻电影星云奖的初衷。我们相信通过把全国搞科幻产业的公司和机构团结起来，大家一起来做科幻电影奖和创投活动，经过五年或者十年，一定会有一个很好的效果。

科幻电影星云奖只是我们华语科幻星云奖主奖外的第一个分支，第二个分支是少儿科幻星云奖，迄今（2023 年）已经办了三届。儿童科幻，大家一致认为必须独立出来搞，因为成人科幻和儿童科幻这两种类型有很大的不同，它们的读者对象、标准、创作者都不同，独立出来不仅可以促进它们尽快发展，还能与产业下游尽快衔接起来。

科幻邮差：董老师优秀的商业才能在科幻领域是有目共睹的。但是我们也应该看到，一方面商业化运作能迅速带动科幻的热度，另一方面优秀的科幻作品需要的创作周期长，独立性也比较强，在您看来，二者如何才能达到一个比较好的平衡呢？

董仁威：我觉得有两个方面。第一个方面，在原创方面要耐心积累。我们现在已经积累了不少可供转换的优秀科幻 IP（知识产权），但"养在深闺人未识"。电影人中有些关于如何搞科幻电影的理念是不对的，比如以为自己懂电影，也懂一点儿科幻，就可以自己来搞。我认为，不在我们优秀科幻作家的科幻 IP 中"发掘金矿"，一切重起炉灶，这是事倍功半的。我对一个持这种理念的导演说，如果不在挖掘国产原创科幻小说资源上下功夫，成不了大气候。你们编的科幻故事再厉害，总没有我们千挑万选出来的这些科幻精英写出来的东西厉害、经得起考验吧？他接受了我的意见，后来专门到成都找我，要我帮他寻找原创科幻 IP。

我们这批人，就正好站在科幻上游和下游之间，可以踏踏实实做分析研究，把原创科幻精品发掘出来，推荐给下游企业。

与港台的科幻文化交流日益密切

科幻邮差：华语科幻星云奖还有一个成绩，就是创立伊始，把港台地区的科幻人也拉到这个舞台上来了。华语科幻星云奖在举办的过程中，我们和港台地区科幻文化的交流是一个什么状况？

董仁威：2010年，中国科协组织一批人去台湾地区参加海峡两岸科普论坛。在这个会上，我结识了台湾地区科普、科幻界的人，与十位教授进行了交流。这十位教授中有一位叫张之杰，他虽然是以搞科普为主，但是他也搞科幻。他把台湾科幻元老黄海介绍给我，第二届科幻星云奖我邀请了他们来参加，后来基本上届届都邀请他们。另外，我们还发现了一些年轻的作者，比如李伍薰，他非常热心，年年都要自费来参加星云奖活动；而《科幻世界》培养的平宗奇后来也来了，这样两岸的交流就慢慢做起来了。因为大陆科幻作家的数量相对台湾地区多很多，一投票他们就会被甩到后头，所以评奖时，在质量相当的情况下，我们会适当照顾他们一下。第六届他们很高兴，得了很多奖；第七届就不太高兴，没得到什么奖。今后，要加强联系。

科幻邮差：香港方面的情况呢？

董仁威：香港呢，这个问题就是我们的工作做得还不够好了，前面几届都来了，后面几届不知道为什么他们就没来。你看香港的谭剑是我们发现的嘛，我们给他评了金奖。评奖过后，香港本地的报纸一版一版地写他，把他的名气搞得很大，他对我们应该没有意见嘛，但是他后来不来了。另外，香港科幻协会的会长李伟才，后来不知为什么也不来了，我给他写过很多封信，他回答过我说忙，没来。现在，我们的常务理事三丰加入了香港科幻协会，答应做我们的联络员，相信下一届华语科幻星云奖同香港地区的联系会密切起来。

人物回忆

郑文光说："你写的稿子不比任何人差……"

科幻邮差：董老师从事科普、科幻创作这么多年，一路走来，跟我们耳熟能详的许多科幻前辈都结下了深厚的友谊。您在 2012 年出版的《穿越 2012：中国科幻作家名家评传》就是最好的证明，我记得是在当年的星云奖嘉年华上推出的，还有签名卡呢。接下来，请您为我们讲几个有代表性的故事吧。

董仁威：好的。在科幻界，我起一个什么样的作用呢？我觉得我最重要的作用就是介绍科幻作家、宣传科幻作家。因为我这个人除了写生物科普以外，就是喜欢写人物传记、报告文学等非虚构作品，对科普作家、科幻作家非常关注，几十年如一日地关注着。比如早在 1982 年，我去北京参加"儿童文学培训班"时，就抽空去和平里采访了我们中国的科幻大师郑文光。

科幻邮差：那时郑文光老师的身体状况怎么样？

董仁威：很好。郑老师和他的爱人都非常好，说我很年轻——四十多年前，确实还比较年轻。（笑）他原来也不认识我，我也一点儿名气都没有。之前，他早把王晓达注意到了，但还没有注意到我。我去了就跟他讲，我是来采访您，向老师学习的。他非常欢迎，说："好，我跟你讲。"然后每天采访完，他都要留我吃饭。我写完稿子给他审，他就鼓励我说：

"你写的稿子不比任何人差，你不要自己瞧不起自己。"

科幻邮差：太大的鼓励了！

董仁威：对，"不比任何人差"。所以我就走上写科普、科幻作家评传的道路，走上宣传科普和科幻的道路。后来我采访了很多人，通过采访建立了很深厚的友谊。这个过程中，我告诉大家，我并不是一个科幻理论家，我只是对人很感兴趣，不像刘慈欣他宣称对人不感兴趣，只对科学感兴趣。（笑）我写的东西，只是应用了他们的研究成果而已，我没有什么自己独立的东西，请他们理解，不要苛求我。郑文光是我采访的第一个人，我跟他一直保持着友谊，后来他来四川我都陪他到处玩儿。

科幻邮差：郑文光先生身上有什么东西吸引您？记得之前我问过您，那时好像也并没有媒体向您约稿，您纯粹就像是一个粉丝去"追"自己的偶像。（笑）

董仁威：就像现在的年轻人对刘慈欣感兴趣，要去"追"他一样。

20 世纪 90 年代，董仁威（左）在北京探望生病住院的著名科幻作家郑文光。

科幻邮差：那他身上到底是什么东西吸引您呢？

董仁威：郑文光身上的那种大师风度，我至今都没在第二个人身上见到。他作为大家、大师，其宽广的胸怀、渊博的知识、真诚的情谊、高雅的作品，都是无人能及的，所以我们说他是"中国科幻之父"。而且他对青年人的爱护、支持和鼓励，也是无人能及的。再者，郑文光老师很正直，性格温和、儒雅，这些人格魅力深深地吸引我。我每次到北京去，绝对要去看他，任何时候都要去。这个人是我们科幻界出现的第一个大人物。这位大师、大人物至今没有被人很好地认识，他的作品也没有被很好地认识。他的《太平洋人》《大洋深处》文学性很强，我当时给出的评价就很高。虽然时代的脚步前进得很快，但是真正好的作品不会过时，不能因为它的科幻核心过时，作品就过时。我从郑先生那里学到很多、得到很多，我很感谢他，所以后来我写了他的评传。

童恩正是我永远的老大哥

董仁威：第二个人就是童恩正，刚才我讲了他的人格魅力，他是我们的老大哥。他跟我的交往非常深。

科幻邮差：他比您的年龄大吗？

董仁威：比我年长，但是不多，大个五六岁，我在读大学的时候他刚毕业几年，所以我们像兄弟一样。我们亲密到什么程度？他的第一辆摩托车就是我借钱给他买的。他喜欢玩儿，玩儿最时尚的东西，后来他也是川大最先买私家车的人，买车的时候，他说"借点儿钱给我"，我就借了钱。他把旧电视机原价卖给我，我就买了。他拿到钱就买了车，当时谁有私车啊，就是他最先有。那车只能坐两个人，意大利产的，我是第一个坐他车去兜风的人。

科幻邮差：您对童恩正老师来说就像是他的"私人银行"啊。（笑）

董仁威：他觉得我在工厂工作总比他有钱，但我的工资不过是公务员水平，就多一点儿稿费。不是我有钱，只是我舍得而已，为这个老兄做什么事都可以。他去世前一个月回国，科普界只有我一个人跟他单独待了三天，我们和他弟弟一起出去周游了三天。他的弟弟和我的感情也非常深，我以前在科普作家协会开会没钱的时候，我说："童恩文，给我点儿钱。"他说："来嘛，你来我这儿开会嘛。"

科幻邮差：他是做什么的呢？

董仁威：他是成都菊乐企业（集团）股份有限公司的董事长，也是身家上亿元的老板。很多次科普作家协会的会，都是他支持我开的。童恩正回来，也是童恩文招待大家。我们给童恩正扫墓，也是童恩文请大家吃饭。

科幻邮差：童恩正老师的去世非常突然吗？

董仁威：非常突然，而且只有我知道真实原因，是童恩文告诉我的。他得了肝病，美国医生说，给他换一副肝吧，正好有一副鲜活的肝。童夫人同意了，晚上做手术，洋医生不让她守着病人，叫她第二天早上来，说届时会把一个健康的人交给她。结果他们真的没去守护。第二天他们去看童恩正，人就已经去世了。水土不服，对洋肝产生排异反应，没下手术台就去世了。

科幻邮差：肝脏移植放到现在都是很大的手术呀。

董仁威：他本来可以不做手术，采取保守疗法，吃点儿中药，也没什么大不了的问题。

科幻邮差：那时情况并没有糟糕到非得做手术？

董仁威：没有嘛，没有非要做手术嘛，而且肝有两块嘛，割了一块，还有一块。就这样去世了，所以我们非常悲痛，"如丧考妣"，真正是比自己死了父母都还悲痛。

科幻邮差：那个时候他多大年纪？

董仁威：应该是六十四岁，太年轻了，是我们科普、科幻界的一个巨大损失。不然，他后来会写出更多优秀的科幻小说。他在美国开始写侦探科幻小说。因为美国不限枪，他买了各式各样的枪支，自己在那儿把玩儿。

科幻邮差：啊，童老还有这个爱好啊！你们最初是怎么开始打交道的呢？

董仁威：他是科幻前辈，在四川省科协办的笔会上听他讲课认识的。

科幻邮差：那时有科幻文学写作班吗？

董仁威：就是科普笔会，包括了科幻，这些笔会有很大的成效，真正能够解决问题，现在的笔会都达不到那个水平。我们把作品拿给老师看，师父带徒弟，手把手带出来。刘兴诗跟童恩正关系也很好。

刘兴诗喜欢戴着耳机写作

董仁威：我和刘兴诗相交是因为共同主编《新世纪少年儿童百科全书》，我们两个在一起工作了三个月，写了十万字提纲，期间开始互相了解，最后结成铁哥们。虽然我们之间也有分歧，但是在最关键时刻，他会站到我这边支持我。我也采访过他，为他写过评传。

科幻邮差：您觉得刘兴诗老师比较大的成就在哪方面？

董仁威：我一直跟他讲，我说你最大的成就是科普，而不是科幻。少儿科普是他最大的成就，写给孩子们的那一系列故事，包括地理故事、世界历史，非常受欢迎，非常畅销，而且在读者中间影响也最大，几十本写得特别好。

科幻邮差：也挺不容易的，刘老写《讲给孩子的中国大自然》时应该是八十多岁了。

董仁威：很不容易，他一直在坚持写作。你们不知道他写作有一个习惯，是戴起耳机听着音乐写，所以说他的作品非常美，有音乐感。他写得第一好的是科普；写得第二好的是童话，他的童话真是美的杰作，非常美，但是没有被人重视；第三才是科幻小说。他不同意我的意见，说："不！我第一好的是科幻小说。"（笑）

我说，你写的科幻小说确实还可以，但是绝对站不到最前面。你在儿童科幻里面有地位，你的《美洲来的哥伦布》是儿童科幻的典范，但是你的儿童科幻比不过叶永烈，你看叶永烈卖了几百万册。我虽然这样说，但不妨碍我同刘兴诗建立起非常深厚的友谊。刘兴诗特别有童心，特别善良，但是他口无遮拦，有很多怪毛病，得罪了不少人。我给他写评传的时候，如实地写了他的两面，他一看，把不顺耳的全都删了，自己加了一句话："在熟悉刘兴诗的人面前，他是很可爱的。"刘兴诗的七十大寿、八十大寿，都是我给他祝的生。

我这一辈子就是好交朋友

董仁威：我的另一个朋友王晓达，是跟我一起出道的。1979年，四川省科普创作协会开笔会的时候，刘佳寿跟我说，这次笔会发现了两个人，一个是王晓达，一个就是我。我俩关系一直很亲密。最早他在工厂里面工作，我也是。我给他写过评传，开始没有发，后来也发了，发在《中国科幻史话》上。

科幻邮差：为什么呢？

董仁威：产生了一个误会，因为当年有人挑唆，挑唆后给我搞了很多的小动作，并且赖给王晓达。后来我搞清楚了，绝对不是他，我说我误会你了，对不起。消除误会后，我不仅出版了有他的评传的书，还恢复了与他的密切交往。2021年他去世前，半夜约见我，我一大早就赶去了，说了许多知心话。他去世后，我大清早冒着严寒去参加了他的遗体告别仪式，他的同龄老朋友中，只有我一个人去了。

在我的评传中，还写了新一代的科幻"四大天王"以及两个科幻编辑，其中一个就写了杨潇。杨潇在科幻世界杂志社主持工作时一直关照我，我们的理念也非常一致，后来我当了四川省科普作家协会的"头儿"，接手了一个"三无"协会，一分钱没有，办公地点也没有，连个会员花名册都找不到。我就请杨潇帮我解决一下，她说："好，找阿来。"当时她已退下来了，由阿来当家。她就带我去找科幻世界杂志社时任社长阿来。

　　我对阿来说："阿来，你知不知道我们科普作家协会跟《科幻世界》是什么关系？"他说不知道。我告诉阿来："《科幻世界》是我们四川省科普作家协会创办的。"我又问："你吃过我们的泡司没有？"他说吃过。我告诉他，那就是我为《科幻世界》发礼品捐赠的。于公于私，于情于理，阿来都只有支持我。阿来就说："哦，那好那好，你要什么嘛？"我半开玩笑地说："现在协会居无定所，没有房子住，没钱用，所以，请你们给点钱'养老'，这是其一；其二，给个房子住。"他说钱可以给你一些，房子暂时还没有，然后马上批了一点儿钱，给了我们一点儿活动经费。后来，秦莉当社长，杨潇又带我去找她，秦莉非常支持，痛快地帮我解决了办公地点的问题。当时，科幻世界杂志社的《心事》正好停办，把整个二十五平方米的房子交给我们四川省科普作家协会当办公室，跟我签了一个十年零租金合同：十年不交租金，水电费也不交，只交电话费。评传中我写了杨潇，专门对她进行了采访，因为我们是无话不谈的老朋友，她什么话都跟我说，我写出的采访稿交给她反复改了好多次，因为我把许多"大实话"都写上去了，她不乐意。

　　中国当代科幻"四大天王"之首的刘慈欣，我是在华语科幻星云奖的首届颁奖典礼上第一次见到他，我俩一聊就很投机。他说："我现在给你说了很多别人都不知道的事情，你别说出去，不准发表。"因为我答应了他，所以我现在有很多精彩的故事都没有发表。我跟他认识以后，他很认可我们搞华语科幻星云奖。他说，每年他有两个会一定参加，一个是银河奖，一个是星云奖，他从未缺席过，很支持。他虽然跟我接触不多，但每次见到我都很高兴。可每次我喊他在会员大会上发言，他都不讲。不讲就不讲嘛，我不是非要"拉大旗作虎皮"。第七届会员大会，他参加了，我知道他不会讲话，轮到他了，我礼貌地问："你不讲话，是吗？"没想他却一反常态地说："嘿！我要说话。"我知道，他认可我们的工作了，他是看了吴岩的协会工作报告后，看到我们进行的艰苦努力，有感而发的。

还有一件事，我有次找刘慈欣把手稿捐赠给科幻博物馆，他没有太买我的账，他说没有手稿，他一开始就是用电脑写作的。当时其他人，王晋康他们都给我了，就是他没给我。后来在北京的会员大会上，我动员大家捐赠手稿，轮到向他要，我说："我也不找你要了，你没有手稿。"刘慈欣突然变了脸说："谁说我没有？我有！"我说："好，那你捐给我哈。"后来，他真的把他唯一一份手稿，《科学文艺》的退稿《地火》找出来，带到成都交给了我。这是世界上仅存的一份刘慈欣的手稿，成了我们科幻博物馆的"镇馆之宝"。

另外三个"天王"，与我的关系也很好。先说王晋康，我采访他后写的评传，一开始我是没有发表的，因为我没有写下去，我跟他有争论。

科幻邮差：是观点不同吗？

董仁威：观点不同，就是《蚁生》这部作品，他认为是他最好的作品，我说"你写得臭"。

2011 年 11 月 12 日，在第二届华语科幻星云奖颁奖典礼上，董仁威（中）为著名科幻作家刘慈欣（左）、王晋康（右）颁奖。

科幻邮差：您的依据是什么？

董仁威：我当然有依据。我问王晋康这篇的主题是不是反乌托邦，他承认是反乌托邦。我说这篇小说一点儿也没有反乌托邦的味道，那个主人公，最后给人的印象还是很好的，是个"神"，你这是歌颂，还是反乌托邦？他无语。我常挑大王作品的毛病，他很大度，也不生我的气，对我说，年轻人总是说他的好话，他很愿意听听不同的声音。为此，我越来越敬重他，同他的友谊也日益加深。后来，我看了他的《与吾同在》后，很认可他，迅速地完成了他的评传，给他看后他也认可了。再后来，我们交往非常密切，像兄弟一样。他的《天父地母》出版后，我彻底服了，认定这是中国当代科幻达到世界水准的杰作之一。

我同何夕的关系就更好了，我们是四川老乡，非常谈得来。

科幻邮差：还没听到你和韩松老师的故事呢。

董仁威：应该说在"四大天王"中，与我最"铁"的是韩松。我搞星云奖时，宣传完全是靠他做起来的。有一次我办奖发生了经济危机，他把一万多元的稿费捐出来办星云奖。没有这一批科幻界领军人物作为支柱，就没有华语科幻星云奖的今天。

我的骄傲与遗憾

科幻邮差：听董老师讲了这么多科幻和科普人生中独特的经历，也看到了董老师为科幻做出的特殊贡献，我想知道，在您心中最值得骄傲的事情是什么？

董仁威：最值得我骄傲的事情，就是我坚持把华语科幻星云奖办下来了。为什么呢？因为非常难，办一届容易，办两届容易，坚持下去很不容易。我们是一个民间奖，没有政府背景，没有企业支持，没有资金来源，什么都没有，而野心又很大，要办成全球华语界具有国际影响力的奖项，可以说每一届都是爬坡过坎，处处充满了危机，每一届都差点儿办不下去。然而，通过我们锲而不舍的努力，通过我们核心团队的，包括你（杨枫）的努力，到最后一刻还是坚持了下来。

比如说，第一届我们是靠大家，主要是通过志愿者的努力，就用那么两三万块钱办了起来。第二届呢，我们遇到了知音，看书网的高辉被介绍参与进来，支持我们办了两届，就是第二届、第三届。第四届就再也找不到人支持了，最后找到了一家出版社支持我们——希望出版社。但是他们的资金力量很有限，只能够拿出五万块钱来支持我们，五万块钱怎么办呢？没有办法，办不下去了。最后我一个人咬咬牙，"独裁"了，签了合同，我相信：船到桥头自然直，车到山前必有路！

开会时，希望出版社尽了很大努力，但是，他们毕竟力量有限，就是这点儿资金也还不在我手上，每次还要我垫付。有一次临开会前，在餐馆吃饭，大家都已经吃完走得差不多了，还没人来买单，我身上的钱已经被各种开支给垫光了，坐在那里当"人质"，多尴尬、多难受！到这种程度，你想想办奖办得有多艰难！办过类似奖的人，还有很多，但是你看那时哪个民间奖超过两届？没人能坚持办下来。所以，我觉

2016年9月11日，在第7届华语科幻星云奖颁奖典礼上，评委以"星战"武士造型闪亮登场。左起依次为：刘兵、董仁威、刘慈欣、杨枫、姜振宇、喻京川。

得我们不但坚持办了下来，而且规模越来越大，影响力越来越大，一届比一届强。最终在第七届我们站住了脚，在新华网和壹天文化公司的支持下立住了脚。

以前我把很多事情坚持下来，但都没有这次这么难。反正坚持下来后，对我也有巨大的回报，这种巨大的回报是什么呢？就是交了科幻界这一批朋友，这一批朋友给了我巨大的精神力量。你看，我是"四零后"，跟他们之间年龄最少隔了十多年，我的朋友里有"五零后""六零后""七零后""八零后""九零后"，现在还有"九五后"的。这一批人，都是纯理想主义者，就像兄弟姐妹一样团结在一起，没有代沟。大家非常高兴地在一起为了科幻结成同好团队，共谋华语科幻事业的发展，有了困难大家克服、大家帮助，有了矛盾就化解、宽容。这是非常不容易的，我晚年能够得到一个温暖如家庭的社交圈，就是给我最大的回报。

科幻邮差：那有没有给您留下什么遗憾呢？

董仁威：遗憾？这一辈子的遗憾肯定还是很多的。要说起来的话，我也经常反省自己，哪些事情做得不对。只要我意识到自己做得不对，我肯定马上会道歉。年少无知时我曾有对不起我们当时生产队长米德海的地方，这件事情我一直耿耿于怀，如鲠在喉，非常内疚。一个人只要善于反省自己，多少可以减少一些遗憾吧。

科幻产业

四川的科幻文化非常发达

科幻邮差：有人说，最近这几年，全国的科幻产业得到了长足的发展，但四川本土的科幻产业发展却似乎相对较弱，董老师认可这个说法吗？

董仁威：不认可。四川的科幻文化是非常发达的。为什么？我们从三个层面来说，第一个是原创队伍，这个原创的队伍集合起来力量是很大的啊。包括何夕、程婧波、谢云宁，还有川大毕业的阿缺。所以我们这个队伍还是有一些排得上号的人物。此外，还有姚海军，还有你（杨枫），这么多著名的科幻编辑。第二就是成都有科幻世界杂志社，有华语科幻星云奖组委会，还是世界华人科幻协会的发源地。不管北京还是上海，数不数得出来这么多与科幻有关、影响力那么大的机构和团体？外地的科幻迷、科幻作家，他们把成都当成科幻的圣地来朝拜，为啥要说我们本土弱呢？不弱。第三是科幻产业的上游、下游公司也在起步，特别是成都时光幻象、赛凡空间，还有你的八光分文化，这些都是科幻IP（知识产权）转化的平台，是科幻产业重要的基地。当然，成都的科幻产业下游还相对比较弱，大家一起努力来改变这种状况吧。

科幻邮差：从长远来看，还是很让人期待的。

董仁威：未来更可期待，所以说要把成都建设成科幻之都，我赞成。

科幻邮差：您对于把成都建成科幻之都有何建言？

董仁威：要认清成都的优势和短板，然后针对成都的实际情况来进行建设，发扬长处，弥补短处，脚踏实地地工作，才能达到目的。靠吹牛、想当然，那不可能建成理想的科幻之都。竞争对手很多呀，北京、重庆等等，都在行动。

1949 年以来，中国科幻的中心一直是上海、北京和成都并驾齐驱。上海有少年儿童出版社（现隶属上海世纪出版股份有限公司），孕育出叶永烈、萧建亨等一批著名科幻作家，出版了《小灵通漫游未来》《布克的奇遇》等家喻户晓的科幻小说，拍摄了中国第一部真资格的科幻电影《珊瑚岛上的死光》；北京有中国少年儿童出版社（现中国少年儿童新闻出版总社），有"中国科幻之父"郑文光，有少儿科幻大师张之路，出版过《飞向人马座》《月光岛》等科幻名著，拍摄过有广泛影响力的儿童科幻电影《霹雳贝贝》；成都则有被誉为中国科幻老"四大天王"的著名科幻作家童恩正、刘兴诗、王晓达，出版过科幻名著《波》《"金星人"之谜》等。但是，艰难困苦，玉汝于成，成都一直高举着中国科幻的大旗，《科幻世界》独树一帜，持续发掘科幻作者，推出大量优秀的科幻小说，顶起中国科幻的半边天。许多有识之士钟情于科幻，举办了各种公益性的科幻活动，持续开发科幻产业，占据着优势，成都在很多方面都走在全国的前列。不过应该看到，也有很多短板。目前，成都的科幻犹如一个人——头部发达，四肢单薄，是个发育不完全的畸形儿。必须努力努力再努力，才能建设成名副其实的科幻之都。

科幻邮差：您认为成都建设科幻之都有哪些优势？

董仁威：成都建设科幻之都的优势有很多，比如原创科幻 IP 全国第一，科幻活动头部品牌全国第一，全国最权威的两个科幻奖项都在成都，一个是科幻世界杂志社有三十余年历史的科幻文学奖银河奖，一个是有十四年历史的华语科幻星云奖。此外，还有成效卓著的专业奖"未来科幻大师奖"和"冷湖科幻文学奖"，以征文形式推出优秀科幻作品，推出科幻作家。

另外刚刚我们也提到了，成都培养和推出知名科幻作家是全国第一的，银河奖、华语科幻星云奖、少儿科幻星云奖、未来大师奖、冷湖奖这五大奖推出了百分之七十以上中国当代著名科幻作家。

最后还有一点，成都开发国内科幻周边产品的势头很强劲，以孙悦为董事长的赛凡科幻空间，在开发《流浪地球》周边产品上开了一个好头，《流浪地球》开发周边产品获众筹 700 万元人民币，《流浪地球 2》开发周边产品获众筹 1.2 亿元人民币的佳绩。

科幻邮差：您认为成都建设科幻之都还有哪些短板？

董仁威：最核心的一点就是，科幻文旅产业后劲乏力。具体来说，就是成都科幻头部发达，身体"残疾"，没有强大的科幻产业链来形成一个健全的身体。比如，科幻阅读产业，除了《三体》等名著的纸质出版物外，科幻文学 IP 的电子书、广播剧都在其他地方形成了强大的产业，《三体》电子书销量惊人，《三体》广播剧 2021 年

2023 年 5 月，第 14 届华语科幻星云奖在广汉三星堆遗址召开，"科幻大家庭"大合影。

收入差不多 2 亿元；《三体》《流浪地球》的影视收入也有上百亿元，但也都流入了外地的"钱包"；虽然成都的游戏产业很发达，但是科幻游戏 IP 却在杭州、北京、深圳等地发展起来；我们只有一点儿科幻周边的优势，但中国原创周边产品是一个上百亿的大蛋糕，若不及时给赛凡科幻空间这样的公司输血，也可能被外地拿走；科幻活动分散未形成合力，我们成都虽然有五个科幻奖，可惜各自为阵，没有形成合力；中国科幻城项目未落实，雷声大，雨点小。

针对当前成都建设科幻之都的迫切需要，我建议打造一个"国际星云中国科幻节"，以它为龙头，引入内外资，打造科幻活动及产业聚集综合开发区，在郫都区世界科幻大会会址及其周边建设成都星云科幻城。

科幻邮差：感谢董老师的分享和倡议。非常高兴和董老师探讨了这么多科幻领域的深度问题，让我们详细地了解了跌宕起伏的科幻历史。期待我们的华语科幻星云奖越来越好，期待更多的人因为华语科幻星云奖走进科幻这个温暖的大家庭。

董仁威：好的，谢谢！

趣问趣答

01

您能否给科幻小说下一个定义？

与科学和幻想有关的小说就是科幻小说。

02

您信赖科技吗？在生活中是一个重度科技依赖者吗？

当然是。以我的身体健康为例，我是一个不会吃偏方的人，比如我得了糖尿病，还有心脏病，我按医生的指导吃药。我的科学养生之道十八字方针是：管住嘴，迈开腿，吃药不能"水"，心情宁静如止水。

03

董老师有非常出色的组织才能，能跟我们分享一下您作为一个出色的社会活动家的秘诀吗？

社会活动家不敢当，但是我确实可以传授一些经验：第一就是要锻炼，要把自己放在社会中锻炼；第二也是最重要的，是要有爱心，对大家要有爱，你不爱这些人，就不可能跟他们建立感情。假如大家像兄弟姊妹一样，什么事都好办。

04

如果时光可以倒流，您最想回到什么时候，为什么？

当然想回到刚刚出生的时候，重新享受一遍母亲的爱。

05　上次跟董老师聊的时候，听说您的自传很快就要出版了？

　　我会将正面的经历给大家分享，只跟大家分享正能量。

06　董老师以前所做的科幻名家采访主要集中在国内，如果不论时代，您有机会采访一位外国科幻作家，您会选择谁呢？

　　我最想采访的是刘宇昆。如果有机会到美国去，我肯定要采访他。因为他是美籍华人中对科幻最有感情、功劳最大、最有挖掘潜力的人。

07　在您的心目中，成都科幻在中国科幻版图中占有什么样的地位呢？

　　肯定是重镇，三大重镇之一，北京、上海、成都，这三大重镇。北京有整体优势，上海也有文化之都的传统优势。成都呢，是我们科幻人自己奋斗出来的优势。

08　您对中国科幻事业的祝福和期待？

　　中国科幻一定会赶超美国。我相信在有生之年一定能看到这一天。

为中国科幻"跨海建桥"

BUILDING BRIDGES ACROSS THE OCEAN

孟 庆 枢

让中国科幻成为
实现中国现代
化的一支生力军

孟庆枢

童年时代与文学萌芽

278　东北的黑土地与母亲的教诲领我走上文学之路

284　"考不考得上，我们都收你"

286　搞文学（包括科幻）三要素：
　　酷爱大自然、求知欲强、通达人心

中国科幻的"引进来"

289　我进入科幻领域，是从研究鲁迅开始的

292　科幻作品译介琐忆

295　郑文光将小说一页页撕下来交给我带去莫斯科

中国科幻的国际交流

304　日本"科幻推土机"小松左京名副其实

309　我们科幻界许多人都受益于小松左京

312　"孟之队"其实就是起传、帮、带的作用

314　泊功告诉我，翻译《三体》不仅让他跻身一个新领域，
　　也使他经济大翻身

316　从"双璧"生辉再到群星璀璨

人物回忆

319

趣问趣答

321

导语 INTRODUCTION

　　孟庆枢不仅是资深翻译家，还是比较文学、科幻文学研究领域的著名学者。他是东北师范大学首批资深教授、博士生导师，在中日、中俄比较文学和比较文学理论研究方面作出了突出贡献。作为我国科幻研究领域的先行者之一，他从20世纪70年代中期开始关注科幻，别里亚耶夫、叶菲列莫夫、星新一、小松左京、王晋康等诸多中外知名作家都进入了他读、思、悟的深度层面。由他领衔的科幻团队长期致力于为中外科幻作家搭建起交流之桥梁，旨在既将国外的科幻佳作引进来，又把中国科幻送出去，是谓"跨海建桥"。

MENG QINGSHU

BUILDING BRIDGES ACROSS THE OCEAN

■ INTRODUCTION

Meng Qingshu is not only an experienced translator but also a renowned scholar in comparative literature and science fiction studies. He's one of the first senior professors and doctoral supervisors at the Northeast Normal University, and has made significant contributions to comparative studies in Chinese-Japanese and Chinese-Russian literature, as well as comparative literature theory. As one of the pioneers of science fiction studies in China, he started following the development of it in the mid-1970s. He closely reads and has deep insights into the works of Alexander Belyaev, Ivan Yefremov, Hoshi Shinichi, Komatsu Sakyo, and Wang Jinkang. His study team has long committed itself to promoting communication between Chinese and international science fiction writers, striving to introduce foreign science fiction works of excellence to China, and the other way around, thus "building bridges across the ocean".

■ TABLE OF CONTENTS

Childhood and first engagements with literature

278 The black soil of northeast China, how my mother's teaching led me onto the path of literature

284 "We'll accept you as a student regardless of whether you pass the exam or not"

286 Three criteria for studying literature (including science fiction): love for nature, the strong desire to learn, and a perceptiveness for human emotions

Introducing science fiction to China

289 My entry into the field of science fiction studies started with Lu Xun

292 Memories of translating science fiction

295 Zheng Wenguang tore pages from his novel and gave them to me so that I could bring them to Moscow

Chinese science fiction on an international stage

304 Komatsu Sakyo, the Japanese "science fiction bulldozer", lived up to his nickname

309 Many of us in the science fiction community are indebted to Komatsu Sakyo

312 The role of "Meng's Dream Team" is to pass on knowledge, to help and guide others

314 Ko Tomari told me that translating *The Three-Body Problem* not only introduced him to a new field but also brought him significant economic gains

316 From "Twin Towers" to a sea of stars

319 **Memories**

321 **Fun facts and Q&A**

童年时代与文学萌芽

东北的黑土地与母亲的教诲领我走上文学之路

科幻邮差：孟老师好，之前听您提到，您是孟子后人，但您好像出生在东北，所以今天第一个问题我们想回到您的人生原点，请孟老师给我们介绍一下您的家庭，咱们从童年说起吧。

孟庆枢：好的。实事求是地讲，我是孟子的后代，而且是很接近嫡系的。但是在过去，包括现在，如果到处讲我是孟子后代，多少有点"那种"嫌疑（笑），所以我轻易不讲。我们家实际是保留有明朝时期起始的手写家谱，这份家谱传到我这一辈，大概只有我完整看过，平时它都跟祖宗牌位放在一起。我是孟氏第七十三代孙，按照家谱记载，"庆"字辈是第七十三代，我的上一辈是"宪"字辈，这里就不多说了。大家耳熟能详的孟浩然，是第三十三代祖；唐代诗人孟郊，也在孟氏家谱上。我们家祭祀的祖坟位于邹城市，离孟母墓十五米，我曾经回去祭过祖。我们家最初生活在山东邹城，城门南孟家，属于家族的第二支。在清朝后期，那个地方的生活愈发艰难，我们家就决定移居东北。家里最早是做武将的，后来干类似私人保镖的工作。干这种活儿的人，必然要懂得医治"青红伤"——刀伤、剑伤、骨折之类的外伤。十八世纪中叶，准确的日子记不太清了，我们家先由山东移居到辽宁，大概是现在的营口、葫芦岛一带，在那里居留一段时间后，就到了长春，那时叫宽城子，我们家算是比较早开始"闯关东"的。而且，一落户长春，就做起了中医，也就是接骨医生，这就是我的家世的情况。

如果聊些家常的话，我想讲讲我的父亲。我父亲（孟宪宝，1919—2013）十四五岁的时候，虽说家里是干中医的，可他也念不起真正的大学，于是，他去了日本一个名叫久留米的地方求学，学习农林。久留米位于九州，挨着福冈。父亲就读的学校相当于中专学校，但是在当时，中专已经算是很高的教育程度了。不过，父亲是半工半读，要住在日本老师的家里。这位日本老师姓惠藤，是最早在日本从事养茶（种茶）的人。大家熟知的鹿儿岛——日本最有名的茶乡之一，离久留米不远。惠藤老师看我父亲只身一人来求学，就把他接进了自己家里，至于学费、花销，都由惠藤家来管理，吃的用的都和惠藤家人一样，除此之外，每个月还会给我父亲一些零花钱。我父亲和惠藤老师的孩子们相处得都不错，因此直到现在，我们和惠藤家族依旧有一种类似亲情的关系。

科幻邮差：在中医世家的背景下，孟老师并没有继承祖业，而是走上了文学的道路。那么，您是从什么时候开始对文学感兴趣的呢？

孟庆枢：这个问题，还是要从我父亲的工作讲起。1945 年以前，我父亲一开始是伪满林业总局负责动物保护的一个雇员，被下派到了舒兰县。舒兰县属于吉林省，与五常县相邻。这片区域在东北光复时直接被解放军收复了，是老解放区，我父亲还因此弄了个"离休干部"。（笑）

我对自己的记忆力很有信心，我现在还能记得自己两周岁时候的事情。比如1945 年，刚到舒兰县的时候，我们家住在类似职工宿舍的小地方，厨房旁边就是一堆柴火。我们在那儿养了一只小羊，整天咩咩地叫。我问母亲（杨宜春，1919—1998），为什么小羊总叫？母亲说，因为小羊没有妈妈了。据我母亲回忆，我听后就掉眼泪了，她感到非常惊讶。过后我多次向很多人讲，所以一直记得这件事。我是1943 年农历九月出生的，当时不过两周岁。除了这件事，当时在舒兰县过春节、看踩高跷和扭大秧歌，至今我都有印象。

由于我父亲的工作属于技术工种，所以后来被派到农村进行"土改"，还给分了房子、分了地。照理说，我应该跟着父亲的步子走，可是从小他就不怎么管束我，可能是受到日本老师的影响，注重培养孩子的独立性吧。

我母亲是个有一定文化的人，她念完了高小，在当时已经可以算小知识分子了。她会打字，还能干农活，身高一米六五，在同龄女性中，身材称得上健美，别人称赞她的身体素质可以去征选飞行员。每当我母亲干农活的时候，我就在外面玩耍。每每想起那片黑土地，真是让人心醉。农村各家各户门前经常能看到自己扎的小栅栏，栅栏上长着五颜六色的牵牛花。如果头天夜里下过雨，第二天清晨就能欣赏到牵牛花上的水滴，荡人心魂。我觉得自己对农村、黑土地的热爱，就是从那时候开始的。

我也喜欢仰望星空，在空气清新的夜空中，每颗星星都闪闪发光，它们好像都是活的一样，会和我眨眼说话。这些来自童年时代的吸引力，对我来说无与伦比。有时候，我会一边使劲远眺，一边问母亲："天边在哪儿？"母亲睿智地解释说："天没有边，地球是圆的。"有时候，陪着母亲干农活时会看到被翻出来的蚯蚓吐泥，母亲总跟我说："这是好虫子，它帮咱们翻地呢。"我后来之所以会走上文学道路，会生出不断探寻人生奥秘的追求，都应归功于黑土地，归功于我母亲的循循善诱、谆谆教诲。所谓的认识人生、懂得人类和大自然的亲密关系，以及东北人的善良朴实、人与人之间直达人心的交往，都是从这儿感受到的。

科幻邮差：真是美好的回忆啊。您识字、阅读是从哪一年开始的呢？

1997 年元旦，孟庆枢与兄弟姐妹陪父母过新年。图中，①孟庆枢 ②孟庆枢父亲 ③孟庆枢母亲。

孟庆枢：这是个很有趣的过程。在解放前，东北农家孩子很难读得起书。中华人民共和国成立后，迎来了扫除文盲运动。住在我们家对面屋的一户人家姓高，他家孩子当时十七八岁，在田地里干农活已经是强劳动力了，结果被要求去念书。这个小伙的岁数已经超了，再加上可能还有学习兴趣、学习能力等方面的原因，导致他连简单的小学课本内容都学不会。我母亲当时辅导他，我就在一边旁听，无心插柳地背下了课本上的全部内容。应该就是从这里，我内心那股求知的火苗被点燃了。

科幻邮差：您那时候几岁啊？

孟庆枢：应该是五六岁吧。因为年满七周岁才被允许上学，而这事儿大概发生在我入学两年之前。在东北农村，有两种文艺活动让我终身受益，一种是说大鼓书，也就是说书讲故事，包括会讲一些东北的民间故事；另一种是扭大秧歌。这么多年，我再也没见过那种真正的大秧歌。在我后来的理解里，扭大秧歌应该是中国版的狂欢节，我们可以把它看作是让每个人都能够调整生活节奏的活动。在这一天，人们可以让自己抛开生活真实的枷锁，享受轻松与自在。比如，可以给一位穷人换上华贵的服装，让他扮演最富有的人；可以给平时很有钱、爱摆谱的人换上破衣服，让他扮演乞丐；男女老少，不论性别和辈分，都可以同台戏耍，十分融洽。这种角色互换的体验式艺术，相比于那些用文字堆砌的、浅薄造作的东西，显得更易理解，也更入心，直通人心。我喜欢上文学，可能就是由此开始。

科幻邮差：您的写作天赋最早是从什么时候开始展现出来的呢？

孟庆枢：我的文字表达欲始自小学二年级，当时有一位李侠老师。在我所有的启蒙老师当中，李侠是令我印象最深刻的一位。他是全县著名的秀才，毛笔字写得相当好。他喜欢爱学习的孩子，当时经常鼓励我。如果我考试得了好成绩，他还会买张大白纸当作奖品送给我。1954年，我去舒兰县念小学之后，给李老师写了封信。李侠老师说我信的内容写得不错，但是字太潦草了。从那之后，在文字表达方面，我就开始受他的训练，而且下决心学好。要说真正引导我开始文学写作、影响了我一生的，恐怕是1955年前后，中央人民广播电台少儿广播部的孙敬修先生的"星星火炬"节目。

孙先生是我心中的偶像。当时我国在抗美援朝战争中取得胜利，在志愿军凯旋之前，"星星火炬"节目发起了一次征稿，希望小听众把志愿军家属的事迹写成文章，寄给节目组。由于我叔叔也是志愿军，我心想那就试试吧。那时候寄信不用贴邮票，写好文章就装进信封邮给了中央人民广播电台。没过多久，节目里突然念了我的文章，我当时在长春市大经路小学读五年级，这次播出在长春市引起了不小的关注。由此，我慢慢成了中央人民广播电台少儿广播部的通讯员，名字也登上过《人民日报》。这是一份莫大的荣誉，也是巨大的动力，促使我主动向他们投稿。少儿投稿没有稿费，但是有书籍作为奖励，比如《安徒生童话》《三个先生》等等。《三个先生》我从头到尾读完了，但现在回过头来看这本书，内容写得有些偏激。（笑）《安徒生童话》当时连学校老师都没看过，节目组把书寄到我的学校，老师、校领导先看完，再把书拿给我。这本书里的一些故事，我看完印象比较深刻，比如《海的女儿》《卖火柴的小女孩》《皇帝的新装》，但也有一些没有给我留下印象。所以说，《安徒生童话》里的故事未必都适合少儿阅读。

总之，我的阅读面从此变广了。外国文学的话，刚上初中时，我读了戈宝权先生的译作《普希金文集》，我特别喜欢里面那个《渔夫和金鱼》的故事。后来我学习俄文的时候，跟戈老说了自己读过这本《普希金文集》。当时戈老聊到俄语中的连接词，说能把连接词译得有味道不容易。我就说："戈老，您在《渔夫和金鱼》的故事中对于连接词的处理，让我记忆犹新。您把'тридцать и три года（直译为三十加上三年）'译成了'三十又三年'，文采一下子就出来了。"戈老听后特别高兴，从这之后，我写的东西，比如《苏联科幻浅论》，戈老都会给予指点。中日比较文学研究会的创办初衷也是始自戈老。1987年，我陪着戈老和他的夫人梁培兰去东京访问日本学者，戈老对我说："回去你就搞中日比较文学，一定要把中日比较文学会搞起来。"1988年，我回国以后，和我的日本老师阿部正路、吉林大学于长敏教授以及一群有志于中日比较文学研究的学者一起，在长春成立了中日比较研究会。这都是后话了。

更起作用的一件事，应该是初中一二年级的时候，我的作品不断被发表。从1956年7月16日我第一次在《长春日报》副刊发表诗歌，到1959年包括儿歌、散文在报纸和省电台都发表多次，特别是1957年6月1日，《吉林日报》发表了我写的《我们的节日》这首诗，还配了照片，在那个年代是极少的，一时引起了轰动。

我们的节日

吉林市七中学生
少年先锋队员 孟庆枢

「"六·一"——
我们的节日。
她带着祖国的关怀和期
　　待，
她带着欢乐、幸福而来！」

到处是笑声，
一片笑浪接着一片笑浪。
小朋友们挥舞着小手臂：

欢呼着："庆祝自己的节
日！"

我们一次又一次，
望着那满五分的成绩，
望着那又黑又壮的身体
这就是节日的献礼！
我们对着队旗——
　　庄严的队旗

在毛主席的慈
　　笑下，
欢度自己的节
日。

全国到处是花
朵，
花朵放射着四
溢的香气。
我们心里高兴
的立下志
愿：
"做一朵最鲜
艳的花，生
長在幸福的
祖国大地。"

十四岁儿童孟庆枢正在写庆祝自己节
日的诗。　　　　李 华摄

1957 年 6 月 1 日，《吉林日报》发表了十四岁的孟庆枢写的诗
作《我们的节日》。

"考不考得上，我们都收你"

科幻邮差：孟老师，您父亲年轻时有留日学习的经历，为什么您一开始接触的外语却是俄语呢？

孟庆枢：当然最主要的原因是当时的社会背景，这里也有个人、家庭的因素，加上当时刚好有条件跟着一位老师学习俄文。老师看我有学外语的天赋，于是教导我，帮我启蒙。那时，吉林大学有一位名叫紫特布的波兰老师，这位老师虽然教的是英文，但俄语说得很好。我们住得很近，相处融洽，他每次出门遛狗碰到我，都会高兴地让我用俄语和他对话。就是在这样的学习条件下和语言环境中，我在初中时期得到了俄语启蒙。后来，我去念长春市的重点高中——十一高中，语文成绩和俄文成绩当时都比较优秀。教我们班俄语课的是一位从部队转业当过翻译的姓谢的女老师，后来又来了一位东北师范大学外语系的实习教师，他经常向我提问，让我阅读、背诵，并且夸我的发音标准。有一天，来了一位老教授——中东铁路的一号翻译家、俄文翻译权威——曲秉诚教授。他当时已经有些耳背，戴着助听耳机。他要我背诵一段俄语，我到现在都记得，是一首俄罗斯民歌歌词……他又考了我其他几首俄罗斯诗歌，我都背出来了。老教授听完，就对我说："你高中毕业，直接填报东北师大的俄语系，不论考没考上，我们都收你。"（笑）但我是个挺有主见的人，还想考北大，结果高中念两年直接让我上大学了。我觉得学俄语不用特意去念俄语系。我的读书从初中起更广泛了，我父亲能从吉林省林业厅的图书室帮我借回一些书，《三国演义》《儒林外史》《莎士比亚戏剧选》等等。另外还有我父亲作为机关干部的必读书目，比如方志敏的《可爱的中国》、吴运铎的《把一切献给党》，这些书最后是我替他读完了。

科幻邮差：那么，您是如何在繁忙的学业之余，又继续学习日语的呢？

孟庆枢：在东北师范大学中文系毕业后，我留校当了教师。但我本身想多学几种外语，据我分析，在东北，学习英语没有地利之便，学成日语和俄语的可能性比较大。当时在全国来讲，东北师范大学的日语系是一流的。日语系有一位白金山教授，长得仪表堂堂，很有气派。他年少时被他父亲送到东京帝国大学经济系深造，由于他的日语发音相当地道，加上他的家世和声望，所以经常受到日本人的惊叹和赞赏。解放后，白金山成为东北师范大学的教授，他的口语水平依旧不时得到"太地道、太漂亮了"的赞誉。当然，如果现在来讲，可能会觉得他的日语过于庄重。（笑）这位白教授对我印象不错，所以我就请求白老师帮我启蒙，起码帮我过了发音这关。于是，他每天都来我的宿舍，辅导我一个钟头的日语。虽然最后只学习一个月的时间，但是白老师教会了我纯正的日语发音，包括我在收听NHK（日本广播协会）时偶尔能辨别出主持人的个别发音口误，都是承蒙白老师的教导。

这一个月的日语学习结束之后，我又找到一位化学系的同学（为师）。这位同学是中日混血，他的妈妈是日本大阪人。我偷偷摸去他家里，和他一起训练了两个月的日语口语。他的妈妈很用心，跟我们尽量说东京话，还从家里翻出来一些材料当作教材。我学得很好，他的妈妈对我比较肯定，但是她对自己的儿子却有些"恨铁不成钢"，于是我在两个月之后主动叫停了学习，没再去他们家了。之后，我不断得到各种学习日语的有利条件。比如我父亲的老同学野口明太，曾托《人民中国》杂志（中国政府部门主办的综合性日文期刊）的资深翻译陈忆青女士在长春寻找我的父亲。1982年，野口明太携夫人从日本来到了长春，与我们一家见面。我给他讲了我的日语学习经历。当时，我经常去改革开放之后长春市建的第一座宾馆（长白山宾馆，位于南湖边）前面的广场，和碰见的日本人交谈、请教，练习口语。那个时候的老一辈日本人对中国人的态度还是不错的。我对野口说，我给这座广场起了一个名字，叫"广场大学"，结果在他们夫妻返日后的某一天，我居然从NHK的广播里听到了这个词。

为了学日语，我还买了一台磁带收录机。1979年，我和金涛合写了一本《鲁迅与自然科学》，天津科技出版社付给我们每人179元的稿费。这笔钱被我用来买了台磁带收录机，这个决定也得到了老伴的支持。再后来，我工作的东北师范大学恰巧来了一位日本教授任教，名叫岩崎富久男。他和他的夫人岩崎美树子，在学校开设了一个日语进修班。于是我就去旁听。每次课后，我都跟岩崎美树子老师请教。我们两家也会互相串门作客。就在这段期间，我的日语水平得到了很大的提升。和岩崎老师全家的友谊至今不断，他的女儿喜久惠（婚后姓大森）是NHK转播我们中央广播电视台新闻联播节目的同声传译之一，很有名气。我在学习外语的这条路上，还算是比较幸运的，碰巧遇上了很多可以帮我进一步学好外语的好机会。

1979年夏，岩崎美树子在东北师范大学开设日语班，孟庆枢旁听学习并与岩崎老师一家结下深厚友谊。左图为孟庆枢与岩崎美树子合影；右图为岩崎美树子给孟庆枢寄来的新春贺卡。

搞文学（包括科幻）三要素：酷爱大自然、求知欲强、通达人心

科幻邮差：孟老师大学毕业之后刚好遇到了"文化大革命"，这一阶段您有什么特别的经历，对您后来的文学研究和文学批评有什么影响？

孟庆枢：我是以大学教师身份（虽然二十岁刚出头）经历"文化大革命"全过程的人，我有条件谈一些各方面感受，但是，在这里只从人生追求、学习经历，特别是后来与科幻相关的经历谈一些，不然会让看的人摸不着头脑。我在那十年里侥幸没丢下学习，一方面是因为我死心眼儿就是要学习、多读书的性格，另一方面是一旦捕捉到难得的学习机会就抓住不放。

20世纪60年代，中苏关系变得紧张，边境局势危险，在这种背景下，1966年，东北师范大学在吉林省内的一处原始森林里开建分校。我当时负责带一个班的学生，主要是带着他们干活儿。

不论是学俄语、日语，还是"文化大革命"时期的日子，这些经历都是纠结到一块儿，在我的大脑里形成了一种复杂的思想结构。而这种结构中最核心的东西，就是我与大自然的亲近。

　　科幻邮差：您能讲点细节吗？

　　孟庆枢：比如，猫是比较怕人的，季羡林老爷子家里养的那只白猫却可以坐在我的怀里一起照相。我对他说："你把猫养到这样可不容易。我也养过猫，但是我达不到这样，不过我的猫也挺好。"季老爷子听了，还很不高兴地说："嗯？你那只猫怎么好？"我答："我这只听说叫波斯猫，两只眼睛的颜色不同。"季老又问："那你的这只猫能陪你散步吗？"我一听，心知不能再比了，就说："不能。"后来我写了一篇散文《爱猫家的故事》，类似题材的散文我写了不少。从内心来讲，搞文学的话，包括科幻，首先要和人、和大自然亲近，不然搞出来的东西没有任何价值。

孟庆枢、李毓榛、钱林森主编《二十一世纪世界文化热点问题》丛书（1997 年开始），请季羡林出任总顾问，前往季老家请教。后排左起依次为：孟庆枢、李毓榛、李天民。季老携爱猫与他们同框。

科幻邮差：孟老师，您在"文化大革命"早期，一直是处于带学生劳动的状态吗？

孟庆枢：不全是。劳动持续了将近半年，之后我就回到了学校，后来被调到了长春电影制片厂。在长影厂的时候，我们住在由鸡舍改成的单人宿舍，平时的工作就是旁听和记录一些事情。《五朵金花》的王家乙、《兵临城下》的武兆堤我都见过。真正的好艺术是经得起反复考验的，一次我们看完《五朵金花》后，心里都觉得这部电影特别好，有一位同志甚至不由自主地叫出："太好了！"（笑）人的内心是能分清好坏的，有时候的违心之举也是出于无奈。总之，在长影厂我看过他们拍的几乎全部片子，特别是最初的革命题材作品太难得了，可以算是上了中国电影艺术的强化补习班，在那里，我了解到了影视的许多知识。

除了长影厂，我还被安排进过学校的写作班子，写东西就需要常和北京方面联系，当时和我们联系比较多的是《教育革命通讯》杂志，后来恢复为《人民教育》杂志。有一次，我去北京送稿子，和王通讯（原中国人才研究会秘书长）一见如故，他向我发出邀请，想把我借调过去。我也很期待这个学习机会，没想到之后我真的被借调过去，成了《教育革命通讯》的记者、编辑。我去后不久，国务院科教组的负责人换成了国务院秘书长出身的周荣鑫，接着我被安排跟着周荣鑫筹备七二一工人大学（上海机电工业职工大学前身）的会，记录他的会上发言、帮他起草文件等等。这份文秘工作，让我更多地明白了教育对于一个民族、一个国家的重要性；同时，也让我有条件更深入、全面地了解自己过去不大有机会去的北大、清华、中国人大等这样的高等学府。面对当时复杂的形势，我跟很多大报的领导和记者，如汪波清、荀春荣、陈兴贵等，坦诚地说自己在冷静思考，客观表达了自己的态度。更重要的是，这份工作带给我很多难得的机遇。有一次，阿尔巴尼亚的总理穆罕默德·伊斯梅尔·谢胡来访，我陪同一起去参观故宫。当时故宫的院长亲自来接待，展示了金缕玉衣等珍贵的文物，另外还有专业的解说员用中英双语向贵宾讲解，而我跟在一旁，就算"借光儿"上了一课。一直到1976年"文化大革命"结束，这期间我一直是在这样一种特殊的环境下度过的，其中最大的收获，是跟顶尖人物学习马列主义，学哲学，学传统文化，读《二十四史》。

中国科幻的"引进来"

我进入科幻领域，是从研究鲁迅开始的

科幻邮差："文化大革命"结束之后，您就正式进入到了科幻教学及研究领域，这一切是怎么开始的？

孟庆枢：简要地说，我认为核心原因是我们的时代发生了巨变。1978 年 3 月 18 日，全国科学大会召开了。当时听了郭沫若作的报告（《科学的春天——1978 年在全国科学大会闭幕式上的讲话》），振奋极了，让我真切地感觉到中国迎来了一个巨变的春天。我那年三十五岁，在当时来说，已经是处于"年轻的尾巴"了。正当我思考怎么才能迎来自己新的征程时，全国科学大会的召开给我打了一针"兴奋剂"。

如今综合来看，有那么几件事，它们之间看似偶然，实则冥冥中有必然的联系。首先 1978 年，金涛从《光明日报》被下派去劳动锻炼。这个人很有头脑，他不仅看了《鲁迅全集》，还整理了鲁迅关于自然科学的论述。他在整理的过程中发现，有一部分的工作由我来做可能更顺手，于是他就跟我联系，那时我俩已经认识很久了。他让我负责包括《科学史教篇》《月界旅行·辨言》在内的有关科学史和科学启蒙等篇目的文言文翻译和注释工作，我欣然同意。于是，1979 年 11 月，他的第一本书——也是我的第一本书——出版了，叫《鲁迅与自然科学》。这本书不是专著，但是从另一个层面对鲁迅的作品进行了深入学习。

1979 年 11 月，孟庆枢的第一本书——与金涛合作编著的《鲁迅与自然科学》出版。（左图）
2005 年春节，鲁迅研究专家陈漱渝（左）、孟庆枢（中）、金涛（右）在北京团聚合影。（右图）

译成白话文和增加注释的工作不是很好搞，它需要多方面的知识。我之前和王通讯搞过《鲁迅论历史人物》，加上这次，一共积攒了两次通读完《鲁迅全集》的经历；再加上，中国鲁迅研究奠基人李何林也曾让我到鲁迅研究室负责鲁迅日记的注释工作。所有这些经历碰撞到一起，使我在那个年代就有机会跟早年与鲁迅有过交往的人当面请教，例如巴金。所以，我进入科幻领域，就是从研究鲁迅开始的。我多次谈到我国科幻从引进就有对大众进行科学普及的功能，但它不等于科普。

后来，时任《光明日报》记者部主任的金涛想搞科幻，同时也为《光明日报》科学副刊组稿，于是，他就约我写稿。我在这之前做的所有工作，与马列经典的联系非常密切。马列理论家龚育之先生当时给我下任务：必须认真读马列著作，还有中国经典著作，例如《二十四史》。所以，我在科教组工作期间，每天都与这些经典为伍。我一直认为，研究一定要讲究依据、有理论支撑，当然还是要以马列著作为指针。这是我至今仍坚持的两点思考，但我也不同意片面性。所以刚开始搞科幻的时候，为了查阅资料，我一路从东北师大的图书馆跑到吉林省图书馆，结果功夫不负有心人，我在吉林省图书馆的一本苏联杂志《青年技术者》中，找到了一篇名叫《列宁与科学幻想》

的文章，当时没有复印机，于是我将它抄录下来。文章中有大段列宁的原话，我以此为理论支持，写了一篇关于列宁与科幻的文章，然后寄给了金涛。1979 年 8 月 8 日，《光明日报》科学副刊登载了我写的这篇文章，当时对整个（中国）科幻界，无论是创作者，还是教学者，都产生了重大影响，因为我是最早将列宁教导作为理论支撑来研究科幻的人。

后来，我也尝试从经典作家的作品里找寻相关的理论依据，例如苏联的科幻小说。实际上我第一次接触到科幻小说要比这时更早一些。我在 1965 年 7 月 1 日大学毕业两个月后，学校就分配给我和另外一位俄文系出身的女老师孙思缪一项"反修（批判苏联修正主义）"的任务，也就是普查苏联的杂志、报刊。这项工作干了近一年，

1979 年 8 月 8 日，《光明日报》科学副刊刊登孟庆枢署名文章《列宁和科学幻想》。（左图）
1981 年，《科学时代》增刊发表孟庆枢翻译的苏联作家伊·叶菲列莫夫中篇科幻小说《神奇的幻影》。（右图）

在这一年里，我翻看了许多代表性的苏联杂志，强化了我的俄文水平，并且我第一次知道"科幻"这个词，就是从其中一本名叫《外国文学》的杂志里看到的，只不过当时还不太明白究竟什么是科幻。凑巧的是，东北师大科幻小说的藏书量，当时在全国的图书馆里都是一流的。图书馆收藏有苏联青年近卫军出版社出版的作品，这个出版社每年都会出一本《科学幻想》小说集，我都把它们找过来看。

中俄混血的韩志洁教授，是真正帮我精进俄语水平的老师。在她的带领指导下，我用七年时间读完了《普希金全集》，她指出各种版本在翻译上的优缺点，我至今都记得很清楚。韩教授对我的教导，使我在阅读和选择上获益匪浅，那本《在我消逝掉的世界里》就是在这个基础上产生的。

科幻作品译介琐忆

科幻邮差：1980 年出版的《在我消逝掉的世界里》是我国翻译出版的第一部苏联科幻小说选集，收入了别里亚耶夫等人的十九篇各具特色的作品。这是您翻译的第一本书吗？

孟庆枢：这是我负责主编并且担任主要翻译的第一本书。我主要是翻译别里亚耶夫、阿·德聂伯洛夫的作品。这个德聂伯洛夫好像是乌克兰人，苏联的科幻作家里面也不全是俄罗斯人。书里的一些作品拿到现在来看，也是相当前卫且充满正能量的。举个例子，书里有一篇科幻小说，名叫《对丹塔鲁斯的审判》，说是有一种病菌，科学家对于要不要将这种病菌斩尽杀绝展开了讨论，最后决定把病菌封存起来，因为它也许会有当前想不出的作用。还有一篇，虽然不是我翻译的，但是故事的科幻设定和王晋康的《蚁生》一样，也结合了大自然。它描写了海洋里有一种神奇的力量，可以把一个人的形态变成一张纸那么薄。不只这两篇，这本书里其他篇目的质量也非常高。

有一次，我偶然进一家街边书铺里还看到了我们这本书，书铺老板说这本书有很多年轻人借去看，我感到很惊喜。能做出这样一本具有思想性、可读性的科幻选集，与背后制作团队的辛勤付出紧密相关。可惜，书稿最后的出版结果和我想象的有些距

目　录

雪人······阿·别里亚耶夫（1）
看不见的光······阿·别里亚耶夫（37）
在深渊上面······阿·别里亚耶夫（54）
奇妙的生命之水
　　——在图斯卡罗腊深海盆地上相遇
　　······俄·叶菲莫夫（73）
虹流海湾······俄·叶菲莫夫（104）
第六感觉······弗·聂姆措夫（123）
新皮······弗·聂姆措夫（136）
对丹塔鲁斯的审判······沃·萨帕林（150）
功勋······阿·德夏伯洛夫（178）
神秘的计算公司······阿·德夏伯洛夫（204）
生态迷逼······尤·莫依谢耶夫（256）
抹香鲸和人······来·叶菲来夫 叶·巴尔诺夫（277）
最后一扇门······来·叶菲来夫 叶·巴尔诺夫（298）
蚂蚁王······亚·罗辞（352）
同行······弗·葛利高里耶夫（382）
在我消逝掉的世界里······阿·德夏伯洛夫（392）
星球碎片······尤·萨夫罗诺夫（410）
黑正方形······弗·别尔朴夫（419）
休眠······阿·别里亚耶夫（429）

1980 年，孟庆枢主编并担任主要翻译的苏联科幻小说集《在我消逝掉的世界里》出版，这是我国引进的第一本苏联科幻小说集。

离。因为当时中苏关系比较紧张，导致这本书变成"内部发行"。我后来偶然看到出版资讯上说："《在我消逝掉的世界里》已正式发行。"可实际上，从首印的十万册开始，一直都是内部发行，而且印制质量一般。其实，当时出版社手里能够保证销量的只有两本书，一本是《魔鬼三角与UFO（西方著名科学幻想小说选）》，可能是因为英美的科幻文学显得更新鲜、更有吸引力吧；还有一本就是《在我消逝掉的世界里》，如果可以好好包装，公开发售，我想至少能保证二十万册的销量。

2012 年，姚海军拿这本书来让我签字纪念，我很惊讶，因为连我自己手里都没有了。那本书拿来的时候已经破破烂烂了，可姚海军还是珍藏着。出版社的一些操作，到现在也让我很困惑。比如有一篇关于清扫宇宙垃圾的科幻小说，这个问题居然在上世纪五六十年代就被苏联科幻界关注到了，不得不让人佩服，结果出版社把这篇给"枪毙"了，说没意思。可能出版社当时有其他的考虑吧，我只能接受这个结果，但还是感到遗憾。还有，出版社让我自己联系插画师，我就在长春找了最好的插画师，结果在没告知我的情况下，用了其他的插画把书出版了；至于我找来的插画，出版社按一幅三块钱的价格都退回去了。长春那

由孟庆枢主编的日本 SF 三大巨匠之一—星新一的超短篇科幻小说选《保您满意》，1982 年首次在江苏科学技术出版社出版。左图为《保您满意》封面；右图为 1983 年 3 月 10 日，收到样书的星新一致孟庆枢的亲笔信，表达对图书的认可和对中国科幻人士的美好祝愿。

位画家生气地跟我说，他从没受过这样的待遇，我只好自己又掏五十块钱补偿人家，也算给自己花钱买教训了。后来，这家出版社又跟我约稿，希望我弄一本日本科幻选集。我父亲的日本朋友野口明太先生每年都会给我寄日本科幻作家协会当年出版的科幻选集，当时日本的书是又贵又难买，我收到的这些选集就显得特别珍贵。于是，我就从这几本日本科幻选集里挑了些篇目，包括小松左京最具代表性的短篇之一《结晶星团》。我翻译这篇费了好大的工夫，因为内容挺难的。最后，连同其他日本作家的作品——眉村卓、半村良、丰田有恒、星新一——我完成了这本日本科幻选集的组稿，还由蒋锡金教授转请丰子恺先生写了拟定的书名"绿色的眼睛"几个字，但是这家出版社突然有一天告诉我，这本不能出了，然后给了我一点"残稿费"。我就很疑惑为什么不能用，因为我当时已经先出过一本星新一的超短篇科幻选集了，是由江苏科学技术出版社出版的。现在想来，这么多年在出版上真的尝过不少苦辣酸甜。人生就是这样，不会一直顺利，走到哪一步，就会遇到哪一步的问题。如果不是遇到那些强大的阻力，我的人生也不会数次爆发出更加顽强的力量去跨越难关。说这些，也是希望年轻人听到能有所领悟，不必怨天尤人，只管勇往直前。

丰子恺先生早年为孟庆枢主编但未能出版的日本科幻小说集题写的书名"绿色的眼睛"。

郑文光将小说一页页撕下来交给我带去莫斯科

科幻邮差：20 世纪 80 年代初，刚刚迎来快速发展的科幻文学遭遇了"科""文"之争，陷入低谷，这场争论对您有什么影响吗？

孟庆枢：当时，（吉林）省（委）宣传部派了一位处长到延边大学给我们开会。这位处长很有水平，而且准备工作做得到位，他提前读完了星新一、别里亚耶夫、叶菲列莫夫等人的代表作。他又看了我撰写的一篇《我们要用马克思主义来研究存在主义》，觉得内容没什么问题，就没有把我"打入另册"，而是让我继续教学。不过学校方面还是找我谈了话，跟我说："小孟啊，你搞的这个科幻，无论是翻译还是研究，在咱们这里算不上是成果呀！而且，你的那些书也不是在什么文学出版社出的。"当时的科幻书往往是"科技社"出的。

那时我不知道该怎么应对当下的处境。幸好在韩志洁教授的指导下，我抓住了一个好题目——研究普希金的《叶甫盖尼·奥涅金》第十章中的伏笔，即普希金打埋伏，在暗号式的文字中埋藏反沙皇的神思。这篇文章打响了，因为就连俄国人都没写出过这个选题。文章发表之后，在北大外文系还做了演讲，证明了我的学术能力。

科幻邮差：孟老师，我们知道，您开始从事日俄科幻小说的翻译和引介之后，一直是研究、翻译、教学三条线并行的。1986 年，您曾经到日本去研修；1991 年，您又去莫斯科大学学习过一段时间。这两段经历让您对日俄科幻有更深的了解吗？虽然这段时期是国内科幻发展的低谷，但您有尝试让国内科幻与日俄科幻有一些交流吗？

孟庆枢：在留学日本和到莫斯科大学访学的这两段时期，实际上是我向国外介绍中国科幻、进行双向交流的开端。首先，我当时留学日本的主要任务是研究日本近现代文学以及中日比较文学，主攻方向是作家川端康成和森鸥外，但我在日本开展的几次讲座都介绍了中国科幻。在莫斯科大学，我重点是研究苏联时下主流的文学理论，当时也进一步接触到了别里亚耶夫的作品和其他一些苏联优秀科幻小说，当然，也向可以接触到的几位专家请教过科幻小说问题。

可是我没有敢花费很多时间与日本科幻界的代表人物打交道，比如说，那时候星新一虽然还健在，但我没去拜访他，因为我知道这个人说话"海阔天空、没边没沿"，包括小松左京在自传里也写得很明白，星新一偶尔开出的玩笑，会让你不太好应付。像这样的人士，如果你没达到相当熟的程度、没有留出充足时间准备跟他推杯换盏的话，贸然接触就会很尴尬。我们长春有两个人和星新一有过直接接触。一位叫王克明，是位医学教授，懂日语，他本身喜欢星新一，于是经由我的介绍跟他见了面，他还当

1991 年，孟庆枢在莫斯科大学访学拍照留念。

2002 年，孟庆枢在日本早稻田大学发表演讲前，于校外广告墙下留影。

面诊出了当时星新一的身体疾病。另一位叫孙开礼，当时是吉林美术出版社社长和总编辑，他去拜访了星新一，但也不过就是见见而已。

1991 年，我决定从北京出发前往苏联。在最后办理签证的时候，吴岩受金涛的委托来找我。那是我第一次见到吴岩，一个干净的小青年，他来领我去郑文光家。郑文光知道我即将出发前往苏联，想托我带上一些他的科幻短篇小说，拿给谢曼诺夫翻译成小说集出版。谢曼诺夫是苏联研究翻译鲁迅作品的第一人，也是译介我国改革开放后诞生的当代文学作品的先驱。作为汉学家，当时他的地位仅次于李福清（苏联科学院通讯院士）。

因为家里没有复印机，郑文光直接从各本书上一页页地撕下那些短篇，最后交到我手里的是一摞单页。这是珍宝啊，我很小心地保存好，然后带给了谢曼诺夫。我和谢曼诺夫有过很多次的交流，因为他的汉语说得呱呱叫，而偶尔需要用俄语表达的时候，我也不会有障碍，所以我们俩之间的聊天就挺自如、挺方便的。其时，我在日本留学期间挣了些钱，心里坦然，就主动招待他，趁机把翻译科幻短篇集这事跟他说了。谢曼诺夫表示很愿意干。

那之后没过多久，苏联解体了。解体之后，包括学术在内的俄国文艺风向全变了，

1991年，孟庆枢拜访莫斯科大学亚非学院教授、苏联研究翻译鲁迅第一人谢曼诺夫。图为孟庆枢与谢曼诺夫在莫斯科住所合影。

翻译介绍一律都变成西方的、后现代派的东西了。别说是郑文光，整个中国的现代派作品在那里都不受欢迎了。那种情况下，我写了一篇文章《戈尔巴乔夫的新思维与"违禁"作品的复出》，发表在了《文艺争鸣》杂志上。戈尔巴乔夫让尤金·扎米亚京的《我们》这部科幻作品，还有其他此前被视为"违禁"的、只能在国外出版的幻想、奇幻等等反乌托邦作品都得以重见天日，并且得到了广泛传播。

　　如果说要了解一个社会，让过去被尘埃蒙住的东西见见阳光，我认为是可以的。但是下一步，如果要直接把这些东西作为俄罗斯文学的主流的话，我觉得值得商榷。不论是哪国作家的科幻作品，重要的都应该是作品的内容和传达的思想，包括作家本身的政治取向。如果不深入了解，只是简单地以获奖经历去评判的话，是不行的。就像现在引发热议的 ChatGPT（美国人工智能研究实验室推出的大型预训练人工智能语言模型），究竟是利于我们，还是不利于我们？这个问题太复杂了。我们国内吹捧它的浪潮也挺高，批判它的劲儿也挺足，我同意王晋康的观点，他认为：人工智能的发展是必然的，核心在于人类的把控，但有不可预测性；还有，人的寿命有限，能力也就有限，最后一定是人道和天道结合起来去解决问题，不可能单凭人道来改变天道。举这个例子就是想说，一定要弄明白一部科幻作品最核心的表达究竟是什么。我现在说的，都是站在小松左京的观点基础上。小松左京读书读得好，一直拼命读，他所讲的比其他有些西方人讲得实在、可靠。

科幻邮差：小松左京在这个问题上表达了什么观点？

孟庆枢：他在《SF 魂——小松左京自传》里讲了这么一个细节。1991 年，他坐飞机从曼谷飞往北欧，航线途经喜马拉雅山脉。他说："当飞机飞到六千米的高空，我看见飞鸟和雄鹰，感到无比震惊。人体极限或许只能攀登上五千米的高度，如此看来，鸟儿胜过人了。可是，大自然中，唯独我们人类还想要进军宇宙，这又是任何鸟类所不及的。"这不就是以人为本吗？

回过头说，目前国内在研究问题上容易犯草率的毛病，包括对历史草率、对经典作品草率——读不懂就信口开河，甚至直接把过去的标签拿过来一贴，敷衍了事——这严重违背中国化、时代化的做法。中国化、时代化应该是守正创新，先弄懂民族文化是最重要的。至于外国的东西，直到现在也需要不断地学习，要追求更高水平的改革开放，而不是一看与某国关系紧张，就将真正有见识的该国人的观点拒之门外。像过去有的人，俄语说不学就不学了，好像中苏关系破裂，他们就要把苏联给抹杀掉一样，这样不行。包括有些小的国家，了解它也得靠语言、文化，有些东西不注意的话就可能会掉链子。现在的时代、现代的人不许掉链子，这个"掉链子"的说法很形象，整个社会进程都是在一个动态的环节当中，人也是其中一个动态的节点，只要有一处掉链子了，整个车轮就动不了了，国家也受负面影响，科幻不也是其中一环吗？

科幻邮差：从日本和俄罗斯回来后，您的学术研究有什么转变？

孟庆枢：我的视野更加开阔，开始主动去学习更多的东西。20 世纪 90 年代中后期，是我"得天独厚"的一段时间，我被委派了主编《西方文论》的任务。其实，所谓的"西方文论"，实际上主要是哲学，很多文论家都是哲学家。我作为主编，必须要对国家教材的整体内容有所了解，当时我主抓现象学，算是哲学里"最难啃的骨头"之一。从 20 世纪 90 年代开始搞西方文论到现在，我唯一没停的、始终都在下功夫的，就是与科幻结合的现象学。

现象学里有几个核心的东西，放到现在来说也非常重要。第一个，哲学进入人的日常生活了，老百姓一张嘴儿都是哲学家，这种社会现象可以从正反两面去看。它凸显了整个社会素质的提升，同时也引发了专业人士和普通大众之间的新关系。第二个，哲学和艺术可以算是孪生姐妹，胡塞尔和海德格尔都是这个观点。搞科幻文学，如果不懂得现象学，我认为没法深入。在一定意义上讲，小松左京对现象学的体悟是相当深刻的。他的二公子实盛先生应我的请求，发给我多篇小松左京关注、探讨过的现象学资料，对我很有裨益。比如海德格尔，包括胡塞尔，主张从语言入手重新认识哲学，这也涉及科幻小说的根本问题。

国内有几个科幻作家也注意到这一点了，他们正确地运用语言，把不同文化的味道在作品里体现出来。所以不搞哲学、不搞现象学的话，根本不成。再就是，你要是不紧跟高科技的步伐、不肯一直学习的话，也别搞科幻了。比如王晋康的作品里面，给我的深刻启发是：不断学习，超越自我。他在 1993 年第 5 期的《科幻世界》上发表了《亚当回归》，这篇小说讲的是人工智能出现以后，残留的地球人该何去何从的故事，全篇都在围绕"人类要不要改变"的主题。这就是按照中国的哲理来进行人本位的思考——你是谁？你从哪里来？你要到哪里去？——人类的终极叩问，没那么容易回答。可是王晋康给出的探讨，让我认为称他是"中国科幻的思想者"一点儿都不为过。只是很多人都没有意识到，他探讨的这个主题代表了我们中国科幻的方向。王晋康作品的价值在今年（2023）出版的二十一卷《王晋康文集》（科学普及出版社 2023 年 3 月第一版）中已经有很好的体现。但是下一步，我们科幻界能不能把这样的作家也融入到百姓的目光之中，让他和刘慈欣共同成为"双璧"呢？刘慈欣、王晋康能不能带出一片繁星？这是我们中国科幻的希望。如果这个实现不了，或者实现得比较慢，对中国科幻的建设是不利的。

我多次去日本研究川端康成和中日比较文学，我觉得所谓"纯文学领域"的创新也会推动对整个文学研究的创新，它们相辅相成。从川端康成的《雪国》和《古都》等作品来看，他本人是回避战争现实的，不赞同也不批判。在日本相当多的人看来，很正常；在中国却把他简单地贴标签式地界定，说成与大自然的和谐，国内的研究都不能达到逻辑自洽，很混乱，这就表明我们国家的日本文学（包括科幻文学）研究还有待深耕细作。

武田雅哉和岩上治（林久之）搞的那本《中国科幻小说史》，原名其实不叫这个。

武田雅哉原本不是研究中国科幻的，他的指导老师是研究日本亚文化的。叶永烈和武田雅哉认识得比较久，两人关系不错。我把这本书的上、下册都看完了，内容是从《山海经》开始谈起，一直谈到清末，好像对中国科幻真的如数家珍似的。但我不这样认为。我不否认《山海经》的科幻性，但在《山海经》之前就没有具有幻想性的中国作品了吗？肯定是有的。所以我对于这本《中国科幻小说史》并不认可。

另外，我和这位武田雅哉有过一次对话的机会，我用日语问他："武田先生，你对日本科幻应该是很有研究，那么你谈一下小松左京好吗？"武田雅哉回答说："小松左京嘛，我知道他那个《日本阿帕奇族》，很有意思。"我追问："别的呢？"结果他吱唔半天没有回答。这说明，他对日本科幻名家小松左京都知之甚少。《日本阿帕奇族》绝对不只是个有趣的故事，内容相当复杂、深刻，一位以小松左京为题作博士论文的北京外国语大学的同学广泛查阅资料后，更是佐证了这一点。这么讲的目的，我想说中国科幻界对域外交流的需求也是越来越迫切了，不同于过去的交流不畅的年代了。

中国科幻的国际交流

科幻邮差：把时间线拉长来看，实际上中国科幻与外界的交流一直没有中断，这很大一部分得益于科幻世界杂志社的坚持。活动方面，20 世纪 90 年代科幻世界杂志社史无前例地举办了两次国际性的科幻大会；新世纪初，科幻世界杂志社又推出了"世界科幻大师丛书"以及《科幻世界·译文版》，把世界科幻优秀作品持续带入国内。接下来，想请孟老师从个人视角聊聊新时代中国科幻的国际交流情况。

孟庆枢：早些年，我除了翻译日文和俄文科幻小说，也试着通过从日文和俄文转译过来的西方研究科幻的著作来学习了解科幻，比如 1982 年出版的《世界著名科学幻想小说选介》，它的底本就是我从日本弄来的。翻看这本书，你们能看到一个译者署名"山杨"，那就是我。当时国内很多人都是从这本书开始对西方许多重要科幻作家有了初步了解。当然它离真正深入了解还有很大距离，但毕竟比一无所知要强很多。我们吉林省很遗憾，没有出一个像样的科幻作家。我认为应该主动让各方面都了解，搞中国科幻的这帮人是最有韧性的，代表着咱们中华民族对文化的追求，具有把中国文化带向世界、领进前沿的自信和能力。每个中国科幻人都要保持一种既不自傲也不自贬的心态，有自信才可以成为中国科幻界的生力军，让中国文化可以更好地走向世界。

我认为，搞科幻的人首先要读科幻。我手下带的都是外语系的博士生，我发现他们中的一些人，对于自身的外语水平有一种浅薄的自负。我对他们说："依你们的水平，等到人工智能技术更加发达，你们搞不好要失业的。"我这样说绝不是刻薄，比如有一个在日本拿到了博士学位的学生，居然把翻译方法当中的"异化"给当成"马列的异化理论"翻译了。这就完全错了。日语中的"异化"，其实等同于"陌生化"那个词。还有一个学生，一提到翻译的"异化"，就非说这个理论源自美国的詹姆斯·E.冈恩。其实从根本上说，它是从俄国形式主义来的。我在莫斯科大学研究学习的时候，谢曼诺夫跟我仔仔细细地讲解过，运用"陌生化"最好的人是托尔斯泰，但人家是作家，不是专门研究理论的。退一步说，把"异化（陌生化）"和科幻结合在一起的这个行为，冈恩也不是首创。但是，现在中国科幻界到处都在说"冈恩"。如果继续这样搞的话，就

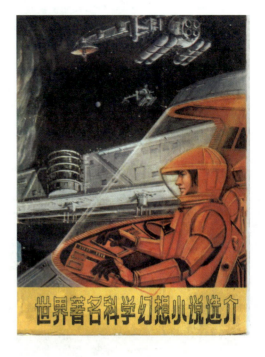

1982 年，孟庆枢参与引介和翻译的科幻小说集《世界著名科学幻想小说选介》。

把中国科幻理论的历史搞砸了，历史变成是随意化了。大概那些不读书也敢侃的"大咖"，也是这个系列的。

　　我认为在学术上，历史事实绝不能随意化，你的任何见解都要拿出理论和根据。有一位在我们科幻界具有一定话语权的人，他写出来的一篇文章查重率将近18%，根本是连书都没看就作权威立论。面对这种现状，中国科幻要弄出大成就，困难啊。所以，如果可以培养出既有对待学术的认真态度，又有文学创作能力的年轻科幻人，那么中国的科幻就一定能更好地走向全世界。我今天跟你（杨枫）说了这么多对中国科幻界的期许，其实是希望你们这代科幻人能够发挥自己在科幻界的号召力，助力中国科幻更好地发展。

日本"科幻推土机"小松左京名副其实

科幻邮差：最近几年，您和姚海军老师牵头发起成立了小松左京工作坊。专门为一位外国科幻名家成立工作坊，是出于什么样的考虑？我们可以期待一些什么样的成果？

孟庆枢：这个有具体材料。长春市的几所高校，特别是东北师范大学、吉林大学，以及吉林社会科学院，在研究日本文学方面都是重镇。20 世纪 70 年代，最早翻译《日本沉没》的李德纯和这些单位的学者之间的关系也都很密切。他开始翻译《日本沉没》时，出于种种考虑，没有公开出版。不知道李德纯先生如今是否还健在，如果在世，可能近百岁了。我认为他没有读懂小松左京的《日本沉没》，对小松左京本人也是知之甚少，不过因为跟日本方面有些联系，所以他能弄到底本。那个时候，中国又没有版权问题（我们是 1992 年加入《伯尔尼版权公约》的），谁能弄到底本，谁就赢了。虽然翻译出来后不公开发行，但想读的人也可以通过各个渠道找来读。

2018 年 2 月 3 日，姚海军（右）登门拜访孟庆枢教授（左），共商日文科幻翻译出版事宜。

到了1986年，同样是这部书稿，没有经过什么改动，李德纯又放到吉林人民出版社再次出版，那时，吉林人民出版社已经创办《日本文学》杂志。这一版《日本沉没》，我发现李德纯没有写序言，而是放了一篇译后记，他把一位搞日本通俗文学的研究家的论文（另一位译者译的）放了上去。研究家叫尾崎秀树，这人根本不研究小松左京，论文里对于小松左京和《日本沉没》也只是简单地提了一笔。也就是说，在日本通俗文学研究者尾崎秀树这里，只是把《日本沉没》简单地归类为通俗文学。我反复思忖，不得要领。可能尾崎秀树比较亲华，跟长春的关系比较密切，这大概就是他的论文被放在序言位置的理由。后来尾崎秀树心脏病发作，在中国离世。现在人们不大提起这段研究史，我不主张纠缠，但有个清晰的脉络还是必要的，又不是针对个人，那个特殊的年代，经历过的人都懂。

科幻邮差：您是从什么时候开始关注到小松左京的？

孟庆枢：从20世纪70年代末翻译《结晶星团》的时候就开始了。我最近这些年在重新看小松左京的小说，我家一个小书架的整个右半边都是小松左京的原版书。小松左京办了一个与自己同名的《小松左京》杂志，一共办了五十期，我有四十六期，差四本就收集齐了。这套杂志记载了小松左京从1931年出生，1962年作为科幻作家出道，到离世前一年的所有经历，形式包括札记、对谈、评论等等，还有一些从未发表过的或者不同版本的作品。这份杂志相当重要，没有它在手边的话，对小松左京的研究就不会精准。于是，有这些条件之后，我就决定跟日本联系，希望小松左京方面能提供一些研究条件。

科幻邮差：您是怎么得到这套杂志的？

孟庆枢：北京外国语大学有这套杂志，本来我自己买也是没问题的。不过我们团队有一个教授，叫秦刚，是北外日本研究所教授，研究日本通俗文学的专家。他说他有这套杂志，可以让我复印。这么大批的复印，原则上讲是不好的，但好在我是为了研究，不作商用。（笑）就是从这时开始，我下定决心重新研究小松左京，成立小松左京工作坊，把日本的几位代表性人物请进来做顾问，包括巽孝之、川又千秋。巽孝

孟庆枢收藏的小松左京办的同名杂志，这套杂志对孟庆枢研究小松左京发挥了重要作用。

之是日本庆应大学的教授，英文呱呱叫，在日本像他英文这么好的就不容易了，庆应大学在美国纽约大学办了一个分院，他任院长，用英语讲授、传播日本文化。他的夫人小谷真理子专攻研究科幻的女性文学。我也从国内请了一些顾问，包括王晋康、刘慈欣、韩松。我们准备把有关小松左京的研究一直做下去，让小松左京真正在中国科幻界起到点儿实际作用。

科幻邮差：小松左京工作坊具体的成立时间是？

孟庆枢：2021 年 11 月 3 日。

科幻邮差：到目前为止，都取得了哪些成果？

孟庆枢：一个是以小松左京的工作坊作主办方开会。虽然不是独挑大梁，但是在几个和日本交流的国际会议上，小松左京工作坊都是亮了相的。还有就是我从 2021

年年底开始动笔翻译小松左京的传记《SF魂》，2022年3月31日已经交稿，总共十万字，文字量不大。我很希望这本书能早点出来，让年轻人看看，特别是中国搞科幻的年轻人好好看看，一个民族、一个国家、一种文化特征的科幻，应该怎么走自己的路子，怎么在时代巨变的情况下思考人类何去何从，科幻应该起一个什么样的作用，以及自己应该以什么样的姿态和新方法来应对这个变化。

我认为小松左京的身上起码有几点值得学习。第一点，他一直在学习，不断地学习，甚至去世前三天还在学。恐怕没有几个人能做到这一点。我们只有自己不断地刷新自我、超越自我，才有可能输出点儿新东西。第二点，他认定

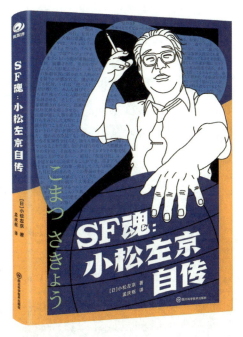

孟庆枢翻译的《SF魂：小松左京自传》中文版，2023年5月由四川科学技术出版社出版。

的东西就会一直"抓"下去，用咱们的话来讲，就是不忘初心。第三点，他会把很多方面的东西综合融汇到一块儿。比如说，他尝试过把自己的科幻中篇改编成科幻电影，也试过亲自上阵讲单口相声。他还有一个"十贤一愚"的故事：他有一次过生日的时候，来了十位不同领域的顶尖专家为他祝寿，每一位专家都来了一段专业发言，听后，小松左京叹道："哎呀，这不就是十位贤人给一个傻子上课吗？"（笑）但有位专家却反过来说，小松左京当时做的关于人类文化生态学的发言也非常专业，他甚至让自己的学生把小松左京的讲稿直接当成教材来用。

晚年时，小松左京又提出了地球人类学的理念，强调要先把人类的历史与整个地球、整个宇宙联系起来，当作一个整体，然后再考察人类的历史。他说："我们搞科幻的，应该学习巴尔扎克搞'人间喜剧'。"意思就是说，我们应该努力写出一整套"宇宙喜剧"，在宇宙一百三十九亿年的历史背景中，从单细胞的形态开始写人类的进化发展。这是一个宏伟的构想，虽然一般人做不到，但是我认为他的路子是对的。这样

做，才是保护想象力、激发创新力，才能是"有根儿"的创新。现在的人才竞争，就是一场比拼创新的竞赛，那么科幻当然应该成为生产力重要的组成部分。在这方面对于青少年、对于教育的作用不容忽视，当然不是什么"幻"都好。我觉得，《科幻世界》杂志在这方面做出了巨大的贡献。过去有一种"野生野长"的精神，就是你不理睬我，我也闷头干。换到现在来看，怎么样才能站在更高层次上、融入到前沿去、成为新时代的中国科幻人，这个问题更值得我们深思。

科幻邮差：您刚刚所说的这些，在小松左京的身上都有体现吧？

孟庆枢：没错，他太全面了！可以这么讲，我的译作《SF 魂：小松左京自传》出版之后，如果年轻人能认认真真地把它当成参考书去学习，一定会获益匪浅。我一直强调，读书一定要先做功课。他就是那种做什么事情都要先做功课的人，每次出门，他永远要带着好几个行李袋的书，在路上读。1985 年 5 月起，小松左京曾用了七十六天的时间，从青海黄河源头一直到了入海口。勘查后，小松左京写出了《黄河——中国的文明之旅》这本书。我虽然没有翻译这本书，但是读后我感到非常佩服。小松左京对于黄土高原的认识和把握，我们国家很多人都赶不上。还有，他对唐诗也很了解，他甚至曾和汤川秀树从量子力学的角度去谈过中国的古代文化，谈老子和庄子。我希望，现在中国科幻界的年轻一代一定要从一开始就扎扎实实地学习思考，多读考据详细的文章，远离那些信口开河的人。

在当今的时代要认识到，没有中国崛起成为经济上的第二大国和现在越来越强的国际影响力，就不可能有中国科幻真正的发展。至于如何走出一条符合我们中国式现代化的科幻必由之路，要首先从理论精神层面解决"何为科幻""何为大科幻""何为中国科幻兴盛之源"这三个大问题。结合小松左京研究，我在 2021 年 7 月线上参加了日本东北大学（鲁迅曾在此就读）举办的中日文化、文学交流高端论坛，作了一个题为《让我们成为中日文化交流的虹桥》的讲演，日本出版社芦书房（以出学术专著闻名）在 2023 年 4 月出版的《日中文化交流与共生》一书将我这篇论文收录了进去，并放在了首篇。这是一个收获，一个新起点。

孟庆枢结合小松左京研究，发表了演讲《让我们成为中日文化交流的虹桥》，这篇论文被收录在由欧亚基金会资助的《日中文化交流与共生》（日本芦书房，2023年4月首版，张立波编著）一书中。本书从文化、文学（包括科幻文学等）、历史、教育、语言等多个角度，探讨中日交流。在中日关系严峻的当下，该书试图致力于促进两国相互理解与共同发展。

我们科幻界许多人都受益于小松左京

科幻邮差：孟老师对小松左京的研究太深入了！工作坊的推进有得到日本方面的支持和认可吗？

孟庆枢：我和小松左京的二公子——小松实盛之间有电子邮件来往，他负责掌管小松左京的学术遗产。他婉拒在小松左京工作坊担任任何角色，但是他在得知我关注到了小松左京的创作和现象学之间存在联系，并非常需要他提供有关信息时，把他爸爸有关现象学的电子版材料发给了我，而且还亲自写了《SF魂》中文版的谢词，那份谢词写得很有水平。最近，他又在和我商讨今后一系列的合作。

这些年搞哲学研究、现象学研究，特别还结合小松左京搞科幻研究，我确实是下了功夫的。我的书架上有非常多关于这些方面的书，我每本都看了，引发了很多思考。其中，现在还能让我记住的是一个对王晋康的解读——王晋康的作品是对宿命的抗争。那段解读很具体，也结合了文本，但王晋康科幻的核心，我认为不在这儿，而是用中国的哲理结合西方的各种观点，思考人类到了剧变时期以后到底该何去何从。

这也是科幻要承担的最重要的任务，别的文学样式都已经无法承担了。再有一点，在当代中国科幻作家中，无论是刘慈欣、王晋康，还是韩松、陈楸帆，他们都很佩服小松左京，而且从小松左京的创作和理论中得到了不少补益和启发。小松左京应该说是世界级的创作和哲理思考的大家。亚洲有这样可以借鉴的作家，是很不容易的。小松左京提出科幻是"思考实验"，王晋康则号称"中国科幻的思想者"，很相通。这样说，不是特意把王晋康拉到小松左京身边，而是意在探讨科幻作家中的不同类型。比如，小松左京既心系寰宇也总是脚踏大地，这方面王晋康和他相通。当然，王晋康是中国大地诞生的作家，我不同意把他叫成"中国的小松左京"。

小松左京也讲过："我可以自信地说，在世界上没有任何一种文学类型能够承担起像科幻这样的作用。"如果想要科幻成为人类生活中不可或缺的一部分，科幻就要责无旁贷地承担起责任来，而这个科幻不是过去他们界定的那个科幻了，而是大科幻，这就是中国的未来文学。

所以我希望杨枫你们这代人能用理论把科幻文学支撑起来，毕竟理论一直是中国科幻的一个软肋。在一定意义上来讲，从你们的孵化器里孵化出来许多好作品、好作家，包括刘慈欣、王晋康、韩松、何夕这些中国科幻"四大天王"，还有许多年轻

孟庆枢（右）与王晋康（左）合影。

的优秀的科幻作家，你们对科幻的贡献卓著，功德无量。你们也在培育读者，可是培育读者不能单纯地让读者自由阅读，需要理论导向，而理论导向这一块儿现在看比较弱，特别是自己没看懂就唬人的，这个在评论中也还时有发生吧。

科幻邮差：谢谢您的勉励。孟老师，您中间好像离开了科幻领域一段时间，投身到中日比较文学的研究领域去了，到2012年以后又回归到了科幻，当时为什么会有这样的调整？

孟庆枢：我不太喜欢这种说法，为什么？因为从某种意义上来讲，新时期如果不能够深入理解科幻，不把所谓的"纯文学"和科幻结合起来整体思考什么是文学的话，很多理论是空的，不能够自圆其说。比如有一段时期，无论是在西方还是在日本，包括我们中国，都宣扬文学"死了"，（文学）理论"死了"。其实宣称什么"死了"的时候，恰恰是一种新的东西出现了。包括海德格尔那个时期，说哲学"死了"，是吧？和胡塞尔说他那个年代有人超出哲学史，恰恰是哲学要进入平常百姓家、变成哲思一个道理。

因此我坚持，一定要把不同于过去的类型，或者不同理念的文学，重新放在时代前沿来思考：何为文学、文学为何，以及中国应该提出的"未来文学"是要干什么。您看，这是《文艺报》2001年发表的拙文《我谈科幻小说》，那时的一些想法和当下的思考还是一脉相承，心里是忘不了的。因为我们已经融入到包括"纯文学"的各个层面。

2001年8月25日，《文艺报》发表了始终心系科幻的孟庆枢署名文章《我看科幻小说》。

"孟之队"其实就是起传、帮、带的作用

科幻邮差：孟老师怎么看最近这二十年，中国科幻在国际交流上"引进来"和"走出去"之间的关系？

孟庆枢：我认为目前的成绩相比过去是辉煌的，特别是以刘慈欣为代表的中国科幻作家拿下雨果奖之后。2018 年，也就是大刘得了雨果奖以后的第三年，日本的大森望翻译了《三体》，最近几年我们也在日本介绍王晋康和年轻一代的中国科幻作家。双向交流的趋势产生了，这个很重要。

我认为在文学交流方面，科幻也好，其他也好，一定得是双向的，不是一种外贸进口、出口的平衡，而是根据自己的需求为我所用，互相之间形成交流融通。至于说数量的多少等等，那得根据情况，不必像计算外贸那样来计算得失。可是外国，特别有些完全靠市场经济运作的机构，这方面考虑得比较多，因此，他们在中国找市场这个趋势太明显了。

我想说说科幻世界杂志社搞的"世界科幻大师丛书"。我认为这个系列的引进，等于我们国家在这方面做打地基的工作，非常重要。因为我们得去看西方科幻说了什么，即使理论很纷杂，也要知己知彼。我坚持认为，一定要继续走这条路子，而且在这条路上要理解得更深，把握得更准，这个事情就是要改革和开放。在北京外国语大学开的一个会上，王晋康与京都日本学中心教授、具有国际影响力的通俗文学研究专家大冢英志直接对话，不少重要作家也参加了。大冢当时就说，近些年中国科幻被介绍到日本，让日本读者感到中国文坛有股清新的风。

科幻邮差：孟老师，您带领的研究团队被业界亲切地称为"孟之队"，可以介绍一下最近几年，"孟之队"在中日科幻交流和研究方面的工作和成果吗？

孟庆枢：如果说作为学界同仁之间一种亲切交流的话，我还勉强可以接受所谓"孟之队"的称呼，因为我姓孟。但我不认为我是这里面天然的领导者，我不过是一个退休下来的教师而已，和在岗的时候还是不大一样，只希望尽量让更多的年轻人能够介入，让他们更清楚地知道我想干什么、我在做些什么、有哪些东西是可以"搭个

车"的，我期盼一代胜过一代。我当面听过掌握一些权力的人空口训斥年轻人"一代不如一代"；其实对方才真是"半瓶子醋"，无知也可以打造成无畏。

科幻邮差：孟老师其实起到的是一种传、帮、带的作用。

孟庆枢：对，这么说就行了。一定意义上来讲，我干这些活儿，包括我写这些东西，没有哪篇文章是靠别人帮我写的，连查资料都是我自己查，否则你怎么从资料里看出新东西？没形成新观点的话，你怎么能写出新意？对我来说，我坚持的有四个原点：人的生命意识、创新意识、矛盾对立统一意识和回归意识。我始终以这个大的方面来思考文学研究和文学的走向。

为什么这么说？比如说生命意识，现在看，宇宙和人的生命意识密切结合了，因此我认为宇宙本身就是一个最大生命体，地球一定是宇宙中根据宇宙的复杂之变化，应它的需要而产生出来的一种特殊生命体。我认为人和地球很可能是宇宙的一种杰作，我关心能不能够找到类似的地球人和类似的地球，或者说地球将来还要怎么变化。人类要不断探索。人类要是什么都知道了，那么人类的存在就毫无意义。我就是这样的观点。

通过翻译《三体》三部曲日文版，孟庆枢的学生泊功受益良多。

泊功告诉我，翻译《三体》不仅让他跻身一个新领域，也使他经济大翻身

科幻邮差：请孟老师简单介绍一下，在《三体》被翻译成日文的过程中，您的日本学生泊功是通过什么机缘加入进去的？另外，在您的推动下，中日科幻友好人士共同举办的"王晋康作品讨论交流会"取得了哪些成果？

孟庆枢：泊功一开始不搞科幻，而且日本人还都有个脾气，他搞的专业都是专向的，越界对他是很不利的。

科幻邮差：那他是怎么投到您门下的？

孟庆枢：泊功是 1992 年入学成为我的博士生，经人介绍又通过笔试和面试来的。那时他汉语说得磕磕巴巴，但还过得去。因为我本来是带外语系的博士生，他们和泊功可以用日语交流。泊功是北海道大学本科毕业，又在早稻田大学念过硕士，早稻田我去进修过，绝对是日本顶尖的私立大学。我一看，他学习勤奋，脑袋还挺好使，就决定带他了。

科幻邮差：他跟着您学的方向是什么呢？

孟庆枢：大的方面是中日比较文化研究，他着重日本文化当中的东方主义。这个是有批判性的，也就是说，日本鼓吹的东方学，和我们对后殖民主义的认识有很大差距。这和当时国际上包括美国学者萨义德《东方学》的传播形成热潮有关，他下了很大功夫，有一些新看法。他用中文写的简论，深圳大学给他发表了，给他增添了自信。最近这些年，大森望从英文把《三体》第一部翻译成了日文，等轮到第二部，大森望不干，出版社早川书房也不干了。中文创作的《三体》，用英文版翻译过来好吗？于是，出版社人员作了调整，由上原香找到立原透耶，但立原透耶翻译的话有些吃力，她的身体状况也不太好。那时候急需生力军，而泊功早在我的介绍下开始翻译中国科幻了，比如王晋康的《生命之歌》，而且有一篇发在了庆应大学的《三田》杂志上。这个杂志很厉害，因为它是由日本明治年代出名的、如今在国际上也非常有名的唯美主义作

家永井荷风创办的，打个不确切的比方，在日本的地位很像咱们国家的《人民文学》。就是说，只要是在《三田》上发表译作（作品更不用说了），就会获得很大荣誉，因此泊功的名气就起来了。泊功这时候已经是日本国立函馆工业高等专门学校人文系教授，还当了副校长，所以在某种意义上来讲，翻译《三体》具备条件，因此他就将工作重心转到这上面了。

另外，经济上收入颇丰。《三体》的二、三部畅销，虽然那年赶上大台风，首发仪式没搞成，但是早川书房因为《三体》二、三部的热卖足足爆赚了一笔。泊功平时从来不跟我谈经济，这个时候也露出点儿得意。有一次，他专门到我东京的住处跟我讲："老师给我这个机会，让我从经济上也翻身了。"我问："翻多大身？"他说："挺大的身呢。"我就不问具体了。（笑）他爹那会儿都高兴得不得了，问他儿子："你怎么有办法挣这么多钱？"

王晋康作品讨论交流会是我在 2018 年发起的。那年，我从 1 月下旬到 4 月下旬在东京待了三个月，比较方便和日本科幻界人士交往，我就和他们商量邀请包括我前面说的《三田》杂志编委、著名科幻研究家巽孝之教授，还有现在已经故去的作家津原泰水等七八位文学界头面人物。科幻作家藤井太洋和当时科幻协会的会长林让治都很支持，于是就形成了一个新的梯队。座谈会是我回中国后才在东京开的，由我儿子孟旸代我召集，藤井太洋、巽孝之、岩上治、小谷真理、立原透耶、上原香、津原泰水都发表了精彩的评论。后来《亚洲文化》在 2019 年初出了专辑，刊发包括立原透耶女士根据录音整理的文字和王晋康的代表作，杂志还进了东方书店。

科幻邮差：20 世纪 90 年代，杨潇、谭楷老师执掌科幻世界杂志社期间，在成都召开的两次国际性科幻大会都邀请了岩上治先生。他作为最早一代的日本中国科幻研究会会长，到后来的藤井太洋，是一脉相承下来的吗？

孟庆枢：岩上治是日本科幻界研究中国科幻小组的一个小组长。咱们这边听起来，好像日本有个专门的中国科幻研究会，其实就三五个人，有一个法人代表，合法就完事，不像中国还得民政部审批，这个是两回事。

藤井太洋是日本中国科幻研究会第三十七届的会长，那时候叫科幻俱乐部，咱们这儿就管他叫科幻协会的会长。他们是四年选一次，现在最新的接任者是林让治。

2019 年 11 月，日本科幻作家代表团到中国参加成都国际科幻大会期间，与八光分文化编辑合影留念。第一排两人为：泊功（右一）、野尻抱介（右二）；第二排左起依次为：藤井太洋、藤崎慎吾、杨枫、岩上治（林久之）、姚雪；第三排左起依次为：林让治、宫本道人、高桥文树。

还有藤崎慎吾、小川一水，我和他们几位在成都见面以后都保持着非常友好的关系，他们的很多东西都想委托我给他们翻译，藤崎慎吾的《深海大战》三卷本等作品已经陆续译介出版。但我现在主要不是做图书引进介绍，而是希望能够抓住科幻名家推动双向交流，这对我们中国科幻有利。我要在这上面多谋划思考。时机成熟的时候，我希望我的弟子能跟大家一起多做一些实际的事。

从"双璧"生辉再到群星璀璨

科幻邮差：孟老师，您觉得当下这个时代，中国最需要什么样的科幻作品？

孟庆枢：我认为中国科幻必须是抓住主流，同时百花齐放，能够适应这个时代的需要和中国读者的需要。这个需要是综合的。什么意思呢？刚才讲到王晋康了，他的科幻作品放到整个中国科幻圈里，方方面面来说绝对是最优秀的。我虽然跟王晋康接触得更多，但从个人关系来讲，我对刘慈欣和王晋康是一碗水端平的。我基本是从学界、教学研究和理论上来参与，这就决定我必须尽量全面。

刘慈欣的突破，甭管是什么原因，《三体》拿下了雨果奖，让中国科幻和中国文化在这个渠道传播很广，就是一次了不起的胜利。刘慈欣对王晋康有很高的评价，江晓原给出的评价也相当高。2015 年，大刘得雨果奖的第二天，我正好在一个会上，那一刻大伙儿都高兴得不得了，王晋康坐我旁边心情也很激动。我说："晋康，在这种形势下，你可得想办法再努力一下，争取也能够再进一步。"这话我和其他在场作者也讲过。但 2015 年到现在是八年，这八年来，长篇还是只有大刘一枝独秀。

王晋康的作品一定得和刘慈欣形成"双璧"。一枝独秀八年，中国科幻往下走的话，这个局面是不行的，必须把王晋康作品的时代价值发掘出来，让它绽放出光彩。

比如《亚当回归》里的叙述学，这篇作品里到底讲故事的是谁？人物形象是谁？可以这么讲，那里面的人物形象是变化的，这里的"我"不是过去传统文学的"我"，而是立于新时代，在时代巨变当中，对于人类，特别是中国人，"我"的一种思考。因此，这篇作品设定的是一个远离地球两百年的王亚当，在残留地球人很少的情况下，他回来了。再就是雪莉小姐，雪莉是 AI，带编号的，最后要成为自然人雪莉，从（人工）智能状态恢复到自然人的生活。她和王亚当之间最终回到原始的人类之爱，男女之爱，最后还生了个小孩……这么一种叙述关系，它是不断探索、不断变化的，和过去传统叙述学，特别和西方讲的叙述学是两回事儿。王晋康不是讲热闹故事的段子手，而是饱含哲理性，具有发人深思、润物细无声的内功，他的叙事还穿插武侠、玄幻，但是整体来说，王晋康脑子里的这种哲理追求，是一以贯之的，应给予更多关注。

所以今年（2023）出版的《王晋康文集》第 21 卷《耕者偶得》，很重要。通过它，可以看看王晋康的科幻思索，他三十年来到底在考虑些什么。这些作品我都读过的，这回写东西，我又重新翻，很多东西还有待发掘，需要多读多思。中国科幻界年轻的一代，搞创作也好，搞产业的也好，还有研究科幻的各位，都应该花时间把这套书读一读。

科幻邮差：孟老师肯定关注到 2023 年科幻圈大事件，就是第 81 届世界科幻大会在成都举办，您觉得这次大会对中国科幻有什么意义？

孟庆枢：我认为咱们第 81 届世界科幻大会，对中国科幻也好，甚至对我们的大

目　录

墙头之上看科学

克隆技术与人类未来 / 003
人工智能能超过我们吗？ / 008
超级病菌 / 012
超人类时代宣言 / 015
环境保护与熵增定律 / 019
医学与遗传灾难 / 022
熵增与宇宙生命 / 025
科学的"环账准备" / 030
关于长生的讨论 / 034
上帝的核心机密 / 040
大自然不需要上帝 / 043
人类会灭亡吗？ / 046
上帝的怪癖 / 050
性本善与性本恶 / 053
关于长篇小说《十字》的科学性的讨论 / 056
十问苍天 / 066

孟庆枢希望中国科幻界重视《王晋康文集》第21卷《耕者偶得》。

科幻未来文学，都是一件大事。而且在我看来，唯独成都最有条件做，别的地方我认为真的还很难承担这个事情。因为得有人，得有基地，得有多年的基础，得有一种向心力、凝聚力。在这种情况下，面临的一个很重大的问题是，得让各个层面的人，特别是有话语权的人，通过这次大会重视科幻的发展。另外从科幻大会来说，一定要抓好的是孕育科幻产业。无论干什么事，如果最后没有经济支撑，不能让它和产业结合，那它就不是新兴的市场经济。这个问题必须得到方方面面认可。我认为中国科幻会迈上更高的台阶。

人物回忆

科幻邮差：在前面的讲述当中，孟老师已经提到了跟很多朋友的交往，您还有没有特别想补充的？

孟庆枢：就说说黄伊吧。这人我很佩服，我那个时候是三十多岁，他应该是四十岁出头，当时是中国青年出版总社的编辑，是他最早把凡尔纳那套作品引入中国的，后来他调到了作家出版社。他是广西人，任小说组南方组的组长。

我最难忘的，是当时他为了给《论科学幻想小说》一书组稿，专程来找我。我家住的那个屋附近，下雨之后简直泥泞得不行，我作为主人，穿着胶鞋都没办法走。但他就在那种情况下，来到我家跟我谈稿子。原来，他是按照金涛的意思到长春来取稿子。这真是非常不容易的。这事应该是发生在 1979 年或 1980 年，具体我不记得。总之，他对中国科幻的事业心和编这本书的责任心是一流的。

科幻邮差：孟老师，在您心目中，您最骄傲的是什么？

孟庆枢：我自个儿认为这一生，还是做了点儿有益的事。我和日本、俄罗斯以及其他国家的交流，对中国科幻起了一定的助推作用；再就是，我不断追求，自我超越，通过对中国科幻的认识，不断吸取力量。科幻对我整个思维或者说知识结构的影响很大，别人说现在（我们生活的）是三维，但可能存在十一维。天知道呢，但科幻肯定在开阔我的视野，

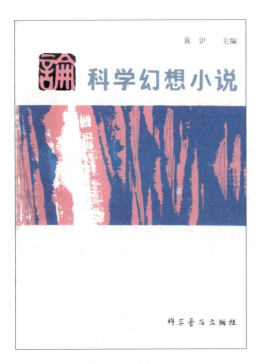

1980年，为了给《论科学幻想小说》组稿，主编黄伊专程到孟庆枢长春家中拜访。此书于第二年正式出版。

"资深翻译家"是中国翻译家协会2001年设立的翻译界最高奖项。孟庆枢半个世纪不间断地翻译出版译著达四百余万字，其中半数是科幻作品和理论著述。他的获奖也是中国科幻界的荣耀。

让我能够更全面地看待人生。这对我来说，科幻可能是给我造福最大的。深入的科幻研究，实际是适应时代重新探讨何为文学、文学为何的一条好路子，我以前谈过许多，这里就不重复了。再就是，我通过搞科幻，结识了很多的弟子，不管是学中日比较文学，还是文学理论的，科幻都使他们的视野更开阔，现在看来这个路子走对了。

科幻邮差：在您心中有没有留下一些遗憾？

孟庆枢：遗憾？当然不会少。自己的能力有限啊，比如说同样是外语，我就没敢再认认真真地学英语。在一定意义上来讲，要真正把任何文化、文学、艺术搞明白，必须从语言入手。

科幻邮差：孟老师辛苦了，感谢您接受我们的访谈。

孟庆枢：谢谢杨老师，谢谢诸位。你们从四川来到北京，很辛苦，但是对这一天，我其实期盼已久。虽然知道自己忝列在《中国科幻口述史》当中，也有些惶恐，但是我愿意有这么个机会，和我们整个科幻界，特别是和广大的青年读者交流，我感到很荣幸。

趣问趣答

01 请您就科幻小说给出一个简单的定义或描述。

《SF 魂》，就是小松左京十万字的传记，我给这部传记写的译后记里表达了我对科幻小说浅显的看法。很难讲我这个看法就是对的，但我也在不断学习，不断提高。我不想用警句式的表述谈科幻，期盼大家花点时间看我的一些思考，深入交流切磋。

02 您最欣赏的国内、国外科幻作家分别是谁？

我这个人还是认真看书的。从最早的凡尔纳到美国的阿西莫夫、英国的 H.G. 威尔斯，这些作家都是我非常尊敬的。我认为他们有的东西值得学习。阿西莫夫的《论科幻小说》，开篇首先提出科幻小说不是一种类型，而是个理念。我认为这就和我主张的大科幻、未来文学是一致的。你看日本人写的《威尔斯评传》中记录了 H.G. 威尔斯说过的这样一句话："与时代同行，是科幻作家的本质。"小松左京是，咱们的王晋康也是。再牛的科幻作家，也需要脚踏大地、心系人民，和整个的宇宙结为一体，因为一旦离开了泥土，就没有生命。

03 您学习外语最大的秘诀是什么？

我认为就是"追求"。学外语别当工具用，而是对另外一种文化的深层体悟。多学几种外语的人，眼界都是开阔的。我见过日本几位这样的优秀学者，熟读他们的著述，体悟就更深了。在某种意上来说，我的名字就决定了我要不断努力：流水不腐，户枢不蠹。不管什么原因，从我自个儿记事起，我就不懒。俄罗斯有一句谚语经常被我挂在嘴边，翻译成中文就是"活到老，学到老"的意思。我给它再加上三个字：做到老。我挺感恩，感恩大自然和所有的一切，包括我的学生。在他们身上，我不断地学习。我跟学生说："我每年长一岁，可是面对的学生呢，永远是在同一年龄段。我借你们的活力，使我更好地往前走。"我跟弟子共勉的几句话，我自己是践行的：一、你必须准备为学业拼搏终生；二、你必须是个思想者（即使不能称为思想家）；三、你必须尽量吸纳一切优秀知识成果；四、你必须时刻关注和应对时代的发展；五、你必须把创新作为起点。

我没有食言，我一直在这样做。

04 您觉得，翻译和教书哪一个更难？

都不会轻松，但苦中有乐。一定意义上讲，翻译是很难的，要理解外语，比如俄语的灵活性、日语的暧昧，那是民族的文化底蕴所在，像俄语的韵味与他们的歌曲、舞蹈是一致的。翻译其实就是创造，这种创造不仅需要深刻体悟本国的语言和文化，还要与被译介方达到同样程度才好。

05 如果有机会做一次时光旅行，您想去到什么时代？为什么？

我不想做时光旅行，因为我的岁数已经不再那么浪漫了。我只想在有生之年放开思想，能多做好事，别给别人添麻烦。

06 如果以后有一本关于您一生的传记，您希望用一句怎样的话做开头？

曾经有人说我是"一生都很辛苦的人，但也是很幸运的人"，这句话我是接受的。

07 请谈谈对中国科幻事业的期望和祝福。

我希望 2023 年世界科幻大会，在这个世界巨变的时代里，成为中国科幻在新时期迈上一个新台阶的重要契机。这个包含了两层意思：

第一，希望中国科幻从一枝独秀，变成百花盛开；青年科幻作家大批涌现，一代胜过一代，后浪逐前浪，群星璀璨。

第二，中国科幻人不忘初心，为了中华民族的伟大复兴，为了构建人类命运共同体，为了全人类共同的、新的价值观和世界观努力；凝心铸魂构建现代文明，让中国科幻在人类历史上留下熠熠光辉！

以《温柔之乡的梦》
而彪炳千秋的作家

MARKING HISTORY WITH HIS NOVEL *DEAR DELUSION*

魏 雅 华

330 文学萌芽：十一岁时开始投稿并发表

333 一鸣惊人的科幻处女作

336 "黄埔二期"读书班：我和贾平凹就是在那儿认识的

339 每天收到一麻袋读者来信

342 与众多名家的交往

348 这么好的小说，居然就压在你这儿了！

355 《神奇的瞳孔》事件

357 《科学文艺》为中国科幻保留了火种

360 心存不忿，转战纯文学

365 一本书让破产书商翻身

370 不当记者了，当职业作家吧

375 创作理念与科幻回顾

385 趣问趣答

导语 INTRODUCTION

魏雅华是中国科幻作家中独树一帜的一位。他的大多数作品并非发表在科普、科幻杂志上，而是发表于主流文学期刊；在科幻作家普遍非职业化的时代，他就已经开始从事职业写作并且成就斐然。从十一二岁发表第一篇作品，到如今年逾七旬仍在运营着自己的公众号；从科幻小说到纯文学，再到通俗文学和经济评论，他始终紧跟着时代潮流写作。一次又一次的华丽转身后，是他始终不知疲倦地负重前行，攀登着一座又一座的高峰，烈士暮年，壮心不已。

WEI YAHUA

MARKING HISTORY WITH HIS NOVEL
DEAR DELUSION

■ INTRODUCTION

Wei Yahua is unique among Chinese science fiction writers. Most of his works were not published in popular science or science fiction magazines, but rather in mainstream, highbrow literary magazines. In an era when science fiction writers were generally writing in off-work hours, he was one of the few who had achieved remarkable success as a full-time writer. He published his first story around the age of eleven; now, in his seventies, he is still running his own social media account on which he posts his writings. From science fiction to highbrow literature, then to popular literature and economic commentary, he has always been keeping up with the times. Every successful lane change in his writing exemplifies his industriousness, strong will, and commitment to literature. In his old age, he continues to conquer one peak after another with undying enthusiasm.

■ TABLE OF CONTENTS

330   First engagement with literature: I started submitting and publishing at the age of eleven

333   A sensational debut in science fiction

336   "Huangpu Class Second Session" Reading Group: where I met Jia Pingwa

339   I received a whole sack of letters from readers every day

342   Association with big names

348   You're secretly holding onto such a great novel!

355   Twists and turns after publishing *The Astonishing Spectacles*

357   *Kexue Wenyi* has preserved the last flame of Chinese science fiction

360   Frustrated, I turned to highbrow literature

365   A book that revived a bankrupt publisher

370   Giving up a career in journalism, let's make it as a professional writer

375   My creative philosophy, and looking back on science fiction

385   Fun facts and Q&A

文学萌芽：
十一岁时开始投稿并发表

科幻邮差：魏老师好，今天非常荣幸邀请您参加《中国科幻口述史》访谈。魏老师既是中国科幻银河奖首届和第二届获奖者，同时也是 20 世纪 80 年代中国科幻进入低谷时期的见证者和亲历者，堪称其中一位风云人物。今天希望通过您的讲述，带领我们重温那段难忘的岁月。从能查到的资料来看，您的文学启蒙非常早，五岁就开始了，这是受家庭影响吗？

魏雅华：我觉得应该是一种天赋吧。你一生下来，苍天就赋予你的素质。是与生俱来的、不容选择的，或者说是从娘胎里就带来的。我很小就喜欢文学，对文学的浓厚兴趣与生俱来。我记得小时候，能读到一两本书真是如饥似渴，因为能看到的书很少很少。上小学的时候，虽然认的字还不是很多，但我已经在读《鲁迅小说选》了。因为没有别的书可看，所以这本书我就翻来覆去地看，从头到尾地看，比如《祝福》《铸剑》《阿 Q 正传》《孔乙己》这些小说，几乎都能背下来。其实我那时候是看不懂的，但就是觉得好，特别能吸引我。有一天语文老师找到我家去，对我妈说："你这孩子不得了，写的作文都能上《西安晚报》。"在当时，那就是最高的褒奖了。我妈很得意，觉得好像我就是喜欢文学。

科幻邮差：魏老师是 1949 年生人，读小学大概几岁啊？

魏雅华：我四岁半就上学了。

科幻邮差：那么早啊！当时家庭是怎样的呢？

魏雅华：我父亲是个邮局职员，母亲有些文化，中华人民共和国成立以后她当过人大的妇女代表。

科幻邮差：所以父母很重视对您的教育，是吗？

魏雅华：我觉得主要还是自发的。我上初中就开始给报社投稿了，写十二行诗。那时候能读懂一些文学著作了。只要有一点时间，我就跑到离我们学校不远的陕西省图书馆看书，步行过去只要十分钟，我几乎把那里当作学校的图书馆。我现在还记得那里有一座小楼，很小，只有两层，房子旧，光线暗，窗户也不大，墙上爬满了绿藤，但我就觉得那地方好得不得了——常青藤几乎把整个房子都盖住了，那是我的天堂。所以我一有空就跑到那儿去，看所有的图书、报纸、杂志。

我当时看的时候，觉得这些写文章的人真了不起，他们的信能直接登在当时的大报上。我想，要是有一天我的信也能上这些报纸，我就不得了了，就觉得那是一种太神圣的事情。我在十一二岁的时候，开始给《西安晚报》投稿十二行诗，结果还真登出来了。题目到现在我还记得——《工作在搅拌机旁》。那时候我勤工俭学，到工地去劳动，写了这首诗，登出来后，给了我两块四毛钱稿酬。那时候的两块四毛钱很厉害了。我花了"巨资"——一块两毛钱——去买了一本《海涅诗选》，看得几乎都能背下来了；然后花了两毛五分钱吃一碗羊肉泡（即羊肉泡馍），犒劳了自己一下；剩下的钱，我跑到附近银行，开了一个户存起来了。

科幻邮差：厉害，这时就懂得理财了！（笑）这是受父亲的影响吧？

魏雅华：不是，是受学校的影响。学校老师鼓励学生从小养成储蓄的好习惯，我就是听了他们的话，跑到银行存钱去了。那时我的个子还没有银行柜台高，得扒着柜台，踮起脚尖，里面的柜员才能看见我。

科幻邮差：那时候几年级？

魏雅华：初中二年级。从那时起，我就开始有存钱的习惯。后来，父亲为了养成我独立生活的习惯，每个月给我两块钱的零花钱，用不完的我就存到银行里，记得最多的时候我存了十块钱。（笑）

说回第一次发表的事情。我在《西安晚报》上发了文章，当时《西安晚报》发行量挺大的，基本都是家长给孩子订的，让孩子学知识、看新闻。那时候，上一次《西安晚报》是很难的事情。记得我有一次和《西安晚报》的一个工作人员聊天，就问他们《西安晚报》发一篇稿子容易吗？他说："我们的记者有时候半年都发不了一篇稿子。"那首诗歌一发表，我在学校里就出名了，很快就担任了西安第五中学校刊的主编，其实就是学生推选出来的，也不出版什么刊物，就是办办黑板报，还有把好的作文钉起来，贴在墙上，大家路过的时候翻阅一下。

很多人都讲："学好数理化，走遍天下都不怕。"我没有这个感觉。我们那个学校的风气是，谁在文学和艺术上有天分，谁就是大家崇拜的偶像。所以我们学校搞文学的、吟诗作画的，还有篮球打得好的、足球踢得好的，就很受崇拜。这就更加激发了我对文艺的兴趣。

高中快毕业的时候，我写了一篇散文，写得还挺长的，我把这篇散文寄到《延河》杂志去了。我鼓起最大的勇气，让编辑看看我这篇散文到底写得怎么样。那时候大概过了不到一个礼拜，编辑部给我来了一封信，约我到编辑部去谈一谈。他们觉得这是个有潜力的中学生嘛。编辑部跟省作家协会在一块儿。陕西省作家协会你知道是什么地方吗？是以前杨虎城的公馆。

那时候中国很穷，但是到杂志社去你会感觉到，这地方真好。编辑部有一张办公桌，还有沙发，尽管那沙发已经很破了，那地板也很破了，走在上面嘎吱嘎吱的，但那是好得不得了的地方，在我们看来就是天堂，非常高雅、高贵。在这里办公的人都非常了不起。我去了之后，编辑们和我谈了一番话，鼓励鼓励我吧，说离发表还有距离，就没有发表。但我也受到很大的鼓舞，毕竟杂志社编辑们能把我叫过去，也挺感激的。这跟我后来再去作家协会就有很大的反差了。

一鸣惊人的科幻处女作

科幻邮差：魏老师后来报考工业师范专业学院就读机械专业，那是中专还是大学？

魏雅华：是专科学院，全称陕西省工业师范专科学院，现已不存。当时发生了一件事情，在我即将高中毕业的时候，我父亲被划成了"右派"。这个对我打击很大，政审这一关过不了啊。同时也因为当时生了病，我就放弃了当年的高考。有一次我到医院去检查，医生说我的肺部好像有肺结核。本来也不是很严重的事情，因为那时雷米封（即异烟肼）这种药已经出现了，治疗肺病非常有效。但我考虑到政审可能通不过，就没参加那年的高考。

为了这件事情，母亲还跟我大吵了一场，意思是考不上也要去考。我当时的学习成绩很好，在班上从来都是出类拔萃。那时候实行苏联的五分制，我大概有十一门功课都是五分，只有语文是四分。因为语文它不像数学那样对就是对、错就是错，语文打分有一定主观性。老师第一印象觉得你作文好、你语文好，就打一个印象分，所以轻易不给五分的。当时大家对于上大学的欲望也不是那么强，北大、清华也不像现在这样了不起。当时我一个同学来找我，他说陕西省劳动局办了一所工业师范学院，专门给陕西省技校培养师资的，毕业后当老师。我一听这挺好啊，这一去不但上学了，工作问题也解决了。

于是，我就跟我同学到陕西省劳动局办的工业师范专科学院读书去了。读了一年，国家的经济转坏，变得越来越糟糕，就把我们送到西安航空技校去实习。我们本来就是给技校培养教师的嘛。后来我就到了航空技校，学的课程都是大学的课程。毕业以后，我就被分配到西安交通大学电气学院研究所，在那儿工作。这就是我上学的那段经历。上学的时候，我实际把精力都放在文学和绘画上了。

科幻邮差：与此同时，魏老师就开始科幻小说的创作了。当时的初衷是什么呢？

魏雅华：1978 年召开的全国科学大会刮起了一阵东风，那会儿科幻变成了一股新潮流。当然，那个时候并不是所有人都敢于立马投身其中，还是要有些勇气的。所谓"英雄造时势，时势造英雄"，我写科幻小说，就是因为看准了这个势头。

我发表的第一篇科幻小说《死刑》，插图是我自己画的。我在寄稿件的时候，把插图也给配上了。《陕西日报》后来给我发表了，那是 1979 年 5 月 16 日。应该说我的成名之路走得很快，而且也很顺。《陕西日报》是一个很重要的宣传阵地，是陕西省委机关报，陕西省最有影响力的报纸之一，它当时的发行量有五十多万份。

《死刑》是一篇标准的科幻小说。应该说，那篇文章能够发表是一件很不容易的事情。我是以第一人称写的，内容是："我"的未婚妻患肺癌病重，已经扩散到晚期。可是当时"我"需要到国外去开一次科学界的年会。"我"就问"我"的老师——一位科学家——"我"的未婚妻病这么重，"我"怎么去开会？如果这篇小说放到现在来写的话，我可能会这样处理：这会不去开了。人的生命比那个年会重要得多。可是在那个时候不是。小说中，"我"的老师就说："你去吧，把她交给我，你只管走人，回来还你一个健康的妻子。"出于对老师的信任，"我"二话不说就走了。回来在机场迎接"我"的是老师和未婚妻。这中间到底发生了什么？当时核磁共振这项发明刚刚出来，很多人就预测它的前景，有治疗癌症的可能。而且它是靶向给药，现在听起来都觉得很新潮，但我这篇文章是四十多年前发表的。我在这篇小说里设想了核磁共振怎么用于癌症治疗。

昨天我又在网上查了一下核磁共振现在的情况，也就是《死刑》发表四十几年后的情况。我发现它仍然是治疗癌症非常重要的手段。通过核磁共振，可以清楚地看到癌细胞的扩散情况和准确位置。

《死刑》为什么能发表？而且发表在省一级的大报上？我把那篇小说又看了一遍，

小说里有大量的关于科学研究的细节描写。因为我当时在西安交通大学电机系电气绝缘研究所工作，我见过那些做科学实验的场景，接触的全是教授、研究生这些人，我帮他们做一些科研项目。我是动手做实验的，他们是做计算的、写论文的。实验室里面那一套东西，例如阴极射线示波器，可以产生几十万伏的高电压模拟雷击，我都很熟悉，在我的那篇科幻小说里都有描写。而这个正是《陕西日报》的来稿里所缺少的，在他们的自然来稿里，不是写农村，就是写工厂。但是谁来写这些科学研究机构呢？我那篇文章恰好写的就是这些东西。在编辑看来，我描写的场景很难得，而且还有很多具体的、细致入微的描写，如果不是生活在那种场景里，是写不出来的。再加上我对自己的文字表达能力很有信心，所以我那篇文章在《陕西日报》上一下子就登出来了。

"黄埔二期"读书班：
我和贾平凹就是在那儿认识的

魏雅华：《死刑》发表以后，陕西省作家协会就知道西安交大有个叫魏雅华的。随后，作家协会把文坛新秀召集到省委党校，开了一个读书班，我们把这个读书班戏称为"黄埔二期"——陕西省作家协会第二届读书班。读书班持续了四五个月的时间，由作家协会出面去给工作单位请假，请假以后把我们集中到省委党校的顶楼上。

科幻邮差：当时和您一起参加的还有哪些作家？

魏雅华：有二十几个人，其中就有贾平凹，他跟我就是在那儿认识的。我们之间发生过好多有意思的事情。贾平凹是个好作家，但不是个好编辑。他当时已经到《长安》杂志当编辑了，于是就把寄给他的稿件都抱到作家协会读书班来、放到案头上，然后他就不来了。他给读书班的人说："你们帮我看稿子。"让我们帮他审《长安》杂志的来稿，他自己就写他的小说去了。那时的我们不过是文学青年，哪有资格当编辑啊。（笑）

读书会结束的那一天，大家都不想走，舍不得，因为在这里可以不上班，一心一意地写作，大家都是喜好文学的，可以在一起交流切磋。所有的费用都是作家协会掏的。回到自己的工作岗位上去，这些福利就都没有了。

科幻邮差：您觉得这次培训下来，您的写作有提升吗？

魏雅华：影响很大，那一期的人几乎后来都成名了。包括商子雍，中国杂文协会的副会长，他成了杂文名家；诗人商子秦，是他的弟弟。那期还有一个人，叶浓，就是《陕西日报》副刊部的主任，也是我的第一篇小说的责编。后来在《陕西日报》，我还发表了一些作品，可以说是叶浓把我带进来的。叶浓这个人写一手非常漂亮的字，书法上面很有成就，并且他有一种长者风范，在我们那里边他年龄最大，最有地位，最有成就。

科幻邮差：参加读书班的五个月里，是有一些固定的讨论还是有规定的创作要你们完成？

魏雅华：读书班的工作人员用车从作家协会拉了很多书过来，供大家随便看，但实际上没人看书，都在写作。难得的一点时间啊，都在写自己的小说。我也在那儿写。贾平凹偶尔露一下面，然后就又不见人了。到了临走那天，贾平凹来了，他也不舍得走，那天就跟今天一样，外面下着雨，地不留人天留人。不想走又能怎么办？贾平凹就把我拉住说："咱俩杀两盘（下象棋）吧。"我说："你这臭棋篓子还跟我杀呢？咱俩今天谁赢谁是男人，谁输谁是女人。"贾平凹说行。结果连下了六盘他没开胡，于是我说："贾平凹你记住，我是男人，你是女人。"后来我还写了篇文章，题目就叫《贾平凹是我"老婆"》，发表在当时红极一时的《女友》杂志上。

我跟贾平凹有意思的事情那可是太多了。他在读书班的时候说："我写的那些小说都不挣钱嘛，写的全是一两千字的微型小说，一篇稿费才二三十块钱。"可他那微型小说写得真好，我读了好几篇，都是经典，字字珠玑。但他也挺羡慕我的，他对作家张敏说："雅华写的那玩意儿（科幻），咱弄不了。"平凹是工农兵学员，他熟悉的生活是农村。他写不了我的小说，我也写不了他的小说。

后来，有一次陕西省作家协会在招待所开整风会，传达和宣讲中央文件精神，坐了一屋子的人，贾平凹进来以后，端个凳子坐在门背后，不说话。贾平凹口拙，不善言辞，一向如此。省作家协会的主席胡采，是延安时期的文学批评家，他要大家一个挨一个地表态。轮到贾平凹，不说不行了，他就说："我回去以后，把我的文章都再看一遍，看看有什么问题没有。"结果第二天，《陕西日报》头版就报出来：《作协整风，贾平凹在会上做了自我检讨》。

2016 年 5 月 5 日，魏雅华（左）与贾平凹（右）在西安参加陈忠实的追悼会。

科幻邮差：这次检讨对他有什么影响吗？

魏雅华：那时候贾平凹还很年轻啊，没经历我这么多事情，我比他年龄大一点，承受能力强一点。他当时很悲观，我就安慰了他两句。当时我住得离他住的地方很近，步行大概十五分钟，就像串门。

每天收到一麻袋读者来信

科幻邮差：即使是在全国科幻低潮期，您的科幻创作还是在继续，非常不容易。《幸运的错误》和《死刑》是同一个系列的作品吗？

魏雅华：《幸运的错误》发表在东北的一家刊物上，是我进一步幻想治疗癌症方法的产物。当时科学研究发现，苦杏仁苷对癌细胞有抑制作用，我根据这个构想，写成了《幸运的错误》，这篇发得就比较快了。我就觉得写小说是一条出路，于是开始写《"飞毯"的风波》，这篇发表在《工人日报》上。我为什么会把稿件投到《工人日报》去？是因为我看到叶永烈在《工人日报》上发表了一篇科幻小说，让我得到了启发：《工人日报》是发科幻小说的。我觉得叶永烈那篇小说尽管写得不错，但在文笔上可能我更有竞争力，我就有信心了。当然，我这不是贬低叶永烈，各有所长嘛。其实叶永烈是我最好的朋友，而且我在这条路上也离不开叶永烈对我的关心和支持。对他，我充满了崇敬和尊重。

《"飞毯"的风波》，原来不叫这个名字，叫《自杀前的演讲》。我的这篇文章寄给《工人日报》以后，大概过了两个星期，《工人日报》就有一位编辑，科技部的孟东明，跑到交大来找我，当时我是从电机系被集中到学校的校办工厂，在那里干我的工作。他到那儿找到我说："你这篇小说我们看了，觉得很好，准备要发，但是有几点意见，我来跟你当面交流一下。"他跟我提了四点意见，看看能不能改。

他还说，这些意见可以听，也可以不听，他仅仅只是建议而已。然后他就在陕西省总工会的招待所住下了，给我四天时间，等我修改稿子。当时可以为写作而请假的，都是当成政治任务。所以我就请假把那个稿子重新润色了一遍，然后把稿子送到陕西省总工会去，交给孟东明。

孟东明把这稿子带回去了，很快，在那一年的国庆节前半个月，《工人日报》开始刊登。我那篇小说写得挺长，一万五千字，在正常的情况下，报纸是没有办法发这么长的作品的，结果第一次连载就发了一个整版。这一下就火了。《工人日报》当时是百万级发行量的大报，交大各个科室都有订阅的，工人是领导阶级嘛。这期不但登出来了，配的插图也很精美，然后就每天连载一千字，持续了足足半个月。其实一千字的版面对报纸来说也很大，是个通栏了，再加上插图，很醒目的。交大图书馆每天都把《工人日报》张贴在阅报栏里，大家都可以到那里去看，学校行政楼里也到处都可以见到。

《"飞毯"的风波》收录在1980年9月工人出版社出版的同名科学幻想小说集里。

那个时候，中国人对于文学的热情极高，《工人日报》在连载我的小说时，他们收到的读者来信，每天是用麻袋装的——就是赶上了思想解放的潮流，那个时代的读者看了以后心里不能平静，会给报社写信。然后，编辑就把这些信又全部打包给我寄过来，我每天收一麻袋信，就多到这种程度。登了十天以后，又空了两天没登，结果读者就把总编的电话打爆了，没办法工作了。他的电话没办法用了，谁都打不进来。总编就对孟东明说："赶快把它推出来嘛，让我恢复正常工作好不好？"最后真的用了一个整版，把剩下的全部都推出来了。

所以你看，当时文学的影响力就大到这种程度。因为那个时候，大家都把思想解放聚焦在文学上，所以《"飞毯"

的风波》就那么快成功了。《"飞毯"的风波》发出来以后，对《工人日报》的影响也很大，《工人日报》紧跟着就出了《"飞毯"的风波》的书。我那篇显然字数不够嘛，所以就把叶永烈的小说也收在里面，一共收了近十篇科幻小说吧，书名就叫《"飞毯"的风波》。

科幻邮差：魏老师一下就成名人了。

魏雅华：那真是。而且当时我在科学上是非常谨慎的。我写科幻小说的时候，每一个细节都要捋清楚，科学的部分一定不能出错，所以我请了一个科学顾问，交大的副教授费鸿飞，现在已经去世了。我发表的时候专门在前面写着：作者魏雅华，科学顾问费鸿飞。

费鸿飞是一个非常博学的人。后来我就费鸿飞的事情还写了一篇小说，叫《老教授的罗曼史》。因为交大的西迁，他一辈子没有结婚。交大从上海迁到西安，他因为反对西迁，结果被定成"右派"了。后来他说自己也不想害人，谁跟他结婚谁就是"右派"家属，所以他一辈子没有结婚。但是他在年老的时候，还真谈了一个对象，我就把那段历史写成了一部中篇小说，叫《老教授的罗曼史》，在《天津文学》上发表了。

"八零后"科幻作家宝树后来到我家的时候还问我，那时候稿费是不是很低。我说你大错特错了，那时候稿费高。你看我1981年的工资是一个月四十二块钱，《"飞毯"的风波》给了我一百五十块钱稿费，是我三个月的工资。现在写个短篇小说能给我三倍工资的稿酬吗？不可能的事情！所以自从我开始写小说，我的生活状况发生了很大的变化。那时候我一年的工资加起来也不过500元，可是我的稿费在一年内就超过了1000元，所以我的总收入是交大的副教授待遇，六级副教授就是一个月150元，非常富裕。当时交大只有一个一级教授——钟兆琳，一级教授的工资360元，比校长还高，那时候我们的感觉就是，他钱多得没办法花。

与众多名家的交往

魏雅华： 说到稿费，其实我在交大那时候，真正发生大变化还是在《温柔之乡的梦》发表以后。但《"飞毯"的风波》的发表，让陕西省科普作家协会开始对我重视起来。中国科普作家协会后来召开第一次科学文艺年会，1980 年在哈尔滨开的，我就被邀请去参会，费用由交大出。这就很奇怪，你搞文学创作的，这又不是交大召开的会，怎么叫交大出钱？中国科普作家协会说那我们没钱啊，只能由你们出。后来交大觉得这事儿也不错，去就去吧，对交大也是好事。于是，交大就把差旅费给了我，然后我就从西安到北京，从北京再坐十几个小时的火车到哈尔滨，参加了第一届年会。也是在这次会上，我跟很多人第一次见面了。

科幻邮差：都有哪些人？

魏雅华： 科普、科幻创作方面的人。在那次大会上，我跟宋宜昌住在一个房间，我们俩非常投缘。宋宜昌当时在香港出版了一本科幻小说，我觉得挺神奇的，能够在香港去出版。我跟宋宜昌越谈越投机，就成了莫逆之交。后来我才知道，他爸就是前国务院副总理宋平。那次会后，宋宜昌约我到他家去，我也想去见一见这位老朋友。后来有一次我到北京出差，那次高教部（中华人民共和国高等教育部）召开科研成果展览会，交大就把我作为美工调去了。到了北京以后我去见宋宜昌，他给了我门牌号，去之前我给他打了电话。

我到了那儿一看，就是个很普通的小院。那时的北京基本上到处都是破旧的四合院，不像现在，到处都是高楼大厦、水泥森林。进去看见里面有一个老头儿，穿一件蓝布的旧大衣，头发蓬乱，正在一楼像是会议室一样的地方扫地。我没怎么在意，就问宋宜昌在不在，他说："宋宜昌出去了，他留话了，知道你要来，让你等一会儿，他马上就回来。"我等了没几分钟，宋宜昌就回来了，他把我带到他的房间，我就问他："怎么没看见你爸？"他说："你没看到啊？那个扫地的老头儿就是我爸啊，我们家的保姆甩手不干了，走了，家里一团糟，什么都乱了套了。我自己去买菜，我爸在那儿打扫房间。"

作家宋宜昌，其科幻代表作为《祸匣打开之后》。

科幻邮差：哈哈，还有这样的趣事……您刚刚提到，会写文章会画画给您的个人发展提供了一些很好的机会，画画、写作是从幼年开始的兴趣吗？是怎么培养的？

魏雅华：这个事情应该这样说，在我年轻的时候，精力是用不完的，非常充沛但又无事可做。"文化大革命"期间，没有什么东西可看，书都没有。怎么办呢？我跟大画家石鲁就是在那个时候认识的。

科幻邮差：您那个时候在做什么呢？

魏雅华：我那个时候就在交大工作。"文化大革命"开始以后，学校十年不招生，大家都没什么事可干。我就想学画画了。石鲁这个人真是太了不起了。我有一次在陕

中国当代著名画家石鲁（1919—1982）。

西省美术家协会，看到了石鲁访问埃及时写的日记，我觉得写得简直太好了。石鲁不但是画家，也是作家、诗人和美学家，还是哲学家。他的日记也写得非常优美。

我当时借住在鼓楼管理所旁边，那里有一间空房子，我就住在那儿。石鲁的夫人闵力生是鼓楼管理所的所长。我跟她说，我想见一见石鲁，能带我去吗？她说，人家见了石鲁躲都躲不及，你还要去见他？我就说我要去，我想跟他学画。石鲁是当时陕西省美协的主席嘛，很年轻，很精神。但我看到的他，胡子留得很长，头发也留得很长，满脸病容。跟他在一起的还有一个画家赵望云，他儿子就是赵季平，大作曲家，中国当代乐坛最了不起的作曲家之一。当时石鲁就指着赵季平说，这个儿子不成器，现在一天就知道养蝌蚪。

我在石鲁那里学到的东西真的很多。我后来再去石鲁家的时候，发现整个完全变了。石鲁那儿是一个四合院，有三四间厦房，他把厦房变成一个走廊。我进去以后，看见石鲁坐在那里，很精神。他就让我坐，可我看来看去没办法坐，因为他每一张凳子上都放了一个砚台，那砚台都非常精美，看起来很昂贵。他说你坐啊，夏天坐在上面凉快。我看了看还是不敢坐。我就看他墙上挂着的画，那画儿画得好得不得了。那是我第一次看到石鲁的《东渡》，中央红军渡过黄河到山西去的那幅画。那幅画很大，一面墙那么大。我看画的人体的一块一块的肌肉，非常健美，画得是真好。中国画坛上不可能再出现这样的天才了。

后来，他有一幅画在香港拍卖到386万元。当时我如果想跟石鲁要画的话，几大捆都能抱回来，但是我也不敢要。石鲁写过一个电影剧本，叫《暴风雨中的雄鹰》，石鲁的代表画作《东渡》。

拿了一万块钱稿费，全用来买宣纸了，那种宣纸又厚又漂亮，在市面上根本见不到。石鲁说："这宣纸是订做的。我画好以后请人去裱，裱匠把宣纸一揭揭成两层了，然后他们偷走我一层，我就只有这一幅了。"

他在空白的地方写了很多外文。我挺奇怪的，我说国画里面怎么还夹着有外文？他只笑不说话，我想他是不愿意说。石鲁手上戴着戒指，很大的祖母绿，非常漂亮，他说是假的，上面就是颗玻璃球；座子是拿铜丝弯的，他自己做的。真是了不得。后来石鲁得了直肠癌，不能吃饭，什么都不能吃，吃了便血。我到他家，他给我倒一杯啤酒，说："咱俩就喝这啤酒，啤酒好，液体面包。"我就跟他一边聊天一边喝啤酒，一喝一晚上。

科幻邮差：20 世纪 60

年代末期还能喝到啤酒啊？

魏雅华：可以喝到，啤酒是有的，生啤，拿一个大桶装着。那生啤喝着还真好。后来他恢复了工作，高朋满座，我一看他客人这么多，我就不去了，不凑那个热闹。但这段友谊是很难忘记的。

科幻邮差：那您跟他学画是哪个阶段？

魏雅华：我到石鲁家去的时候，他夫人闵力生，不让他俩的孩子跟他学画，石鲁就让我给他的孩子当老师，教素描。

科幻邮差：那您自己的素描功底又是哪儿来的呢？

魏雅华：那就是自己临摹，自己喜欢。其实后来人家的几个孩子都成器了，他的孩子叫石坚、石强、石果、石断，"坚、强、果、断"四个字，一个女儿、三个儿子，都成了非常好的画家。

科幻邮差：在我们来西安采访之前，魏老师曾用微信发过一幅绘画作品。这是您近期画的吗？

魏雅华：那是之前画的。因为那时候什么都不能做，但我的精力又太旺盛，所以就去拜访一些名画家，在旁看着他们作画，看到了石鲁专门定制的画笔、独特的用笔技法，甚至他的印章都不是刻的，是用朱砂和细毫画出来的……我是亲眼看到石鲁画图章的。这些经历对我的影响也特别大。

魏雅华的一幅画作，创作于 20 世纪 80 年代。

这么好的小说，
居然就压在你这儿了！

科幻邮差：接下来想跟魏老师聊聊您的《温柔之乡的梦》，请您展开讲讲吧。

魏雅华：《温柔之乡的梦》其实不是在作家协会读书班上写的，是在家写的。记得当时刚写完，就接到作家协会的通知，到读书班去了。那个时候我刚把《温柔之乡的梦》寄出去，然后漫长的退稿之旅就开始了，不断地被退稿，一家一家地退稿。因为我写的稿子也多，这个寄出去了，那个寄出去了；这个退回来了，那个退回来了，我也觉得很正常，人都得走这么一步，我心理承受能力还是可以的。但这个《温柔之乡的梦》是发表起来最困难的一篇，不断地被退，我甚至都觉得没地方可寄了。

我后来还写过一篇文章叫《退稿》。每个文学青年都会遇到退稿的问题，不录用稿件，就退给你。我记得最极端的是老舍，老舍在他的文章后面写着"改我一字者千刀万剐"。贾平凹的文章后面附的一行字是"如不采用，不要退稿"，那时候他正在西北大学上学，每天都有稿子被退回来，他觉得很丢人。而我则是写："如果不用，恳请退稿。"我还会把邮票附上。说起退稿，这些遭遇就太多了，但这是每一个做文学的人都必须经历的痛苦过程。

科幻邮差：您恳请拿到退稿，是希望看到编辑的意见吗？

魏雅华：也不是。在这点上我跟莫言有点像。莫言在写小说的时候，从不考虑是否能出版，也不考虑谁提什么意见。我有个学生把他的稿件发来让我帮忙修改，说别人给他提了什么什么意见。我就对这个学生说："你写你的文章，就不要去考虑别人怎么想。你不考虑对方的感受，只要把心里面想表达的东西表达出来就行。"

科幻邮差：那您收到退稿的理由大概是哪些呢？

魏雅华：没有什么理由，我也从来不看退稿理由。退回来了，我就换个信封再投，我就是这样的。《温柔之乡的梦》，我认定了它是篇好小说。你要是退我的稿子，我就认为你没看懂。要是看懂的话，你一定会觉得这是个了不起的小说，我信心很足。幸亏当时寄稿件，不需要贴邮票——你只要在信封上写着"稿件"两个字，就可以不用贴邮票。当时的邮资还是很贵的，退得我连邮票都买不起了，我一个月只有四十二块钱的工资啊。而稿件，很厚很重，寄一份稿件是很贵的。

科幻邮差：您的这份信心源于哪些方面？

魏雅华：来自它深刻的思想，到现在为止，没有人能够说清楚它的思想到底是什么。我希望大家都不要评论。后来已经退到什么程度？退到《陕西青年》杂志，离我们家很近，我又认识那个总编，连他都给我退了。退了以后我还是充满信心，我偏往高处寄，就寄到《人民文学》去了。当时《人民文学》负责科幻的是王扶，是位女编辑，然后王扶也给我退回来了。一看，上《人民文学》没希望了，于是我就寄给了《北京文学》。我记得那天，有一个人到家里来找我，就是《北京文学》的刘恒。刘恒后来成为大作家了，当中国文联副主席了。当时他就是《北京文学》的一个青年编辑，他到我家来跟我说："你的小说寄来以后，杂志编辑部分稿子，这篇就分到我的桌子上了。有一天总编从总编室出来，随手从我的书桌上拿走了一篇小说，恰好就是你的《温柔之乡的梦》。过了几分钟，总编从总编室出来，把这篇小说重重地摔在我面前，'这么好的小说，居然就压在你这儿了！'"

科幻邮差：伯乐出现了。

《温柔之乡的梦》首次发表于《北京文学》1981 年元月刊。

魏雅华：总编说，这篇小说一定要发。于是，刘恒跑到西安来，当面告诉我，这篇小说将发表在《北京文学》1980 年 12 月刊上。《北京文学》第 12 期寄给我后，我一看，上面没有我的文章啊，这是怎么回事呢？我就打电话去问刘恒，他说："编辑部决定，你的作品发 1981 年第 1 期小说栏目头条，而且明年我们要评奖。你的文章肯定能获奖。"我当时的第一感觉是，慧眼识珠的人终于出现了。先有伯乐，而后有千里马！

我从第一次开完中国科普作家协会年会回来以后，已经很出名了，是当时陕西省冒出来的文坛新人。

西安市科普作家协会创办了一本杂志，名字叫《视野》，请我去当编辑，实际上是打算让我当总编或者副总编的。去了以后呢，我觉得自己是才刚刚冒头的嘛，挑不了那么重的担子。但我们的《视野》杂志，确实视野很开阔，思想很前卫。很快，杂志发行量就上来了，卖到十万份了，开始赚钱了。我出差到北京，去人民日报社登广告。那时候很多杂志都要到《人民日报》登本期杂志要目。我到北京后，住在西单的高教部招待所，正好是元旦，我走出来到巷口邮亭一看，这期《北京文学》杂志出来了。一打开，果然头版头条就是我的《温柔之乡的梦》。

在哈尔滨那次科普作家协会年会上，我认识了金涛还有盛祖宏，我到那儿还没说话，盛祖宏就拿出《北京文学》杂志来，说："魏雅华，我们都在排着队看你的小说呢，哎呀，写得真好。"我就知道他们都看懂了。

很快，没过几天，我就收到《人民文学》杂志编辑王扶给我来的一封信，说："魏老师（那时候已经称呼我为老师了），是我有眼无珠，把这么好的一篇作品放掉了，不过我们还有一次改正错误的机会。我们办的《小说选刊》，将在第3期上转载你的这篇小说。"跟着，我又接到了天津《小说月报》杂志发来的通知，说他们也准备转载我的《温柔之乡的梦》。这两家杂志了不得啊，都是百万级的发行量。当时中国最负盛名的文学杂志就是《小说选刊》，人民文学编辑部办的；而《小说月报》则是天津百花文艺出版社办的。经这两家一转载，《温柔之乡的梦》一夜走红！而这也是在中国科幻史上唯一的一篇被这两家文学杂志同时刊登的科幻小说！与此同时，全中国所有文学期刊的门都向我打开了。

紧跟着，我又收到《新华文摘》杂志发过来的通知："我们准备在第5期上转载你的这篇小说。"《新华文摘》不是文学期刊，它是新闻期刊，登的全是新闻，结果全文转载了我的《温柔之乡的梦》。而且《新华文摘》的"地位更高"，它是作为文坛动态来转载的。在一段时间内出现的最有影响力的短篇小说，才会登上它的杂志。从这以后，我可以说上了一个非常大的台阶，我基本上收不到退稿。只要是

1981年第3期《小说选刊》杂志转载了《温柔之乡的梦》。

我写的小说，全都能发表。

我曾经去温州开过一次笔会，温州的《文学青年》杂志主办的。我到了上海以后，因为换船，要等两天。我当时给《收获》杂志去过一封信，杂志来了一个编辑到宾馆拜访我，因为我不认识路，不知道去《收获》杂志怎么走。来的这个人是谁呢？就是程永新，现在《收获》杂志的主编，原来的主编是巴金，程永新当时只是一个刚刚参加工作的小青年。程永新就跟我说："魏老师，你的《温柔之乡的梦》发表时，我正在复旦大学中文系读书，学生们没有钱嘛，一本杂志全班轮流传阅，排着队看，真是写得好。这么好的文章，屈指可数。"程永新能接巴金的班，你说他了不起吧？

科幻邮差：我看有资料说，《温柔之乡的梦》英文版还在海外发表过？这个背后是什么样的故事？

魏雅华：是叶永烈把我这篇小说介绍到国外去的。首先是在美国出了一本《中国最佳科幻小说集》，收录了我的这篇作品，并且叶永烈还把原件寄给了我，因为我也要授权嘛。所以我觉得，在我的人生里面，叶永烈是非常重要的人物，他不仅跟我的私人关系很好，在事业上对我的影响也很大。

《温柔之乡的梦》中英文对照双语版，2014 年 8 月由科学普及出版社于出版。

科幻邮差：《温柔之乡的梦》在海外发表以后，您的影响力是不是又有了进一步的提升？

魏雅华：影响非常大，而且我还收到了叶永烈寄来的美元稿酬。发表不久，日本的鲁迅研究会就到西安来拜访过我。后来，在 1983 年，美国科幻作家代表团也来拜访，当时带团的是知名科幻作家弗雷德里克·波尔。有一天，我在交大正上班呢，忽然接到我妈打过来的电话："雅华，有些外国人要见你。"我觉得很奇怪，什么外国人？是不是搞错了？我妈说："没搞错，就是外国人，有翻译。我还听到电话对面的人在用中英文对话。电话打到家里来了。今晚八点，人家在钟楼饭店等你，你去一下吧？"

我根本不知道是怎么回事，也不知道是哪个国家的，更不知道他们是干什么的，什么都不知道。就知道八点钟，他们在钟楼饭店等我。我过去以后，他们就把我请到一个很大的会议室里面，还请了个导游当翻译。翻译大概跟我介绍了一下，说来的是美国科幻作家代表团。然后他们就开始跟我交谈。

美国科幻作家很厉害的，一位美国的知名科幻作家写书预支的稿费可以达到三百万美金。我后来专门写了一篇文章，说把全中国科幻作家的财富加起来，也不及他一个人的。这里我还想谈一点，为什么当时我们执行的是低稿酬制度？因为在制定稿酬标准的时候，就认为你是在业余写作，你有本职工作，拿着一份工资。现在你再挣稿酬就是外快，外快就不是正当收入，就可以给你少一点。这不是按照你创造的财富来分配收入。

再举一个例子，比方说叶永烈写《十万个为什么》，发行量创造了奇迹，达到了2.5亿册。这是我后来知道的数字。一套书创造了这么巨大的财富，我们应该给他多少？假设一套书给他一块钱，就是2.5个亿。叶永烈该有多钱！叶永烈创造了这么多财富，他不应该得吗？《十万个为什么》帮上海人民出版社挣了一栋楼，难道不应该给作者丰厚的报酬吗？这符合劳动报酬的分配规律吗？可是给叶永烈怎么计算的？是按照字数来计算的。这就完了，一本书有多少字？他又能拿到多少？当时的稿费制度是一千字二三十块钱吧，后来很多年都没变。《十万个为什么》加起来，稿费他可能只拿几万块钱。所以你说这个分配制度合理吗？

全世界给作家的定义是什么？作家就是靠稿费生活的人。你收入的稿费能够养活你，你就是作家。我靠写作靠稿费能够生活得很好，那我就是作家。你看，为什么国外把油漆匠也叫艺术家？因为油漆匠靠他做这个事情，能够养活自己。作家最起码的一点，就是靠稿费的收入能够养活自己。可是当时我还在交大工作，在交大的时候我还有一份工资，但实际上，我的稿费收入远远超过了我的工资。

科幻邮差：在那次和美国科幻作家代表团会面的时候，您见到了美籍华裔科幻作家伍加球，是吗？

1981 年 7 月,《温柔之乡的梦》改名为《我决定和机器人妻子离婚》,由江苏科技出版社结集出版。

魏雅华:是的,见到了伍加球。那天晚上谈话的时候,我还是很有保留的。

科幻邮差:想请魏老师回顾一下,《温柔之乡的梦》发表以后,它最火的时候达到什么程度?对您本人是什么样的影响?

魏雅华:《温柔之乡的梦》发表之后,我觉得我的梦想实现了,预期当中的东西都得到了,一时洛阳纸贵,大家都在看。我很惊讶的是,尤其是在知识界和文学界,大家都在看这篇小说。在当时,一篇小说能有这么大的冲击力,有点出我意料。

当时火到什么程度?发表的时候,我正参加高教部科研成果展览会,在那儿做美工。我去向我们交大代表团的团长请假,表示自己要到《北京文学》杂志去领奖,还要开会,要请两天假。旁边有人听到了,就瞪大眼睛看着我说:"《温柔之乡的梦》是你写的啊?"我问他:"你看过吗?"他立刻就说出"你是太阳里的姑娘,你是姑娘里的太阳",连小说里的句子都背出来了,影响就到这种程度。那时候文学的号召力确实很强,这种现象现在不可能复制了。

《神奇的瞳孔》事件

　　魏雅华：后来紧跟着，就发生了《神奇的瞳孔》这件事情。《神奇的瞳孔》是在《芒种》杂志发表的，这家杂志也挺有影响力的，在所有杂志里面排位的话，应该排在二类杂志前列。那个故事结构是这样的："我"的准岳父是一位组织部长，他经常觉得自己在选拔干部时会出现错误，甚至犯很严重的错误。他对这件事情非常懊悔，觉得自己真不配坐这么高的位置。于是，"我"就给他想了一个办法，我发明了一种眼镜，把这种眼镜戴上的话，就能看到这个人的内心，看到这个人内心深处最不想让人看到的东西。当然，"我"把这个过程都详细地演绎了一遍，告诉他用什么办法能够看到别人的内心深处，看到最痛苦、最隐秘、最不愿让人知道的东西。这个眼镜设计成功后，"我"将它交给准岳父，然后就出差去了。半年后，"我"刚出差回来，女朋友对着"我"就是一通破口大骂，说她父亲因为这副眼镜精神错乱了。看到每个人的内心，对她父亲刺激很大，其中最让他伤心的是，公园里的一个老花匠已经工作了一二十年，做了很多好事，但是透过眼镜却发现，这个人曾经在 1937 年叛变过。发现问题以后，就要对这个老花匠采取组织措施，结果这位老花匠自杀了。就是这件事情造成了女友父亲的精神错乱。后来"我"也懊悔不已，反省自己为什么要做这样的事情呢？"我"为什么要去发现这些东西呢？本来人与人之间有许多像隔断一样的东西，不应该让人看到的就不应该看到，不想让人知道的就不应该知道，为什么非要去窥探对方内心深处不想告诉别人的东西呢？结尾就是，"我"把这副眼镜砸掉了。

就是这篇小说，在刊登之前编辑部就觉得作品了不得，甚至在前一期发了预告：本刊将要发表魏雅华的科幻小说《神奇的瞳孔》。这也是我从来没想到过的。刊登之后，编辑部组织各方人士对这篇小说进行讨论，有正面的，有反面的，请了国内外许多作家和批评家，包括叶永烈在内。经过长达一年的辩论，本来结论已经有了，就该结束了，我的这篇文章得到了认可，大家都觉得是个好作品。

后来即使在全国科幻创作遭到批评和质疑的时期，我的作品依然可以继续发表。

1981 年 12 月，魏雅华的科幻短篇集《奇异的案件》由陕西人民出版社出版。

《科学文艺》
为中国科幻保留了火种

科幻邮差：这可真是不幸中的万幸。魏老师，还想请您谈谈第一次参加中国科幻银河奖颁奖典礼的经历。之所以想让您谈这段经历，是因为您早期的作品虽然已经获得过各种各样的奖项，但对大多数科幻迷来说，影响最大的还是1986 年凭借《远方来客》获得首届中国科幻银河奖甲等奖，后来又凭借《天火》在 1989 年获得第二届中国科幻银河奖一等奖。

魏雅华：其实我个人觉得吧，当初在授予我这个奖的时候，杨潇是在犹豫的。因为这个稿件不是直接投给《科学文艺》的。当时我不知道成都有这么一个《科学文艺》杂志。

1985 年第 2 期《科学文艺》头条刊发的魏雅华作品《远方来客》，1986年获首届中国科幻银河奖甲等奖。

1986 年 5 月，魏雅华到成都参加首届中国科幻银河奖颁奖典礼。前排左起依次为：莫树清、杨潇、周孟璞、温济泽、鲍昌、童恩正、嵇伟（缪士）；后排左起依次为：万焕奎、徐开宏、孔良、李理、魏雅华、向际纯、谭楷、吴显奎。

科幻邮差：但实际上在给《科学文艺》投稿之前，您的科幻创作就已经持续很久了。写《"飞毯"的风波》时，您是有意识地在写科幻小说了，是吗？

魏雅华：是，但那时候我不知道成都有这么一家杂志。我这个稿子是投给了宝鸡市科协的一家杂志，叫什么名字我想不起来了。稿件投到那儿以后，杨潇他们到陕西组稿，后来正好去了宝鸡，那家杂志就把我寄过去的稿子拿给了杨潇。杨潇带回去后，在她那儿发表了。

得奖了我也很意外，当时我很想去见见他们。那时候也年轻，喜欢到处跑。后来我就到成都去领奖，没想到去了以后，成都的《科学文艺》杂志对我的态度那么热烈。就是我一出现，所有的目光都集中到我身上，听我讲；我一下就讲了两个小时。大家都很想知道魏雅华的情况怎么样，就想知道在当时的批评重压下，魏雅华的现状怎么样？而我带去的，全部都是好消息。那次给我印象最深的，第一个是杨潇的那种热情，我很感动；第二个就是童恩正。童恩正我是早闻大名，他的《珊瑚岛上的死光》非常有名。那次我见了童恩正本人，我觉得这人真是风度翩翩，口若悬河，而且组织能力很强，有一种天然的领袖感。他能够把这些人都组织起来，感召力很强，给我留下了非常深刻的印象。

其实，我那时候已经成了众矢之的。有一次，我到陕西人民出版社去了，他们有个大型的文学期刊叫《文学家》。我的作品在《文学家》杂志上发表了，稿费也拿到了。我过去跟编辑坐一坐，那个编辑一见我就说："雅华，今天省作家协会开会，咱过去蹭饭去。"我便被拉着去了。去了一看，作家协会的人都在大会议室里面，像个大教室一样，那里有上百人正在开会。我一进去，全场人哗地都站起来了，"哎呀，雅华来了！"向我伸出无数双手。人家正开会呢嘛，我进去把人家会场给搅了。大家都很关心我和我的作品境遇。很多人都看过《温柔之乡的梦》，也知道这篇作品到底在说什么。到现在为止，很多对这篇小说的评论都是错的，我看着只是笑笑而已。你看懂了就看懂了，看不懂就不懂吧。包括伍加球写的那篇文章里说"由于这篇文章在贩卖人口上的消极影响"，这个评价就代表完全没有看懂，他可能没有看过这篇小说的中英文对照双语版或者比较好的译本。

我觉得这正是我最满意的结果。一些真正好的文学作品，你看不懂，你找不到它的主题是什么，这才是最了不起、能传之千秋万代的经典。因为你无法给它追认一个主题。比如说《雷雨》这样的戏剧，那是神品，对吧？很多人在给它树立一个主题，但是所有的主题都不被接受，这就像什么？像维纳斯的断臂。无数雕塑家想把这个断臂给她接上，但就是接不上，你再接别人都不接受了，大家就觉得这个断臂是最美的。这叫残缺之美！我认为一个好的文学作品，它的主题应该是多义性的：一个人有一个人的理解，大家的理解都不相同；一个时代有一个时代的解释，这些解释也都不一样。这才是最好的文学作品，这是永恒的作品。就是现在，你重新再去看《温柔之乡的梦》，可能还会产生一种新的解释。而实际上它真正的主题是永恒的，不同的时期不同的人解读出来都不一样。

我曾经写过一篇文章评论《科学文艺》，我说《科学文艺》为中国科幻保留了火种，如果没有这家杂志，我们只好像考古、像挖恐龙蛋一样寻找中国科幻了。我曾经赞美这是中国科幻的胜利。从《科学文艺》一步一步走到现在，变成《科幻世界》，已经成了一个出版集团，而且是一个现代的出版集团。它跟最初那个时候已经完全不一样了。那时候的《科学文艺》是季刊，一年只出四本，春、夏、秋、冬，度日也很艰难的。

心存不忿，转战纯文学

魏雅华：在这个时候，实际上我还有一点阵地，但大部分都不是科幻了。我当时曾经说，中国没有一个职业科幻作家，因为市场不支持它。人总是要吃饭的，总是要生活的，我写小说要挣稿费，我要养家糊口，但是做不到，没有办法。科幻创作陷入低谷，所有的科技出版社和科普杂志都不再出版和发表科幻小说。之所以说我还有一点阵地，是因为我的作品几乎都是发在文学期刊上的，发在科普杂志上的很少很少，而科普刊物最多只能发两三千字的微型科幻，稍微长点的都发不了。那时候，《科学文艺》一年要发我的四篇作品，每一期都有一篇，好长时间，坚持下来真不容易。当时科幻小说我还能够发，因为我在文学领域的阵地很多。河南郑州的《传奇故事》杂志发了我的《飘来的梦》《丢失的梦》，我本来写了三个梦，第一个就是《温柔之乡的梦》，第二个是《丢失的梦》，第三个是《飘来的梦》，后两篇都在那儿发。后来《文学大观》也发了我的科幻小说，所以我勉强还能写一些。

1982 年，有一件事情对我刺激很大，就是《温柔之乡的梦》获奖。《温柔之乡的梦》入选那年的全国优秀短篇小说奖，当时的全国优秀短篇小说奖是中国文学奖项之王啊。这个消息我是从陕西省作家协会得到的，那一年评选了二十五篇优秀短篇小说，有我的一篇《温柔之乡的梦》，还有叶永烈的一篇《腐蚀》，发在《人民文学》上的；而且我们这两篇小说得票也是很高的，呼声很高，但是在公布的前夜，评委会把二十五篇变成二十篇，有人认为科幻小说是二类小说，它的文学地位没有纯文学高，而这个奖项应该属于纯文学。如果那次《温柔之乡的梦》获奖，我当时就可以进入中国作家协会，进入陕西省作家协会成为驻会作家。但就在公布的前夜，我那篇小说被取掉了，叶永烈的《腐蚀》也被拿掉了，两篇科幻小说全部被拿下了。这件事对我触动很大，我当时就说，你们看不起科幻小说，你们认为纯文学才是文学的主流，那么好，我就在纯文学上跟你们拼，看我拼不拼得过你们。

科幻邮差：有一种痛在心里，转而去攻纯文学了？

魏雅华：是，于是我就从科幻小说转到纯文学领域去了，而且我在最有地位、最有影响的文学杂志上跟他们干，跟他们争。我在《广州文艺》《十月》《当代》《中国作家》这些文学期刊上发小说，我看你承认不承认我的地位？

我写的第一个长篇小说《丈夫们的白皮书》就是在《中国作家》杂志上发表的。这个长篇小说写的是：一批海员经过十个月的海航，马上就要回到港口了，这时大副说了一句话："如果你回到家，发现妻子有外遇，你会怎么办？"丈夫长期不在身边嘛。这种事情就像点了炸药包一样，一下把所有人都炸起来了，海员就挨个发表看法。我就把这八个人的事情，一个一个地写下来。这篇小说后来得了中国海洋文学奖，海洋总工会给我发的奖，因为他们觉得我击中了他们最痛的那一点。

我这一辈子，可以用八个字来概括：著作等身，获奖无数。我究竟出版了多少本书？我不知道啊，我自己弄不清楚。我有一次整理书架，凡是和别人合伙出的都不算在内，就是我自己出的书，我数了下，大概有三十五本，收录得还不全。得了多少奖呢？我曾经简单地盘点过一次，大概有十七个文学奖吧。

科幻邮差：这十七个文学奖里面，有多少是科幻类的？

魏雅华：科幻类的就是两届银河奖，还有一个是《智慧树》杂志的优秀作品奖。获奖总数太多了，记不清了。全国比较出名的大奖大概有十七项吧。后来，我就关心一件事情，奖金多少，含金量高不高。那时候全国优秀短篇小说奖你猜多少奖金？200元。现在恐怕几十万了吧？那时候，我书架上放了各种各样的奖杯，我都不当回事。西安市作家协会当时给我发了入会通知，让我加入西安市作家协会。我只要把那个入会通知拿着去报个到，就是西安市作家协会的成员了。而且他们提前告诉我说，我去了以后，至少都是作家协会理事。我想，现在正在风头上，各种报纸杂志广播都在批评我，我干吗要去呀？我去不是给人带来晦气吗？所以我就把那个通知往抽屉里一放，没有去。

科幻邮差：当时陕西省委不是对您做出了公正的处理吗？

魏雅华：是不开会批判，不是说不批判。有一次我到陕西省作家协会去，从门口过，我去找跟我关系好的作家聊天，正好碰见陕西省作家协会的那个批评家李星。李星跟我说："雅华，你不要在意啊，哪怕将来你指着我的鼻子骂，我都没啥说的，但是现在这文章我没法不写。"后来那文章就出来了，在中国作家协会办的《作品与争鸣》杂志上，批判我的《神奇的瞳孔》，对《温柔之乡的梦》只是提了一笔就带过去了。我觉得，这是最好的结果了。

科幻邮差：这种批判状态持续了多久？

魏雅华：持续了有一两年吧，后来被叫停了。

科幻邮差：那个阶段您还在继续上班？

魏雅华：对，继续上班，同时也在继续写作。我的心态特别好，因为我的作品在不断地发表，而且成为我的一个创作高潮期。说回我刚才讲的到成都领银河奖，这时候大家也都非常关心我生活得怎么样……

科幻邮差：因为他们在外围听到的都是负面的声音。

魏雅华：对，他们就认为我可能处境很不好。然而，我那年是大丰收的一年，我发表了二十四篇中短篇小说。那时候作家协会的驻会作家一年能发一篇小说就算不错了，我发了二十四篇。

科幻邮差：您那个阶段每天有多少时间投入写作啊？

魏雅华：我那时候年轻，精力充沛，有时候晚上九点钟睡觉了，早上四五点钟就起来写。其实像我这样的人，我后来发现很多，都是靠早上这点时间写作的。而且我写起来也很快，一气呵成，文不加点。

科幻邮差：关键那时候还不是用电脑打字。

魏雅华：完全就是手写，而且那个时候，编辑部还不允许使用复写纸。用复写纸也顶多复写三份，手就要很用力，不然透不下去。最近我还在网上看到一样东西，就是我的《温柔之乡的梦》发表之后，陕西省作家协会让我去开会的通知。当时我到了作家协会，在办公室看见两个人，一个是陈忠实，一个是路遥，路遥就给陈忠实介绍我呢。路遥说，这就是魏雅华，他的《温柔之乡的梦》，《小说选刊》《小说月报》都转载了，而且这次差一点就拿到全国优秀短篇小说奖。陈忠实就说了一句话，他说："你的《温柔之乡的梦》我看了，主题挖掘非常深刻。"那时候陈忠实已经是陕西省作家协会副主席了。

科幻邮差：他的话对您的鼓励一定特别大。

魏雅华：是，而且他说到关键点上了。

1985 年 10 月，魏雅华（左）与陈忠实（右）合影。

科幻邮差：对了，魏老师，您获得第二届中国科幻银河奖的作品《天火》是主动投稿的吗？

魏雅华：《天火》这篇是的。从那以后，我就认识了《科学文艺》（《科幻世界》前身），我见到了谭楷，见到了杨潇，还有我的责任编辑莫树清，跟他们关系就特别好。后来我还参加过他们那个笔会，那次何启治（笔名柳志）也来了，就是《当代》杂志的主编，他在文坛上的地位那是很了不起的。

科幻邮差：当时《科学文艺》邀请主流文学的编辑过来，是为你们讲课吗？

魏雅华：不是讲课，是来约稿。那时候《科学文艺》杂志实际上是非常开放的。我就觉得，中国科幻真多亏成都有这一杆旗啊。

科幻邮差：您给《科学文艺》杂志的投稿持续到什么时候？

魏雅华：一直都在投。我是先从科幻转到纯文学，谁想时间不长，纯文学也衰落了，我就又离开纯文学了。当时中国的思想解放是从纯文学开始的，但过了一段时间真正开放以后，那股魅力已经不存在了。所以文学杂志也慢慢地没落了，1985 年以后就不行了。

魏雅华在 1988 年第 2 期《科学文艺》发表的小说《天火》，1989 年荣获第二届中国科幻银河奖一等奖。

一本书让破产书商翻身

魏雅华：这时候崛起的是通俗文学。我觉得纯文学杂志看的人越来越少，杂志也卖不动了，很多杂志也倒闭了。我就又从纯文学转到通俗文学去了。通俗文学后来火爆得很，可是火爆了一阵子之后，通俗文学也不行了。这时还发生过一件事情。

我给春风文艺出版社寄了一篇稿子，挺长的一篇稿子，六七万字吧，小长篇，叫《滴血的麻将战》，寄出后就没有下文了。结果有天一个朋友跟我说，在火车上看到一本十六开的杂志，登的是我这篇小说啊。后来我去找，还真找到了，然后我就问春风文艺出版社，我说你们怎么回事啊？我给你的稿子出版了也不告诉我？而且十六开是杂志的开本啊，你出版社怎么出十六开的书呢？可能是他把我那篇稿子卖给书商了，结果书商就去做了这些事情。后来出版社给我写了道歉信，然后把稿费补寄给我了，这事情就算过去了。这就是说纯文学不行了，变成通俗文学的天下了。后来我发现通俗文学也不行了，全写烧杀抢掠那些东西，情色文学，没有寿命的，长不了的。

科幻邮差：那个时期，写通俗文学给您带来经济上的收益跟早先科幻创作相比，是增加了还是减少了？

魏雅华：那没法相比。通俗文学还是高些，因为它当时非常火爆嘛。我也出过那种十六开的书，不是杂志。

科幻邮差：那个时候是书商或者出版社来主动找您约稿了吗？

魏雅华：都是书商来找我。长篇小说，我大概是陕西出得最多的，比贾平凹还多。我出版了十三部长篇小说。

科幻邮差：在多长的时间里出了十三部啊？

魏雅华：两三年吧。

科幻邮差：真可以说是"写作机器"了。

魏雅华：确实是这样。这里面也有一点传奇的故事。我当时住在草阳小区，有一个书商跑到相邻的小区去找一个作家，那个作家没在。书商想起魏雅华不是在草阳小区住着嘛，他就跑到我家来了，问我这里有没有长篇小说，拿给他出版。我说现成的没有，但有一个我之前说的《丈夫们的白皮书》，七万字，出一本书显然不够嘛，我说你先拿回去看看，你要觉得行，就来找我，我一个礼拜以后给你交稿，二十万字。

科幻邮差：天哪，二十万字，一个星期……

魏雅华：过了几天他就来了，说可以，这个小说他出，"魏老师，我给你约稿，今天我也没带多少钱……"从口袋里掏了3000块钱放到桌子上，20世纪80年代的3000元也不是个小数字。我说行，过一个礼拜你来拿稿子。过了一个礼拜他来了，把我这个二十万字的长篇小说拿走了。拿走以后他就找印刷厂迅速地打出来，做成一本假书，没有封面，只有内文，封面是白的，来不及设计制作封面。然后拿着这本假书……

科幻邮差：拿去征订？

魏雅华：对。他就到石家庄的书会上面去征订，书商们都在那儿开会，实际上是书商们的订货会，同时也是书商们结账算账的会。如果把一本书交给出版社，它从新华书店发下去征订，一年过去可能征订数都是零。但是书商一看就敢拍板，首印二十万册，真有魄力，因为他们有自己的发行渠道网。过了几天他回来了，提着一个箱子，把箱子一打开，说："魏老师您看，我就拿着这本白皮书，换了一箱子钱回来，这个钱在我这儿留不住，我先把稿费给您付了。"然后他把这钱提到印刷厂印书去了。哗哗哗，书就开印了。

科幻邮差：当时您拿的版税还是千字稿酬？

魏雅华：他不讲这些，就是拿这些钱买断你这本书。我知道这本书给他挣了二十多万元，他就用这个钱买了一辆出租车，给他弟弟去开。结果他弟弟让人抢了，不但被抢了，而且他弟弟还被杀了。后来我把这个事儿写成了一篇报告文学，在《南方周末》上发表了。

从那以后，这书商就跟我关系很好，因为得到了甜头。他当时情况不妙，破产了，跟他老婆也离婚了，自己净身出户，但这本书让他彻底翻身。后来他又连续地出了我好几本书。我的那些长篇小说，都是书商出的，都挣了钱。我甚至跟他们打招呼，我说你好好计算一下，如果我的这本书你挣不了钱，咱们就不说这事。如果你算好肯定能挣钱，那你就做，所以没有一个书商是我无法跟他见面的，关系都非常好。

科幻邮差：魏老师，在 20 世纪 80 年代初期，科幻文学里其实就有一个姓"科"姓"文"的争论。您了解这个事情吗？

魏雅华：我太清楚了。那一年，我去看望郑文光，我只见过他那一面，可那已经是最后一面。我当时就问郑文光："《中国青年报》的赵之为什么撰文批科幻？"他是科技部的，专门发文指责科幻小说不科学，就是从这里挑起了争论：科幻小说到底是姓"科"还是姓"文"。

其实这个争论本身是没有意义的，而且是低水平的。科幻小说是什么？科幻小说就是文学的一个品种，它不肩负科普的责任，它也不是来推广科学的，它就是一种文学。在这一点上，全世界已经达成了共识，不需要再争论了。对此，我从一开始就清清楚楚。我的科幻作品基本上都是在文学期刊、文学杂志上发表的，当然这其中还有一个原因，就是文学期刊的影响非常大，而科普类的杂志都是小众文化。我获得的奖也几乎都是文学类的奖项，因为当时国内就几乎只有《科学文艺》刊发科幻小说。另外，这个争议在国外其实早就有定论了，所以我说这是一个很低层次的讨论话题。科幻小说就是一种有前瞻性的文学，过去很多人说它的内容是伪科学，后来很多都被证明是真的，而且还实现了。埃隆·马斯克正在干什么？就是把不可能变成可能，而且他真的做到了，真了不起啊！比如，当年我在《温柔之乡的梦》中构想了一个机器人妻子，而现在大批的机器人都上市了，各种类型，价格也不贵，和私家车差不多，随便买。有一年的春节联欢晚会，郭达和蔡明表演了小品《机器人趣话》，我一看就火冒三丈，完全用了我的构思啊，却没有跟我打过招呼。

科幻邮差：哈哈，那您后来找过他们吗？

魏雅华：我在自己的博客上说要告他们抄袭我的作品，这个消息马上传遍了全国，成为当年的十大文化官司之一。其实小说写出来之后，有很多电视台、电影厂来找我，也有导演直接来找我买版权，说要拍成电影，还要付我定金。我没有当场答应，而是提醒他先拿下拍摄许可的批文再说。其实我不希望自己的小说拍摄成电影，因为会导致不断有人把这篇作品挂在嘴边说来说去，这有可能对我产生困扰。小说过去就过去了，如果再过若干年，我死后，大家还会再评论这篇小说，那个时候对这篇小说来说才是真正有价值，就像曹禺的《雷雨》一样。

科幻邮差：您知道"科""文"之争还对哪些科幻作家产生了影响吗？

魏雅华：叶永烈也受到影响，后来也不写科幻了，而且叶永烈不愿意别人说他是科幻作家，只以作家自称。叶永烈后来也改行去写实录（纪实）文学了，而且在这方面，他也确实颇有建树，成就无人能比。

当前我国科幻小说争论的我见

郭正谊　赵之

科学幻想小说，这是一个多么诱人的名字，经过十年浩劫，曾有多少青少年如饥似渴地希望科幻小说能给他们带来科学知识和智慧，科学方法和精神，科学认识和理想。早在本世纪初，鲁迅就曾以极大的热情，译述了凡尔纳的科幻小说《月界旅行》，并为它写了《弁言》。他相信，"凡事以理想为因，实行为果"，所以科幻小说必能"导中国人群以进行。"他希望这样的小说能够突破当时中国流行小说"言情、谈故、刺时、志怪"的狭隘局面，使读者于"不知不觉间，获得一斑之知识，破遗传之迷信，改良思想，补助文明"。从那时到现在，特别是五十年代和六十年代，我国曾有不少科幻作者追踪鲁迅的行踪，写作了不少好的科幻小说。然而，近几年来，科幻小说在青少年中的声誉却反而下降了。不少教师反对学生看科幻小说，许多家长拒绝给子弟买科幻小说，"城门失火，殃及池鱼"。连那些好的科幻小说也很令人痛惜。于是，有的科幻作家发表文章，责怪总算起复见的科学家，也责怪科幻评论。在他们看，好象中国的科幻小说是没有脊梁的，能否获得历史和读者的承认，能否经得住生活和科学的检验，都不决定于作品本身，不取决于作品是否符合客观的真实和科学的逻辑，而是全被评论的扭秒。真的是这样么？如果不是，问题又出在什么地方呢？

在当代的西方世界，有一类寮房价值不低的所谓"科幻"流行小说，实际上是惊险、怪诞、恐怖、色情小说。这类作品常常在候车室里兜售，供人在旅途中百无聊赖时解闷，车船到站，就被抛进垃圾堆，所以，人们也称它们为"列车小说"。近两三年来，这类小说的仿制品也在我们这里出现了，诸如《美女蛇奇案》、《王府怪影》、《鬼山黑影》、《杀人夜》、《怪窟》、《月潭碎尸案》、《腊象惦的瘋演》、《凤凰山古墓之谜》、《手术室里的枪声》、《刚撕开的天灵盖》等等的所谓科幻小说，都不惜以谍、盗、尸、鬼、情的名目和情节招徕读者，用小说、增刊的形式在车站、街头兜售。这些已经商品化了的小说，虽然冠有科学之名，但毫无尊重科学之意。有一位科幻小说作家曾在反批评的文章里表示，他们"从不讳言自己展示给人们的东西是假的，人们接受或抛弃它们不取决于科学定律，而取决于它们以假充真技巧的优劣。"事实也正是如此。在这类产品中，千年的鬼魂可以理尸，被谋杀的头颅能够说话，科学家的"记忆"输入到白痴头中，白痴可以变成科学家，把"间谍意识"送入我国的先进工作者脑中，先进工作者就会去给外国搞特务活动；海盗换了脑子就变成好人，人脑换给了猩猩，猩猩就能去盗宝；吃片药就能精通高等数学，打一针就会掌握几门外语；某某"素"可以使婴儿在五年内长大成人，某某"声"可以让七十岁的寿命缩短成几分钟；"空壁衣"进入金库通行无阻，机械人能冒替人真假难分。在这类小说中，有企图毁灭人类的狂人，有妄想统治世界的强盗，有来征服地球的外星人，有滥杀窃密的色情机器人，有离奇怪诞的母子相恋，有忠贞的机器人与丈夫情死，有私奔的妻子用复制的女人替身去欺骗丈夫，有机器人和人争夺科学家的大脑，有吃人树与毒蛇合成的怪物反噬自己的主人……。当然，这类所谓科学的幻想，都是不要科学根据的，如果用科学来约束自己的笔，那么这些奇诡的人物和情节也就无法生产了。

在西方，制造这类产品的理论叫做"杜鹃原则"——杜鹃自己不筑巢果粒，而是把蛋下在别的鸟类的巢里。比较通俗的说法，是在旧瓶里偷偷兑上新酒，或者在新瓶里偷偷兑上旧酒。设计a、b、c、d几个人物，A、B、C、D几个情节，任意排列组合，就象玩魔方一样，很快就可以变出若干篇小说来。这类产品在我国有人是把它当作"新生事物"来倡导的，不仅给它冠以"惊险科幻"的美称，而且列出了比杜鹃原则更简明的加法公式："幻想+惊险"、"幻想+爱情"等等。按照这种程式去生产科幻评论，据说是能够"激起读者对科学技术现代化的向往和追求"，成为"科学与道德的颂歌"的。

一位十六岁的中学生，曾投书上海《青年报》，说他看了这类科幻小说之后，"我无法否定这种幻想，于是我整天被这种恐惧缠绕心神不定。有时真怕自己会因此得精神病，"据说读者对科学技术是很容易识别的。青少年读者往往很难理解：这种作品不是在科普报刊上发表的吗？它们怎么可能是伪科学，怪诞的胡思乱想呢？在一些科幻小说前面的"作者简介"里，作者不是常常挂着一长串"科"字的头衔吗？

更值得注意的是，近两三年来这类作品的牌子还在变，说这是"社会科幻小说"，又叫"软科学"。他们说，这类小说的目的决不是普及科学知识或预言未来，而是反映社会现实。这种理论的源头，恰恰又是西方科幻小说中的所谓"新浪潮"。让我们来看一看这类小说所反映的，究竟是什么样的"社会现实"？

有一篇科幻小说《黑影》，作者虚构了一条"党的华侨政策"，以便让一位正直的归侨失去忘发谱缅的权利，然后让他在"文化大革命"中惨遭受迫害，第一位更加正直的共产党员、公安干部遭逮捕，再由这位公安干部偷偷地（当然，要说是背着造反派了）安排了交通工具和潜逃路线，指点他逃往国外，最后，他会蓦藏人深山至少三十年。编造这种新社会把人变成鬼的故事，难道真的是在批判"四人帮"吗？

有这样一篇科幻小说——《温柔之乡的梦》及其续篇《我和机器人妻子的离婚案件》，它说，由于人的设计，按照有关规定，他和一个机器人结婚了。由于人的设计，机器人妻子的程序只有柔顺、服从。后来一位哲学家给她开了一张"药方"，让她从孔子、亚里斯多德、尼采、孟德斯鸠的著作一直读到黑格尔、费尔巴哈，因而"重建了"许多最基本的哲学观念，于是她"异化"了，产说："我的离婚案件为什么会牵动那么多人的神经呢？那是因为这个案件本身包含着一系列严峻的社会问题，一系列的哲学、法律、道德，以及以它为基础的社会制度、社会结构问题。"正是这样一篇否定马列主义毛泽东思想基础，蛊惑青年和共产主义思想体系、社会主义制度高唱的所谓科幻小说，在很长的时间里被反复的吹捧，誉为"标志着中国科幻小说趋于成熟"，代表着"中国科幻小说的崛起"，并且"无疑正在成为科幻小说创作的主导力量"。这也足以说明，这股自由化的浪潮不仅已经污染了我们的科幻小说创作，而且在严重地侵蚀着我们的科幻评论。

《温柔之乡的梦》及其续篇《我和机器人妻子的离婚案件》最初是在文学刊物上发表的，在一九八二年《科普创作》双月刊发表了对这篇小说的批评以后，这位作者又在各地文学杂志上接连发表了数篇同类的所谓科幻小说。例如，今年发表的《神奇的魔巾》，作者毫无科学根据地借一副能够看穿人家的思想的眼镜，给一位当了三十多年干部的老长，一生组织工作的老干部戴上了，使他认识到世上人人都有不可告人的"隐私"，从此愤世嫉俗，恨一切人，因而彻底地抛弃了他在长期革命工作中形成的共产主义信念，发了疯，这些描写和另一件事交织在一起，是他的女儿却因这副眼镜识破了一个隐藏了三十多年的叛徒而无限悲痛，甚至要去认贼作父，在她看来，"好人和坏人也是千变万化着的概念，是暂时的，有条件的"，"世界本来就是一个模糊的集合体"，因此她哪里区分敌我的必要性和可能性，是"愚蠢的形而上学"。——这就是这篇作品所要表达的所谓"人性，人类善良的天性，它应有至高无上的地位"的政治涵义。这是一篇赤裸裸地明亮来有对我们的社会，我们的共产主义理想，我们的马克思主义认识论基础的政治态度的小说，发表之后立刻被有知识的科幻评论家来模糊评价的真意，这篇小说固然有缺陷，但那是"意在探索"，"中国的科幻小说创作本身，也处于探索之中，我和'瞳孔'的作者一起探索，为创作更多更好的具有社会主义中国特色的科幻小说而努力"云云，云云。

应该指出，在这两三年里，仍然有不少科幻作者为发展我有我国民族特色的科幻小说而辛勤创作，取得了一些可喜的成绩。但是我们终究不能不指出，在实行开放政策以来，确有一批西方自由化、腐品化的作品和理论涌入，搅得我们的某些同志眼花缭乱，盲目顶礼膜拜。几年来，科普创作中思想领域的现状有不少争论，有些同志曾把这些争论概括为"姓科姓文之争"。这个概括未必准确。应当说，这一争论是科学与伪科学之争，科幻创作中思想政治倾向之争，也是参与这股资产阶级自由化、商品化的"新浪潮"，就是这场争论的实质。

赵之的文章《当前我国科幻小说争论的我见》发表于1983年12月5日的《光明日报》。

不当记者了，
当职业作家吧

魏雅华：实际上，那之后我的写作发生了重大转型。自从通俗文学衰落之后，我就把注意力转移到了报纸上，那时候各大报纸都兴起做周末版。当时，我关注到了财经新闻，于是就开始写经济类文章。我记得我写的第一篇财经类的文章题目是《人民币会变成断线的风筝吗？》，此文大受欢迎。

有一次我在家，座机电话铃响了。是一位女士来电，她开口问道："请问魏雅华小姐在吗？"我说我就是，电话那头的女士就哈哈哈地笑开了，她说她是中央电视台的主持人王小丫，打电话过来是想核实一下，我在一篇发表的文章中写到"海口市市中心的黄金地段一平方米的房价仅500元"的数据来自哪里。我说你等一下，十五分钟之后再打过来。然后我就去翻找旧报纸，那时候互联网还不怎么发达。几分钟后我找到了，她的电话也打过来了。我接起电话跟她说，数据来自发表在《西安日报》的哪一版哪一个地方上的一篇文章，是西安日报社驻海口的记者报道的。王小丫说："谢谢，播出这条消息之后会付你稿费。"我回复说："你们电视台经常播我的东西，CCTV2曾经播出的一篇关于证券市场的文章，本来是我发表在《财经时报》头版头条的，你们从来没跟我打过招呼。这次很好，我很高兴。"

当时我在《中国证券报》上写评论，写作已经从文学方面转型到了经济方面。中国的各个大报都在发我的文章，《中国改革报》从创刊就在发，我还做了二十年的上海《民主与法制》的画报专栏，每一期的头版头条都是我的文章，大概四五千字。

科幻邮差：这个时候您的工作和生活已经发生了很大的变化，那您还在原来的单位吗？

魏雅华：我是在 1985 到 1986 年之间从西安交通大学辞职的。其实辞职的时候，我已经在中国光明信息报社上班了。当报社到交大去调我的档案的时候，交大不放，坚决不给，于是我决定辞职。辞职后，我进了中国光明信息报社任编辑部主任。此前，西安广播电台招聘，要考试。那时候我都四十岁了，居然还要考中学的数理化。（笑）我当时准备了十来天就去考试了，一千多人里，文学科目我是第一名。然后去面试时，面试官在考场门外左右站成两列，议论着："看，魏雅华来了！"（笑）有一位面试官说："魏老师，我们文艺部主任的位置给您留着。"

交大那时候还不放我，我就到办公室，把辞职信往桌子一放，什么手续都没办，就走了。辞职信上只写了几个字："我胜任不了这里的工作，辞职。"

科幻邮差：您辞职前，在交大是做什么工作呢？

魏雅华：西安交通大学电机系电气绝缘研究所。在我发表了这么多文章、作品以后——那时候《温柔之乡的梦》已经发表了，但我在交大的处境并没有改善，我仍然还是在做原来的工作，我觉得那个地方不适合我了，我想走，走我自己的路。当时，我心里很有底，因为全中国的文学杂志都发表我的作品，前路宽坦。于是，我辞职离开了交大。

科幻邮差：离职之后，有没有产生过寻求新路的困扰？

魏雅华：完全没有。离开交大以后，我在中国光明信息报社干了两年，担任过《中国光明信息报》副总编辑、编辑部主任。这是光明日报社陕西记者站办的一家子报。这期间，文坛上少了一位作家，报社多了一位记者，得不偿失啊。记者本不是我愿意做的事情，我也不适应到偏远地方做采访工作，工作量太多，流动性太大，导致我没

1990年，成为职业作家的魏雅华
意气风发。

有办法安心写作。所以我想，干脆就当职业作家吧。（笑）

科幻邮差：哦，那您应该是很早的那一批职业作家了！成为职业作家之后，您主要写作的是哪些类型？

魏雅华：其实我也是一直在不断转型，以顺应变化的潮流。我发现经济学家们写的东西，大家不喜欢看，或者看不懂，要么太专业，要么太枯燥。而我能用散文的方式把它写出来，不仅逻辑清晰，令人读起来轻松，引用的数据还很扎实，所以我的文章很受欢迎。广州省政协的杂志《共鸣》刊登了我的一篇文章——《2002年中国十大暴利行业》。文章一经发表，引起了巨大影响，杂志销量大增，转载者不计其数。当年的两会上，政协委员提出的都有我的观点。这篇文章让《共鸣》杂志尝到了甜头，于是就向我发出邀约，2003年、2004年……陆陆续续地做下去，而且稿费也特别高，是平常的六倍。所以我就从2002年开始一直与他们合作，直到2006年，《共鸣》改刊为文摘杂志，我才不做了。

我曾经还和一家出版社打过官司。一天我去了书店，发现一本书上节选刊载了我那篇《2002年中国十大暴利行业》，而且没有写我的名字。我就给这本书的出版社去信，要求补稿费。几次去信、警告，出版社都不理我，于是我就把他们告了，当然是我胜诉。他们赔了我差不多一万块钱的稿费吧。

从这以后，因为我在经济评论界已经很有影响了，在全国五、六十种国家级的大报大刊都发表了文章，比方说我在《人民日报》的《大地》杂志上写专栏，写了二十多年。博客兴起之后，各个杂志、报纸（包括其门户网站），还有人民网、中国网，都给我开好博客，请我去做博主。其实我那个时候在人民网上发的东西已经不少了，我没有详细统计，大概有二三百篇吧。我的重要阵地就是七份晚报，还有《中国青年报》，这些报只要一刊登，自然就上了中国网，然后中国网又来找我做专栏。那个时候，所有的网站都是不付稿费的，只有中国网是付稿费的，而且稿费还挺高。所以周一到周五，我每天都在中国网上发文章，渐渐在这方面站稳了脚跟。

科幻邮差：所以，魏老师从加入报纸行业开始，基本上就和文学写作告别，转而进入经济时政评论员的角色当中去了。

魏雅华：没错。我跟成都的报纸打交道不多，但是与重庆的报纸接触非常多。《重庆日报》《重庆晚报》《重庆经济报》都有我的专栏，而且都是大文章，每篇字数都在三千字上下。不过我在省市一级的报纸上做的评论并不多，最多的是在国家级的大报大刊上。

还有，我在2002年左右，创立了一个概念，叫"住房痛苦指数"。这个概念也是提出后影响很大。"住房痛苦指数"发布后，发生了很多事情。后来杨澜跟时任重庆市长的黄奇帆做了一期节目，就叫"住房痛苦指数"。这个指数的概念是我的原创，我在文章中给出了具体的计算公式，完全称得上是一篇经济学术论文。这篇论文出来之后，有许多人问我，说你为什么不写叫"住房幸福指数"，而要写叫"住房痛苦指数"？我的回答是，"住房幸福指数"和"住房痛苦指数"是同一个指数。根据公式得出的数值，如果低于1，那就变成"住房幸福指数"了；如果高于1，才是"住房痛苦指数"。通过我的计算和比较，论文发表之时，北京市的"住房痛苦指数"是4.37，

2006年12月，魏雅华（左二）在凤凰卫视节目后台，与胡一虎（右二）、易宪容（右一）合影。

北京是全世界十大首都城市中房价最高的。白岩松在他节目中发表的很多评论，都引用了我的时评。

这个指数在中国的经济学界和房地产界都引起了巨大的反响。2008年，中国汉语大词典编辑委员会、汉语大词典编纂处将我的"住房痛苦指数"纳入了《汉语大词典》，并将这个指数的定义和计算方式都原封不动引入了。我挺看重这件事情的，因为这意味着官方承认了我的原创。

作为一个经济学家，在这两个领域（经济学界和房地产界）有一个成功就很了不起了，而我成功了两个，都对中国经济学界产生了巨大的影响。

我还写过一篇百万手机用户维权的报道，《财经时报》发出来了，《南方周末》紧随其后也刊登了。当时《南方周末》的发行量有一百多万，是非常有影响力的报纸。《南方周末》的编辑很了不起，跑到我家里来组稿，请我吃饭，这一点，别的报社做不到。

《21世纪经济报道》最开始是作为《南方周末》的经济版发行的，我当时看到了这个报纸创刊的消息，就给他们发过去了我的一篇经济文章，一个多小时后对方给我打来了电话，开头第一句还是："请问，魏雅华小姐在吗？"（笑）然后他们就问我，愿不愿意去他们报社工作？我问他们能给我什么待遇，其实千禧年前后那段时期，大家的工资普遍都不到1000元，结果他们说，我们这里的底薪是8000元，再加上其他的福利薪资，大概超过10000元。这个待遇，我是可以接受的。我问他们，那我的住房怎么办？他们说，他们都是在外面租房的。我觉得独自去另外一个城市租房工作，总有种出差的错觉，所以我就没有接受这份工作邀约。但这证明了，《21世纪经济报道》喜欢我的文章，所以我在这条路上越走越远。

进入互联网时代后，我的博客曾经惊动了凤凰卫视。有一天我检查自己的电子邮箱，发现了凤凰卫视发来的一封邮件："魏老师，我们想采访您，您有时间吗？"我回复："可以。"第二天，他们的电话就打来了，说："我们要做一期节目'一虎一席谈'，想请您来参加，好吗？"因为西安有线电视的限制，不转播凤凰卫视，所以我根本没看过这个节目，我就问他们，节目在哪儿啊？是在香港吗？对方回复说是在北京，我说如果我去的话，我会和我妻子一起去。他们说可以呀，还让我第二天就去北京，他们派人去机场接我。我答应了，然后和妻子第二天一起飞去了北京。当时我完全不知道"一虎一席谈"是个什么节目。了解了以后才知道，这个节目有五十分钟长，还是可以谈一些东西的。

创作理念与科幻回顾

科幻邮差：魏老师，您是从什么时候开始进行科幻创作的呢？

魏雅华：在 1976 年之后开始的，当时已经快三十岁了。

科幻邮差：那时候您应该清楚地知道自己是在写科幻小说吧？

魏雅华：对。我一开始写的都是"硬科幻"，因为我不想让大家觉得科幻离现实世界太远，而是在不太远的将来能够实现。我是从《温柔之乡的梦》才开始写"软科幻"的，那是我的第一篇"软科幻"小说。

科幻邮差：那您的"硬科幻"作品都是从哪里获得的灵感？

魏雅华：那时候，我们很难看到国外的科幻动态，基本只能见到凡尔纳等名家的经典作品，看不到新鲜的。当时接触到科幻小说的唯一途径就是《科学画报》，那上面有两页的版面，登载的其实是微型科幻，也就两三千字，根本看不到中篇、长篇的小说。关于世界科幻圈的情况也了解甚少，只知道美国是一个非常强大的科幻大国，却没办法及时看到美国科幻作家发表的作品。我曾经写过一篇评论文章《杀出重围的中国科幻》，文中有这样一段："在美国，有四百多所大学里面开设了科幻课程，中国有吗？"当然了，经过中国科幻界的多年努力，中国科幻已经渐渐壮大，但是，我还是想问你一个问题，你觉得科幻是小众文学还是大众文学？"

科幻邮差：就当下来说，它距离大众文学还有一些距离。

魏雅华：我和你的看法完全一致。即使到现在，尽管《科幻世界》杂志做出了很大成就，这个成就都是我们原先无法估计、无法想象的，但科幻依然还是小众文学。我曾经认为，阿来是离诺贝尔文学奖最近的中国作家，他的《尘埃落定》写得太好了，我都没有想到他会到科幻世界杂志社担任社长和总编。我一直希望，科幻能够成为一种大众文学，像在美国一样有强大影响力的文学。

马斯克就是把此前大家认为的"伪科学"、不可能实现的科学，变成了真科学，把幻想变成了现实。但也要注意，任何一项科研成果，都有可能转化成一场灾难，必须把边界规定好——就像现在的聊天机器人程序 ChatGPT，只有解决了安全性问题，才能够投入运用，投入实践。但是，如果一开始就没有对这种颠覆性技术的研究，那么这个国家就不可能进步，不可能出现革命性的成果。比如，很快就会出现的特斯拉研发的手机，是太阳能电池，再也不需要充电器，只要有阳光，手机就有电，而且续航能力很强，在世界上的任何一个角落都不会断电。所以马斯克就是把幻想变成了现实，不要轻易地说人家是伪科学。我相信在我的有生之年能看到机器人走进千家万户，我的小说《温柔之乡的梦》成为现实。当然，这种技术肯定还会升级，虽然会有风险，但人类不会让它发生。最后想说的还是那句：如果一个民族连幻想都没有，那么这个民族还有希望吗？

科幻邮差：所以您创作科幻小说的初衷，就是想让它从小众文学变成大众文学？

魏雅华：没错。其实我一直都非常关心科幻，我很高兴见到刘慈欣这一代的科幻人，刘慈欣真正地让中国的科幻走向了世界。但我们暂时还不能见到中国科幻达到美国科幻的水平。我曾经写过一篇文章《中国的孩子崇尚武侠，美国的孩子崇尚科幻》，科幻在美国的确成了一种大众文学，但是在中国也具备这样的基础，如果是在过去，中国人普遍的文化程度不高；科幻小说是写给非常有知识的一批人的，它的受众很大一部分应该是在大学生当中。我很关心这件事情。当时为什么我的所有作品基本都在文学期刊上发表，因为当时文学期刊的影响力是巨大的，它可以让一篇科幻小说传遍全国、一夜爆红。后来我思考过，如果我当时把这篇小说交给了《科学文艺》杂志，可能这篇小说就无声无息了，问题就在于受众。

但是《流浪地球》《三体》问世后，在非常大的程度上把中国科幻大大地向前推进了一步，使得科幻小说变得家喻户晓了。刘慈欣的《三体》在2015年获得了雨果奖，但其实发表却很早，应该是2006年左右。2000年左右我也在写科幻小说，后来我就完全不写了，离开了科幻，因为这片土壤养不活我。（笑）所以我就去寻找新的发展空间。我现在最大的希望就是，如果科幻小说的受众能够覆盖中国上万所大学里十分之一的学生，那就已经非常了不起了。所以我们应该重视科幻在学校里的发展，这样的话，科幻就会很快地从小众变为大众。这才是我们真正期待的未来。我从一开始写科幻小说的时候，不仅想写出引人入胜的科技内核，还想写出精彩的人生哲理。这样科幻小说才能丰满，让更多的人读起来，既很轻松，又能从中受益。马斯克现在做的，就是在将科幻的空间不断扩大。我觉得，在未来的一二十年里，科幻有可能从小众走向大众，希望这一天来得更早一点。

科幻邮差：我们共同期待！魏老师，您知道今年（2023）要在成都举办世界科幻大会吗？

魏雅华：我知道。尽管我现在不再写科幻了，但是我对科幻还是很关心的，并且我现在每天都在写公众号，我一直都关注着最重要的科幻类公众号，经常看上面发表的文章。

科幻邮差：那您觉得，目前中国科幻想取得突破，可以尝试从哪些方面开始？

魏雅华：我建议可以重新办一份报纸，作为周报、月报，或者半月报都可以，登载一些微型的科幻小说。我当时就是在《科幻画报》杂志上看那些微型科幻小说看得入迷，后来我就订了《科幻画报》，上面有一篇科幻小说，距离我第一次读到它都过了快半个世纪了，可我到现在都忘不了，叫《昔日之光》。小说里写到，有一种慢透光玻璃，光线穿过它可能需要很多年的时间，这就导致玻璃这边的人，眼前看到的景象其实是很多年前发生的，也就是造成了时光倒流。这么一个两三千字的微小说，竟然让我记了半个世纪。我还记得在1980年前后曾经有一份专门登科幻小说的报纸《科幻小说报》，其实很多优秀的作品都是在报纸上连载出来的。所以对科幻出版人，我提出这个建议。

科幻邮差：您创作了那么多作品，但没有写科幻长篇，这是为什么呢？

魏雅华：创作科幻长篇需要的时间很长。我写过的最长的科幻小说不过才三万字，就是《女娲之石》，在《青春》杂志上分两次登载，得了"青春文学奖"。我如果投入一年时间创作一篇科幻长篇，那这一年我的生活怎么办？写出来之后无法出版怎么办？

科幻邮差：您当时有过长篇的构思吗？

魏雅华：只要有需求，我就会有构思。（笑）所以，无法实现的东西，我为什么要去费这个劲？

科幻邮差：杨潇老师曾经说过，20世纪90年代，伊丽莎白·赫尔到中国来的时候，《科幻世界》杂志还拜托过伊丽莎白翻译您的小说，把您的小说译本带出去。那次应该是继叶永烈老师将您的小说推向海外之后的第二次海外推介，您记得这件事情吗？

魏雅华：记得。一些在国外的朋友都发来消息，说看到了《温柔之乡的梦》，有从印度尼西亚发来的，有从瑞士发来的，这篇小说被推介到了十几个国家。当时上海外国语大学的英语教授吴定柏也给我发了消息，我和他关系很好，信件来往很多。

科幻邮差：对，吴定柏老师推动中国科幻"走出去"，做了很多的幕后工作。

2016年9月8日，魏雅华出席银河奖三十周年大型纪念活动，与众嘉宾合影留念。（上图）

魏雅华参加当日"科幻人生"论坛。论坛嘉宾左起依次为：吴岩（主持人）、杨潇、吴显奎、谭楷、魏雅华、岩上治（岩上治身后为翻译丁丁虫）、王晋康。（下图）

魏雅华： 香港有一位翻译家，也把《温柔之乡的梦》翻译成了英文版，现在超星图书馆上有这篇小说的中英文对照版。

科幻邮差： 2016年，银河奖三十周年的时候，举办过一次大型的银河奖颁奖典礼，当时也邀请了您参加。我（杨枫）就是在那次会上认识您的。

魏雅华： 是的，那一次，我也确实过得很愉快，我亲眼看到了从《科学文艺》到《科幻世界》，一棵歪歪扭扭的小树长成了参天大树，一代一代人的努力，这个成果我终于看到了，我也很高兴，尽管这个过程并不算快，也很艰难。

魏雅华收到的银河奖三十周年庆典邀请函。

科幻邮差：经过艰苦努力，成都成功取得了第 81 届世界科幻大会的举办权，您觉得这次国际盛会对中国科幻有什么意义？

魏雅华：看到这个消息，的确让人很振奋。自从刘慈欣获得了雨果奖，让所有看不起中国科幻的人都对它刮目相看，促使大家对中国科幻进行了重新评价。如果没有幻想，这个民族是没有希望的。我记得吴岩在《科幻世界》创刊四十周年典礼上讲的话："全世界的眼睛都在盯着颠覆性的科技，而颠覆性的科技是从哪来的？大量都是来自科幻。"科幻是走在科普和颠覆性科技前头的。

科幻邮差：接下来请魏老师为我们回忆一下您在科幻之路上，与众多科幻名家、编辑、学者间真挚的友情和故事吧。不过，我要先替萧建亨老先生转达一下他对您的问候，他说一直记得您早年的作品产生的巨大影响，也很想念老朋友。萧老已经九十多岁了，在这样的高龄，要再从美国回到国内是非常难的，但他很希望有机会能回国走走看看，拜访一些老朋友，不知道还能不能实现……

魏雅华：谢谢，我也很想念他。老朋友里面，我很遗憾再也没有见到过宋宜昌。伊拉克战争期间，我们在中央电视台碰过面。我就觉得很奇怪，那个时候我也在关注这件事情，也在《人民日报》的专栏上发表了有关那场战争的评论文章，张召忠说："美国将陷入人民战争的汪洋大海。"他认为美国会战败，而且会拖很久。可他话音还没落，美国的装甲车已经进入伊拉克境内了。然后在这最后时刻，我看到自己的老朋友宋宜昌以军事评论家的身份出现了。这些人里，只有宋宜昌说对了，他说："两方力量相差过于悬殊，伊拉克根本扛不住。"他当时做了很多正确的分析，但这次分析之后，他就再也没有出现过了。

科幻邮差：那萧建亨老师呢？你们是什么时候相识的？

魏雅华：我们应该也是相识于哈尔滨，他当时已经是文化部作家协会科幻小组的副组长，而我那时只是一个新秀。我们之间其实只是见过几面，没有过太多的接触。我有读萧建亨的作品，我觉得他很有想法，而且写得确实不错。我记得他主要是写校园题材，而我写过的儿童科幻很少。

科幻邮差：跟金涛老师有什么交集吗？

魏雅华：跟金涛没有太多的交集。金涛给我的印象很沉稳，他的小说写得很有新意，那种稳重的风格，我挺欣赏的。

对我影响最大的，还是叶永烈。第一次和叶永烈见面是在上海，在他家。第二次是他到西安来了。他当时来西安电视台做一期节目，然后把我叫过去陪他。去到电视台后，一群小朋友跑上来求叶永烈和我的签名。（笑）距离上一次相见，已经隔了几十年，但我觉得他的精神状态很好。叶永烈一开始注意到我的时候，把我的年龄弄错了，实际上他比我大几岁。得知他去世后，我很难过。之后在叶永烈的遗作《历史的绝笔》中收录了和很多名家多年的往来书信，其中和我之间的书信占了很多。很漂亮的一本书，像画册一样，尤其它把连我都已经遗忘的细节又展现了出来，所以很珍贵。

还有一件往事。在批判我的文章期间，中国作家协会科学文艺小组在北京开的某个会上，重点讨论关于我的问题。我记得会上大部分人都是在保护我，会议当中，叶永烈提出了一个问题："魏雅华是不是我们科普作家协会的人？他如果不是我们的人，我们怎么处分他啊？"（笑）然后，会议就在这儿卡住了，他们就开始查，魏雅华究竟是不是科普作家协会的人，调查结果，我还真是科普作家协会的人，所以会议又接着开下去了。但接着开，也没有开出什么名堂。这是我知道当中发生了这么一个插曲。

科幻邮差：这是叶永烈老师告诉您的吗？

魏雅华：对，是他告诉我的。当时还发生过一件事情，有一个在北京上学的法国留学生写毕业论文，论文题目是《中国科幻小说的现在和未来》。她为了搜集论文资料，到西安访问我，我的地址也是叶永烈提供给她的。我在交大图书馆里招待她，我们谈了一天。因为我对于这种交流没什么经验，所以无法完全敞开心扉，只大致上比较真实，但绝不说什么过分的话。交流结束，大概是下午四点，我带她到交大的校园里参观一下，走着走着，她就挽上了我的胳膊，还因此惹来一段绯闻。（笑）

科幻邮差：哈哈，还有这样的故事……魏老师，听您说，您的夫人曾经也是一位文学青年？

魏雅华：她不涉及文学创作，她是读者。

科幻邮差：您写的东西，她会阅读并给您提意见吗？

魏雅华：她只是默默地欣赏，从来不提意见。但她会问我文学界的很多事情。

科幻邮差：您夫人是做什么工作的？

魏雅华：她是一位手艺很高明的裁缝。后来我就不让她工作了，让她回来照顾孩子照看家，我的稿酬可以支撑全家的生活，她不用在外辛苦。所以，她后来就是全职太太了。

科幻邮差：魏老师，您的最后一篇科幻小说是在什么时候写的？

魏雅华：大概《天火》之后，就没怎么写科幻了。

科幻邮差：所以您的科幻创作是持续到 20 世纪 80 年代吗？

魏雅华：不是，那之后直到 2000 年，我都在陆陆续续地创作，一些作品也发表在文学杂志上，例如《文学大观》。《小说林》杂志创刊的时候，找我约稿，我就写了一篇意识流小说《文坛上的火山》，很像科幻，但又不完全是科幻。我写完给他们发过去，没多久他们的电话就打来了："魏老师，我们编辑部所有人都在传阅您的这篇小说，我们主任评价说这篇小说是可遇而不可求啊。"

其实，这篇使用意识流写法是我的一种尝试，在里面我把时间线打乱，把时空结构都穿插了起来，全篇只有六千字，但是能有这种影响，让我没有想到。后来我再看这篇，还是觉得这是我的经典之作。

科幻邮差：您在不算特别长的科幻创作生涯里，依然取得了令人瞩目的成绩。想问问魏老师，在您心中，这些年的科幻创作最值得您骄傲的是什么呢？

魏雅华：如果说最长的一篇，那就是《女娲之石》。《女娲之石》写了三万字，在《青春》杂志上连载，得了"青春文学奖"。给你说件有趣的事。那次我受邀去参加颁奖典礼，到火车站来接我的一个小青年，是刚从徐州矿务局调过去的临时工。那几天，他一直陪同我，照顾我。这个小青年，就是《人民的名义》小说原著作者兼同名电视剧编剧周梅森。现在想到这件事，想到周梅森、程永新、刘恒这些人，我也有点后悔，后悔不该离开纯文学。文学还是有着顽强生命力的，它的生命力是永恒的。

说到这儿，我又想起了陈忠实。当年，陈忠实写过一部电影，叫《渭水新歌》，非常失败，当时交大给大家买票，让大家在上班时间去看这部电影，结果很多女同事看后说，很后悔来之前没有把毛线带上。（笑）他不懂电影，也不会把小说改编成电影剧本。不久后，有一次我到太白文艺出版社（原陕西人民出版社文艺部），我去的时候，社长正在办公室里包书，我问她在忙什么，她说："陈忠实是作家协会主席，他写的书我们不能不出，可是这书出版了卖不出去，赔钱了，我们怎么给人家付稿费？没办法，只能把书包成一摞，给人家送过去抵稿费。"当时陈忠实已经狼狈到了这种程度。

之后，陈忠实耗费多年心血创作出《白鹿原》，据说他对他老婆说："如果这本书再失败，我就回白鹿原养鸡去。"白鹿原现在已经变成一个旅游景点了，我到那儿去参观了陈忠实老家的小院子，很土、很小的一个农家院。我心想，如果换作是我住在这样的环境里，恐怕我静不下心创作长篇小说，只会想着怎么吃饱肚子，估计会琢磨怎么养一些鸡。《白鹿原》是根据白鹿原地方志写出来的。我觉得这小说写得是真好！后来又改编成电视剧、电影，真好！《白鹿原》成就了陈忠实。一个作家有这样一部伟大的作品，不虚此生了！

科幻邮差：如果当初魏老师没有离开文学道路，说不定也会有更多的好作品问世。

魏雅华：如果当初我不朝时政经济评论方向发展，我可能就会继续产出文学作品；也有可能，我当时继续跟《科幻世界》杂志合作，然后写出一些满意的长篇小说。（笑）当然，人生总有很多遗憾。

科幻邮差：魏老师是一位懂得审时度势的人，也希望在每个阶段都能跟上社会的潮流，这种状态一直保持到现在。常言道"人到七十古来稀"，您已经来到这样一个阶段，但是仍旧在经营自己的公众号，关注社会的经济、文化，当然也包括科幻，其实也是因为您始终拥有一种年轻的心态，对中国科幻未来的发展充满了信心啊。

趣问趣答

01 您能否就科幻小说给出一个简单的定义或描述？

科幻小说就是把人类的想象力发挥到极致的文学。

02 您信赖科技吗？在生活中是否是重度科技依赖者？

不能算是，我没有这个资格。我只是一个文人，写一写心中的感受，说一说人间的疾苦。当然也有对未来的美好憧憬。

03 生活中您有什么兴趣爱好吗？

当电视评论员应该算一个。我前前后后在西安电视台和陕西电视台做过十四年的时政经济评论员。1999 年我就进入电视台了。最先进入的是陕西电视台的"八里村夜话"。当时陕西电视台是想要把这个节目做成像凤凰卫视的"锵锵三人行"那样的节目，我在这个栏目组做了一年，出镜二十四次。后来我就从陕西电视台一套转到了二套，就是经济台。在那里做经济评论，做了三四年吧。2010 年左右，我曾在"西安零距离"节目组工作过两个半月，那段时间我从一个"笔力劳动者"变成了一个"嘴力劳动者"，而且那段时间我做得也很成功。"西安零距离"这个栏目刚刚开创，当时他们选了二十五个人来竞争节目的嘉宾评论员，我也在其中，是作家协会向节目组推荐的我。一个月里，我个人的出境次数能达到十七次，比许多节目主持人的出镜率都高。因为这个评论工作难度很大，每人每次只有十五秒的时间，而我能用最短的时间、最快的速度、最洪亮的声音把事情症结讲得清清楚楚。开始，节目组还给我提前准备脚本，后来就不给我准备了，因为我自由发挥说得更好，而且收视率非常高，"西安零距离"的收视率很快就达到了8%。甚至在社区做观众调查的时候，被大声提及最多的评论员名字就是"魏老师"。我那段时间走在大街上，会被大家认出来；进商店买东西，也会被老板特别优待，搞得我什么都不敢买，只好赶紧回家。后来因为薪酬问题出现分歧，我就离开了节目组。我离开后，那个节目的收视率直线下跌。

我被确诊糖尿病的时候，医生说可能会影响到眼睛的健康，会影响到我的眼睛和视力。我听完就回家跟我妻子说："如果哪天我看不见了，我就去广播电台做盲人节目。"（笑）广播电台也邀请过我担任评论员，是每天早上八点钟的一档节目，因为没有经费，他们说要把办公室所有人的奖金都拿出来给我开工资。我当时一听，说："我不去。我一去，你们就没奖金啦。"

04　**非虚构文学和小说创作对您来说哪一个更难？**

不可比，没有可比性。要想做好，都不容易，因为都必须别出心裁，有扎实的基本功，还要有过人之处。既要有很深重的生活沉淀，还要有思想深度。思想深度决定你作品的重量。

05　**如果有机会来一趟时光旅行，您想去到过去或是未来的什么时代？为什么？**

我想的不是太远，能看看二十年后世界的样子就行。

《温柔之乡的梦》已经实现了，由马斯克之手实现的。他的人形机器人说是眼看能量产。这部科幻小说，不过才问世四十年，在我的有生之年，我已看到了我的科幻小说变成了切切实实的现实。人形机器人的出现，是一个划时代的作品。它将开辟人类的一个新的纪元！很难想象在这个时代会出现些什么，会颠覆些什么，又会创造些什么？这让我很欣慰。那些过于虚无缥缈的东西，你没有办法断定对我们的现实有没有用处，我们在有生之年能否看到它们的实现。你无法判断哪些是对的，哪些是错的。

06 **如果以后有一句关于你一生的记忆。您希望用一句怎样的话？**

生命不息，奋斗不止。

07 **最想对年轻作者们说的一句话是什么？**

你们生在了好时候，我羡慕你们。

08 **请谈谈对中国科幻事业的期望和祝福。**

希望中国的科幻可以走到世界前沿，虽然要真正成为大众喜闻乐见的文学品种，还需要做很多的工作、进行很多年的奋斗，但我坚信，未来会比现在更好。我觉得这一天并不遥远。